Introduction to Education

알기쉬운 교육학개론

고 현 · 민형덕 · 박신희 · 이미숙

공감플러스

머리말

교육에 대해 한 마디씩 말해 보라면 아이를 기르는 부모에서부터 교육전문가에 이르기까지 어느 누구도 거침없이 말할 수 있다. 그만큼 교육은 우리의 생활이며 우리의 관심사이다. 사실 교육이란 말이 생기기 이전에도 교육은 존재했다. 교육의 형태는 다르지만 인간이 살아가는 그 어떤 장면에서도 교육은 불가피한 인간 활동이다.

교육에 대한 일반적이고 총체적인 이해를 위한 개론서로써 교육학의 탐구는 한편으로는 주변적인 이야기와 같이 친밀해야 하며 다른 한편으로는 전문적인 교육학 이론들까지 망라하는 내용일 필요가 있다. 교육학개론은 교육에 대한 관심을 가지는 사람이라면 호기심을 불러일으킬 수 있는 내용이면서 동시에 체계적인 교육에 대한 접근을 시도하는 교육 관련자들에게는 도움을 줄 수 있는 내용이어야 한다.

이번에 시도된 교육학개론은 이러한 목표를 두고 집필되었다. 재미있고 유익한 내용으로 교육학을 소개하려고 했지만 집필자의 전공 배경이 다소 달랐을 뿐만 아니라 노력했음에도 충분치 못한 아쉬움이 남는다.

본 교재는 다른 교재와의 차별화를 위해 단원 마무리에 질문하브루타와 토론하브루타를 첨삭했고 평생교육차원에서 독서교육을 포함했다, 독서교육을 포함한 이유는 유아에서 노인까지 삶에 있어서 독서가 미치는 영향은 지대하므로 교육학에서 다뤄줄 필요성이 제기 된다고 생각했기 때문이다.

이 책은 크게 다음과 같이 구성되어 있다.

제1장과 제2장에서 교육개념을 분명히 하고 서양 교육을 중심으로 교육의 역사에 반복되는 제 문제들을 살펴보려고 한다. 제3, 4, 5장에는 교육의 역사와 철학적 배경, 교육의 심리학적 이해, 교육의 사회학적 이해를, 제6, 7장에는 다문화 교육의 개념과 목표, 다문화사회와 교육의 이해 그리고 제8, 9, 10장에는 교육과정, 교육평가, 학습과 교수를, 또한 제11, 12, 13, 14장에서는 생활지도와 상담, 교육행정과 교육제도, 평생교육의 이해, 독서교육, 교사론으로 구성하였다.

끝으로 이 책의 출판을 위해 편의를 제공한 공감플러스 한은택 사장님과 관계자들에게 고마움을 전한다.

2022년 8월 105번 길에서

차례

머리말/ 3

Chapter 01. 교육의 개념 9

제1절 교육의 어원적 의미 • 11
제2절 교육 은유의 분석 • 13
제3절 교육의 준거 • 18
제4절 교육의 구성 • 22

Chapter 02. 교육의 역사적 접근 29

제1절 스파르타식 교육 • 31
제2절 최초의 직업적 교사 • 33
제3절 정예주의(elitism) • 35
제4절 자유교육(liberal education)의 전통 • 37
제5절 체육이 배제된 교육 • 39
제6절 암기식 교육 • 42
제7절 습관형성으로서의 교육 • 44
제8절 자연으로 돌아가라 • 48

Chapter 03. 교육의 역사와 철학적 배경 53

제1절 교육의 역사적 의미 • 55
제2절 교육의 철학적 배경 • 70

Chapter 04. 교육의 심리학적 이해 81

제1절 인간발달과 교육 • 83
제2절 학습자의 인지적 특성과 교육 • 92
제3절 학습자의 정의적 특성과 교육 • 105

Chapter 05. 교육의 사회학적 이해 113

제1절 사회와 교육 • 115
제2절 사회화와 교육 • 120
제3절 사회계층과 교육 • 123
제4절 미래사회의 교육 • 128

Chapter 06. 다문화 교육의 개념과 목표 133

제1절 다문화 교육의 개념 • 135
제2절 다문화 교육의 필요성 및 문제점 • 145
제3절 다문화 교육의 목표 • 156
제4절 다문화사회와 교육적 과제 • 159

Chapter 07. 다문화사회와 교육의 이해 165

제1절 다문화사회의 전개와 교육의 필요성 • 167
제2절 다문화사회의 교육환경 변화 • 169
제3절 다문화 교육의 범위 확대 과정 • 172
제4절 다문화 교육의 국내 실태 • 175

Chapter 08. 교육과정 181

제1절 교육과정의 개념 • 183

제2절 교육과정의 구성 원리 • 185
제3절 교육과정의 유형 • 190

Chapter 09. 교육평가 201

제1절 교육평가의 개념과 절차 • 203
제2절 교육평가의 분류 • 206
제3절 평가도구의 조건 • 210
제4절 평가 문항의 제작과 활용 • 215

Chapter 10. 학습과 교수 235

제1절 학습의 개념 • 237
제2절 학습의 조건 • 239
제3절 학습이론 • 242
제4절 교수의 개념 • 250
제5절 교수이론 • 253

Chapter 11. 생활지도와 상담 263

제1절 생활지도의 개념 • 265
제2절 생활지도의 영역과 활동 • 266
제3절 상담의 기초 • 270

Chapter 12. 교육행정과 교육제도 279

제1절 교육행정 • 281
제2절 교육제도 • 291
제3절 장학행정과 자치제도 • 301

Chapter **13.** 평생교육의 이해 311

제1절 평생교육의 이해 • 313

제2절 우리나라 평생교육정책 • 315

Chapter **14.** 교사론 333

제1절 교사의 지위와 역할 • 335

제2절 교원의 전문성 • 342

제3절 교직관과 교사의 자질 • 347

제4절 교원양성의 문제점과 개선점 • 356

제5절 교직윤리와 교원단체 • 361

참고문헌 • 369

찾아보기 • 382

Introduction to Education

chapter01. 교육의 개념

제1절 교육의 어원적 의미

제2절 교육 은유의 분석

제3절 교육의 준거

제4절 교육의 구성

제1절 교육의 어원적 의미

교육의 개념을 파악하기 위한 가장 초보적인 방법 가운데 하나는 아마도 어원적 분석을 통해 교육의 의미를 살펴보는 작업일 것이다. 동양에서는 중국의 고전 맹자(孟子, 김길환 역, 1976, p. 306)의 진심장구(盡心章句) 상편에서 교육이란 단어가 처음으로 사용되었다.

군자에게는 세 가지 즐거움이 있는데, 천하에 왕 노릇하는 것은 거기에 들어 있지는 않다. 부모가 모두 생존하고, 형제들이 아무 탈 없이 무사한 것이 첫째 즐거움이다. 우러러보아서 하늘에 부끄럽지 않고, 굽어보아서 사람들에게 부끄럽지 않은 것이 둘째 즐거움이다. 천하에 뛰어난 인재를 얻어 교육(教育)하는 것이 셋째 즐거움이다(得天下英才而教育之三樂也).

교(教)는 성인이 시범을 하며 미성년자는 모방을 한다는 말이다. 이는 인류역사 초기단계의 전형적 교육형태로서 그 당시 연소자가 연장자의 생활에 참여하여 그 생활의 여러 방식을 배우는 과정이 교육이었다고 볼 수 있다. 이는 실제생활에서 상호작용과 직접적 활동이라는 점에서 그 의의를 갖기도 한다. 그리고 "육(育)"은 양자사작선야(養子 使作善也)"라 하여 자식을 도야 양육하여 선을 행하도록 한다는 의미였다. 여기서 교육은 인간의 성장 발달을 도모하며, 인간을 도덕적으로 향상시키기 위한 상호작용으로 인식된다.

이렇게 볼 때 '교육(教育)'은 미숙한 아동을 가르쳐서 기른다는 교도(教道), 피교육자의 내재적이고 생득적인 소질을 육성(育成)하는 작용을 의미한다. 즉 교육의 어원에 들어있는 교도와 육성은 서로 상반되면서도 합치되는 데에서 비로소 그 가치를 발휘하는 변증법적 통합의 이치를 내포한다고 말할 수 있다.

라틴어 어원에서 나온 영어 'education'이나 불어 'éducation' 역시 비슷한 의미를 지닌다. 이 두 단어는 라틴어 동사 'e-ducare'에서 나온 것으로 'e'는 <밖으로>라는 전치사적 의미의 접두사이며, 'ducare'는 <끄집어내다>라는 동사적 의미이다. 또한 교육을 뜻하는 독일어 'Erziehung'도 <끄집어 올린다>는 의미를 지닌다. 이들 단어에서 나타나는 교육의 의미는 아동의 내부에 존재하는 타고난 소질과 능력을 여러 방면으로 끌어내어 어느 정도까지는 향상시켜 준다는 내용이다.

이상과 같은 어원적 고찰에서 교육(教育, education, Erziehung)이란 단어가 동양과 서양에서 서로 공통된 의미를 지니고 있음을 알 수 있다. 교육은 아동이 가지고 있는 자연적 성장의 힘, 즉 잠재적 능력(potentiality), 가소성(plasticity), 가능성(possibility), 소질(disposition)을 교육자의 노력을 통해 끄집어내어 아직 불완전한 상태에 있는 것을 완전한 상태로, 발전이 안 된 상태에 있는 것을 발전 가능의 형태로, 그리고 발달 가능성을 완전히 발달된 상태로 이끌어 올리고 개발하는 것과 더불어 옳고 그름을 가려 옳은 것을 전달한다는 의미로 해석될 수 있다.

제2절 교육 은유의 분석

1. 은유(Metaphor)의 본질

교육 개념의 분석에서 은유의 수용은 은유를 이론적인 진술어로서 뿐만 아니라 새로운 이해를 제안하는 앎의 수단임을 의미한다. 다시 말해, 은유는 어휘상의 결함을 보완하기 위한 표현의 수단, 즉 적절한 용어가 등장하면 사라져 버리는 일종의 잠재적 용어인 캐터크리시스(Catachresis, M. Black, 1977)가 아니라 새로운 개념범주를 제안하는 진술이다. 은유는 S는 P이다는 형식을 취하여 문자적으로는 S는 P가 아니지만 S는 P이다를 제시하는 인간 특유의 의미제시방식이다(G. Burk, 1976). 은유적 진술은 단순히 S(화제)를 P로 달리 표현한 것이 아니라 잘 알려져 있지 않은 S를 알려져 있는 P(매체)로 진술하면서 새로운 인식을 구성하는 사고방법이다. 이런 견지에서 은유는 간단한 문법적 구성 또는 말의 수식 이상이다. 곧 앎의 방식이다. 가장 오래되고 깊이 뿌리박힌 인간의식 역사에서 필요불가결한 앎의 방식이다(R. A. Nisbet, 1969). 우리는 알려져 있지 않은 어떤 것에 대해 이해하려고 할 때 흔히 순간적이고 거의 무의식적 통찰로 P(매체)의 성질을 S(화제)에 전이하여 이해를 창조한다. 예를 들어, '교육은 정원 가꾸기이다'는 은유적 진술은 모호한 교육 개념에 새로운 개념범주를 부여하여 교육에 대한 새로운 이해를 창조한다. 도입된 정원 가꾸기 은유는 친숙한 용어를 사용함으로써 파악하기 힘든 교육행위를 가지치기, 거름주기, 해충방제 등의 친숙한 행위로 이해시킨다. 이처럼 은유는 도식적이고 시각적이며 물리적인 용어로 진술하여 더욱 친숙한 현상으로 특징지움으로써 달리 어떻게 표현할 수 없는 경험과 단어들의 간격을 이어가면서 급작스럽게 이해를 도모한다(N. Dickmeyer, 1989).

2. 대표적 교육 은유

엘리오트(Elliott)는 교육에 대한 새로운 시각과 비교를 가능케 하며, 명명되지 않은 교육현상을 선별, 강조, 예시함으로써 주어진 논의를 활성화시키는 대표적 교육 은유로서 형성(생산), 준비(도제), 입문, 안내, 성장, 해방을 제시한다. 제시한 은유들은 교육사를 거쳐 반복적으로 제시되는 교육의 이해방식으로서, 각기 인간의 구체적 행위 이미지를 수반하여 모호한 교육개념과 현상을 감각적으로 경험케 한다. 교육사란 곧 이들 은유를 중심으로 교육적 사고와 처방을 시도한 은유의 변천사이다. 한 시대의 교육적 사고와 처방은 아직 완전히 정의되지 않은 교육개념과 현상을 새롭게 경험케 하는 은유 개발에서 시작된다.

1) 성장(Growth)으로서의 교육

성장이라면 먼저 식물의 성장과 같이 구체적으로 눈에 보이는 성장을 생각하게 된다. 교육 개념 또한 자연적인 식물의 성장으로 명료히 될 수 있다. 교육이란 행위가 모호할 때 식물의 성장으로서의 교육 은유는 갑자기 교육이란 정원 가꾸기와 같은 활동임을 알려준다.

아동 학생의 잠재력이 펼쳐질 수 있도록 자기법칙에 따르는 '성장으로서의 교육'은 아동의 가능성과 소질을 교육의 출발점으로 한다는 측면에서 '안으로부터의 교육'으로 개념화되기도 한다. 즉, 안으로부터의 교육은 아동의 잠재능력이 자아실현을 통해 최대한 신장되도록 조성시켜주는 작용을 교육의 본질로 삼는다. 이는 개별아동의 욕구와 관심을 중시한다는 점에서 고전적 성선설의 인간관에 기본을 두고 있다. 그러므로 이 입장에 따를 때 교육과정은 교육주체와 객체의 평등관계를 전제로 하며, 어떤 면에서는 교육 결정에서 아동의 권리가 강화된다. 따라서 권위, 간섭, 획일, 일치 등의 외적 규제원리보다 아동의 내면적 심리적 원리에 초점을 두게 된다.

듀이에 따르면 성장의 필요조건으로서 미성숙은 잠재가능성과 가소성을 내포하는 성장의 적극적 능력을 의미한다. 그러므로 아동의 의존성과 무력성은 당연시되며 성장의 원동력이 된다. 스펜서(Spencer)도 연장된 아동기를 교육의 필요성의 증가로서뿐만 아니라 생활의 적응을 위한 자연적 증거로 간주한다. 성장은 외부로부터 어떤 일을 함에 의해서 보다 아동 자신에 의해서 가능하게 된다. 성장원리에 따르면 아동의 생활과 활동의 원동력은 본래적인 것이기 때문에 외부에서 적극적으로 유도할 필요가 없다.

듀이는 아동을 성인의 축소판으로 생각하지 않는다. 아동과 성인의 차이를 상대적인 것으로 파악한 전통적 교육관에서는 성인생활을 위한 준비로서 아동의 교육을 말한다. 그리고 성장이 교육의 본질적 원리로 주장될 때 성장의 목적과 방향의 불확실성으로 인하여 비판이 제기될 가능성도 크다. 교육과 성장의 등식 관계는 어떤 바람직한 방향으로의 성장이 의도될 때 가능하며, 성장의 장점은 계속적 성장을 보장해주는데 있다. 듀이(Dewey)에 따르면 더 많은 성장만이 성장의 목적이며 더 많은 교육만이 교육의 목적이 된다. 이 주장은 일종의 동의반복으로 간주될 수도 있으나 경험의 성장과정에서 지성의 작용을 전제할 때 그 교육적 가치는 인정될 수 있다.

성장으로서의 교육은 개인의 개별성과 가변성을 존중하고 있으나 개인의 성장에 미치는 사회적 요인을 다소 과소평가하는 경향이 있다. 즉, 자연적 문화적 환경이 소극적 조성적 역할을 하기보다 인간성장에 결정적 영향을 미칠 수도 있다. 그리고 개인의 잠재가능성은 가치중립적이기에 선악의 어느 방향으로든 전개될 수 있다. 그러므로 모든 성장, 모든 잠재력의 개발을 교육으로 볼 수는 없다. 성장은 미시적 성장과 거시적 성장을 조화하도록 해야 한다. 아동이 모든 문제해결에 대해 잠재능력을 갖고 있는 것은 아니며 모든 방향으로 계속적 성장을 가정하기도 어렵다. 성장의 원리는 성장을 최대한 보장해주는 사회에서, 인간의 무한한 진보와 성장으로서의 경험의 재구성과 지성적 능력을 낙관하는 자유주의의 토대위에서 적절할 수 있다. 성장의 원리는 아동의 내적 가능성을 자극할 적절한 교육적 조건의 제공을 강조하는 점에서 개발의 원리와 유사하다.

2) 주형(Moulding)으로서의 교육

교육이란 마치 주형틀 속에 재질을 불어넣어 하나의 주물을 만드는 과정에 견줄 수 있다. 주형 은유는 주형틀을 교육받은 사람이 갖추어야 할 조건으로 간주하고, 교사는 학생이란 재질을 주형틀 속에 불어넣는 작업을 하는 사람이다. 세플러(I. Scheffler)에 의하면 주형으로서의 교육은 성인에 의해 주도되는 교육 형태를 나타내는데 효과적이다. 주형으로서의 교육은 주형틀에 들어갈 재질의 성질을 고려하지 않은 채 이미 주형틀에 붓기 전 그 모양이 결정되어 있다는 점에서 사회가 요구하는 인간형성의 교육임을 강조한다. 다시 말해, 아동학생의 본성을 고려하지 않은 채 일률적으로 교수하는 전통적인 교육 형태를 구체적으로 개념화하는 교육 은유가 주형으로서의 교육이다.

주형, 조형, 형성으로서 교육은 곧잘 교육의 지배적인 은유인 생산 은유와 결합하여 교육을 하나의 생산과정으로, 학교를 공장으로 개념화한다. 교육과정은 생산수단이며, 학생은 원자재로서 고도의 숙련된 기술자의 통제하에서 유용한 생산품으로 변형된다. 생산 공정의 결과인 생산품은 항상 엄격한 세부 규정에 따라 미리 계획되어 있으며 어떤 생산수단이 비경제적이라면 그것은 언제든지 폐기되고 다른 것으로 대치될 수 있다(L. Goldman, 1989). 학교는 인간이라는 원료를 일정한 형태로 생산하는 공장이다. 학교는 거대한 노동 분업이 이루어지고, 교사의 숙련도가 사랑의 손길을 대신한다.

3) 입문(Initiation)으로서의 교육

교육은 입문 혹은 성년식(initiation)이다. 피터즈(R. S. Peters)는 주형으로서의 교육과 성장으로서의 교육이 갖는 도덕적 심리학적 결함을 지적하면서 이를 보완하는 입문으로서의 교육을 강조하고 있다. 입문 혹은 성년식으로써 교육은 어떤 생활의 형식 혹은 신념체계 속으로 들어가는 것을 말하는 것으로, 이미 축적된 어떤 생활의 형식이나 신념체계에 학습자 스스로 자발적 참여가 이루어진다는 측면에서 도덕적 심리적 원리로 정당화될 수 있다.

성년식이 갖는 의미에 대해서는 여러 가지 견해가 있지만 그것이 교육적 행사라는 것만은 틀림없다. 이 제도는 인간을 변화시키고 변화시키는 것이다. 즉 어린이를 성인으로 변화시키기 위한 제도이다. 청소년들은 이러한 고통스런 시련을 겪음으로써 사고방식, 행동방식 등이 이전과 다르게 되고 완전히 성장한 인간이 된다. 그리고 대부분의 민족은 이 고행 뒤에 집단 지도자가 집단신화를 들려주고 규정(規定)을 가르치고 그것을 지키지 않는 것이 얼마나 무서운 것인가를 가르친다. 그러고 난 후에 전투나 여러 가지 업무를 수행할 수 있는 기능을 오랜 기간 동안 배운다. 이렇게 해서 소년들은 늠름한 장부, 집단이 위기에 처했을 때 온갖 고통도 이겨내고 격렬한 전투에도 참가할 수 있는 인간이 되도록 기대한다.

입문은 교육객체의 자기의식, 자발적 참여, 혹은 참여에 대한 최소한의 합의 등을 전제로 한다. 즉, 교육객체가 공적 전통의 가치를 자율적으로 인정할 때 입문이 성립된다는 점에서 주형, 주입, 훈련 등과 구별된다. 전통적 교육 형태는 교육내용을 개인의 동기에 관련 지우지 못했다. 성장으로서의 교육은 잠재가능성의 개발과 성장의 심리적 원리에 따른 자발적 참여를 강조했으나 공적 경험으로서의 교육내용의 간주관성을 고려하지는 못했다. 반면, 입문은 교육적 가치의 준거를 사회의 문화체계와 사회적 실재에 의해 적법성을 부여받은 것으로 봄으로써 전통교육의 모형과 더욱 가깝다.

입문의 원리는 교육내용과 방법 모두에서 교육을 고찰한 경우라 할 수 있지만 한편으로는 교육내용과 방법의 범위를 축소하여 교육 작용의 범위를 제한할 가능성도 내포하고 있다. 즉, 입문 원리에 따를 때 고대사회에서의 단순한 기술의 전달, 사회규범에 대한 일방적 복종을 강조하는 것, 기술문화를 추구하는 현대사회에서 전문적 기술과 지식의 사회적 효율성과 공리적 가치를 존중하여 이를 전달하는 교육형태도 정당화시킨다는 점에서 한계를 지닐 수 있다. 입문으로서의 교육은 문화적 도덕적 측면에서 사회적 합의가 되어 있고 보편적 사회가치가 확고하게 형성되어 있는 사회에 더욱 적합할 수 있다.

제3절 교육의 준거

1. 규범적 준거

교육은 모종의 가치 있는 것을 추구한다는 것으로, 교육내용이나 방법이 가치지향적이어야한다. 교육 자체에 '좋음'이라는 의미가 논리적으로 포함되어 있다는 것을 말한다. 그러나 '나쁜' 교육이라는 말이 일상생활에서 사용될 수 없다는 것은 아니다. 이는 교육이 그 과정 중에 나빠졌다거나 결과적으로 나빠졌다는 의미로 볼 수 있으며, 혹은 교육이 단순히 기술적(descriptive)으로 사용될 수 있음을 말한다. 교육은 과업과 성취의 양면을 포함한다. 즉, 교육은 열심히 노력하고 추구하는 일과 무엇을 성취했다는 일을 의미하는 것으로, 이 양면이 모두 가치 있는 것이라는 규범적 준거가 적용된다. 말하자면 교육을 한다는 것은 사람들에게 가치 있는 것을 전달해 주는 데에 성공한다는 것과 그 방향으로 노력한다는 것을 포함한다.

이 준거는 교육이 내포해야 할 가치 지향적 요소이기에, 가치중립적으로 과업과 성취를 지향하는 다른 활동과 교육활동을 구별할 수 있게 해준다. 그러므로 어떤 활동이 교육으로 규정되기 위해서는 그 활동의 내용과 과정이 가치 있는 것이어야 한다. 교육의 개념적 성립은 가치평가의 기준에 합치되는 어떤 심적 상태의 지향과 성취를 전제로 한다.

즉, 대부분의 과학적 지식은 가치중립적임으로 이의 교육은 선악이라는 가치기준에 의해 판단될 수 없다고 본다. 단순한 사실적 지식의 축적을 위한 활동은 교육의 규범적 준거에 일치하지 않을 수도 있다. 그러나 이것이 규범적 의미에서 본질적 가치는 없으나 규범적으로 가치 있는 다른 활동을 창출할 수 있으며 다른 유용한 가치를 위한 수단이 될 수도 있기에 규범적 가치판단은 그렇게 간단하게 해결될 수 없는 문제이다. 이 준거에 따르면 내재적 가치가 있는 교육내용의 전달이 적절한 교육적 활동이 되므로 교육의 범위가 지나치게 축소되는 경향이 있다. 그러나 역사적으로 볼 때 규범적 준거에 따른 규범적 교육개념은 상당한 배경을 갖고 있다. 인간이 현실의 생활보다 이상적인 상태를 지향하는 가치 지향적 존재이며 교육은 이러한 가치의 획득을 위한 도덕적 기업에 해당된다고 생각했다. 현대의 실증과학의 발달에 따라 교육을 바람직한 방향으로 행동을 변용시키는 것으로 보는 입장이든, 혹은 사회화와 사회적 적응을 강조하는 입장이든, 교육은 교육의 규범적 준거에 일치하여야 함을 의미한다. 그러므로 교육을 성립시키고 평가하는 기준으로서의 사회, 정치, 문화적 요인에 따른 교육의 정의보다 보편적 가치로서의 인간성과 도덕성의 개발과 형성에 중점을 두는 것이다. 인격을 가장 높은 가치로 본 도덕철학자와 인격의 완성에 교육의 가치를 부여한 전통적 교육학자들의 교육본질관도 이 준거에 일치한다.

칸트(Kant)에 의하면 교육의 임무는 현존하는 문화의 보존이 아니고 인간사회에 의해 소중하게 간직되어 인정된 이상에 일치하는 인간형성과정이다. 이는 가치 있는 것에 의해 인간을 가치롭게 만드는 과정을 중시하기에 교육의 규범성을 말하고 있다.

2. 인지적 준거

교육은 특수하고 제한된 기술의 습득만을 뜻하지 않는다. 즉, 이 준거에 따르면 소극적이고 폐쇄적인 지식과 기능 등의 획득보다는 좀 더 적극적인 사고와 가치체계의 확대 등이 교육받은 사람의 조건이 될 수 있다. 교육적인 인간이기 위해서는 사실을 조직하고 이해하는 개념도식(conceptual scheme)과 사실에 대한 합당한 이유와 증거를 제시할 능력을 가져야 한다고 볼 수 있다. 이 준거에 따라 피터즈(Peters)는 단순히 아는 사람(Knowledgeable man)과 교육받은 사람(Educated man)을 구별하고 있다.

이 준거는 인지적 전망(cognitive perspective)을 가져야 함을 의미한다. 이는 포괄적 사고방식과 전체적 관련성 속에서 사실을 지각하고 판단하는 능력으로 볼 수 있다. 이 점에서 전인의 이상과 관련된다. 인간 혹은 인간생활은 분리된 실재가 아니며 통합적 실재로 파악되어야 하기에 교육은 그 자체 속에 전인교육의 이념을 포함하고 있다. 교육된 인간은 모든 것을 넓은 안목에 의해 파악해야 한다.

여기서 이 준거는 제한되고 특수한 기술이나 편협한 사고를 길러주는 훈련(training)과 교육을 구별되게 한다. 피터즈(Peters)에 따르면 훈련이라는 것은 제한된 기술이나 사고방식을 길러주는 것임에 비하여, 교육은 보다 넓은 신념체계를 다루는 것이다 (R. S. Peters, 1970).

훈련은 제한된 상황의 인식과 기계적인 반복과 습관 등에 관련되기에 교육에서와 같은 넓은 인지적 의미가 없게 된다. 그러므로 성교육과 성훈련, 체육교육과 신체훈련, 정서교육과 정서훈련 등의 구분이 가능하게 된다.

인지적 준거는 이해, 안목, 세계관의 형성 등에 관련되며 교육활동과 이와 유사한 다른 활동을 엄격히 구별할 수 있는 근거로서, 어떤 의미에서는 규범적 준거의 확대 해석으로 볼 수 있다. 왜냐하면 가치 있는 내용은 그에 대한 도달을 넘어 타당한 적용과 실천까지도 포함하고 있기 때문이다. 따라서 지식과 기술의 교육이 되기 위해서는 특수한 목적만을 위한 제한된 범위의 사고방식과 실천기준의 획득에 머물 수 없고, 이해와 적용 나아가 신념체계의 변화 등 포괄적 관점으로 나아가야 함을 뜻한다. 이는 참된 의미에서 교육의 지식조건을 충족시키려는 것으로 증거, 신념, 지식의 폭과 넓이를 포함하는 가르침을 교육으로 보려는 것이다.

3. 과정적(절차적) 준거

과정적 준거는 교육적 과정의 원리로서 그 과정이 도덕적으로 비난 받지 않아야함은 물론 아동의 자발적 참여와 내적 동기형성에 의해 교육활동이 이루어져야 함을 의미한다. 이의 바람직한 형태는 교육활동에 참여하는 학습자가 그 교육내용을 추구할 가치가 있는 것으로 스스로 판단하여 적극적 관심과 참여를 나타내는 일이다. 이는 교사가 학습자의 선행 과업과 학습자의 흥미와 기대수준에 적합한 학습내용을 제시하는 일과 관련된다.

학습자의 의식과 자발적 참여에 의해 학습자가 합리적으로 이해, 설명, 비판할 수 있도록 적절한 방법을 제공할 때 이 준거가 충족된다. 그러므로 학습자의 자발적 참여와 판단능력을 무시하는 선전, 조건형성(conditioning)과 교화(indoctrination) 등은 교육적 과정의 원리에 어긋나게 된다.

이 과정적 준거는 아동중심의 성장(growth)으로써 교육에서 가장 강조하는 것으로 방법적 원리에 의해 교육을 규정하려는 것이다.

피터즈(Peters)는 교육의 규범적 준거에 일치하는 방향으로 아동의 성장을 유도하고, 아동의 흥미보다 아동의 장기적 이익을 고려할 것을 주장하면서도 아동의 발달과 동기를 고려하는 방법의 중요성을 인정하고 있다. 그는 교육받는 사람의 의식과 자발성을 촉진하기 위해 흥미와 경험을 인정하고 있으나, 교육과정이 반드시 이를 따를 필요는 없는 것으로 본다. 즉, 동기, 흥미에 따른 교육방법의 효과를 사실적 문제로서 본다. 그러나 교육은 궁극적으로 교육받는 사람의 자기교육임으로 자발적 참여가 필요하다.

제4절 교육의 구성

1. 교육의 4요소

교육이 이루어지는 곳에는 명시적이든 묵시적이든 간에 교육자(교사), 피교육자(학생), 교육내용 그리고 교육의 장이 필요 불가결하게 존재한다. 흔히 이 4가지 요소를 교육의 4요소라 일컫는다.

교육의 이러한 4요소에 비추어 볼 때, 교육은 교육내용을 매개체로 하여 교육자와 피교육자가 상호작용하는 실천의 과정이다. 다시 말해 이 네 가지가 동시에 상호작용하는 실천의 과정이다. 교육은 이 네 가지가 동시에 서로 영향을 주고받으면서 작용할 때 성립하는 것이다.

우리는 흔히 가르치는 교육자를 교사, 배우는 피교육자를 학생이라고 한다. 그리고 교사가 가르치고 학생이 배우는 교육내용을 교과서와 같은 엄선된 교재의 내용으로 생각한다. 마지막은 교육의 장(the field of education)으로 교육의 3요소 못지않게 교육상 중요한 위치를 차지한다. 그러므로 교육의 3요소인 교육자가, 피교육자, 교육내용을 교사, 학생, 교재로 대신하기도 한다. 그러나 교육자가 반드시 학교의 교사만으로 한정되는 것은 아니다. 교육자는 교육을 주도적으로 이끄는 사람으로서 피교육자를 올바른 방향으로 지도할 의무와 권위를 가지는 모든 존재를 일컫는 말이다. 다시 말해서 교육자는 피교육자를 개인적으로 행복하고 사회적으로 유능한 방향으로 이끌어 나가는 입장에 선 사람을 의미한다.

세 번째 구성요소인 교육내용 역시 교육자와 피교육자가 상호 교섭할 수 있도록 양자를 연결해 주는 것으로 활자화되고 정선된 교재를 포함하는 모든 매개체라고 할 수 있다.

요컨대 학교와 같은 제도적인 교육기관에서 정해진 시간에 이루어지는 형식적인 교육과 사회 곳곳에서 비정기적으로 이루어지는 비형식적인 교육을 비교할 때, 교육의 3요소는 약간의 차이를 보인다. 그러나 교육의 4요소를 포함한 '장' 이란 하나의 목적적 활동으로서 교육적 활동으로 발전하는 국면을 뜻한다. 다시말하면 교육의 요소가 교육적 교섭관계를 이루는 장면 이라고 할수 있다.

흔히 우리는 교육적 교섭관계의 장을 학교건물과 같은 물리적 공간만을 생각하기 쉽다. 참다운 의미의 교육의 장은 교재에 의해서 매개된 교육의 주체와 객체가 상호 작용을 하는 인간적 관계의 장면인 사회적과정이다. 단적으로 말해서 교육의 장은 교육자와 피교육자가 만들어 내는 집단적 장면을 말한다. 따라서 교육의 장은 교육자와 피교육자를 매개로 하여 교육활동 내지 교육행위를 발전시키는 사회적 공동의 장면 또는 집단적 장면이라 할수있다.

1) 인적 요소

(1) 학생

교육에 작용하는 가장 중요한 직접적인 인적 요소로는 가르치는 사람으로서의 교사와 배우는 사람으로서의 학생을 들 수 있다. 먼저 학생은 모든 교육에 있어 교육의 대상일 뿐만 아니라 그와 동시에 교육자와 대화적 관계에 있는 인격적 상대자이다. 그는 자신의 개성을 형성하는 일, 의지적으로 행위하는 일, 그리고 심정적으로 행위하는 일을 통해 자기 자신을 실현한다. 학생은 자기결정을 하는 존재이기 때문에 스스로의 교사이기도 하다. 자신의 자유의지가 점차 성숙해감에 따라 학생은 자신의 되어감. 즉 사람됨을 스스로 결정하는 것이다. 이 경우 학생이 인지하게 되는 외부의 영향이란 그를 결정짓는 그 어떤 요인이 아니라, 본인의 결정을 전제로 제공되는 도움이며 가능성이라고 할 수 있다.

자유로운 인격체에 교육적으로 영향을 주기 위해서는 이미 피터즈가 지적했듯이 자발적인 참여를 전제로 한다. 자발성이 인격체의 의지를 움직일 수 있기 때문이다. 가치란 스스로 그 가치에 따르려고 하는 사람에 의해서만 실현된다. 또 그런 사람만이 가치의 실현을 위해 노력하게 된다. 그러므로 교사가 학생에게 행하는 교육적 작용이란 기능적인 차원을 넘어서는 행위로서 학생에게 권력을 행사하는 것과는 아주 다른 것이다. 어떤 학생이 교사와의 교육적 상호관계에서 진정으로 자유로운 대화 상대자로 인정받을 수 있을 경우, 그 학생은 교육의 과정에서 무엇인가를 실현시킬 수 있다. 또 그런 학생만이 교육을 통해 실현되어야 할 의미와 가치를 인정하게 되며 또 진리를 추구하게 된다.

학생에게 자기 자신을 실현시키고자 하는 강렬한 힘이 내재되어 있지 않다면 교사는 교육에서 아무 일도 할 수 없을 것이다. 자아실현의 욕구는 기본적이다. 자기 완성을 위한 이러한 생동적 힘은 어린이에게서 원초적으로 솟구쳐 나와야 그 효과를 볼 수 있다. 어린이들이 끊임없는 질문을 통해 쉬지 않고 무엇인가를 알려고 하며, 또 내면적 호기심과 욕망을 채우기 위해 자신의 육체와 심리적 정신을 활발히 움직인다는 사실은 일상적인 경험에서는 물론 발달심리학 분야의 연구에서도 입증되고 있다.

이러한 힘이 활성화될 때 학생들은 교사의 도움을 필요로 하게 된다. 따라서 교사는 자신의 교육적 책무를 효과적으로 수행하는 데에 요구되는 바람직한 피교육자의 태도를 학생들에게 제시하고 습득시켜야 한다. 그래야만 학생들의 생동적인 힘이 교육적 상호관계를 통해 창조적으로 고양될 수 있다. 학생들이 교사에 대해 갖추어야 할 태도에는 무엇보다도 사랑, 공경, 그리고 복종 등이 있다. 이러한 태도는 교사와 학생 상호 간의 관계형성과 교육의 성과를 위해 필수적이다.

(2) 교사

교육은 조성하고, 지도하고, 가르치는 현실에서 성립된다. 이러한 교육적 현실에서 교사는 학생에 비할 때 자아실현과 인격형성에 있어 앞서 있는 존재이다. 그렇기 때문에 교사는 학생들을 지도하고 조성하는 위치에 있다. 조성하고 지도한다는 말은 교사가 교육실천에서 주도적인 활동을 한다는 뜻이다. 물론 이 경우에도 학생들의 자발성이 이미 전제된 지도활동이다. 즉 교사는 교육적 작용을 행동하는 데 있어 학생들이 자기발전을 하도록 자극과 격려를 주어야 한다는 것이며, 그 결과 학생이 스스로의 힘으로 성장하도록 조성한다는 의미이다.

교사가 수행해야 할 역할을 고려할 때 그가 갖추어야 할 사실과 특성은 매우 광범위하다. 그 중에서 중요한 점을 몇 가지만 열거하면 아래와 같다.

첫째, 교사는 사랑을 자각하는 사람이어야 한다.
둘째, 교사는 섬세한 판단력을 지녀야 한다.
셋째, 교사는 신뢰를 바탕으로 한 권위를 갖추어야 한다.

위에 언급한 세 가지 측면 이외에도 정의감, 인내심, 밝은 생활 태도와 유머 감각, 자신의 직업에 대한 열정 등과 같은 여러 가지 자질적 특성이 교사에게 요구되고 있다.

2) 공간적 요소

(1) 생활공동체

교육을 구성하는 요소로써 생활공동체 가운데 가장 기본적인 형태는 가정이다.

지속성이 있는 자연적 공동체인 가정은 가장 근원적인 공동체임과 동시에 집약적이면서도 포괄적인 교육공동체이다. 가정은 가장 근원적인 삶의 공동체로서 구성원들을 통합하는 공동체이며 또한 교육 공동체이다. 가정교육의 영향력은 다른 어떤 교육의 경우보다 오래 지속된다. 가정교육의 중요성은 인간 고유의 긴 여정에서 그저 맨 앞에 위치한다는 데에 있는 것만은 아니다. 가정교육의 영향은 학교를 비롯한 모든 다른 교육공동체의 영향들과 함께 하면서도 그중에 가장 오랫동안 지속적으로 남아있는 그 어떤 통합적인 성질의 것이다.

가정교육이 제대로 이루어지기 위해서는 교육적인 가정환경이 조성되어야 한다. 즉 가정환경이 아동의 성장과 발달에 긍정적인 영향을 줄 수 있어야 하는 것이다.

또 다른 자연적 생활공동체는 이웃과 친구이다. 이웃은 가정과 지역사회 사이에 위치하는 비교적 느슨하지만 영향력이 있는 공동체이다. 이웃 간의 협동, 경조사에 동참, 마을에서 서로의 안전과 삶의 질서 유지, 예의를 준수하는 일 등은 개별적 인간의 도덕성과 윤리적인 생활태도를 유지시킨다. 바로 이 점에서 우리는 이웃이라는 생활공동체가 직접적으로 교육적 기능을 지니고 있음을 알게 된다.

(2) 제도적 기관

교육에 작용하는 구성요소로서의 제도적 기관으로는 제일 먼저 유치원을 들 수 있다. 유치원은 가정교육을 보충하는 기관으로 특히 어린이의 자발성과 사회성 발달에 기여한다. 어린이가 가족 구성원들 사이에 정서를 바탕으로 하는 가정공동체에서 학교라는 사회공동체로 편입하기 위한 예비적인 단계라고 볼 수 있다.

다음으로 학교는 조직적으로 학습을 시킬 목적에서 세워진 교육기관이다. 학과수업, 교육자로서의 교사, 학급공동체 등은 학교교육에서의 주요 요소로서, 아동들은 학교에서 계획된 수업을 통해 다양한 가치를 접하고 또 가치를 습득하는 데에 도움을 받는다.

종교기관 또한 인간의 교육을 구성하고 있는 요소로 간주될 수 있다. 형이상학적인 존재로서의 인간은 궁극적 가치에 대한 종교적 차원의 의식에서 자신의 실존을 이루어 내고 또 삶의 안정을 얻을 수 있다. 육체와 정신적 영혼의 존재인 인간의 자기실현이라는 점에서 볼 때 종교와 교육이 관계는 서로 뗄 수 없다. 따라서 종교기관은 어떤 의미에서 매우 중요한 교육기관이며, 이 기관이 본연의 교육적 역량을 제대로 펼칠 수 있을 때 넓은 의미의 인간 교육이 완성되는 것이다. 이 밖에 청소년들을 위한 문화시설 등도 교육의 구성요소로 다룰 수 있다.

2. 형식적 교육과 비형식적 교육

교육은 '형식적 교육'과 '비형식적 교육'으로 구분하는 것이다. 교육을 형식적 교육과 비형식적 교육으로 분류하는 기준은 계획성, 조직성, 체계성이다. 즉, 형식적 교육은 사전에 철저한 계획에 의해서 제도화된 교육기관을 통해서 조직적으로 행해지는 형태의 교육을 말하는 것이고, 이에 반해 비형식적 교육은 특정한 조직이나 기관에서 이루어지는 교육 외의 교육으로서, 특별한 계획이나 체제 없이 자연적으로 진행되는 형태의 모든 교육을 말하는 것이다. 요컨대 일반적으로 형식적 교육은 학교교육을 일컫는 용어로, 그리고 비형식적 교육은 학교 외의 교육을 일컫는 용어로 사용된다.

형식적 교육의 특징을 요약하면 다음과 같다.

첫째, 교육의 이상과 목적이 명확하게 설정되어 있고, 교육과정에 명시되어 있다.

둘째, 학교라는 교육이 행해지는 일정한 장소가 정해져 있다.

셋째, 조직화되어 있는 제도화된 교육기관에서 체계적으로 행해진다.

넷째, 교육자는 교사라는 일정한 자격을 갖춘 사람에 한한다.

다섯째, 여러 가지 면에서 비슷한 능력과 특징을 갖는 학생집단으로 피교육자가 구성된다.

여섯째, 교육내용이 표준화되어 있다.

한편, 비형식적 교육의 특징을 요약하면 다음과 같다.

첫째, 교육의 이상과 목적이 명확하게 설정되어 있지 않은 상태에서 자연발생적으로 행해진다.

둘째, 일정한 장소 없이 가정, 직장, 놀이터 등 생활하는 곳 어디서라도 행해질 수 있다.

셋째, 일상적인 경험 속에서 무의도적, 자연발생적으로 행해진다.

넷째, 부모, 친척, 이웃 사람, 친구, 대중매체, 서적 등 누구든 그리고 어느 것이든 교육자가 될 수 있다.

우리는 이렇게 형식적 교육과 비형식적 교육의 특징을 동시에 가지는 교육을 '준형식적 교육'이라고 한다. 또 한 가지 주목해야 하는 것은 비형식적 교육의 중요성이다. 교육의 형태가 형식적 교육과 비형식적 교육으로 구분된다는 것은 형식적 교육, 즉 학교교육에만 한정해서 교육을 생각해서는 안 된다는 것을 의미한다. 우리는 흔히 교육과 학교교육을 동일한 의미로 사용한다. 그러나 학교교육이 교육의 전부는 아니다. 정확하게 말하여 학교교육은 교육의 일부일 뿐이다. 학교교육을 받지 않아도 교육은 가능하고 학교를 다닐 수 있는 연령 범위를 벗어나는 사람들도 교육의 대상으로 고려되어야 한다. 비형식적 교육이라는 개념도 학령이 지나도 교육 기회는 제공되어야 하고, 교육이 학교의 전용물이 될 수 없다는 생각에서 등장한 것이다. 형식적 교육에 비해 비형식적 교육은 경험 속에서 자연스럽게 진행된다는 점에서 그리고 일생동안 계속 된다는 점에서 인간형성에 더 큰 영향을 주고, 따라서 형식교육에 비해 오히려 더 강조되어야 하는 교육의 한 가지 형태이다.

단원 마무리

질문을 만들어 보고 동료들과 이야기를 나눠 보세요.

♠ 정답이 있는 질문(교재에서 답을 찾을 수 있는 질문)
· 교육의 3요소는 무엇이 있나요?
·
·
·

♠ 정답이 없는 질문(더 궁금하고, 이유나, 추론, 적용 등을 묻는 질문)
· 4차 산업혁명의 시대의 교육은 어떤 모습일까요?
·
·
·

Introduction to Education

chapter02. 교육의 역사적 접근

제1절 스파르타식 교육

제2절 최초의 직업적 교사

제3절 정예주의(elitism)

제4절 자유교육(liberal education)의 전통

제5절 체육이 배제된 교육

제6절 암기식 교육

제7절 습관형성으로서의 교육

제8절 자연으로 돌아가라

제1절 스파르타식 교육

흔히 엄격한 교육의 대명사는 스파르타식 교육이다. 스파르타의 교육이 어떠했기에 우리는 그러한 말을 스스럼없이 사용하는 것일까?

고대 희랍의 여러 도시국가들 중 최고로 국가에서 교육을 통제하는 방향으로 교육의 형태를 발달시킨 나라가 스파르타이다. 아테네의 조화로운 인간 형성을 교육의 목표로 두는 교육과는 달리 스파르타는 용감하고 준법정신이 강하며, 애국심이 투철한 군인적 시민을 만드는 데 교육의 목적을 두었다.

아테네 교육의 모습은 거리 한편에서는 위대한 교육자들의 지혜로운 가르침이 있고 다른 쪽에서는 피리를 불고 조각이나 그림을 그리고, 산 너머 운동장에는 올림픽 경기가 열려 신체의 강인함을 기르는 모습을 연상시켜 전체적으로 사고적이고 심미적이며 조화로운 기운을 느낄 수 있다. 그러나 스파르타의 교육은 문학이나 미술활동에 중점을 두기보다는 신체활동에 중점을 두었다. 이러한 스파르타 교육의 모습은 기원전 9세기 중엽 리쿠르구스(Lycurgus)가 정한 헌법에 나타나 있다.

스파르타의 교육이 엄격한 국가권력에 의해 통제되는 형태의 교육이라는 것은 아이의 출생과 더불어 국가가 아이의 건강을 검사하고 허약한 아이나 기형아들은 버린다는 사실에서 찾을 수 있다. 신체검사를 통과한 아이는 6세까지 부모가 양육하고 7세가 되면 국가에서 관리하는 공동교육소에 수용되어 아동 감독관 밑에서 엄격한 지도를 받게 하였다. 체육 외에 무용 및 종교적인 의식은 음악과 더불어 가르치고, 지육(知育)은 거의 돌보지 않았다. 18세가 되면 군사훈련을 받았고, 국방에 종사하였으며, 30세가 되어야 비로소 성인으로 인정을 받아 시민권을 얻게 되고, 가정을 이루는 것이 허용되었다. 그러나 많은 사람들이 공공의 영사(營舍)에서 기거하고 청년들의 교사가 되며 또는 전장에 나갔다.

특히 스파르타의 교육은 아테네와는 달리 여자들도 남자들과 같이 엄한 교육을 받았는데, 이는 건강한 아들의 출산과 양육을 하는 것을 천직으로 삼게 하고, 남편이 전쟁에 나가도 뒷일을 걱정하지 않게 하는 부인이 될 것을 강조하였다(남궁억 외, 1988). 즉, 스파르타의 어머니는 아버지 못지않은 교육을 받으며, 아내로서, 어머니로서, 국가의 일원으로서, 동시에 자녀의 교육자로서 임무를 다하였다. 어머니들은 좋은 의복보다는 아름답고 튼튼한 육체를 자랑하였다(김옥련, 1984). 스파르타의 교육은 다음과 같은 몇 가지 특징이 있다(팽영일, 1992).

첫째, 스파르타의 교육은 이미 언급한 바와 같이, 아이들을 단련시켜 건강하고 의지가 강하며 연대의식이 풍부하고 재치가 있고 독립심이 강한 아이로 키우고자 하였다. 아이가 태어나면 먼저 국가에서 임명된 10명의 장로들이 이 아이가 장차 훌륭한 스파르타 국민이 되겠는가를 심사하여 건강한 아이만을 국가의 교육장에 입소시키고, 불합격한 아이는 시민의 일원으로서 양육하는 것을 금지했다. 이 때문에 연약한 아이를 가진 부모는 일정한 장소에 아이를 버린다든지 시민권이 없는 외지인(外地人)이나 노예의 가족에게 양육을 부탁하는 방법 이외에는 별도리가 없었다. 아이들을 교육하기 전, 건강한 아이만을 선발했다는 것은 단련의 엄격함을 의미한다고 볼수 있다.

둘째, 스파르타의 교육은 건강교육을 기초로 하였다. 즉, 이미 선발된 유아들을 대상으로 더욱더 합리적인 건강관리를 하였다. 옷을 얇게 입는 것을 취지로 하여 대부분 상반신은 나체로, 기저귀도 차지 않고 자유롭게 활동시켰다. 그러나 유아들은 알코올 성분을 지닌 음식물을 금하고 우유로 만든 제품을 많이 권장하는 등 뛰어난 생리학적인 배려도 하였다. 일반적으로 사치스러운 식품들은 유아의 심신을 손상시키는 것이라고 하여 간소한 식사에 익숙해지도록 하였으며, 어두운 방에서도 홀로 조용히 시간을 보내는 훈련과 그곳에서 편안하게 깊이 잠드는 습관을 형성시켰다. 이러한 훈련들은 장차 맞이하게 될 엄격한 단련주의 교육을 대비해서 아이가 조기부터 자주적으로 행동할 수 있고 스스로 자기 신변의 일을 처리할 수 있도록 하기 위한 것이었다.

셋째, 엄격주의와 연대감을 들 수 있다. 유아를 꾸짖는 방법은 스파르타나 아테네 모두 다 같이 엄히었고, 어머니와 유모는 신발을 벗어 유아를 때리는 것이 보통이었다. 예의범절에 대한 교육도 매우 철저하였으며 교육을 담당하는 사람은 부모나 연고자, 특정 교사에게만 한정되어 있지 않았다. 만약 부모나 담당자가 어쩔 수 없이 자리를 비우는 경우에는 그곳에 있는 누구라도 자발적으로 변함없이 엄격하게 아이들의 예의범절을 지도하였다. 이러한 교육열과 연대감은 스파르타 교육의 중요한 특징 중 하나이다.

제2절 최초의 직업적 교사

교육을 하나의 직업으로 삼았다는 것은 그만큼 사회발전에 따른 분화가 이루어졌음을 의미한다. 이는 문화유산을 체계적으로 전달할 필요성이 시대적으로 요청되었음을 의미한다. 그리스에서는 부의 축적과 더불어 생겨난 여유를 개인 개발, 특히 정치적 장면에서의 입신양면을 꿈꾸는 사람들이 급증하게 되었고 이들의 욕구를 충족시키기 위한 일련의 교사집단이 등장하게 되었다.

소피스트(Sophist)들이야말로 최초의 직업적 교육자들이었다. 이들은 지적기능과 웅변기능을 필요로 하는 아테네와 다른 도시국가들의 신흥 상인계급을 가르쳐 정치적 욕구를 충족시키기 위해 다양한 방법들을 개발한 떠돌이 교사집단들이었다.

설득의 기술인 웅변을 익힌 소피스트들의 제자들은 도시국가의 법률기관들을 장악하게 되었다. 소피스트들은 배우기를 원하는 사람이면 누구에게나 어떤 과목, 어떤 기능이라도 가르칠 수 있다고 호언장담했다. 비록 소피스트들이 가르치는 전문성이 종종 과장되긴 하였지만, 그들은 이전보다 사람들에게 더 많은 교육의 기회를 제공하고 사회 · 경제적 이동에 큰 영향을 주었다.

소피스트들은 문법, 논리학 그리고 수사학을 전문으로 교육하였다. 이러한 과목들은 현재 인문 교양과목으로 발전하였으며, 논리학은 학생들의 생각을 분류하는 데 도움이 되었다. 문법은 학생들의 생각을 명료하게 표현하게 하였고, 수사학은 연설을 통해 남을 설득할 수 있었다. 따라서 이 세 가지는 가장 중요한 것으로 간주 되었다. 소피스트들은 그들이 지도하는 학생들이 훌륭한 변호인과 의원들이 될 수 있도록 학생들의 의사소통 기능을 발달시키는 일에 중점적으로 지도하였다.

몇몇 소피스트들은 그들의 과목과 기능을 가르칠 준비가 잘된 뛰어난 교사들이었다. 그러나 나머지 소피스트들은 술수와 책략을 통해 손쉽게 성공하는 법을 가르친 일종의 사기꾼들이었다.

소피스트 중에서 가장 설명력이 뛰어난 교사는 프로타고라스(185~415 B.C)였다. 그는 5가지 방법을 제시하였다.

첫째, 학생들에게 우수한 연설 모형을 제공하기 위하여 그의 학생들 앞에서 간단한 강연 또는 연설을 시범 보인다.

둘째, 연설 모형으로서 사용할 수 있는 위대한 연설문을 검토한다.

셋째, 수사학, 문법, 논리학을 공부한다.

넷째, 어린 웅변가가 웅변연습을 하면, 교사가 이를 비평해 준다.

다섯째, 마지막으로 학생은 사람들 앞에서 웅변을 한다.

프로타고라스는 어떤 사람의 어떠한 제안에 대해서도 찬 · 반 논지를 펴는 것이 가능하며, 어떤 종류의 논쟁에서도 승리할 수 있다고 믿었다.

소피스트들은 진리탐구로서의 지식에는 별로 관심이 없었다. 그보다는 그들의 학생들에게 부와 정치 권력과 사회적 명성을 얻는데 필요한 기법을 제공하겠다고 약속했다. 고대 아테네에서는 의회와 법정에서 권력을 얻는 열쇠는 사람들을 끌어모아 자신을 따르도록 설득할 수 있는 능력이 있었다. 소피스트들에게 있어서 지식은 진 · 선 · 미의 추상적 개념에 관한 사변 그 이상이었다. 이들에게 있어 지식은 사람들을 동기유발 시키고 설득해서 자신의 관점을 받아들이도록 정보를 활용하는 능력이었다. 논쟁 또는 소송에서 이기는 것은 무엇을 말했느냐가 아니라 어떻게 표현했느냐 였다.

소피스트들은 순회하거나 여행하기 때문에 제도적 의미의 학교를 세우지 않았다. 그들은 그들이 가르치는 것에 대해 지불할 능력이 있는 사람이라면 누구나 가르쳐 주었다. 그들의 학생들은 단시일 내에 성공하기를 바라는 야심에 찬 젊은이들이었다. 이들 교사들은 학생들에게 자신들이 자신감, 기능, 그리고 재능이 있다는 표상과 모습을 보여주려고 애를 썼다. 어떤 의미에서 소피스트들은 그들의 수업을 상류계급 또는 유전적 귀족 계급에게 국한 시키지 않은 민주적 교육자들이었다. 다른 의미에서는 그들은 진리와 정직보다는 외모와 기교를 상조한 기회주의적 태도를 조장하였다. 어떤 의미에서 그들은 유권자에게 팔 상품인양 정치후보자들을 '이미지화'하려고 애쓰는 현대판 이미지 메이커(image makers)들을 닮았다. 사실을 오도시키지만, 명석하고 미묘한 주장을 뜻하는 'sophistry'란 말의 어원은 고대 그리스 소피스트들이 사용한 방법으로부터 유래한 것이다.

제3절 정예주의(elitism)

현대사회는 교육받을 기회가 누구에게나 평등하게 주어지는 특징을 지니고 있다. 교육의 기회가 개방되어 학교의 교육이 대중화된 오늘에 와서도 많은 사람들은 현행의 교육을 비판하면서 교육받을 능력을 갖춘 사람에게나 혹은 지적능력이 탁월한 사람에게 교육이 이루어져야 한다고 생각한다. 사회를 이끌어가는 사람은 극소수의 엘리트들이며, 이들 이외의 사람들을 교육시키는 것은 교육의 효율성 측면에서 낭비임을 지적한다. 우리는 때때로 이런 지적을 가벼이 할 수 없는 경우를 만나게 된다.

고대 희랍의 플라톤은 보이는 세상의 모순에 직면하면서 가장 이상적으로 국가를 다스리기 위한 방법에 골몰했다. 그의 사고에서는 감각세계에 관한 지식은 저급하며, 그 보다는 사유에 의한 이데아 세계에 관한 지식을 소유할 때 그가 바로 세상을 다스려야 한다고 간주했다.

플라톤의 가장 유명한 저작인 「공화국」에서 그는 철학자인 왕들, 즉 지성적 엘리트들이 다스리는 이상국가를 계획했다. 그의 이상국가와 이상교육체제는 감각세계와 이데아세계를 분리하여 이데아세계의 우위를 강조하는 진리와 가치에 관한 개념화에 기초했다. 「공화국」의 국민들에게 진리와 덕을 배양시켜 주기 위해 존재한다는 플라톤의 공화국은 감각세계 즉, 욕심에 기울지 않고 순수한 사유를 하는 지성인들만이 통치해야 하며, 그리고 모든 국민들은 그들의 특정 적성에 따라 전체의 복리증진에 기여해야 한다는 가정에 근거하고 있다. 교육은 플라톤 공화국 국민들의 사회적 위치를 결정하는 주된 방법이었다.

「공화국」에서는 국민들은 3가지 계급으로 나뉘었다. 지성인 통치자, 즉 철학자인 왕, 보좌관인 전사, 그리고 재화와 용역을 생산하는 근로자이다. 어떤 사람이 공화국의 이 세 가지 계급 중 어느 계급에 속하게 되느냐는 일차적으로 인지적 측면에서 정의되는 자신의 지적능력에 의하여 결정되었다. 교육체제는 개인의 지적능력을 평정하고 사람들을 범주에 따라 분류해내는 역할을 하였다. 일단 어떤 계급에 배치되면 그 사람들은 그들에게 부여된 사회적 역할에 맞는 교육을 받았다. 플라톤은 철학자인 왕들에게 지적으로 능력 있는 사람을 선별하는 과제를 주었다. 그들의 지적 전문성 때문에 철학자인 왕들은 지도력을 갖춘 지적이고 덕이 있는 사람이라고 판단되었다. 두 번째 계급인 보좌관들(전사들)은 철학자인 왕에게 복종하였다. 지성이 강하기보다는 의지가 강한 그들은 공화국을 수호한다. 가장 낮은 계급인 근로자들은 필요한 경제적 생산품들을 제공했다. 각 계급에게는 그들의 기능에 맞추어서 준비시키기 위한 적당한 교육적 계열이 있었다. 플라톤은 각 계급이 공동체 사회에 기여함에 따라 각 계급은 필요한 사회·경제적 기능을 완수할 것이라고 믿었다. 그는 그러한 사회는 조화로운 사회가 될 것이라고 믿었다.

플라톤의 교육과정은 6세부터 18세까지는 음악과 체육을 공부했다. 음악에는 글자, 읽기, 쓰기, 합창, 춤이 포함되었다. 읽기와 쓰기를 완전정복한 후에, 학생들은 주의 깊게 선정된 고전을 읽었다. 플라톤은 문학이 매우 중요하다고 보았다. 그래서 플라톤은 진실, 권위에 대한 복종과 감정의 통제를 강조한 가치 있는 이야기들과 시들을 골랐다.

18세부터 20세까지의 학생들은 체육과 군사훈련을 집중적으로 받았다. 20세에는 장래 철학자—왕이 될 사람들은 수학, 기하학, 천문학, 음악, 그리고 과학에 대해 국가로부터 10년간의 고등교육을 받기 위해 선별되었다. 30세에는 지적능력이 가장 우수한 사람들은 형이상학과 변증법에 대해 더 공부를 계속하였다. 플라톤의 표현으로 하자면, 지적능력은 형이상학적으로 추론할 수 있는 능력과 관련되었다. 따라서 교사들은 추상적 사고 쪽으로 성향을 보인 학생들로 하여금 그들의 추론능력을 발전시키는 공부를 하도록 선발했다. 학교에 입학하게 되는 사람들은 주의 깊게 선정된 지적 엘리트들이었다. 교육기회는 매우 지적이고 추상적인 공부를 완전정복할 수 있는 사람들에게 한정되었다.

제4절 자유교육(liberal education)의 전통

시대나 사회와는 관계없이 인간이라면 식물이나 동물과는 다른 삶이 요구된다. 인간은 동물들처럼 살아남기 위해 충족할 식욕 또는 육체적 욕구를 가지고 있지만, 다른 동물들과는 달리 생각할 힘을 갖고 있다. 진정으로 교육받은 사람이라면 윤리적 정치적 행동을 판단하는 데 있어서 이성을 발휘하는 사람이다.

정치학(Politics)에서 아리스토텔레스는 좋은 공동체 사회는 합리성의 배양에 기초한다는 교육이론을 내놓고 있다. 만약 교육을 등한시하게 되면, 그 공동체 사회는 어려움을 겪게 된다. 아리스토텔레스는 인간으로서, 그리고 시민으로서의 우수성 또는 완전성을 배양하는 데는 교육이 주된 역할을 한다고 보았다. 대부분의 그리스 이론가들이 그러했듯이 아리스토텔레스는 교육을 통한 이성획득은 인간을 자유롭게 하는 특성으로서, 합리성 획득을 위한 자유교육과 그렇지 않은 직업훈련을 구분하였다.

오늘의 "자유교육"은 전문적 능력이나 기술을 익혀 특정한 직업적 부문에 종사할 것을 전제로 하는 "전문교육", "기술교육"과는 구별되는 교육활동, 다시 말하면 사회적 유용성과 상관없이 인간의 마음이 자유롭게 활동하는 상태에서 이루어지는 교육을 가리키는 말로 이해된다.

교육을 통해 합리적인 인간과 합리적 사회가 배양된다고 본 아리스토텔레스는 공립 의무제 학교를 제안했다. 유아교육은 놀이, 신체활동과 적절한 이야기들로서 구성되었다. 7세에서 14세까지의 아동들은 도덕교육과 체육교육을 통하여 적절한 습관을 길러야 한다. 그들은 운동과 체육교육을 받아야 한다. 음악은 적절한 정서 형성에 사용된다. 그들은 자유 교양교육에 필요한 기초기능인 읽기와 쓰기를 배워야 한다. 15세에서 21세까지의 청소년들은 수학, 기하학, 천문학, 문법, 시가, 수사학, 윤리학, 그리고 정치학을 공부해야 한다. 21세가 되면 이보다 더 이론적인 과목들인 물리학, 우주학, 생물학, 논리학, 그리고 형이상학 등을 이수해야 한다. 그리스의 많은 이론가들처럼, 아리스토텔레스는 오로지 청소년(남학생)교육에 관심이 있었다. 아테네의 전통적 관행에 따라 여성은 남성에 비해 지적인 면에서 열등하다고 그는 믿었다.

아리스토텔레스의 학교는 지식에 관해 가르치고 배우는 전당이었다. 수업은 이론적인 동시에 실제적이었다. 사실 아리스토텔레스주의자들은 '이론은 실천에 이르게 하는 최선의 안내자다.'라고 주장한다. 실재에 관한 이론은 자연 속에서 사물을 주의 깊게 관찰한 결과에 기초한다. 따라서 교사란 이론을 시범 보여 주는 사람으로 부를 수 있다. 아리스토텔레스는 인간을 합리적 동물이라고 정의하였기 때문에 학교는 각 사람의 합리성을 배양시키고 발달시켜야 할 의무가 있다. 아리스토텔레스 방식에 따르면 학교는 매우 학문적인 기관이어야 한다. 학교는 학구적이고 과학적인 학문영역에 기초한 사전에 잘 짜여진 교육과정을 제공해야 할 것이다. 그러한 학교에서 근무하는 교사라면, 그들이 가르치는 교과목에 관한 지식을 갖고 있어야 하며, 그것을 배우려고 하는 학생들에게 그 지식을 능숙하게 전달할 수 있어야 할 것이다. 아리스토텔레스의 철학은 중세 스콜라철학의 기초가 되었으며, 허친스(Robert Hutchins)와 아들러(Mortimer Adler)와 같은 근대 항존교육자들의 교육철학의 기초이기도 한다.

제5절 체육이 배제된 교육

어느 시대를 막론하고 인간의 정신과 육체가 모두 존중되어 길러지지는 않았다. 교육의 바람직한 방향이 심신의 고른 발달에 있다하더라도 한 시대를 풍미하는 사상과 종교가 이를 허용하지 않는 방향으로 끌고 갈 수 있다. 중세의 교육이 바로 여기에 해당된다.

중세의 교육은 기독교적 사상이 근본을 이루고 있었기 때문에 유아의 심신은 현세의 생활을 위하여 훈련시키는 데 있지 않고 미래의 세계를 위한 영혼을 배양하는 데 관심을 두었다.

이는 다음과 같은 성 바실(St. Basil)의 말에서 잘 나타나고 있다.

> "우리 기독교인의 젊은 사람들은 이 인간생활이 극히 귀중한 것이 아니라고 확신하고 있다. 우리들은 우리들의 희망을 속세를 초월하는 것에 두고 있으며, 내세를 준비하기 위하여 우리가 할 수 있는 모든 일을 한다."(김옥련, 1984).

그러면 이러한 준비를 위한 방법은 무엇인가? 이는 성 제로메(St. Jerome)가 어느 귀부인에게 보낸 편지에서 잘 드러난다.

> "신의 전당이 되어야 할 영혼은 교육되어야 합니다. 하나님의 두려움에 관한 것 이외에는 아무것도 듣지 말고, 아무것도 말하지 않는 것을 배워야 합니다. 불결한 말에 대한 지식이나 세속적이 노래에 대한 지식은 가져서는 안 됩니다. 그 혀는 아직 보들보들할 때 찬송가의 부드러움 속에 적셔야 합니다. 방자한 생활을 가진 사내아이 파울라(Paula)에게 접근시켜서는 안 됩니다. 왜냐하면 그들이 만약 어떤 해악을 알고 있다면 그들은 더 많은 해악을 가르칠 것이기 때문입니다. 어린이에게 회양목이나 상아로 만든 한 틀의 글자를 주어 그 정확한 이름을 하나하나 붙이게 하십시오. 그녀로 하여금 이것을 가지고 놀도록 하십시오. 이렇게 함으로써 그 놀이는 그녀에게 무엇인가를 가르쳐 줄 것입니다."(김옥련, 1984).

위의 말 등을 통해서 우리는 다음과 같은 중세 교육의 단편들을 볼 수 있다.

첫째, 이미 언급한 바와 같이 중세는 원죄적인 인간관에 의해 육체를 등한시하여 육체를 혹독하게 다루고, 이로 인해 교육은 대단히 엄격하며 내세를 위한 종교적인 색채가 농후하다는 점이다. 따라서 인간의 육체를 도야한다는 것은 찾아볼 수 없으며, 어려서부터 나락함에 빠지지 않도록 끊임없는 감독과 체벌이 이루어졌다.

둘째, 일반적인 수업양식은 교리, 교회사, 종교적으로 되어야 할 성인에게 적용되는 법률 등을 가르쳤다. "하나님의 두려움에 관한 것 이외에는 아무것도 듣지 말고, 아무것도 말하지 않는 것을 배워야 합니다."에서 나타나는 바와 같이, 하나님을 경배하고 종교적인 삶을 사는 것 외에는 다른 여타의 행위들은 세속적인 것으로 치부되었다.

김옥련(1984)에 의하면, 보베이(Beauvais, Vincent de)는 중세교육에 상당한 영향을 미쳤다. 보베이는 루이 9세에 의해 초빙되어 왕자를 교육하였다. 이때 그가 펴낸 책이 바로 「왕자교육」이다. 이 책을 보면 그는 원죄설에 입각한 아동관에 기초하고 있음을 알 수 있다. 그는 정신이 육체 속에 들어가면서 지식에는 어둠이 생기고, 의지에는 육체적 욕망을 일으킨다고 보았다. 따라서 그는 어린이가 태어났을 때 사고가 우둔하고 행동을 올바르게 행하지 못하는 것은 바로 이 때문이라고 보았다. 그러므로 우리는 교수(教授)를 통해 어린이들의 무지를 깨우쳐 주고 오성(悟性)을 밝혀 주며, 훈련을 통해 선한 행동을 할 수 있는 의지를 길러주어야 한다고 주장했다.

이를 위해서 그는 천성, 수양, 훈련의 3가지 학습요건이 갖추어져야 한다고 보았다. 여기에서 천성이란 들은 것을 옳게 습득하고, 습득한 것을 간직하는 힘, 즉 오성과 기억력을 말하며, 수양이란 근면 노력하여 자연적인 천성을 발전시키는 것으로서, 정신을 예민하게 하여 이를 썩지 않게 하는 것을 일컫는다. 마지막으로 훈련이란 옳은 행동에 의하여 생활과 일치시키도록 인도한 것을 말한다.

특히 보베이의 교육론 중 '훈련의 수단'은 중세 교육을 이해하는 데 상당한 도움을 준다.

"훈련의 수단은 징벌이다. 그 종류에는 힐책과 위협, 체벌이 있다. 그것은 어린이의 성질과 능력에 따라 활용할 필요가 있다. 모든 벌은 반드시 엄숙, 온정, 사려로써 행하여야 한다. 엄숙은 연약(軟弱)에 반하며, 온정은 냉대에 빠지지 않도록 하며, 사려(思慮)는 양(量)과 시간, 그리고 장소를 옳게 선택할 필요가 있다. 훈련은 악을 피하게 할 뿐만 아니라 선한 행동에까지 추진되도록 한다." (김옥련, 1984).

이처럼 중세는 인간의 육체를 제외하고 정신이나 영혼에만 몰두했다. 그 결과 몸과 마음이 모두 피폐해지는 교육의 황무지를 낳게 되었다.

제6절 암기식 교육

교육에서 재미없고 지루한 형태의 교육 전형이 암기식 교육이다. 암기식 교육은 교육이 이루어진 그 어떤 시대에도 있었지만 16C 유럽의 인문주의 교육에 범람했다. 중세의 속박에서 벗어나고자 읽기 시작한 고전은 그 속에서 인간성과 창조의 영감을 발견하기보다 고전어 학습에만 몰두하게 되었다. 라틴어와 같은 까다로운 고전어의 문법, 그리고 고전의 주해서를 통째로 외는 암기교육이 교실을 회초리와 몽둥이가 판을 치는 장소로 전락시켰다. 고전을 읽기 위한 고전어는 실제로 일상생활에 쓰이지도 않을 뿐 아니라 키케로(Marcus Tullius Cicero)와 같은 형태로 글을 쓰고 읽는 방향으로 교육을 편협하게 만들었다.

에라스무스(Erasmus)는 당시의 교사와 교육이 어리석고 조잡하여 어린이의 인격을 존중하지 않고, 어린이를 소, 말이나 노예처럼 취급하고 있는 점을 강력하게 비난한다.

> "오늘날의 학교는 학교라기보다는 고문소라고 하는 쪽이 더 적당하다. 거기서는 회초리와 몽둥이로 때리는 소리가 울려 퍼지고, 거기서 들을 수 있는 소리는 비명과 흐느끼는 소리, 그리고 무서움에 떨고 고함치는 소리뿐이다. 그러한 곳에서는 어린이들은 학문을 사랑하기는커녕 그것을 증오하는 것 이외에 어떠한 것도 배우지 못할 것이 틀림없다."(김정환 외 1인 공역, 1990).

프랑수아 라블레 Francois Rabelais(1494~1553)는 프랑스의 풍자작가, 인문학자, 의사로서 『가깅뛰아 이야기』와 『빵나그뤼엘 이야기』를 통해서 전통적인 교육에 대해 이렇게 쓰고 있다.

쇠뿔은 단김에 빼라 했다고 쥬발 오로휴르누 선생이라는 이름을 가진 궤변의 대박사를 소개해 올렸는데 이 선생에게서 '알파벳'을 철저하게 배운 결과 가강뛰아는 거꾸로 암기할 정도가 되었지만, 그렇게 하는 데 5년 3개월이 걸렸다. 그 다음에는 『도나토우스 문전』, 『화케토우스 예기』, 『테오도루스 신화해설』 및 『아라누스 우화해설』을 읽어줄 수 있게 되었는데 이렇게 하는 데는 13년 6개월 2주간이 걸렸다.

그 뒤에 암중모색 선생, 무거운 짐 지워주는 선생, 많이만 담아주는 선생, 주정뱅이 선생, 송아지 선생, 노랭이 선생, 자라 콧구멍 선생, 기타 모범이 될 만한 여러 선생들의 주석이 들어 있는 『철학적 문헌 해석방식』을 읽어줄 수 있게 되었는데 여기에는 18년 11개월이 필요하였다. 따라서 이런 것을 매우 정확하게 기억하여 시험 볼 때는 거꾸로도 잘 외워 써 내려갈 정도였다(김정환 외 1인 공역, 1990).

전통적인 교육의 문법서 암기주의를 이렇게 과장하여 묘사해낸 것은 아마 다른 것에 비교될 수 없을 것이다. 이와 같은 암기식 교육에 대한 비판과 더불어 새 교육을 위한 방법으로 생활에 기초해서 먼저 실물을 관찰하고 그 뒤에 문헌과 대조하는 등의 다양한 실물 위주의 교육적 시도가 주창되기에 이르렀다.

제7절 습관형성으로서의 교육

존 로크(J. Locke)는 1695년에 출간한 교육론(Some Thought about Education)에서 영국교육의 기초를 확립하고 있다. 존 로크의 교육론 제1장은 체육에 관한 내용이다. 교육의 첫출발을 학생들의 체력증진에 두고 있다. 제2장에서 19장까지는 인성교육에 관한 내용이다. 그리고 제20장에 가서야 학습에 관한 내용을 다루고 있다. 이런 순서가 중요한 것은 교육의 우선순위를 체 · 덕 · 지에 두고 있음을 나타내 준다.

존 로크의 교육에 있어서 중요한 기본사상은 바로 백지설(tabula rasa)이다. 즉, 백지 상태인 아동에게 있어서 경험 하나하나는 그의 인간 형성의 중요한 요소가 되므로 교육은 유아기부터 올바르게 행해져야 한다. 여기에서 그는 올바른 교육의 중요성과 이런 교육을 맡은 교사로서의 의무감에 대해 강조하고 있다.

로크는 과학적 지식과 실전 경험을 토대로 학습은 필요한 것이기는 하지만, 이는 중요한 인간능력을 바르게 키우는 데 도움을 주는 수단에 불과하다. 그러므로 아이들의 순진무구함에 상처를 주지 않고, 아이의 좋은 점을 소중히 여기고 키워주며, 나쁜 성질을 기꺼이 고쳐주고 뿌리 뽑아 좋은 습관을 형성시키는 것에 주력해야 한다는 합리적인 교육론을 펼쳤다.

로크 교육이론의 목적은 지식보다는 지혜와 가치의 훈련이다. 즉, 지적이고 도덕적인 전형적 영국 신사, 현대적 의미로는 시민사회의 구성원으로서의 인간을 형성하고자 하는 것이었다. 그래서 로크는 "교육은 누가 하든지 유아가 가지고 있는 재능을 최대한 신장시켜 주는 것"이라고 그 목적을 밝히고 있다.

인간의 가장 중요한 생존능력인 이성과 욕망이 조화로운 통합을 이룬 인간의 현실적 요건이 비로 덕성인데, 이것이 바로 교육론의 최고 목표가 된다. 유아들이 덕을 몸에 익혀 선량한 성격으로 훈련되는 것이 바로 로크의 사회이론의 완결이다. 로크에게 있어서 교육의 목적은 덕육이요, 이 덕육의 목적은 자신의 욕망을 억제하고 이성(理性)에 따라 행동하는 데 있다. 즉, 의지를 도야하는 것에 중점을 두어 정욕을 억제하고 유아에게 자연적 도리에 합치되는 행동을 하도록 하는 것이다. 교육이란 자연이 부여해 준 것을 최대로 이용하는 것이며, 악덕에 빠지지 않게 하고, 천성적인 결점을 보강해가면서 소질을 마음껏 발휘하도록 하는 것이다. 이런 측면에서 중요하게 제기되어지는 교육의 또 다른 목적은 극기를 통해 자기 노력을 몸에 익히는 것이다. 로크가 강조하는 적게 먹기, 소박하고 검소한 몸차림, 얇게 옷 입기, 찬물로 목욕하기 등은 과도하게 인위적인 생활양식에서 유아를 해방시키는 것과 동시에 절제와 단련을 통해 그들이 앞으로 나아갈 냉엄한 사회에 적응하고 인내할 힘을 길러주자는 것이다. 유아기 때의 습관에 대한 부모와 교사의 세심한 주의와 엄한 관리를 통한 극기는 자립심을 길러줌과 동시에 자신의 욕망을 억제하여 이성과 조화시키는 덕육에도 바로 연결되는 것이라 하겠다.

로크는 형식적인 학교교육은 덕성을 키우는 것과 무관할 뿐 아니라, 실제 생활에 무익한 쉽게 고쳐질 수 없는 나쁜 습관들만 형성시키는 것이라 하여 통렬히 비판하고 있다. 그러나 이러한 비판으로 인해 로크가 지육에는 의미를 두지 않는 사람이었다고 생각해서는 안 된다. 지육은 덕육에 못지않게 중요한 것으로서 체계적인 지육이 덕육의 기초가 되며, 덕육은 지육을 지도하고 있다는 의미에서 양자는 분리될 수 없다. 그러나 지육은 종래의 학습방법으로는 이루어질 수 없는 것으로 아동들의 감수성을 일그러뜨리는 것이 된다. 이러한 지육을 위해서는 직접 지식을 가르치는 것뿐만 아니라 흥미를 유발하여 스스로 지적 향상을 도모하는 방법을 가르쳐야 한다. 이러한 지육을 통해 자기 힘으로 공부하고자 하는 것, 자신의 문제를 스스로 생각하고자 하는 것, 처음부터 끝까지 질서를 세워 점진적으로 최후까지 도달하려는 정신이 길러진다.

그 다음 교육목적으로 제시되는 것이 체육이다. 정신과 육체는 인간 삶에 있어서 어느 하나를 생략하고 다른 것으로 메울 수가 없는 것으로 동등한 가치를 지닌다. 그 당시까지 경시되어 오던 체육에 대한 가치는 "신체가 정신의 명령에 따라서 움직일 수 있도록 체력과 활력을 보유해야 한다."는 로크의 말을 통해 재고되게 된 것이다. 신체단련을 위해 로크는 차게 옷을 입힌다든가, 냉수욕을 한다든가, 소식(小食)을 한다든가 하는 자연스런 일상습관을 통해 자제력과 함께 체력을 증진시키는 것과 댄스, 펜싱, 승마, 수영, 검술 등과 같은 스포츠를 통한 신체훈련의 필요성도 내놓았다. 하나의 소양이라 할 수 있는 음악, 스포츠, 수공작업 등의 레크리에이션은 노동으로 피로해진 정신과 육체를 건강하게 회복시켜 생활에 적응하게 하는 것으로 체육에서 중요하다. 이상과 같이 여러 각도에서 행해지는 신체훈련의 과정이 전개되어가는 중에 정신형성이 연합되어간다는 사상이야말로 로크의 독자적인 것이다. 신체는 인간

교육의 가능성의 원천이며, 심신의 긴밀한 연결을 통해 지 · 덕 · 체의 조화를 이룬 이상적인 인간을 육성해낸다는 것이 로크 교육의 주목적이다.

로크는 이상의 지 · 덕 · 체의 주된 교육목적 외에 몇 가지를 부가하고 있다. 어학은 그 자체로서 실무에 도움이 되고 개개인이 유용한 지식을 얻을 수 있게 한다는 측면에서 유용하지만 권위주의적인 형식적 암기에 반대하여 계속적인 반복을 통해 이루어져야 하리라고 했다. 이러한 반복이 유용하게 사용될 수 있는 분야가 바로 습관인데 이 습관의 올바른 형성은 일생을 통해 이루어지는 올바른 성인으로 자립시키기 위한 것으로 해야 할 일과 하지 말아야 할 일, 하고 싶지만 극기를 통해 자제할 일 등이 몸에 배도록 한다.

체벌은 아동의 흥미를 꺾어 버리고, 노예적 기질을 만들며 악행과 불규칙적인 생활을 일으키는 근원이라 하여 가능한 어떤 경우에서든 체벌은 행해져서는 안 된다고 여러 번 강조하였다. 그렇다면 잘못된 행동을 유발시키고 지도하는 어떤 동기를 근절시켜 올바른 인격을 갖게 하는 길은 도대체 무엇인가? 교육적인 방법으로 존경심과 불명예를 알게 하라는 것이다. 감정과 감각에 예민한 아이들은 이러한 감정적인 존경심과 불명예에 민감하여 그들의 이성적 판단을 통해 그들이 이루어가야 할 이상적인 모습들을 스스로 체득할 수 있게 되는 것이다.

로크는 실제적인 교육방법으로 여행을 권장하고 있는데, 이것이 갖는 교육적 목적은 "서로 다른 기질, 습관, 생활양식을 가진 사람들과의 많은 교제를 통해 지식과 분별력을 향상시키는 것"으로 신체적 훈련, 언어 및 회화, 지식의 향상이 수반되어 보는 시야가 넓어지고 조심스러우면서 신중하게 사물을 보는 습관이 생기며, 예의가 바른 정중한 태도로서, 원만하게 주변의 여러 사람들과 교제하여 자유롭고 안전하게 보호하는 힘이 생겨 장래를 준비하는 자립심과 독립심을 육성하여 하나의 개체로서 성장하게 한다.

이상과 같이 여러 방면에서 기술되는 로크의 교육목적은 누가 이끌어 가든지 아동이 갖는 재능을 최대한 신장시켜 주는 것으로 신체적 강건함을 위한 체육을 바탕으로 풍부한 지(知)위에 인간적인 덕(德)을 쌓아가는 것이다.

'건강한 신체를 기초로 하여 지혜와 덕성을 겸비한 인간'으로 교육하기 위한 교육의 내용에 대해 로크는 자세하게 기술하고 있다. 로크는 인간 형성의 기초를 일상생활에서 자연스럽게 자연의 리듬을 존중하고 지켜내는 건강교육에 두었다. 신체가 건강하지 못한 것은 신에 대한 봉사와 이웃을 돕는 것을 불가능하게 만들어 버린다고 여겨 유베나리스(Juvenalis)의 "건전한 정신은 건전한 신체에 머문다(mens sona in copore sano)"고 하는 교훈을 전제로 하여 교육내용을 밝히고 있다.

유아의 심신을 강하게 하고자 한다면, 자연에 의해 자녀의 심신을 단련시키고 있는 시골 농가의 아이들이 자라는 것을 보고 배워야 한다고 하였다. 우선 얇은 옷이나 나체로 양육시키고, 집 밖의 공기를 자주 접하며, 냉수로 목욕하기, 수영하기 등을 권장하고 있는데 특별히 새는 신발을 신겨두어 매일 냉수로 발을 적셔 청결과 건강을 유지하도록 하였다. 또 식사는 간단하게 가능한 한 육류를 삼가는 소식으로 하게 하되 아동이 배고파하지 않는다면 어떤 것도 먹이지 말라고 하였다. 로크는 실제적인 의학지식을 바탕으로 치료나 예방을 목적으로 약물을 남용하지 말고 자연에 맡기라고 권고한다. 쾌변은 규칙적으로 이루어져야 하므로 의지에 상관없이 아침식사 후 반드시 화장실에 가는 습관을 들여야 한다. 숙면은 건강의 기초이므로 이것만은 유아들이 아주 만족할 수 있도록 자게 하되 일찍 자고 일찍 일어나는 습관을 갖도록 지도하며, 푹신한 침구는 허약함의 근원이 되므로 주의해야 한다고 권고한다.

이상과 같이 유아건강의 기초가 확립되면 그 기초 위에 가장 기본적인 지육이 행해져야 한다. 지육은 이성과 오성의 기능을 사용하고 훈련하는 기초가 되는 것이다.

제8절 자연으로 돌아가라

교육의 내용과 방법이 인위적인 경우 그 교육은 고통스럽다. 다시 말해 교육의 내용이 실제 생활과 유리되어 있고, 가르치는 방법이 학생의 능력과 동기를 고려하지 않은 채 이루어진다면 그 교육은 실패하고 무기력하다. 교육의 역사상 인위적인 교육에 반대한 가장 극단적인 자연주의 교육이론가는 루소이다.

스위스 태생 프랑스 이론가인 루소(Jean Jacque Rousseau)는 사회사상, 정치사상, 교육사상에 심대한 영향을 끼쳤다. 루소는 다양한 진로에 마음을 썼지만, 그가 명성을 얻은 것은 사회철학자이자 교육철학자로서였다. 그의 저서인 「인류 불평등의 기원(On the Origin of the Inequality of Mankind)」과 「사회계약(The Social Contract)」에서 루소는 불평등을 야기시키는 부와 재산과 권위에 기초한 부분은 인위적인 것이라고 말하고 있다.

루소의 가장 유명한 교육 관련 논문은 그가 1762년에 쓴 소설 「에밀(Emile)」이다. 「에밀」은 유아기부터 성인기까지의 한 소년의 교육 이야기를 들려준다. 루소의 소설은 아동성악설과 말과 문자 중심 교육에 대한 공격이었다. 그는 그러한 교리와 실제는 아동의 천부적인 관심과 성향을 무시했다고 보았다. 사회는 우리를 일련의 제도들 속에 가두어 버렸다. 아동은 이러한 제도 가운데 가장 강압적인 학교로부터 해방되어야 했다.

1. 아동발달의 원리

코메니우스처럼 루소도 인간의 성장과 발달단계를 인정하였다. 루소가 볼 때, 성장단계는 5단계로 나뉜다. 유아기, 아동기, 소년기, 청소년기, 청년기 등이다. 각 단계는 더욱더 발달과 성장을 촉진 시킬 수 있도록 그에 적합한 교육이 필요하다. 가장 중요한 성장의 초기 단계는 사회의 부패로부터 해방되어야 한다. 루소의 소설 주인공인 에밀은 황폐한 사회의 유혹과 감언이설로부터 벗어나 조용한 시골 성에서 개인교사로부터 교육을 받게 되었다.

루소가 분류한 첫 번째 단계인 유아기(출생~5세)의 인간은 본질적으로 무기력하며, 다른 사람에게 의존한다. 유아는 그의 몸을 움직이고 운동할 자유가 필요하다. 그는 환경과 주변 사물들과의 접촉이 필요하며, 식사는 간단해야 하나 영양가가 있어야 한다.

아동기(5세~12세) 동안에는 아동은 신체적으로 튼튼해지게 된다. 아동은 자신의 행동이 고통스러운 결과가 아니면 즐거운 결과를 가져온다는 것을 인식하게 됨에 따라 그의 자신의 인성을 발달시키기 시작한다. 이 단계 동안 아동은 자기중심적이고 또한 호기심이 많다. 그는 환경을 탐색하고, 그의 오감을 통하여 세계에 관하여 배운다. 루소는 사람의 눈, 귀, 손 그리고 발이야말로 첫 번째 선생이라고 부른다. 이러한 타고난 자연적 선생들이 학습자가 이해하지도 못하는 낱말을 가르치는 학교 선생보다 훨씬 더 나으며 훨씬 더 효율적이다. 그것들은 교실의 침묵과 선생의 회초리보다 더 낫다. 에밀의 개인교사는 이 단계에서 책을 드리려고 하지 않았다. 책을 읽히기보다 아동이 자연과 직접적인 경험을 하도록 했다.

소년기 동안(12~15세) 신체의 힘은 계속 커진다. 아직도 최고의 선생인 자연을 통하여 아동은 과학과 지리를 배운다. 식물과 동물의 성장 및 주기를 관찰함으로써 에밀은 자연과학을 배웠다. 그의 주변 환경을 탐험함으로써 그는 지도를 갖고 배울 수 있는 것보다 훨씬 더 사실적으로 지리를 공부했다. 이제 에밀은 어떤 한 섬에 좌초해서 스스로 자연과 부대끼며 살아야 했던 한 사람의 이야기인 「로빈슨 크루소(Robinson Crusoe)」를 읽었다. 더불어 에밀은 또한 정신노동과 육체노동 사이의 관계를 이해할 수 있도록 수공예를 배웠다.

루소의 발달 도식에 따르면, 다음 단계는 15세에서 18세까지인 청소년기이다. 이 기간에 에밀은 사회로 돌아왔다. 성에 대해 눈 뜨고, 관심을 두게 되면서부터 에밀은 그의 가정교사에게 인간의 성에 관한 질문을 하였다. 에밀의 이러한 질문에 대해서 가정교사는 솔직하고 성실하게 대답해 주어야 했다. 에밀은 자연교육을 경험하였기 때문에 외부세계에 대처할 만반의 준비가 되어 있었다. 그는 사회, 정부, 경제학, 그리고 상업에 대해 알 필요가 있게 되었다. 또한 박물관, 화랑, 도서관을 찾아가 보고, 극장을 가 봄으로써 그의 심미적 취향을 배양하게 되었다. 교육의 마지막 단계인 18세에서부터 20세 사이에 에밀은 다른 민족들과 사회들의 모습은 어떠한지를 보기 위하여 파리와 외국 여행을 하였다.

루소는 진정한 의미에서 개척자였다. 그는 기존의 인습에 도전하였다. 그는 인간의 자유와 진보를 가로막았다고 생각되는 것을 타파하는 데 주저하지 않았다. 루소는 누가 뭐래도 낭만인 이었다. 그는 합리적이고 과학적인 사람보다 자발적이고, 원시적이고, 정서적인 사람을 더 좋아했다. 그의 개인적 성향은 억압적이고 제약적인 사회 제도와 관습을 타파하는 것이었다.

2. 지식과 학교관

루소에게 있어서 지식의 기초는 느낌과 감각이었다. 사회적인 것보다 자연적인 것을 더 좋아했던 루소는 지식을 얻는 방법으로 인간의 본능을 강조하였다. 그는 진리에 이르는 방편으로서 책에 의존한다는 것을 분명히 반대하였다. 인쇄된 책을 통한 간접적 경험보다는 자연과의 직접적, 즉각적 경험에 의존하는 것이 훨씬 더 낫다고 그는 믿었다.

교육과 학교교육을 동일시한 고전적 인문주의자들과는 달리 루소는 사려 깊게 두 가지를 서로 구분하였다. 현대의 탈학교 옹호론자들처럼 루소는 제도로서 학교는 종종 학습을 방해하고 가로막는다고 믿었다. 하나의 사회 제도인 학교는 아동을 사회적 관습, 예의범절, 관념에 묶어두는 사회적 속박이었다. 루소는 인위적인 사회적 제약으로부터 아동과 성인을 해방하고자 하였다. 루소의 에밀은 자신의 본능에 따라 행동하는 자연인이었다. 만약 그 결과가 즐거움이라면 에밀은 자신의 보상을 받은 것이다. 만약 그의 행동의 결과가 고통이라면 이러한 결과는 에밀 자신에게 미쳤다.

루소의 「에밀」은 서구교육의 발전에 큰 영향을 주었다. 루소는 그의 사상보다 더 방법론적이고 집단 중심적 상황에서 실천에 옮긴 요한(Johann)에게 큰 영향을 주었다. 미국에서 루소의 영향은 파커(Francis Parker)와 존슨(Marietta Johnson)과 같은 아동중심 진보주의 교육자들에게 강한 영향을 주었는데, 이들은 아동의 흥미, 욕구, 그리고 성향에 기초한 교육학을 정교화시켰다.

단원 마무리

질문을 만들어 보고 동료들과 이야기를 나눠 보세요.

♠ 정답이 있는 질문(교재에서 답을 찾을 수 있는 질문)

· 인위적인 교육에 반대하여 사회, 정치, 교육사상에 영향을 끼친 자연주의 교육학자는 누구인가?

·

·

·

♠ 정답이 없는 질문(더 궁금하고, 이유나, 추론, 적용 등을 묻는 질문)

· 자신이 선호하는 교육관은 무엇이고 그것은 선택한 이유는?

·

·

·

Introduction to Education

chapter03. 교육의 역사와 철학적 배경

제1절 교육의 역사적 의미

제2절 교육의 철학적 배경

제1절 교육의 역사적 의미

1. 인류문화의 시작과 교육

1) 원시시대 교육

교육은 제도적으로 형성되기 이전 원시시대부터 이루어져 왔는데, 이때의 교육은 생활 자체가 바로 교육이며 교육내용이었다는 것은 분명한 사실이다. 교육이란 그 시초에는 부모나 성인들이 자신의 자녀나 다음 세대에게 자신의 삶의 경험을 통해서 생존에 필요하다고 여겨지는 지식이나 기능을 가르치고 전하는 활동에서 비롯되었다고 할 수 있다. 원시인들의 교육이 어느 정도였는지 기록이 없어서 알 수는 없지만 그들의 교육이 생활을 통하여 이루어졌으며, 교육은 곧 생활의 문제와 직결된 것이었음을 쉽게 짐작할 수 있다.

원시인들의 생활은 크게 3가지 영역으로 나누어 볼 수 있다. 첫째, 의식주의 필요를 충족시키는 활동 영역이고, 둘째, 어떤 초월적인 존재에 대한 종교적, 주술적 의식에 관련된 활동 영역이며, 셋째, 같은 부족의 사람들이 조화롭게 사는데 필요한 습관, 금기, 규칙들에 관련된 영역이라고 할 수 있다. 이 중에서 의식주의 필요를 충족시키는 활동은 그들의 삶 자체였기 때문에 생활 속에서 자연스럽게 가르치고 배울 수 있었을 것이다. 그러나 종교적, 주술적 의식에 관련된 활동을 배우는 것이나 또는 공동적인 삶에 필요한 습관이나 규칙의 학습은 보다 체계적이고 의도적인 절차를 통해 이루어졌을 것으로 여겨진다. 그리고 이런 종류의 학습활동에는 여러 가지 상징물들이 활용되었을 것이며, 그러한 상징물들은 오늘날의 문자, 음악, 미술, 혹은 건축 등의 시초가 되었다고 할 수 있다.

따라서 원시인들에게 있어서 교육이란 그들의 삶의 과정 그 자체였다고 할 수 있으며, 그 생동하는 삶의 현장에 직접 참여하는 것을 통해 생존에 필요한 지식과 기술을 가르치고 배워나갔다고 할 수 있다.

2) 고대 동양사회의 교육

동양이라는 말은 흔히 문화적인 측면에서 서양과 대립되는 개념으로 사용되어 왔다. 물론 문화 간에는 기본적 특징에 있어서 차이가 있기는 하다. 그러나 과연 동양과 서양이 대립적인 개념인가 하는 것에는 논의의 여지가 있다. 특히, 교육과 관련하여 볼 때 두 문화의 개념은 대립적이라기보다는 상호보완적인 개념으로 이해되어야 할 것이라고 본다. 특히, 교육은 인간의 개인과 사회의 측면 모두에서 삶의 질을 향상시키기 위한 활동이라는 점을 고려할 때 더욱 그렇다.

이 점에서 중국의 교육을 중심으로 고대동양의 교육적 특징을 정리해 보고, 그것이 우리나라에 미친 영향을 정리하고자 한다.

고대중국의 사회에 있어서 주된 관심은 사회적 안정을 유지하는데 있었으며, 그러한 사회적 안정은 어떤 자연적인 법칙이나 절대적인 권위에 순종함으로써 이루어진다는 것이 중국인의 일반적인 신념이었다. 이러한 관점에서 고대중국의 교육에서는 개인의 자유로운 발달이나 창의적인 인격의 형성보다는 주로 기존질서에의 순응과 동조가 더 강조되었다.

고대 중국에 있어서는 하늘(天)에는 도가 있어서 그것이 인간의 모든 길흉화복을 주관하는 것은 물론 국가의 흥망성쇠도 결정한다고 믿었다. 그리고 조상이나 제왕은 바로 이 하늘의 뜻(道)을 헤아릴 수 있는 능력을 지닌 존재로 여겨졌다. 이는 제정일치와 조상숭배의 사상으로 나타나게 되기도 하였다. 따라서 하늘의 뜻을 잘 받들어 섬기는 것이 개인적으로나 국가적으로 가장 중요한 일이었던 만큼 교육에 있어서 조상을 받들고 제왕의 권위를 상징하는 국가에 대한 절대적 순종의 학습이 강조되었다. 이러한 맥락에서 일찍부터 조상과 제왕의 권위를 확립하기 위한 학교교육이 이루어졌다. 그리고 인간사회에서 하늘의 뜻(道)이란 인륜의 도리로서 나타나는 것이라고 생각하였으므로 교육의 구체적인 목표는 이러한 인륜을 밝히고 실천하는 일이었다. 이러한 인륜의 대표적인 예로서는 5륜[군신유의(君臣有義), 부부유별(夫婦有別), 부자유친(父子有親), 붕우유신(朋友有信), 장유유서(長幼有序)]을 들 수 있다. 따라서 이러한 교육목적을 달성하기 위해서 4교(四敎)[문(文), 행(行), 충(忠), 신(信)]과 6예(六藝)[예(藝), 락(樂), 사(射), 어(御), 서(書), 수(數)]등의 교육내용이 강조되었으며, 후대로 갈수록 점차 성현의 말씀과 저술에 대한 공부가 강조되었다. 주자 이후 명·청대에 이르러서는 「대학」, 「중용」, 「논어」, 「맹자」의 4서가 가장 기본적인 교육과정이 되었다. 그리고 관리를 등용하는 과거에서도 이러한 경서들의 내용을 핵심으로 다루었다. 이와 같은 경서 중심의 교육은 19세기경까지 큰 변화 없이 그대로 이어져 내려왔다.

고대중국의 교육제도를 보면, 요(堯)를 지난 순(舜)시대에 와서 구체적인 교육기관이 만들어지고 학교교육이 제도화되었다. 순 시대에 수도에 학교를 처음으로 설립하였으며, 교육을 위한 관직으로서 사도(司徒)의 직을 설치하였다. 하(夏), 은(殷)시대에는 수도에 대학과 소학에 해당하는 교육기관을 설치하였으며, 지방에는 향학을 열어 교하고 불렀다. 주 시대에 이르러 학교제도는 크게 발달하게 되는데, 관학(官學)과 사학(私學)이 있었다. 관학으로는 국학(國學)과 향학(鄕學)이 있었고, 국학에는 다시 대학과 소학이 있었다. 대학의 입학은 천자, 공경 등 귀족의 자제에게만 허용되었다. 향학은 지방의 소학으로서 지방의 일반관리와 그 이외의 자녀들을 교육하였다. 주나라는 전국시대로 접어들면서 관학은 거의 없어지게 되었으며, 귀족이나 왕족들은 그들의 자제들을 교육시키기 위하여 사학을 경영하는 경우가 많았다. 그러한 사학에서 교육을 담당했던 이들 중에 공자와 맹자가 있었으며, 공자에 의해 창시된 유교는 중국과 우리나라를 비롯한 동양사회에 있어서 사회운영의 기본원리가 될 뿐만 아니라, 교육의 전통적 바탕을 이루게 되었다. 공자나 맹자에 있어서 교육의 기본원리는 '수신제가치국평천하(修身齊家治國平天下)'에에 있었으며, 교육의 목적은 성인이나 군자와 같은 최고 인격자가 되는데 있었다.

우리나라는 일찍부터 중국과의 교류를 활발히 이루어 온 나라로서, 우리의 교육은 중국의 교육전통과 매우 유사하다. 우리나라의 고대에 어떤 교육제도나 조직이 있었는지에 대한 기록은 없으며, 학교제도는 삼국시대에 이르러 출현한 것으로 기록되어 있다. 그러나 기록에 나와 있지 않은 시대에도 중국과의 교류가 빈번했던 것으로 보아 학교제도가 삼국시대 이전에도 존재했을 것으로 짐작된다. 기록에 나타난 바에 의하면, 삼국시대에 이르러 국가적 체제가 완비된 가운데 중국의 문화를 흡수하면서 교육제도가 갖추어지게 되었다.

중국에 가장 인접한 고구려는 삼국 중 제일 먼저 교육제도를 갖추었는데, 우리나라 역사상 최초의 고등교육기관인 태학이 소수림왕 372년에 설치되었으며, 최초의 사학교육기관이라 할 수 있는 경당도 있었다. 경당은 일반평민의 사립교육기관으로서 초등교육부터 이루어졌으나 주로 고등교육을 담당하는 우리나라 최초의 사립 고등교육기관이었다. 백제도 5경 박사(역(易), 시(詩), 서(書), 예(禮), 춘추(春秋)), 의박사, 역박사 등의 박사제가 있었음을 볼 때 고구려의 태학과 같은 교육기관이 있었음을 짐작할 수 있다. 신라는 통일 전에는 비록 형식적인 학교교육은 없었지만 원광의 세속오계(世俗五戒)를 교육이념으로 삼아 이루어진 화랑도교육이 있었으며, 통일 후에는 고구려의 태학과 같은 국학이 설치되었다. 국학의 설치목적은 태학과 마찬가지로 유교 이념에 입각하여 국가의 관리를 양성함에 있었다.

3) 고대 서양사회의 교육

오늘날 서양문화를 특징짓는 2가지 문화는 헤브라이즘 문화와 그리스문화라고 할 수 있다. 헤브라이즘 문화를 기반으로 하여 대두된 기독교는 헤브라이즘의 유일신관과 기독교 자체의 사해동포주의를 바탕으로 하여 서양의 모든 생활영역과 사상에 큰 영향을 끼쳤다. 한편, 그리스문화는 합리적이고 진취적이며, 인본주의적인 사상으로 15~16세기의 르네상스를 통하여 현대서양문화의 형성에 큰 공헌을 하게 되었다.

헤브라인의 역사는 그들의 유일신에 대한 신앙 속에서 전개된다. 이와 같은 신앙체계는 헤브라인의 문화적 기초가 되었으며, 서양사회의 시민 의식적 기초가 되기도 하였다. 이와 같은 맥락에서, 헤브라인의 교육은 신적인 권위에 대한 순종을 무엇보다도 강조하였다는 점에서 고대동양의 교육과 유사점을 지닌다. 그러나 동양과 비교해 볼 때 그 순종의 대상이 조상이나 국가에 대한 것이 아니라, 유일신 여호와에 대해서였다. 따라서 조상에 대한 예나 사회공동체의 규범을 강조하는 동양의 교육내용과는 달리 여호와 하나님의 섭리 가운데 이루어진 헤브라인의 역사를 배우는 것이 바로 교육의 내용이 되었다. 그리고 다른 고대국가들과는 달리 모든 사람이 차별 없이 교육받을 것을 강조했고, 특히 자녀들의 교육을 위한 부모의 책임을 매우 강조하였다.

반면, 지리적으로 산악지대인 그리스반도의 특성으로 인해서 외부와의 교통 없이 작은 도시국가들을 형성한 그리스인들은 작은 정치단위로 인해서 일찍부터 민주적 과정을 발달시켰다. 동양에서는 모든 시민이 왕에게 종속되어 있는 상태에 있었지만, 그리스의 도시국가에서는 비록 그 시민권이 제한되어 있기는 하였지만 모든 시민들이 그 사회의 주인으로서 그 사회의 운영에 직접 참여할 수 있었다. 고대그리스의 교육제도로는 스파르타와 아테네의 교육제도를 대표적인 것으로 들 수 있다. 스파르타의 교육제도는 리쿠르구스(Lycurgus)의 헌법에 기초를 두고 있다. 이에 의하면 교육은 국가가 직접 담당하고 통제하였는데, 새로 태어난 남자아이는 검사를 받아 약하거나 불구아는 버리든지 피지배계급에서 키우게 하였다. 아테네는 스파르타와 달리 국가에서 교육을 통제하지 않았으며, 문자학교, 음악학교, 체조학교 등이 있었다. 아테네의 교육은 자유인의 자질로서 요구되는 인간과 자연에 대한 폭넓은 지식과 귀족으로서의 품위를 유지하는데 기본이 되는 도덕성과 고상한 취미를 계발하여 균형 있는 인격을 형성하는데 그 목적을 두었다. 그러므로 흔히 평민들의 생활에서 요구되는 기술이나 기타의 직업적 능력은 별로 중요한 관심의 대상이 되지 않았다. 그리스의 교육에 있어서 기원전 3, 2세기경에 초등·중등·고등의 3단계 학교교육의 체제가 대체적인 모습을 갖추게 되었다.

기원전 500년경 그리스의 도시국가들은 페르시아와 약 20년 동안 전쟁을 하게 되는데, 이때 아테네는 주변 도시국가들을 이끌어 승리를 하게 된다. 이러한 전쟁을 치르는 동안 아테네는 사회적인 혼란과 극단적인 개인주의의 만연을 경험하게 된다. 이에 따라서, 소크라테스, 플라톤, 아리스토텔레스와 같은 사상가들은 개인과 사회의 조화를 이루고 사회적 질서를 회복하기 위한 교육활동에 힘을 기울였다. 그들에게 있어서 교육의 목적은 지혜와 용기, 절제와 정의의 덕목을 조화롭게 구비한 '선하고 아름다운 인간' 또는 '훌륭한 시민'의 양성에 있었다. 이들의 교육사상은 현재에 이르기까지 서양교육의 중요한 전통을 형성하고 있다.

로마의 학교교육은 기원전 공화정시대부터 활발하게 이루어졌다. 공화정 초기에는 가정이 교육의 중심이었으나, 공화정 후기에 상업교육이 발달됨에 따라 문자의 지식과 산술을 가르치는 강의소 형태의 준(準) 학교조직이 나타나게 되었다. 제정시대에 이르러 귀족계급을 대상으로 한 학교교육이 활발하게 이루어지게 되었으며, 제왕들은 학교교육을 적극적으로 보호하고 장려하였다. 제정시대의 초등교육기관으로 문자학교가 있었으며, 중등교육기관으로는 문법학교가, 그리고 고등교육기관으로는 수사학교(修辭學校)가 있었다. 문자 학교에서는 독, 서, 산의 초보적 지식을 가르쳤으며, 문법학교에서는 그리스문법과 7자유과(문법, 수사학, 논리학, 산술, 기하, 천문, 음악)를 가르쳤고, 수사학교에서는 수사학을 가장 중시하여 가르쳤다.

2. 학교교육의 성립과정

1) 학교교육의 의미

학교제도는 기원전 수세기부터 발달하기 시작하였는데, 이러한 학교제도의 발달은 동양이 서양보다 1~2세기 더 일찍 시작된 것 같다. 동양에서는 기존 사회체제와 전통을 유지 보존하는 일을 학교교육에서 철저하게 강조하였기 때문에 사회체제는 물론 학교제도도 근세에 이르기까지 큰 변화 없이 그대로 이어져 내려왔으나 19세기에 이르러 서양문물의 도입과 함께 교육체제는 급격한 변화를 경험하게 된다. 한편 서양에서는 중세시대에 이르러 한층 짜임새 있는 초등·중등·고등교육기관이 형성되었고, 그들 교육기관에서 부과했던 교과는 오늘의 학교교육에서 가르치는 교과목의 원형이 되었다.

2) 종교 형태의 교육

서양교육사에 있어서 고대의 교육뿐만 아니라, 근대의 교육에 이르기까지 그 모태가 되고 있는 것은 그리스의 교육전통이다. 그리스시대의 교육에서 볼 수 있는 '학교'라는 교육기관과 그 속에서 이루어지는 교사와 학생의 관계, 그리고 교수-학습의 내용이 되었던 다양한 교과들은 이후 서양교육의 제도적 형태와 구체적 관행에 지속적인 영향을 미치게 된다. 이러한 의미에서 그리스의 교육전통은 서양의 고대 교육뿐만 아니라, 근대학교교육의 모태라고 할 수 있다. 그러나 한편으로 그리스의 교육전통은 소수만을 위한 제한된 교육이라는 한계를 갖고 있기도 하였다. 예컨대, 그리스인들은 개인과 사회의 소화가 인간의 지적 성숙에 의해 가능하다고 보았지만 그러한 수준에는 극히 소수의 지적 엘리트만이 도달할 수 있다는 귀족주의적이고 차등주의적인 관념을 갖고 있었다.

이러한 차등주의적 관념은 서양사회에 기독교가 보편화되는 것과 함께 새로운 전기를 맞는다. 기독교에서는 참다운 인격체로의 변화와 성숙은 하나님과의 화해 속에서만 가능하다고 주장한다. 그리고 그것은 신분의 귀천을 넘어서 모든 사람들에게 가능한 일이라고 믿는다. 하나님 앞에서 만민은 평등하다는 기독교의 이러한 일관된 신념은 인류의 문화와 교육기회의 확대에 커다란 공헌을 하게 된다.

이처럼 기독교가 서양교육의 발전에 기여한 중요한 공로 중의 하나는 다양한 학교의 설립과 운영을 통한 교육기회의 확대라고 할 수 있다. 특히, 중세의 교회는 다양한 수준과 목적의 학교를 설립하고 교육의 보급에 힘을 기울였다. 교육의 보급과 확대를 위한 중세교회의 노력은 이후 근대적 학교제도가 등장할 수 있도록 만드는 밑거름이 되었다. 중세교회에서 운영하였던 대표적 학교들의 설립목적과 그 특징을 살펴보면 다음과 같다.

첫째, 교구교회에서 설립한 교구학교나 음악학교는 읽기, 쓰기, 음악 등 초등교육 수준의 교육을 목표로 한 학교들로서, 이들 학교에는 가난한 집안의 아이들도 입학할 수 있었다. 문답학교는 초신자 학교 및 교구학교의 교사를 양성하기 위한 것으로서, 이곳에서는 신학과 함께 철학, 수사학, 천문학, 문학 등 그리스나 로마의 교육에서 중시되었던 학문도 가르쳤다.

교회의 성직자를 양성하기 위한 고등교육기관으로는 교회학교가 있었다. 이곳에서도 문답학교와 마찬가지로 성경 이외에 그리스와 로마의 학예가 가르쳐졌는데, 그 수준은 문답학교보다 훨씬 전문적이었다. 특히, 중세의 사상계를 주도하였던 스콜라철학은 이 교회학교를 중심으로 발전하였다.

둘째, 수도사를 양성하기 위한 수도원학교가 수도원을 중심으로 운영되었다. 이 학교에는 일반아동들의 입학도 가능하였는데, 수도사를 양성하기 위한 내교와 일반아동의 교육을 위한 외교가 구분되어 있었다. 초등과정에서는 독, 서, 산 등의 기본교과를 중심으로 교육하였고, 고등과정에서는 이른바 '7자유학과'라고 불리는 3학(문법, 수사학, 논리학)과 4과(산수, 기하, 천문학, 음악)를 가르쳤는데, 7자유학과는 현대학교교육의 교과목의 원형으로 여겨진다. 수도원은 그 자체가 하나의 학교로서 그 안에서의 공동생활을 통해서 참다운 기독교신앙을 배우고 실천하려고 하였다.

셋째, 성당학교와 수도원학교를 모체로 하여 일반연구소가 설립되었는데, 이와 같은 일반연구소들이 모체가 되어 중세의 대학들이 발달하게 되었다. 일반연구소란 유럽의 어느 곳에서든지, 또 누구든지 와서 공부를 할 수 있는 보편성을 띤 학문연구소라는 뜻이었다. 그리고 이곳에서 학위를 받은 학생에게는 어느 곳에서도 가르칠 수 있는 교사면허장이 주어졌다고 한다.

종교개혁가인 마틴 루터(Martin Luther)는 성경을 자국어인 독일어로 번역하고 대중이 성경과 교리를 이해할 수 있도록 대중교육을 실시할 것을 주장하였다. 이처럼 종교 개혁가들이 대중교육에 관심을 두게 되었다는 사실은, 비록 그것이 종교적 목적에 기인한 것이기는 하지만 서양교육의 발전에 큰 의의를 지닌다. 왜냐하면, 근대적인 보통의무교육의 성립은 사실상 이들의 주장과 실천에 의해 시작되었다고 할 수 있기 때문이다.

3) 인문주의 교육

인문주의적 교육전통은 15~16세기 르네상스를 통하여 형성된 것이다. 르네상스(renaissance)란 본래 '부활' 또는 '재생'의 뜻을 가진 말이나, 중세의 현세 부정적이고 신중심의 스콜라철학에 의해 억압되었던 인간성의 회복을 지향하는 문화운동을 뜻하게 되었다. 문예부흥의 기본적인 특징은, 금욕적이며 폐쇄적이었던 인간관에서 벗어나 인간의 본성에 대한 존중과 개인주의를 추구한다는데 있었다.

르네상스는 이탈리아에서부터 시작된다. 십자군전쟁을 거치면서 제노아와 베니스 등 이탈리아 도시들은 해양활동을 통해 상업도시로 번창하게 되고, 한편으로는 발달된 사라센문화와 그들의 생활양식에 접하게 됨에 따라 이들 세계에 대한 새로운 호기심과 탐구의욕을 갖게 된다. 또한, 비잔틴제국이 오스만제국의 침략을 받아 멸망하게 되자 수많은 고전학자들이 이탈리아의 플로렌스, 베니스 등으로 이주해 오게 되어 이탈리아는 고전연구의 새로운 중심지가 되었고, 때마침 이루어진 인쇄술의 발달로 인하여 이들의 사상과 저술이 보다 쉽게 보급될 수 있었다. 이렇듯 르네상스의 근원을 경제·사회적 여러 조건의 변화에서 찾을 수 있지만 중세의 수도원학교나 교회학교를 모체로 전개된 대학의 설립과 학문적 자유의 확대가 중요한 역할을 하였음은 간과할 수 없다.

이탈리아를 중심으로 한 초기의 인문주의 운동은 개인적, 심미적, 귀족적 경향을 띠고 전개된다. 이들은 개인의 폭넓은 교양과 자유의 신장에 주된 관심을 가지고 있었다. 이들은 그리스·로마의 고전을 통하여 교양의 폭을 넓히고 체육, 문화, 예술 등의 활동을 통하여 개성을 발현시킴으로써 개인적인 발달을 가져올 수 있다고 믿었다. 이들의 관심은 주로 중등교육에 있었는데, 이에 따라 여러 인문교과를 가르치기 위하여 라틴문법학교를 세우게 된다. 이 학교는 고전 및 문법 중심의 교육을 하였고 대학교육을 준비하는 성격을 띠었다는 점에서 오늘의 인문 중·고등학교의 전통을 만들었다고 할 수 있다.

인문주의 교육의 목적은 넓은 교양과 건강한 신체, 그리고 도덕심과 개성을 갖춘 자유인의 육성에 있었으며, 그리스와 로마의 고전을 가르침으로써 그 목적을 달성하려고 하였다. 그러나 실제에 있어서는 고전문학, 특히 라틴어 학습 그 자체가 교육의 목표가 되어버렸다. 이처럼 라틴어나 고전에 대한 암기 위주의 인문주의 교육을 키케로주의라고 부르는데, 이는 로마시대의 뛰어난 웅변가이자 문장가인 키케로의 문장을 암기하고 모방하는 것을 주요 교육활동으로 삼았던 데서 유래한다.

4) 실학주의와 자연주의 교육

실학주의자들은 자연에 대한 지식이 종래의 문예적, 종교적 지식을 대신하여 인간의 삶에 실제적이고도 유용한 기초가 될 수 있으며, 그러한 과학적 지식을 탐구함으로써 인류사회는 발전하며 인류의 복지도 향상될 것이라고 믿었다. 베이컨(F. Bacon)이 "아는 것이 힘이다."라고 말했을 때의 '아는 것'이란 바로 자연과학적인 또는 객관적인 지식을 의미한다.

실학주의자들은 구체적이고 실제적인 지식, 직업적 기술의 습득을 위한 학습을 중시하였다. 이들은 자연에 대한 지식과 자연에 대한 지배력을 동일한 것으로 여겼고, 이러한 자연에 대한 지식을 과학을 통하여 배울 것을 주장하였다. 실학주의자들이 내세운 표어로 '언어 이전에 사물'이라는 말이 있는데, 이것은 언어를 통한 지식교육보다는 직접경험을 통한 실제적 교육을 강조하는 것이었다. 실학주의자들은 또한 학교와 교사야말로 사회와 개인의 성장을 위한 필수적인 요소라고 믿었으며, 자연과학적 지식은 종래의 전통적 지식과는 전혀 다른 형태의 지적 활동의 소산이므로 이러한 지적 훈련이 학교에서 이루어져야 한다고 주장하였다. 이들의 이러한 주장과 신념은 교육에 있어서 과학적 운동의 시발점이 되었다. 이들은 보통사람이라도 잘만 가르치면 진리를 획득할 수 있다고 믿었기 때문에 모든 사람에게 교육을 받을 권리가 있다는 것을 인정하였고, 종래의 편협한 교과목 대신에 백과사전적인 광범위한 교과목을 가르쳐야 한다고 주장하였다. 이들은 고전의 학습도 그 자체의 학습이 목적이 아니라 그 속에 담겨져 있는 과학적, 사회적, 역사적 지식을 얻는데 목적이 있다고 하였다.

자연주의 교육운동에 있어서도 그 강조점에 따라 크게 2가지 다른 입장을 구분할 수 있다. 첫째는, 자연의 법칙들을 발견하여 그것을 교육의 과정에 적용하는 것을 강조하는 입장이다. 이 입장에 속하는 대표적 인물로는 코메니우스(J. A. Comenius)를 들 수 있는데, 그는 자연을 열심히 관찰하여 자연의 방법을 배우고 그것을 교육에 적용할 것을 강조하였다. 코메니우스의 교육사상은 그의 저서인 「대교수학」에서 찾아볼 수 있는데, 자연의 질서에 따른 합리적인 교육방법을 강조하였기 때문에 그를 '근대교육의 아버지'라고도 일컫는다.

자연주의 운동의 또 다른 하나의 입장은, 교육에 있어서 인공적인 것을 배격하고 자연적인 것을 강조하는 입장으로서 루소나 페스탈로치, 프뢰벨 등에 의해 대변되는 입장이다. 루소는 어린이들의 자연성을 무시하고 이루어지는 교육을 신랄하게 비난하였으며, 페스탈로치와 프뢰벨은 교육의 목적이나 과정은 어린이의 자연적인 성장과 발달에 관한 연구를 토대로 하여 이루어져야 한다는 점을 강조하였다.

교육에 있어서의 자연주의 사상은 계속 발전하여 20세기의 진보주의 교육운동과 아동중심 교육운동으로 이어지게 된다. 사회변천과 함께 많은 비판과 시험을 거쳐오는 동안 자연주의적 교육전통은 여러 가지 면에서 보완되었으며, 자유주의 학교운동이나 열린교육운동을 통해 오늘날에도 계속 이어지고 있다.

5) 민족주의 형태의 교육

서양은 18세기에 이르러 정치적, 경제적, 사회적으로 커다란 변화를 겪게 된다. 중세를 특징지었던 지방 영주 중심의 봉건적 정부 형태가 붕괴되고, 15~17세기에 국왕 중심의 절대적 왕권체제가 들어서게 된다. 그러나 이번에는 절대왕권이 자유민주적 세력의 강력한 도전을 받게 되는데, 그 대표적인 예로서 미국의 독립(1776)과 프랑스 대혁명(1789)을 들 수 있다. 또한, 영국에서 시작된 산업혁명은 자본가와 노동자라는 새로운 계층을 탄생시켰고, 경제구조를 종전의 소규모적인 수공업 생산방식에서 대규모적인 기계공업으로 바꾸어 놓았다.

절대주의 체제에서의 교육은 왕권의 유지나 국가의 목적을 달성하기 위한 목적으로 이루어졌다. 그러나 교육을 오히려 왕권에 대한 비판과 불순종을 낳게 하는 것으로 여겨서 교육의 기회를 제한시키려는 이들도 있었다. 그러나 종교 개혁가들의 노력과 자유민주주의적 계몽 사상가들의 노력에 힘입어 국민을 위한 보편교육은 국가가 담당해야 할 임무라는 인식이 점차 확산되었으며, 국민교육을 위한 실제적인 노력들이 여러 계몽군주들에 의하여 이루어지게 되었다.

프랑스에서는 일찍부터 계몽 사상가들에 의해 교육개혁론이 대두되었다. 그들은, 교육이란 국민 모두의 행복을 위한 것이어야 하며 어떤 종파나 특정단체를 위한 것이어서는 안 된다고 주장하였다. 19세기 민족주의 운동의 전개와 그 후 각국에서 진행된 산업화의 거센 물결은 교육을 더욱더 국가적 부강의 수단으로서 중요하게 다루도록 하였고, 이로 인해 교육 발전의 수준이 국가발전의 척도처럼 여겨지게 되었으며, 이러한 추세는 20세기에 들어와서 더욱 뚜렷해졌다.

3. 현대교육의 성립

1) 현대교육의 성립의미와 특징

현대에 이르는 근대적 국민교육제도는 18세기 초반에 발달한 민족주의와 함께 전개된 것이다. 민족주의자들은 학교를 민족국가의 전개를 위한 수단으로 발전시켰다. 민족주의에 의해서 교육은 종래의 가족 중심적, 교회 중심적, 계급 중심적, 특수집단 중심적 형태에서 탈피하여 범국가적 사업의 일환으로 계획되고 추진되기 시작하였다.

이러한 민족주의적 대세 속에서 국민교육제도가 그 체계적인 기반을 형성한 것은 1789년 프랑스혁명 이후 의회에 제출된 여러 가지의 교육 법안들이었다. 프랑스의회에 의해 입법화된 국민교육법안들은 교육의 국가통제, 교육의 중립성, 무상의무교육과 평등교육의 원칙 등 현대 민주교육의 중요한 원칙들을 포함하고 있다.

서양사회에서의 국민교육제도는, 첫째로 민족주의자들이 교육을 정치적 목적의 실현을 위한 수단으로 생각하고 국가 통제 하에 교육체제를 운영하게 된 것과, 둘째로 시민사회의 발달과 함께 성장한 평등사상이 반영된 결과 특수계층이 아닌 국민 모두를 대상으로 한 의무교육제도로서 성립하게 된 것이다.

현대사회에 있어서 교육의 특징을 설명하는 방식은 다양하다. 그러나 일반적으로 현대교육의 가장 두드러진 특징으로는 조직화된 학교교육을 중심으로 한 국민교육제도의 보편화, 교육기회의 확대와 기회균등, 교육의 질적 향상, 교육에 있어서 개인에 대한 존중과 개성화 등을 들 수 있다.

2) 현대교육의 다양성

근대사회에 이르기까지 전통적인 사회에 있어서 사회적 가치관이나 신념체제는 매우 단순했으며 획일적이었다. 그리하여 교육의 목적이나 내용, 방법을 규정하는 관점도 다양하지 못하였으며 획일적이었다. 그러나 현대사회에 있어서 교육의 목적이나 내용, 방법 등을 설명하는 교육관은 매우 다양하다. 이것은 기본적으로 가치관과 신념의 다양성을 허용하는 현대 자유 민주사회 또는 개방사회의 특성에 기인한다. 여기서는 현대사회의 여러 교육관 중에서 대표적인 몇 가지를 들어 살펴보면 다음과 같다.

첫째는 전통적인 교육관이다.
둘째는 자연주의적 교육관이다.
셋째는 실용주의 교육관이다.
넷째는 행동주의적 교육관이다.
다섯째는 실존주의적 교육관이다.

이상에서 몇 가지의 대표적인 교육관을 살펴보았지만, 현대사회에 있어서의 교육관은 이러한 교육관들 중 어느 한 가지에 의해서만 전적으로 결정되지는 않는다. 이런 다양한 교육관들이 서로 상호보완적으로 작용하고 있으며, 교육의 실제에 있어도 이러한 교육관들이 복합적으로 영향을 미치고 있다.

3) 다원화된 교육목적

전통사회에서의 학교교육은 특정한 계급, 계층 혹은 집단에 의해서 실시되어 왔기 때문에 교육의 목적이 매우 한정되어 있었다. 즉, 귀족계급이나 지배계급 자녀를 교육시키고, 관리나 지배계층을 육성하는 데 목적을 두고 교육이 이루어져 왔다. 그러나, 대중교육체제를 가진 국민교육제도가 갖추어진 현대사회에 있어서 교육은 특정한 집단의 생활방식과 가치관에만 봉사하기 위해 이루어지는 것이 아니며, 인재나 지도자의 육성보다는 국민대중의 전체적인 삶의 질을 향상시키는 목적에 의해서 실시되었다. 그리고 현대의 국민교육제도 아래 실시되는 교육은 개방사회에서 허용되는 다양한 가치관과 신념체제로 인하여 다원화된 목적을 지향하고 있다. 다원화된 교육의 목적을 포괄적으로 제시하려는 공식적 교육목적의 진술은 일반적으로 지극히 추상적으로 표현되고 있다. 예컨대, '자아실현'이나 '홍익인간' 또는 '민주시민의 육성'과 같은 것들이 그것이다. 이러한 교육목적의 진술은 여러 가지의 교육관에 의해 다양한 해석을 허용하는 것이기 때문에 현실적인 교육활동에 구속력을 가지지 못하는 경우도 있다. 그러나 이와 같이 교육목적을 포괄적으로 제시함으로써 개인적이거나 집단적인 필요에 따라 다양한 교육목적이 보다 구체적으로 설정될 수 있게 된다.

4) 광역화된 교육내용

학교가 발달하기 이전에 있어서 본래 교육의 내용은 일상적인 생활에서 이루어지는 모든 활동의 내용 그 자체였다고 할 수 있다. 말하자면, 성인이 되어서 해야 할 일들은 교육을 통해 배웠던 것이다. 그러나 문명의 발달과 학교제도의 발달은 교육의 내용을 매우 형식화하고 또한 광역화하였다.

일반적으로 말해서, 오늘의 초·중등학교의 교과는 지적, 신체적, 도덕적, 심미적, 기술적 영역으로 구분될 수 있다. 이러한 현대적 교과들이 담고 있는 내용의 범위는 서양의 전통사회에서나 근세 조선조까지의 교육에서 볼 수 있었던 특징인 고전 중심의 내용에서 크게 확장된 것이다. 교육내용의 확장은 교육관과 교육목적이 다원화되고, 또 한편으로는 지식의 확장과 다양한 학문의 발달이 이루어짐에 따른 것이다. 그리고 교육내용의 범위가 크게 늘어남에 따라 각기 내용을 담당하는 전문적인 교사의 양성이 일반화되었으며, 학습자에게는 광범위한 지식과 기능에 걸친 학습이 요구되는 만큼 학습 부담이 더욱 커지게 되었다.

5) 첨단화된 교육매체공학

학습의 가장 원시적 형태는 모방이라고 할 수 있다. 학교가 발달하기 이전에는 교육은 비형식적인 우연적 상황에서 이루어졌고, 그것은 대개 모방에 의한 학습으로 그 특징을 나타내고 있었다. 오늘의 교육에 있어서도 모방에 의한 학습은 많은 부분을 차지하고 있다고 할 수 있다. 모방은 단지 행동을 따라 하는 것만이 아니라, 지식이나 규범을 암기하는 것도 포함한다. 옛날 헤브루의 사람들은 '가르친다'는 말과 '따라한다'는 말을 같은 의미로 사용하였다. 그리고 우리나라의 옛날 서당에서 하던 교육도 고전의 암송에 의한 것이었다. 암기에 의한 학습은 좋은 교육방법이 아니라고 비판되고 있지만, 현실적으로 아직도 암기방법이 기본적인 교육방법의 하나로 활용되고 있는 것이 사실이다. 이러한 암기식 교육에서는 교사에게 별로 탁월한 지도방법의 원리나 기술을 요하지 않으며, 가르치려는 내용에 익숙해 있는 사람은 누구나 가르칠 수 있는 것으로 생각된다.

그러나 학습에 관한 심리학의 발달, 인간과 세계에 관한 철학적 이해의 심화, 그리고 교육 목적론적 관념과 사회적, 정치적 상황의 변화에 따라서 교육방법은 이론과 실제에 있어서 변화되어 왔다. 더욱이 현대 공교육제도는 교육인구의 급격한 증대를 가져 왔으므로 옛날과는 달리 탁월한 개인적 자질을 갖춘 교사를 대량으로 확보하기 어려우므로 교육의 효과를 교사의 능력에만 전적으로 의존할 수 없게 되어 있다. 교사의 천부적 자질이나 풍부한 경험에 좋은 교육을 기대해야만 한다기보다는 오히려 과학적으로 개발된 방법적 원리와 기술에 의존하려는 경향을 나타내고 있다.

따라서, 현대교육에 있어서는 보다 효과적이고 과학적인 방식으로 교육을 하기 위한 다양한 교육방법들이 연구 개발되고 있다. 오늘날에 있어서 가속도적인 발전양상을 보이고 있는 각종 첨단공학과 정보통신매체들을 이용한 교육방법의 혁신도 계속적으로 이루어지고 있다.

6) 조직화된 교육제도

현대사회에서의 교육은 학교라는 제도적 기관을 중심으로 이루어지고 있고, 그러한 제도적 교육이 국가의 통제하에 있게 됨으로써 교육활동이 국가적 사업으로서 이루어지고 있다. 옛날에는 학교가 하나의 독립된 기구로서 존재하였지만, 지금은 수평적으로나 수직적으로 다른 기구와 더불어 제도적인 조직체의 한 부분으로 존재하게 되었다. 즉, 초등, 중등, 고등의 교육기관들이 단계적으로 수준을 달리하는 교육을 맡고 있으며, 교육청이나 교육위원회, 그리고 교육부 등의 관서가 관장하는 조직체의 일부가 되어 있다. 그리고 각급의 학교는 교육의 연한과 내용의 수준을 제도적으로 규제받고 있어서 조직사회를 구성하는 한 부분으로서 그 기능을 담당하고 있다.

이와 같이 교육체제가 조직화되기 시작한 것은 의무교육 제도를 포함하는 국민교육제도가 발달하기 시작하면서부터라고 할 수 있다. 현대사회에서 교육조직체는 대부분 국가적 조직의 일부로 되어 있으며 그 규모도 거대하다. 그리고 이처럼 거대하고 복잡한 조직체를 효율적으로 운영하기 위하여 관료주의가 도입되고 있다. 그러나 조직체를 운영하는 원리로서의 관료주의적 효율성은 때로는 교육의 경직성을 초래하게 되기도 한다.

제2절 교육의 철학적 배경

1. 교육철학의 의미

교육학의 한 연구 분야로써 교육철학의 특징을 살펴보기에 앞서 '교육철학'의 2가지 의미를 구분해 볼 필요가 있다. 즉, 교육관으로서의 '교육철학'과 학문으로써 '교육철학'이 그것이다.

먼저, 교육관으로서의 교육철학이란 한마디로 바람직한 교육에 대한 견해와 소신을 가리킨다. 교육에 직접 관계하는 사람이거나 교육에 관심을 갖는 사람이라면 누구나 "교육이란 무엇인가?", "교육은 어떻게 해야 하는가?"라는 질문에 대한 자기 나름대로의 견해와 소신을 갖는다. 교육의 개념과 목적, 내용과 방법 등에 대한 이와 같은 견해나 신념체계를 일컬어 흔히 '교육철학'이라고 하는 것이다. 다시 말해, 구체적 현실 속에서 전개되는 교육의 문제에 대해 교육은 이러저러해야 한다는 식의 개인적인 혹은 집단적인 신념체제를 피력한 것이 교육관으로서의 교육철학인 것이다. 예컨대, "그 교사는 교육자로서 투철한 교육철학을 가지고 있다."라거나 "우리나라의 교육에는 교육철학이 결여되어 있다."라고 말할 때, 이 속에서의 교육철학은 바로 이러한 의미로 사용된 것이다.

학문으로써 '교육철학'은 교육관으로서의 교육철학이 갖는 주관성과 특수성을 뛰어넘어 교육의 보편적인 문제를 보다 일반적인 이론으로 설명하려고 한다. 다시 말해 교육관으로서의 교육철학이 구체적, 실제적, 특수적, 주관적이라고 한다면, 학문으로서의 교육철학은 추상적, 이론적, 일반적, 객관적이라는 특성을 지닌다. 물론, 후자의 의미에서의 교육철학, 즉 학문으로서의 교육철학이 이와 같은 특성을 갖는 것은 교육철학만의 독특한 특성이 아니라, 모든 학문이 학문으로서 성립하기 위해 지녀야 하는 기본 특성인 것이다.

교육철학을 교육관의 의미에서가 아니라, 하나의 독립된 학문분야로 정립시키기 위한 노력은 1960년대에 와서야 본격화되었으며, 1960년대 이후 오늘에 이르기까지 교육철학은 교육철학의 성격과 역할, 내용과 방법에 대한 견해에 따라 몇 가지 유형과 단계를 거쳐 발전하여 왔다.

2. 교육철학의 탐구적 기능

교육은 삶의 한 활동이며, 삶의 한 중요한 활동으로서의 교육은 그 자체가 의미부여의 과정으로 점철되어 있다. 예컨대, 우리는 교육을 함에 있어서, 교육이 삶에 있어서 어떤 역할과 중요성을 갖는지 그 '의미'를 부여하며, 또한 교육이라는 말의 '의미'를 어떤 식으로 규정하고 부여한다. 그리고 그러한 교육의 '의미'를 충족시키지 못하는 활동에 대해서는 교육이 아닌 것으로 그 '의미'를 규정한다. 뿐만 아니라, 어떤 가치나 목적에 대해 '의미'를 부여하고, 그것은 교육을 통해 실현해야 할 목적으로 삼는다. 다시 말해, 모종의 가치에 대해 교육적 '의미'를 부여하는 것이다. 그리고 그러한 목적을 달성하기 위해 어떤 교육내용을 '의미'있는 것으로 선정하고, 또한 교육의 결과에 대해서도 어떤 '의미'있는 기준에 의해 평가한 다음, 그 평가결과에 대해 모종의 '의미'를 부여한다. 교육의 개념을 규정하고, 교육목적을 설정하고, 그에 따라 교육의 내용과 방법, 평가의 방식을 결정하는 과정에 있어서 뿐만 아니라, 교사나 아동, 학교나 사회 등 교육에 관련된 요소에 대해서도 우리는 의미를 부여한다. 예컨대, 교사는 전문적인 권위와 자율성을 지녀야 하는 존재라고 그 '의미'를 규정하며, 그 자체가 하나의 인격적인 존재로서 '의미'를 지녀야 한다고 생각한다. 학교는 아동들에게 '의미'있는 경험을 제공하는 학습의 장이 되어야 한다고 학교의 '의미'를 규정하며, 가정과 사회는 학교교육과는 뗄 수 없는 밀접한 관계를 갖는 것이라고 그 '의미'를 규정하고 있다.

교육철학은 바로 이와 같이 교육에 관련하여 이루어지는 의미부여와 그 기준에 대해, 과연 그것들이 어떠한 신념과 가치관, 동기와 관심, 지식과 이론 위에서 이루어지고 있는가를 분석하고, 그것들의 타당성을 비판적으로 음미하고 검토하는 작업이다. 그러한 작업의 결과, 때로는 새로운 대안적인 의미체계를 제시하기도 한다. 이러한 교육철학적 탐구활동 또는 그에 따른 기능을 흔히 분석적 기능, 평가적 기능, 사변적 기능, 그리고 통합적 기능으로 구분한다. 이를 구분하여 설명하면 다음과 같다.

첫째, 분석적 기능이란 교육의 의미체계를 구성하는 언어의 의미와 그 논리적 관계를 명백히 분석함을 가리킨다. 교육철학의 분석적 기능은 교육적 의미체계를 구성하는 중요한 언어들 예컨대, '교육', '학습', '지식', '가치', '인격' 등 의미를 명확하게 분석하여 개념적 혼란을 해소하는데 관련된 기능이다.

둘째, 평가적 기능이란 주어진 어떤 기준 혹은 준거에 비추어 어떤 교육적 의미체계나 교육현실을 평가하는 활동을 가리킨다.

셋째, 사변적 기능은 교육에 대한 새로운 의미체계 즉, 이론이나 설명체계를 구안하여 제시하는 활동을 가리킨다.

넷째, 통합적 기능은 여러 가지 측면과 차원에서 제시되는 교육에 대한 다양한 의미체계를 전체적으로 검토하고 이를 통합된 체계로서 파악하고자 하는 활동을 가리킨다. 교육철학은 이와 같이 각각의 근거와 한계를 분석하고, 그들 간의 관련성을 검토하고, 그리고 그 적합성을 평가함으로써 서로 분할된 각각의 의미체계를 통합적으로 관련시키려 하는 것이다.

3. 교육철학의 구분

1) 실용(진보)주의 교육철학

실용주의(pragmatism)는 미국의 산물로서 여러 가지 이름으로 알려져 있다. 실험주의(experimentalism), 도구주의(instrumentalism) 또는 기능주의(functionalism)가 그것이다. 프래그머티즘은 수학자 「퍼어스」(Charles Sansers Peirce)가 「제임스」(William James)와 더불어 형이상학 클럽을 만들어 철학적 토론을 전개하는 과정에서 성장된 개념이다. 즉, 퍼어스는 이 클럽의 주장이 후일에도 어떤 형태이건 남게 하려는 생각에서 「신념의 고정」과 「우리의 이념을 분명히 하는 방법」이라는 두 글을 활자화하였다. 그 후 제임스가 1907년 「pragmatism」이라는 제목의 저서를 발간함으로서 이를 발전시켰으며 다시 듀이가 이를 계승하여 대성시켜, 오늘의 실용주의 철학을 완성하게 하였다. 따라서 프래그머티즘의 완성된 사상체계를 듀이에서 찾는다는 프래그머티즘의 씨는 퍼어스이고, 줄기는 제임스이며 그 꽃은 듀이에서 발견할 수 있다.

프래그머티즘이라는 말은 「pragma」라는 희랍어에서 유래한다. pragma란 행동(action), 실행(deed)의의 뜻이다. 따라서 프래그머티즘이란 pragma 즉, 행동을 본위로 하는 철학, 실행 중점을 두는 철학, 더 나아가서 실용을 중히 여기는 철학이라는 뜻이다. 즉, 「모든 진리는 실제적 효과를 가지지 않으면 안 된다」고 하는 것이 프래그머티즘의 입장이다. 우리가 흔히 프래그머티즘을 실용주의, 행동주의라고 번역하는 것도 이 때문이다.

프래그머티즘은 영국 재래의 경험론과 공리주의 그리고 신흥의 진화론과 결합에서 이루어진 철학으로서 사변적 절대주의에 반대하고 경험적 상대주의에 기초하여 논리주의나 주지주의설에 반격을 가하는 사상체계이다. 그러므로 프래그머티즘은 다음의 내용을 그 성립의 기초 요건으로 하고 있다.

진보주의적 교육이론에 있어서 교육에 대한 기본적 관념을 들면 다음과 같다.

첫째, 교육은 자연적 경험이다.
둘째, 교육은 경험의 계속적인 구조다.
셋째, 교육은 성장이다.
넷째, 교육은 사회적 과정이다.
다섯째, 교육에는 전인이 관계된다.
여섯째, 교육은 피교육자의 적극적인 참여를 필요로 한다.

그러면, 이러한 교육을 지향하는 학교는 어떠한 곳이어야 할 것인가?

실용주의 이론의 밑바닥에 흐르고 있는 사상을 찾아보면 다음과 같은 몇 가지의 논점으로 요약할 수 있다.

첫째, 변화의 사실 : 종래의 철학이 절대적・항구적・고정적 신념에 집착되어 있음에 반하여, 실학주의는 「세상은 변하는 것이다.」라는 생각에 절대적인 신념을 갖고 있다. 실재가 그러하고, 진리가 그러하며, 가치가 그러하다. 모든 것은 변한다.

둘째, 상대성의 진리 : 전통적 철학이 절대성을 믿고 있음에 반하여, 실용주의는 상대성을 믿는다.

셋째, 관념의 실행실적 : 어떤 아이디어가 참되고 가치 있느냐 하는 문제는 초자연적 교리나 전통적 권위에 의하여 결정될 것이 아니라, 이를 실제로 실천에 옮겨, 그것이 문제를 해결하는데 기여하느냐, 인간의 생활을 향상하는데 도움이 되느냐 하는 실적에 따라 판단되어야 한다.

넷째, 실험의 우수성 : 진리는 논리에 의하여서가 아니라, 실험에 의하여 발견되는 것이다. 실험을 통하여 만드는 것이요, 스스로 발견하는 것이다.

다섯째, 경험의 중요성 : 사람은 생물학적 존재일 뿐만 아니라, 사회적 존재이다. 경험이라는 것은 사람과 그가 처해 있는 사회 즉, 환경과의 상호작용을 말하는 것이다.

여섯째, 비판적 지성의 역할 : 동물의 행동은 맹목적 시행착오로 특징화 되지만 사람의 경우에 있어서는 비판적 지성의 역할이 당면한 문제를 해결한다.

일곱째, 생활방식으로서의 민주주의 : 실용주의가 의미하는 지성은 현실문제를 해결하는 방편으로서의 이러한 풍토는 오직 민주주의만이 제공할 수 있다.

여덟째, 자아실현의 이상 : 실용주의는 인간의 지상 목표인 자아실현에 있다고 믿는다.

아홉째, 수단 또는 과정의 철학 : 실용주의는 근본적으로 아이디어의 의의를 결정하는 하나의 방법이요, 과정이다.

2) 본질주의 교육철학

진보주의적 교육철학과 대조적 위치에 있는 것이 본질주의(essentialism)이다. 이 교육의 사상적 배경은 멀리 「플라톤」(Platon)과 「데모크리투스」(Demokritus)의 철학으로 올라 갈 수 있고, 그 교육적 이론의 근원은 「에라스무스」(Erasmus)의 사상에 미치는 것이지만, 본질주의라는 말은 현대적 명사로서 이 학문의 창시자의 하나인 「데미아쉬케비치」(Michael Demiaskevich)가 만들어낸 말이라고 전해지고 있다.

본질주의는 철학적 사상체계에 있어서 실존주의(realism)와 이상주의(idealism)를 교묘하게 결합시킨 것이라고 하겠다.

본질주의를 주창한 근대 서구 사상가로는 이상주의 측에 「라이프니츠」(G. W. Leibnitz), 「칸트」(Immanuel Kant), 「헤겔」(W. F. Hegel)과 「쇼펜하우어」(Arthur Schopenhauer)가 있었다. 실존주의 측에는 「홉즈」(Thomas Hobbes), 「로크」(John Locke), 「버클리」(George Berkeley) 및 「흄」(David Hume)이 있다. 그리고 실재론적 유형을 지닌 이상주의자 「스피

노자」(Baruch Spinoza)가 있었다.

본질주의자들이 보는 변화란 어디까지나 외형적 현상적인 것으로서 그 본질에 있어서는 변함이 없으며, 변화하지 않는 자연법칙에 의하여 움직이는 것은 실재의 고정성뿐이라는 것이다. 이 세상에는 변화하지 않는 기본적 질서가 있다고 보는 것이다. 때문에 본질주의자들의 입장은 보수적이다.

진보주의가 과정과 변화를 중시하는데 대하여 본질주의는 전통과 역사성을 중시한다. 따라서 본질주의는 첫째, 사회에서 소용이 되는 본질적 습관, 기술 및 지식을 젊은 세대로 하여금 지니게 하는 것(사회형의 재생), 둘째, 사회질서의 영속과 안정을 위하여 문화유산으로서 가치 있는 요소를 보존하는 것(문화재의 전달)을 강조한다.

본질주의의 교육적 견해는 다음의 여러 가지 점을 강조하는데 그 특색이 있다고 할 수 있다.

첫째, 아동의 자유는 충분히 허용되어야 하지만 지나친 자유는 방종이므로 아동의 자유에는 스스로 한계가 있어야 한다. 경우에 따라서는 교사의 통제가 필요하다.

둘째, 민주사회의 시민은 물론 자유를 향유하여야 하지만 그와 동시에 사회공동생활에 필요한 훈련을 가져야 한다.

셋째, 아동은 어디까지나 미성숙자이니 만큼 즉, 교사의 지도가 필요하다. 다시 말하면, 교육에 있어 교사의 주도성이 인정되어야 한다.

넷째, 교육에 있어 아동의 흥미가 중요하지만 그에 못지않게 요구되는 것은 노력이다.

다섯째, 아동의 관심사가 교육내용에 포함되는 것은 좋은 일이지만, 그렇다고 해서 아동의 관심을 중심으로 하여 교육내용이 구성되어서는 안 된다.

여섯째, 교육은 사회적 요구와 사회적 관심을 중심으로 행해져야 한다. 교육의 궁극적 목적이 결국 사회의 유능한 시민을 만드는데 있으니 만큼, 이기적이 되기 쉬운 개인의 관심이나 요구만을 충당시키는 교육이 되어서는 안 된다.

이제 본질주의 교육의 특색을 보다 잘 이해하게 하기 위하여 진보주의 교육 이론과의 차이점을 들어보기로 한다. 「리스만」(Frank Riesman)은 여기에 대하여 다음의 7항목에 걸쳐 그 차이점을 들고 있는데 이것은 요령 있는 지적이라고 생각된다.

표 3.1 리스만의 진보주의와 본질주의의 특색

No	진보주의	본질주의
1	흥미	노력
2	자유	훈련
3	학생의 자발성	교사의 자발성
4	개인적 경험	민족적 경험
5	아동의 활동<경험>	교과 또는 교재<원리>
6	교재의 심리적 조직	논리적 조직<체계성>
7	직접적 목표	장래의 목표

3) 항존주의 교육철학

항존주의 철학은 「진리의 절대성과 불변성」을 믿고 있으며 이와 같은 진리는 고대와 중세의 고전, 특히 플라톤, 아리스토텔레스 및 아퀴나스의 철학 가운데서 찾아볼 수 있다. 항존주의자들은 고전사상과 기독교 감정의 중세적 종합을 한 인간인 「보편적 인간」의 배양을 교육적 인간상으로 내걸고 있다. 항존주의의 입장은 「하늘아래 새로운 것은 하나도 없다」는 것이다. 본질주의 보다는 덜 절충적이며 덜 변명적이다. 그리고, 약간의 예외는 있으나, 좀 더 내적으로는 철학적으로 통합되어 있다. 항존주의의 주된 명제와 결론은 전적으로 자연주의자와 진보주의의 진화적 방법을 반대하고 있다.

항존주의는 형이상학, 논리학 및 미학 등 모든 근본적 신념은 특히 플라톤, 아리스토텔레스 및 아퀴나스, 이 세 사람에서 구하고 있다. 항존주의자들은 이 세 사람의 말 하나 하나를 신봉하는 반면 그 밖의 사상가는 그다지 중요시하지 않고 있다. 이리하여 아우구스티노스로부터 「마리땡」(Maritain)에 이르는 여러 사상가들은 위의 위대한 세 사람의 우월성을 더욱 높이며 항존주의 자체의 범위를 확대시키는데 크게 이바지하였다.

현대 미국의 저명한 항존주의자로는 무엇보다도 먼저「헛친스」(Robert M. Hutchins)를 들 수 있다. 그는 일찍이 시카고대학교 총장을 지냈으며 포드재단 이사장으로 미국 교육계에 지대한 영향을 끼치고 있다. 그의 협조자로 알려진 사람이 「애들러」(Mortimer J. Adler)다.

카톨릭 계통에서는 항존주의자로 일찍이 「뉴만」(John Henry Newman)이 1852년 「대학의 이념」을 써서 지금에 이르기까지 자주 인용되는 글이 되었고, 20세기 초에는 「스폴딩」(John L. Spalding)이 활약하였다.

표 3.2 항존주의와 진보주의 교육의 차이점

No	항존주의	진보주의
1	가치의 영구적, 불변적	일시적, 변화적
2	진리의 절대성, 항존성	상대성, 진화성
3	실재의 본질을 영원적, 불변적	수시의 변화적
4	미래의 준비	현재생활의 충실
5	고전중심 교육과정	생활중심 교육과정
6	지식중심	경험중심
7	정신주의, 이성주의	물질주의, 과학주의
8	초자연적 신의 세계(카톨릭파)	현실적인 인간의 경험세계
9	형식과 내용의 적극주의	자유를 중시하는 소극주의

4) 재건(개조)주의 교육철학

재건주의(Reconstructionism)는 진보주의, 본질주의, 항존주의가 총합된 교육철학이다. 재건주의적 사상의 대두는 1930년대의 진보주의 교육의 반성으로부터 나온 것이다. 그 첫 번째 시도가 「카운츠(G. S. Counts)」의 「학교는 새로운 사회질서를 만드는가」였고, 새로운 방향에 박차를 가한 것은 「킬패트릭(William H. Kilpatrick)」이었다. 그는 「교육과 사회적 위기」(1932)에서 변화하는 문명시대에 있어서는 옹호해야 할 사회적 프로그램을 청년들이 그들의 마음속에 그려야 되며 또 교사는 교직이야말로 보다 나은 사회를 이룩하는데 중대한 역할을 한다는 것을 자각해야 된다고 격려하였다.

「계획하는 사회」 대신에 「계획된 사회」 즉, 명확한 목표 「청사진」을 지닌 「계획된 교육」을 강조하는 이른바 재건주의의 생각은 「카운츠(G. S. Counts)」, 「러그(Harold Rugg)」, 「로프(R. Bruce Raup)」 등에 의하여 강조되었다. 이들은 모두 콜럼비아대학교 교육대학원의 교수였으며 킬패트릭과 아울러 브라멜드에게 지대한 영향을 끼쳤다.

오늘날 재건주의의 대표자로서는 「브라멜드(Theodore Brameld)」를 비롯해서 「로프(R. B. Raup)」, 「베네(K. D. Benne)」 등을 들 수 있다. 특히, 브라멜드는 1956년 「재건주의 교육철학의 건설」을 간행함으로써 재건주의 교육철학의 체계화를 시도하고 있다.

브라멜드는 진보주의를 발전적 방향으로 극복하는 문화적 교육적 이상향을 구상하였다. 그것은 「문화혁명」의 전망을 지니며 현대문화의 개조를 의미하는 까닭에 그는 스스로 자기 입장을 재건주의라고 불렀던 것이다. 브라멜드에 의하면 재건주의는 진보주의와 마찬가지로 인문주의에 기초를 두고 있다. 그러나, 진보주의가 「과정」 또는 「수단」만을 중요시하는데 대해서 「수단」과 아울러 목적을 강조하고 있다. 즉, 재건주의가 바라는 목적은 사회적 자기실현을 통한 민주적 세계문화의 건설에 있다.

브라멜드는 인간성을 결정짓는 사회적·역사적 환경에 대한 보다 철저한 분석을 강조하고 있다. 진보주의는 이면이 불충분했다고 보고 있다.

그는 또 「사회적 일치」를 강조하고 있다. 여기에는 토론에 의한 충분한 의사소통이 필요해진다. 이러한 집단과정을 통해서 보다 나은 민주적 세계 문화건설이 가능하다고 본다. 그의 생각은 「사회적 진화주의」라고 하겠다.

5) 비판적 교육철학

분석적 교육철학의 비판과 함께 1970년 후반 이후 비판적 교육철학은 프랑크푸르트학파의 비판이론의 영향을 받았다. 헤겔(G. W. F. Hegel)과 마르크스(K. Marx) 등의 독일철학에 그 뿌리를 두고 있는 비판이론은 인간의 의식이나 지식이 사회적, 경제적, 정치적 제약에서 형성된다는 인식이다. 인간과 사회의 형성을 위한 방안을 제시한다. 인간과 사회의 해방을 학문연구의 목적으로 삼는다. 이러한 까닭에 비판이론은 인간과 사회의 관계를 설명하는 일종의 사회이론이기는 하지만 철학, 사회학, 정치학, 경제학, 그리고 심리학 등의 여러 학문분야를 융합한 종합적이면서도 규범적인 사회과학으로서의 성격을 띠고 있다.

비판이론에 의하면, 지식획득을 포함한 인간의 모든 인식행위는 인간이 갖고 있는 욕구와 동기, 관심과 선입견, 신념과 가치판단이 작용한 결과로서 가능하다.

비판적 교육이론은 1970년대 이후 프레리(P. Freire), 애플(M. W. Apple), 지로(H. A. Giroux)와 같은 교육학자들에 의해 활발히 전개되고 있다.

단원 마무리

질문을 만들어 보고 동료들과 이야기를 나눠 부세요.

♠ 정답이 있는 질문(교재에서 답을 찾을 수 있는 질문)
· 15~16세기 르네상스를 통하여 형성된 교육은 무엇인가요?
·
·
·

♠ 정답이 없는 질문(더 궁금하고, 이유나, 추론, 적용 등을 묻는 질문)
· 만약에 자연주의 교육관을 선호한다면 아동교육을 어떻게 하고 싶은가요?
·
·
·

Introduction to Education

chapter04. 교육의 심리학적 이해

제1절 인간발달과 교육

제2절 학습자의 인지적 특성과 교육

제3절 학습자의 정의적 특성과 교육

제1절 인간발달과 교육

1. 인간 이해의 심리학적 관점

교육이 인간을 대상으로 하는 활동이므로 교육의 목적을 효율적으로 달성하기 위해서는 인간에 대한 이해를 바탕으로 해야 한다. 과학으로서의 심리학이 인간이해의 학문으로 등장하기 이전에 인간본성에 대한 철학적이고 사변적인 견해로서 심리학의 발달에 영향을 미친 대표적인 것으로는 성악설, 성선설, 백지설을 꼽을 수 있다. 인간에 대한 이러한 견해들은 아동의 양육과 교육에 많은 영향을 미쳤으며, 인간이해를 위한 심리학적 접근방법에도 영향을 미쳤다.

인간에 대한 심리학적 이해의 방법은 아주 많지만 여기에서는 신경생리학적 관점, 정신분석학적 관점, 행동주의적 관점, 인본주의적 관점, 인지주의적 관점만 간단히 살펴보겠다.

1) 신경생리학적 관점

인간의 행동을 뇌를 중심으로 한 신경계통의 통제 관리 및 체내 호르몬 분비와 관련시켜 이해하려 한다. 이들은 주로 뇌의 기능분화에 관한 연구와 각종 호르몬의 과다분비 내지는 과소분비가 인간의 정서 및 심리적 변화와 특성에 미치는 영향을 연구한다. 인간의 뇌구조 자체가 복잡하고 살아있는 인체를 대상으로 한 연구에 어려움이 따르긴 하지만 더욱 발달한 의학적 기술에 힘입어 이 분야의 연구가 빠른 속도로 진전되고 있다.

2) 정신분석학적 관점

인간의 모든 행동에는 반드시 그러한 행동을 유발시킨 동기가 있게 마련이며, 이러한 동기에는 의식적인 수준의 것과 무의식적 수준의 것이 있다는 것이다. 인간행동의 이해는 인간의 심층적인 무의식 세계를 통찰할 때 가능하며, 인간의 부적응 행동은 의식의 작용에 의한 것이 아니라 자신도 잘 알지 못하는 무의식의 충동에 의해서 일어난다고 본다. 인간의 무의식은 어린 시절의 경험 또는 심리적인 충격이나 개인의 이루지 못한 욕망들로 구성되어 있으며, 개인의 행동을 실제적으로 지배하고 통제하는 원동력이 된다는 것이다.

이 관점은 인간행동에 대한 인간 내부의 동기적 측면을 설명해 주어 다양한 개인차를 이해하는데 많은 도움을 주기는 했지만 무의식에 대한 과학적 연구가 어렵기 때문에 이에 대한 비판이 따르고 있다.

3) 행동주의적 관점

인간의 모든 행동은 자극—반응 형태의 집합이라고 본다. 그러므로 인간의 행동 및 여러 심리적 특성들은 출생 직후부터 겪는 경험에 의해서 형성된 습관적인 반응들로 구성된다고 본다. 인간이해를 위한 과학적 접근은 객관적 관찰이 가능한 유기체의 행동이어야 한다고 주장하면서, 인간행동에 영향을 미치는 자극 및 강화에 관한 연구를 실험을 통해 검증하려 한다. 또한 이들은 인간행동의 기본 단위인 자극—반응 관계는 인간과 동물에게 동일하다고 보기 때문에 동물을 대상으로 행한 실험의 결과를 인간행동의 설명에 이용하기도 한다.

인간행동의 기본단위에 대한 이러한 분석적 연구는 실제 교육 현장이나 정신과 병동에서 행동수정을 통해 개인의 사회적응력을 높이는데 많은 공헌을 하고 있다. 그러나 인간행동을 지나치게 작은 단위로 분석하여 전체성을 파악하지 못한다는 약점을 지니고 있다.

4) 인본주의적 관점

인간은 역동적 유기체로서 각자의 독특한 특성을 지니며, 그 본성에 있어서 보다 나은 것을 추구하려는 자유의지를 지닌 자기실현적 존재라고 본다. 인간행동은 무의식이나 어떤 선행자극의 산물이 아니라 개인의 의지가 작용하는 의식적 결과라는 것이다. 인간 유기체는 누구나 자기 자신을 유지시키거나 향상시키는 것으로 지각된 경험들은 더욱 추구하고 적극적으로 수용하는 반면 자아보존이나 증진을 부정하는 것으로 인식된 경험들은 피하게 만드는 자아실현적 동기를 지니고 있다는 것이다.

인간이해에 대한 이러한 접근에서는 교육적 활동이란 개인으로 하여금 자신의 유일성과 전체성을 파악할 수 있도록 도와주는 역할을 수행하는 것이다.

5) 인지주의적 관점

인간을 일종의 정보처리체계로 보는 입장으로써 인간의 행동반응을 컴퓨터의 정보처리 과정과 비교하여 이해시키려 한다. 이들은 인간을 외부에서 계속적으로 들어오는 정보를 받아들이고, 그것을 분석 처리하여 저장하고 기억했다가 활용하기도 하며, 망각하기도 하는 복잡한 능동적 기억체제로 본다. 인간행동은 단순히 외부자극에 대한 수동적 반응이 아니라 그러한 자극들을 여러 가지 방법으로 선택, 비교, 조합하고 변형하여 기억 속에서 인지구조를 형성하여 외부자극 요소들이 함유하고 있는 의미를 추출해 내는 인지과정을 거쳐 반응으로 나타내게 된다. 그러므로 인간은 적극적이고도 능동적으로 환경에 적응하며 스스로 사고하고 창의적인 활동을 수행해 나가며, 새로운 지식구조와 의미를 구성하는 자율적인 존재가 된다.

이 접근법은 인간의 지적학습의 진행과정과 기억현상을 연구하는데 많은 공헌을 하고 있으며, 급속한 진전을 보이는 컴퓨터의 발달에 따라 더욱 많은 발전이 기대되는 분야다.

2. 인간 발달의 의미와 원리

1) 발달의 의미

인간의 발달(development)이란 수정에서 죽음에 이르기 까지 전생애 동안에 신체적, 정신적 기능이 점차로 형성 변화되어 가는 것을 말한다. 이러한 인간의 발달개념에는 유기체의 유전적 속성에 의한 변화에 해당하는 성숙과 유기체의 신체적 측면의 양적 증대와 변화를 지칭하는 성장과 연습이나 훈련에 의한 유기체의 기능 변화를 나타내는 학습을 모두 포함하는 포괄적 의미를 지닌다. 그러므로 발달에는 인간 유기체의 기관이 양적으로 증대하고 구조가 정밀해지고 기능이 유능화되는 긍정적인 변화와 기능과 구조가 쇠퇴하는 부정적 변화가 모두 포함된다.
이상에서 알 수 있듯이 발달의 의미에는 미약한 상태로 출생한 인간 유기체의 신장과 체중이 증가하고, 운동기능과 조작기능이 유연하고 섬세해지고, 새로운 지식의 획득과 창조활동이 가능해지는 신비와 중년기 이후 유기체의 신체적 노화와 위축되는 감각활동이나 근육활동은 물론 지적기능의 쇠퇴를 함께 내포하고 있다.

2) 발달의 원리

인간의 발달은 신체적 발달과 심리적 발달 모두에서 일정한 원리와 순서에 따라 이루어지는 경향이 있는데 이를 간단히 정리하면 다음과 같다.

첫째, 발달에는 일정한 순서와 원리가 있다. 특히 인간의 운동발달과 신체발달을 살펴보면 머리-꼬리형의 발달, 중심-말초형의 발달과 전체운동-특수운동의 방향으로 발달하는 경향이 있음을 알 수 있다. 유아의 경우 신체의 어느 부분보다 머리가 먼저 발달하고 몸체와 팔, 다리 그리고 손가락과 발가락의 순으로 발달하며, 유기체의 골격이나 신경계 발달 역시 몸 전체에서 시작하여 팔과 다리로 이어져 가거나 중추신경계의 발달에서 말초신경계의 발달로 진행된다. 그리고 치아의 발생순서 또는 언어발달이 모음에서 시작하여 자음으로 이어져 가는 것 등에서도 이러한 발달 경향을 찾아 볼 수 있다.

둘째, 발달은 연속적이며 점진적으로 이루어진다. 인간의 발달은 앞서 이루어진 발달의 기초 위에 다음 단계의 발달이 이루어진다. 인간의 초기 발달이 중요한 이유는 그것이 다음 단계 발달의 주춧돌 역할을 하기 때문이다.

셋째, 발달은 지속적인 과정이나 발달의 속도가 항상 일정한 것은 아니다. 유기체의 신체발달을 살펴보면 태아기와 유아기 그리고 사춘기에 발육급등 현상을 보이는데비해 성인기 이후의 신체적 발달은 일시적으로 정체하는 것처럼 보인다. 이처럼 간의 발달은 계속적으로 이어지지만 일시적인 정체나 도약 현상을 나타낸다.

넷째, 발달은 유기체와 환경의 상호작용 결과이다. 일반적으로 발달은 유기체의 유전적인 속성과 유기체가 경험하는 환경의 상호작용 결과로써 이루어진다. 다시 말해서 한 개인의 발달 양상은 출생 전후의 환경조건에 의해 지체되기도 하고 촉진되기도 한다. 결과적으로 인간의 발달은 개인의 유전적 특성과 출생 전후의 환경조건에 의해 다양한 개인차를 나타내게 된다.

다섯째, 발달의 각 측면은 서로 밀접하게 관련되어 있다. 한 개인의 신체적, 인지적, 정의적 특성이 상호 관련되어 발달하는 경향이 있다. 신체적으로 건강한 아동이 더욱 적극적인 성격을 발달시킬 수 있으며, 뛰어난 운동조작 기술을 발달시키는 경향이 있다.

여섯째, 모든 발달단계에는 그 시기에 해당하는 사회적 기대가 있다.

유아가 일정한 연령에 도달하면 배설통제 행동을 수행할 수 있어야 하며, 청년기에 접어들면 경제적 독립을 이루기를 기대하는 것 등을 볼 수 있다. 각 발달단계에 따른 이러한 사회적 기대는 개인의 발달에 영향을 미치게 된다.

3. 발달단계와 발달과업

교육의 효과를 높이기 위한 교육의 최적 시기를 논할 때 학습자의 발달수준과 관련시키고자 할 것이다. 인간 발달은 연속적이며 점진적인 특성을 지니고 있지만, 인간의 전생애 동안에 나타나는 여러 발달 특징을 일정한 단계별로 정리하여 살펴볼 수 있는데, 이를 발달단계라고 한다. 이러한 인간의 발달단계 설정은 어떠한 심리적 속성에 초점을 맞추느냐에 따라 다양하게 나눠지고 있다. 예를 들어 프로이트는 인간의 성격발달단계를 구순기, 항문기, 남근기, 잠복기, 생식기로 나누었으며, 피아제는 인지발달단계를 감각 동작기, 전조작기, 구체적 조작기, 형식적 조작기로 구분해서 설정한다. 그러나 인간발달을 교육과 관련시켜 논하고자 할 때, 학습자의 일정한 연령별에 따른 통합적인 발달 특성을 정리해야 할 필요성이 생겨나게 된다.

인간의 발달과정을 구체적으로 교육과 관련시킨 대표적인 학자는 해비거스트(R. Havighurst)이다. 그는 인간의 각 발달단계에서 반드시 발달시켜야 할 특성들을 선정해서 이를 발달과업(developmental task)이라고 지칭했다. 다시 말해서 발달과업이란 한 개인이 특정 발달단계에서 반드시 수행해야 할 행동특성이라고 할 수 있다. 만약 한 개인이 선행 발달단계의 발달과업을 성공적으로 수행하지 못할 경우 뒤따르는 발달단계에서 정상적인 발달을 수행하기가 어렵게 된다. 예를 들어 유아기에 신체 조작 기능을 제대로 발달시키지 못한 어린이의 경우, 아동기에서 친구를 사귀기 위한 여러 놀이 활동에 참여할 수 없기 때문에 사회성 발달에 많은 어려움을 겪게 된다. 해비거스트는 각 발달단계에 따르는 발달과업을 정리하여 그것을 학교의 교육과정 구성에 적절하게 반영할 경우 더욱 교육적 효과를 높일 수 있을 것이라고 주장하고 있다.

인간 발달단계에 따른 해비거스트의 발달과업이론을 발췌하여 정리하겠다.

1) 영유아기 발달과업

(1) 걷기
(2) 고형음식 먹기
(3) 말하기
(4) 배설통제
(5) 성 차이 인식과 성역할에 관한 기초 지식 획득
(6) 주변세계에 대한 기본개념 획득
(7) 읽기에 필요한 어휘력 획득
(8) 선악 구별과 양심의 발달

2) 아동기의 발달과업

(1) 놀이에 필요한 신체적 기능 발달
(2) 신체적 건강유지를 위한 태도 및 습관 형성
(3) 또래 친구와 사귀는 법 익히기
(4) 남여의 사회적 역할 구분
(5) 읽기, 쓰기, 셈하기의 기초능력 획득
(6) 일상생활에 필요한 기초개념의 획득
(7) 양심, 도덕성, 가치기준의 발달

(8) 타인으로부터 독립하여 자율성을 확립함
(9) 사회집단이나 제도에 대한 일정한 태도 형성

3) 청년기 발달과업

(1) 동년배 남・여와의 성숙된 인간관계 형성
(2) 자신의 성에 맞는 성역할 학습
(3) 자신의 신체적 조건 수용 및 활용
(4) 부모에 대한 정서적 의존 탈피
(5) 결혼과 새로운 가족관계에 대한 준비
(6) 경제적 수입과 관련된 직업 준비
(7) 행동지침이 될 윤리 및 가치체계 확립
(8) 행동에 따르는 사회적 책임을 감수할 준비

4) 성년기

(1) 배우자 선택
(2) 결혼 후 배우자와 동거할 자세 확립
(3) 가정을 꾸밀 준비
(4) 자녀양육 준비
(5) 가족관계의 중요성 인식
(6) 가정경제 기반 확립을 위한 직업생활 시작
(7) 시민의 의무 완성
(8) 적절한 친교단체 선정 및 참여

5) 중년기

(1) 성인에게 요구되는 사회적 책임 완수
(2) 적절한 경제적 기반의 확립 및 유지

(3) 적절한 여가활동 선택 및 유지
(4) 신체적 기능 저하현상에 대한 인식과 수용
(5) 노쇠한 부모와의 관계를 합리적으로 유지
(6) 일반 청소년의 선도에 대한 책임 수행

6) 노년기

(1) 건강의 쇠퇴에 적응
(2) 은퇴와 수입 감소에 적응
(3) 배우자의 사망에 적응
(4) 동년배와 친밀한 관계형성
(5) 사회적, 시민적 의무 수행
(6) 적절한 일상생활 조건 유지에 대한 대책 마련

4. 발달의 결정적 시기와 민감기

인간의 신체적 특성이나 심리적 특성이 집중적으로 발달하는 시기가 있는데, 이것을 심리학에서는 결정적 시기(critical period) 또는 민감기라고 한다. 인간은 일정한 발달기간 동안에 특정자극에 대해서 아주 적극적인 반응을 나타내 보이는 시기가 있는데, 그 자극과 관련된 특정행동을 이 기간 동안에 학습시킬 경우 아주 짧은 시간에 적은 노력으로 완벽하게 가르칠 수 있다는 것이다. 이것은 교육적으로 아주 중요한 의미를 가지는 이론적 근거가 되기 때문에 좀 더 구체적으로 살펴볼 필요가 있다.

결정적 시기에 대한 개념은 동물행동학자인 로렌쯔(K. Lorenz)가 새끼 조류의 추종행동에 관한 연구를 통해 정립했다. 그는 인공부화기에서 갓 깨어난 오리 새끼가 추종대상을 선정하는 과정에서 나타나는 각인(imprinting)현상을 발견했는데, 새끼 동물들이 어미를 따르고 애착을 느끼는 것은 이러한 각인현상으로 설명할 수 있다는 것이다. 다시 말해서 각인이란 동물의 출생 후 극히 짧은 시기 동안에 한정적으로 이루어지는 초기학습의 일종이다. 로렌쯔에 의하면 오리 새끼의 경우 추종행동의 각인은 부화된 후 14시간이내에 가장 잘 이루어지며, 만 2일이 될 때 까지는 각인이 가능하지만 그 이후에는 각인이 잘 일어나지 않는다고 보고하고 있다.

보울비(J. Bowlby)는 유아의 어머니에 대한 애착관계 형성과정에서 이러한 각인현상을 밝혀내었다. 그에 의하면 유아의 애착현상은 만 1세를 전후해서 자기를 보살펴주는 사람을 추종대상으로 각인한 결과라는 것이다. 이러한 유아의 애착관계 형성은 만 1세를 전후해서 가장 잘 이루어지며, 3세를 지나게 되면 애착관계의 형성이 어려워진다고 보고하고 있다. 시설에 수용되어 자라는 유아나 유아를 보살펴주는 사람이 자주 바뀌는 것을 경험한 유아들에게서 애착관계 형성의 어려움을 찾아 볼 수 있다는 것이다.

또한 몬테소리(M. Montessori)는 유아에게서 일정기간 동안 특정자극에 대해서 아주 민감하게 반응하는 현상을 발견하고 이를 민감기라고 지칭했다. 그에 의하면 유아는 출생 후 초기의 일정기간 동안에 특정한 자극에 대해서 아주 예민한 반응을 보이는 현상을 발견할 수 있는데, 이 시기 동안에 그러한 자극과 관련된 행동이나 과제를 학습시킬 경우 짧은 시간에 적은 노력으로 완벽하게 학습하게 할 수 있다는 것이다.

이상에서 알 수 있듯이 각인은 동물에게서 발견할 수 있는 일종의 초기학습으로서 유전적으로 결정된 일정 시기 동안에만 일어나게 된다는 것이다. 특정행동의 각인이 이루어지는 일정기간을 결정적 시기 또는 민감기라고 하며, 이시기 동안에 그 행동을 학습시키게 되면 교육의 효과를 극대화시킬 수 있게 된다. 그러나 이러한 각인이 일어나는 특정행동을 발견하는 일이나 그 시기를 찾아내는 것이 쉬운 것은 아니다. 지금까지 밝혀진 각인에 대한 연구들에서 공통되는 것은 결정적 시기와 민감기가 대체로 인간의 초기 발달단계에 집중해 있다는 것이다. 따라서 인간 유기체에 있어서 초기 발달의 중요성은 각인이 이루어지는 시기의 집중과 초기단계의 발달 결손이 또 다른 결손을 유발할 가능성을 높여 주어 발달의 결손을 누적시킬 수 있다는 점에서 교육적으로 중요한 의미를 가진다.

제2절 학습자의 인지적 특성과 교육

1. 지능과 IQ

지능(intelligence)이란 비교적 일반인들에게도 친숙한 인간의 지적 특성에 해당된다. 그 이유는 인간의 정신적 능력에 대한 개인차를 수량화로 나타내려는 연구의 결과로 처음 등장한 것이 바로 지능이기 때문이다. 지능의 개념에 대한 정의는 너무 다양하여 한 마디로 규정하기가 어렵다. 지능을 학교교육과 관련지어 학교학습을 수행할 수 있는 능력으로 정의내리는 입장이 있는가 하면 주변환경에 적응하는 인간의 종합적 적응능력으로 보는 등 서로 다른 측면의 정신능력을 강조하고 있음을 알 수 있다. 그러나 지능이 교육과 관련해서 중요한 이유는 많은 사람들이 현재 개발되어 있는 지능검사의 결과인 IQ(Intelligence Quotient)가 학교에서의 학업성취 가능성을 측정하는 하나의 도구로 인정하고 있다는 사실이다.

한 개인의 지적능력을 측정하여 수치로 나타낸 IQ는 비교적 안정성을 지니고 있으며 잘 변하지 않는다. 그러나 인간의 모든 발달은 유기체와 환경의 상호작용에 의해 결정되기 때문에 IQ 역시 환경적 영향에 의해 어느 정도 변화될 수 있다는 사실을 간과할 수 없다. 중상류 계층의 대학교육을 받은 부모의 자녀들은 성장하면서 IQ가 점점 높아지는 경향이 있는 반면, 교육을 제대로 받지 못한 하류계층의 자녀들은 성장함에 따라 오히려 IQ가 낮아지는 것으로 보고되고 있다. 또한 남자들의 IQ가 여자들에 비해 나이가 들어 갈수록 상승하는 것을 볼 수 있다. IQ 변화와 관련된 이러한 결과는 아동들이 인지적, 사회적, 정의적 자극들에 많이 노출될수록 IQ가 더욱 발달될 수 있다는 것을 알려준다.

인간 정신능력 본질을 규명하려는 입장은 크게 두 가지로 요약할 수 있다. 즉 지능을 구성하고 있는 요인들을 밝혀내고 그것의 조직과 유형을 알아보려는 경우와 지적활동의 수행과정 자체를 분석 정리하려는 과정지향적인 입장이다. 지적활동에 대한 과정지향적 입장은 피아제를 중심으로 한 인지발달이론으로 발전되어 왔으므로 이는 이 책 뒤에서 따로 다루기로 하고, 여기에서는 지능의 구성과 유형에 관한 여러 학자들의 관점을 간단히 살펴보도록 하겠다.

1) 지능의 구성

지능의 구성에 관심을 두고 개인차 측정을 시도한 대표적인 학자로는 최초의 지능검사를 만든 비네(A. Binet)를 꼽을 수 있다. 비네는 지능을 잘 판단하고, 이해하고, 사고하는 능력으로 보았으며, 인간의 지능을 여러 가지 과제에 대한 수행결과로서 측정하여 수량화할 수 있다고 강조했다. 스피어맨(C. Spearman)은 지능을 연구하면서 요인분석을 통해 지능의 일반요인과 특수요인을 밝혀내어 지능의 2요인설을 주장했다. 그에 의하면 지능의 일반요인은 특정한 기술의 축적 이상인 매우 일반적인 능력으로서 인간행동의 여러 분야에 작용하는 특성이며, 특수요인은 특정분야에 한정되어 나타나는 개인의 정신기능이라는 것이다.

써어스톤(L. Thurstone)은 스피어맨의 요인분석 과정을 좀 더 발전시켜, 지능의 일반적 능력의 관점을 거부하고 어떤 특성이나 요인의 군집에 초점을 맞추었다. 그래서 그는 지능을 구성하고 있는 여러 특성들을 분류할 경우 유사한 특성을 지닌 요인들의 묶음을 발견할 수 있다고 했다. 그 결과 써어스톤은 지능을 구성하는 7개의 기본 정신능력(primary mental abilities : P. M. A.)을 확인했는데, 그것을 간단히 정리하면 다음과 같다.

(1) 언어 이해력(verbal comprehension)
(2) 단어 유창성(word fluency)
(3) 수리력(numerical ability)
(4) 공간지각력(space visualization)
(5) 연합적 기억력(associative memory)
(6) 지각속도(perceptual speed)
(7) 추리력(reasoning)

써어스톤에 의하면 한 개인의 지능은 이들 기본정신능력 영역에서 개인이 얻은 점수를 종합한 결과로 설명할 수 있게 된다. 지금까지 만들어진 대부분의 집단지능검사는 써어스톤의 기본정신능력 측정에 웩슬러(D. Wecsler)가 주장한 속도요인(speed facter)을 첨가한 형태를 지니고 있는 실정이다. 웩슬러는 성인용 지능검사를 만드는 과정에서 개인이 어떤 과제를 수행하는 과정에서 소요하는 시간이 개인의 능력 차이를 반영하는 요인이라는 것을 밝혀내었다.

또한, 길포드(J. P. Guilford)는 지능에 대한 평면적 구성요인설로는 인간의 지적활동에 포함된 역동성을 설명할 수 없다고 보고, 지능의 삼차원적 구조를 제안했다. 그는 인간의 지적활동을 지능의 조작차원, 지능의 수행 내용차원, 지능의 결과 산출차원으로 나누었으며, 인간의 지능은 이들 세차원의 상호작용에 의해 발생한다고 주장했다.

2) 지능의 유형

(1) 카텔(R. B. Cattell)의 유동적 지능과 결정적 지능

① 유동적 지능(fluid intelligence)

명석함이나 추상능력으로 구성되며, 이것은 학교학습이나 문화적 경험과는 상관없이 존재하는 인간의 일반적인 정신능력이다. 이것은 유전적 신경생리적 영향에 의해 발달되며, 청년기까지는 뇌와 중추신경계의 성숙에 비례하여 발달하지만 생리적 발달이 쇠퇴하는 성인기 이후에는 점차 쇠퇴한다. 유동적 지능은 속도, 기계적 암기, 지각, 추리 등으로 구성되기 때문에 주로 도형 분류나 형태적 유사성 파악, 숫자 또는 문자 연결과 같은 비언어성 수행검사를 통해 측정할 수 있다.

② 결정적지능(crystallized intellgence)

문화적 경험을 통해서 획득되는 구체적인 지식이나 기능과 관련된다. 결정적 지능의 발달은 가정환경, 교육정도, 직업 등의 영향을 받으며, 성인기 이후에도 개인이 접하는 환경의 질에 따라 계속적으로 발달이 이루어진다. 이러한 결정적 지능은 언어이해, 문제해결, 논리적추리, 일반 상식 등으로 구성되기 때문에 주로 일반적 정보의 양, 어휘력, 난해한 단어의 유사성 파악 또는 언어의 기교와 같은 언어성 검사를 통해 측정 할 수 있다.

(2) 가드너(Gardner)의 다면적 지능이론

① 언어적 지능

시인이나 언론인에게서 발견할 수 있는 능력으로서 언어 기능에 대한 민감성, 문장구성력, 언어 이해력 등이 포함된다.

② 음악적 지능

노래하고, 악기를 연주하며, 작곡과 지휘, 감상하는 능력과 관련된 것이다.

③ 공간적 지능

시간과 공간세계를 정확하게 지각하는 능력과 관련된 것으로 비행기 조종사, 항해사, 건축가 등에서 높게 나타난다.

④ 논리-수학적 지능

문제의 구성요소를 식별할 수 있는 민감성과 추리력에 관련된 능력으로 수학 문제 풀이를 잘하고 과학적 사고를 진행하여 증명을 도출해 내는 것 등이 포함된다.

⑤ 신체-운동적 지능

자신의 신체를 숙련되게 사용하는 능력으로 기계체조, 무용가, 운동선수 등에 적합하다.

⑥ 대인관계적 지능

다른 사람의 정서, 욕구 등을 파악하고 적절하게 반응하는 능력인데 상담치료가나 세일즈맨에게서 높게 나타난다.

⑦ 개인내적 지능

자신의 감정에 대해 구체적 행동 방향을 결정할 수 있고, 자신의 감정과 약점을 잘 알 수 있는 자기이해능력이다.

⑧ 자연이해 지능

자연의 패턴이나 규칙을 잘 관찰, 분석하고 상호작용하는 능력으로 자연에 관심이 많고 동식물 채집 등의 활동을 선호하거나 다양한 동식물 종류에 대해서 해박하고 자연에서 일어나는 일들에 대해 인식을 잘한다.

가드너에 의하면 이들 8개의 지능은 서로 독립적이고 다른 능력으로 구성되어 있지만 상호작용을 한다고 했으며, 이전의 지능에 관한 연구에서는 언어적 지능과 논리-수학적 지능만을 강조해 왔다고 주장한다. 학교에서 높은 학업성취를 이룩한 학생들이 반드시 성공적인 직업인이 되지 못하는 이유가 바로 학교 학생들에게서 여러 전문 직업이 요구하는 특정 지능을 제대로 개발하거나 측정해내지 못했기 때문이라는 것이다.

(3) 스텐버그(Sternberg)의 지능 삼원론

스텐버그는 인지 과정적 접근을 통해 지능의 삼원론적 주장했는데, 그는 인간의 지적행동이란 사고전략을 사용하고, 새로운 문제들을 창의적으로 신속하게 처리한 것의 산물이며, 환경을 선택하고 재형성함에 의해서 주변 상황에 적응한 것의 산물이라고 했다. 이러한 관점에서 그는 지능을 요소적 지능, 경험적 지능, 상황적 지능으로 나누었다.

① 요소적 지능

기본적인 정보처리 과정으로서 정보를 추상적으로 사고하여, 어떤 일을 계획하고, 실행하고, 평가하는 능력이다. 여기에서 말하는 요소는 대상이나 상징들의 내적 표상에 영향을 미치는 기초적 정보처리 과정이다.

② 경험적 지능

새로운 경험에 대처하는 능력으로서 새로운 상황을 효과적으로 다루는 것과 사고진행과 문제해결을 자동적 수준으로 진행하는 것 등이 포함된다. 따라서 경험적 지능에는 정보처리를 자동적으로 할 수 있는 능력과 새로운 것을 고안해내는 창의성이 내포된다.

③ 상황적 지능

변화하는 환경에 적응하는 능력으로서 성공적인 환경을 선택하는 것, 환경에 적응하는 것, 환경을 변화시키는 것을 포함한다. 이러한 상황적 지능은 직업 선택이나 사회적 기술과 같은 구체적인 적응행동과 관계된다.

2. 창의성

1) 창의성의 의미와 구성요소

창의성(creativity)은 여러 가지 문제 상태를 새롭고 독특하고 가치 있는 방향으로 해결해내는 인간의 고차원적인 정신능력이다. 무엇인가 기발하고 지금까지 없었던 새로운 것을 만들어 내거나 생각해 내는 능력으로서 과학자나 예술가와 같은 특정한 개인에게만 속하는 것이 아니라 개인들이 일상생활에서 당면하는 문제해결 과정에도 적용된다.

창의성은 정도의 차이는 있을지라도 정상적인 사람 모두에게서 발견할 수 있는 잠재적인 능력이다. 이러한 창의성은 성장초기의 사회적 경험과 문화 및 가치관에 따라 발달을 촉진시킬 수도 있고 제한할 수도 있다.

로저스(Rogers)는 창의성 배양을 위한 환경조건으로 개인의 심리적 안정과 심리적 자유를 강조한다. 창의성이란 기존하는 질서나 기준에 비추어 보면 이상하고 새로운 것이 되는데, 이러한 것을 추진하는 개인이 그 결과에 대한 주위 사람의 반응을 미리 생각하고 불안정한 심리상태에 놓이게 되면 창의성이 제대로 개발될 수 없다. 또한 심리적 자유란 개인의 감정, 충동, 사고, 행동상의 완전한 자유가 허용되어야 경험에 대해 개방적인 태도를 가질 수 있게 된다는 것이다.

길포드(Guilford)는 창의성의 본질을 규명하기 위해 자신이 주장한 지능의 3차원, 즉 내용, 조작, 산출차원 중 조작차원의 확산적 사고를 창의성으로 보고, 그 구성요소를 다음과 같이 추출하였다.

① 유창성(fluency)

아이디어의 양적인 풍부성 어휘, 관념, 연상, 표현이 유창하여 주어진 시간 안에 보다 많은 아이디어를 산출해 낸다. 아이디어의 양이 더 중요하다.

② 독창성(originality)

평범하지 않은 독특한 반응, 궁극적으로는 특정한 문화 배경 내에 수용된다.

③ 융통성(flexibility)

사고 방향의 포괄성과 다양성, 한 문제에 대해 여러 가지 다른 대답이나 해결방법을 찾아내는 등 다양한 반응을 나타낸다. 아이디어의 질이 더 중요하다.

④ 정교성(elaboration)

중심이 되는 생각을 구체화하고 보충하는 능력, 자신의 아이디어를 개선하기 위해 다른 요소를 첨가한다.

⑤ 민감성(sensitivity)

문제 사태에 대해 민감하게 지각하는 능력

⑥ 재구성력(redefinition)

새로운 절차나 구상을 해내는 능력, 아이디어의 희귀성 또는 진기함.

한편 게젤스(J. W. Getzels)와 잭슨(P. W. Jackson)은 창의성 구성요소를 중심으로 창의력 검사를 개발해, 창의력과 지능 및 학교 성적의 관계를 연구했다. 이 연구에 의하면 창의성이 높은 아동이라고 모두 지능과 학교성적이 높게 나타나는 것이 아니라는 것을 밝혀, 지능과 창의성은 서로 다른 지적 능력임을 알려 주었다. 그러나 분명한 것은 창의성 검사에서 높은 점수를 얻은 학생들의 지능이 평균이상이라는 점이다. 이것은 한 개인이 창의적인 활동을 펼치기 위해서는 적어도 평균이상의 지능을 소유해야 된다는 것을 의미한다.

2) 창의성 교육

전통적인 지식위주의 암기식 교육방법으로는 미래정보사회가 요구하는 변화에 주체적으로 참여하는 개인을 길러낼 수가 없다. 창의성 개발은 짧은 기간 동안에 일시적으로 이루어지는 것이 아니므로 지속적인 외부환경조성과 내적동기유발을 요구한다.

매키논(Mackinnon)은 교육환경의 변화에 의해 잠재적인 창의성의 개발이 가능하다고 보고, 창의성이 높은 사람을 대상으로 아동기의 경험을 분석해 본 결과 다음과 같은 특성을 찾아볼 수 있다고 했다.

첫째, 부모로부터 존중받았고, 자신이 하려는 일에 대해 격려 받으며 자랐다.
둘째, 그들의 어머니가 자주성이 높았다.
셋째, 처벌을 적게 받았다.
넷째, 부모로부터 종교적 교리를 강요받지 않았다.
다섯째, 비교적 이사를 많이 다녔다.

학교에서의 창의적인 교육환경 조성으로 학생들의 창의력을 개발 육성시킬 수 있다. 특히 교실에서 일어나는 교사 학생 간의 수업환경에서 학생들의 반응에 대해 교사가 주의해야 할 점은 다음과 같다(이영만, 1998).

첫째, 교사 자신이 창의적 사고기술을 시범할 수 있어야 한다.
특히 초등학교 학생들은 교사를 모방하는 경향이 강하기 때문에 중요하다.
둘째, 교사의 창의적 성향으로 개방성이 중요하다.
교사 자신의 문제해결법을 학생에게 강요해서는 안 되며, 수용적이고, 허용적인 수업분위기를 형성해야 한다.
셋째, 학습자가 적극적으로 수업의 과정을 주도하는 학습자 중심의 수업이 이루어져야 한다.
교사는 안내자 자료 제공자의 역할을 수행한다.
넷째, 학생들의 창의적 사고를 자극하는 창의적 발문기법을 이용해야 한다.
기억에 의존한 정보의 재생을 요구하는 질문이 아니라 학생의 사고 활동을 촉진시킬 수 있는 질문이 좋다.

다섯째, 학생들의 창의적인 반응이나 활동에 대해서는 즉각적인 긍정적인 강화를 제공해야 한다.

여섯째, 창의적 사고전략이나 기술 또는 성향은 반복적 학습을 통해 습관화 될 수 있다는 점에 유의해야 한다.

일곱째, 학습자 스스로 자신의 창의적 사고과정을 통제하고 점검하도록 지도해야 한다.

3. 인지양식과 학습양식

학습자의 학업성취에 영향을 미치는 지적 특성으로 비교적 최근에 관심을 두고 집중적으로 연구되는 분야가 인지양식과 학습양식이다. 많은 심리학자와 교육학자들이 이론적으로는 인지양식과 학습양식의 다양성을 인정하고 있으며, 학교 교육현장에서도 발견되는 현상이지만 아직 그 구성요소를 밝혀내어 검증하는 데는 어려움을 겪고 있다. 지금까지 연구된 결과들에 의하면 인지양식이나 학습양식의 개인차는 개인이 어떤 과제에 접근하는 방법의 차이로서 개인의 지적수준이나 능력의 유형을 반영하는 것이 아니라는 것이다. 오히려 이것은 특정한 양상의 정보처리 방식 또는 환경적 자극을 선호하는 것과 관련되는 개인의 특성이라고 정리하고 있다. 학습자들이 주어진 문제 상황에 대해 각자 다른 방법으로 접근한다는 사실을 학교교사들이 인식한다는 것은 중요한 일이다.

1) 인지양식

인지양식(cognitive style)이란 한 개인이 나타내 보이는 외부자극 처리방식이라고 할 수 있다. 사람들은 자신의 주변세계로부터 오는 자극, 즉 정보를 지각하고 체계화 시키는 방식을 가지게 되는데, 이러한 정보처리 방식은 개인마다 다른 특성을 지니며 항상 일정한 틀을 유지한다는 것이다. 지금까지 밝혀진 대표적인 인지양식에는 장독립적 인지양식과 장의존적 인지양식 그리고 사려적 인지양식과 충동적 인지양식이 있다.

(1) 장독립적 인지양식과 장의존적 인지양식

장독립적 인지양식을 지닌 개인은 문제해결 과정에 접할 때 상황을 분석하고 상황을 구성하고 있는 요소들을 배경과 분리해내려는 특성을 지닌다. 그러므로 이들은 전체를 구성하고 있는 부분들을 지각할 가능성이 많고, 그 구성요소에 따라 유형을 분류하는 능력을 가지고 있다. 그러나 이들은 집단에서 다른 사람들의 느낌이나 반응에 예민하지 못하기 때문에 사회적 맥락을 파악하는데 어려움을 겪게 된다. 이러한 장독립적 인지양식을 지닌 학생들은 분석적인 능력을 사용하는 자연과학이나 수학, 공학 등에서 높은 학업성취를 보인다.

장의존적 인지양식을 지닌 개인은 주어진 문제해결 장면에서 상황을 전체적으로 보거나 일정한 틀로 묶어서 보려는 경향이 있다. 이들은 전체 장면으로부터 한 요소를 분리해내지 않고 전체를 하나의 유형으로 지각한다. 그러므로 장의존적 인지양식을 지닌 개인은 상황의 한 부분을 떼어내어 생각하거나 상황의 구성요소들을 파악하는데 어려움을 느낀다. 그러나 이들은 사회적 관계유지를 잘하기 때문에 집단으로 일할 때 좋은 결과를 가져오며, 주로 전체적 시각을 요구하는 사회과학이나 문학, 역사 등을 선호하게 된다.

학교에서 제공되는 대부분의 학습상황이 아주 애매한 상태로 제공되기 때문에 학습자 스스로가 그 상황을 분석 정리하지 않으면 안 된다. 그 결과 장의존적 인지양식을 소유한 학생보다는 장독립적 인지양식을 소유한 학생이 학업성취 면에서 보다 유리한 입장에 놓이게 된다. 장의존적 인지양식을 지닌 학생에게는 보다 구체적이고 명료한 수업을 천천히 할 때 효과를 높일 수 있다.

(2) 사려적 인지양식과 충동적 인지양식

사려적 인지양식을 지닌 학생은 문제해결 상황에서 천천히 느리게 해결방법을 찾아내는 반면 실수를 적게 저지르는 특성을 나타낸다. 이러한 사려적 인지양식은 읽기와 선다형 시험 등에서 좋은 성취를 보인다. 그러나 지나치게 사려적인 학생은 문제해결과정에서 보다 많은 시간을 필요로 하기도 한다.

충동적 인지양식을 지닌 학생은 문제해결 상황에서 가설검증을 빨리 진행하지만 실수를 많이 한다. 이러한 충동적 인지양식은 유치원과 초등학교 아동들에게서 많이 나타나며, 일반적으로 나이가 들수록 좀 더 사려적인 인지양식으로 변화되는 경향이 있다. 한 개인의 인지양식이 사려적이냐 충동적이냐 하는 것은 불확실성을 지닌 문제를 해결하는 반응시간과 정확성을 기준으로 판단하게 된다.

학교학습의 대부분은 기억, 추리, 창의성, 독해 등 높은 주의집중을 요구하는 과제들이기 때문에 사려적 인지양식을 가진 학생이 충동적 인지양식을 가진 학생보다 좋은 결과를 나타내는 경향이 있다. 그러나 학습수행 장면에서 교사가 충동적 인지양식을 지닌 학생들이 나타내 보이는 시행착오적인 문제해결 과정을 어느 정도 수용해 주느냐에 따라 그들의 학업성취가 달라질 수 있다. 그리고 사려적 인지양식을 지닌 학생들이 채택하는 다양한 문제 해결 전략을 충동적 인지양식의 학생에게 가르쳐 주는 것도 좋은 효과를 가져오게 할 수 있다.

이상에서 살펴보았듯이 교육에서 인지양식의 문제는 모든 학생에게 효과적일 수 있는 교수방법이란 있을 수 없다는 점을 알려주는데 있다고 하겠다. 학생 개인의 인지양식에 맞는 교수방법을 개발하고 선택하도록 도와줄 경우 교육의 효과를 더욱 높일 수 있을 것이라는 관점이 대두된다.

2) 학습양식

학습양식(learning sytles)이란 학습자 개개인은 자신이 선호하는 특정한 학습상황을 가지게 마련인데, 학습자가 가지는 이러한 경향성을 지칭하기 위해 채택된 용어이다. 어떤 학생은 음악을 들으면서 공부를 하는 것을 좋아하며 또 효과적인 경우가 있는가 하면, 또 다른 학생은 친구와 함께 또는 조용한 곳에서 혼자 공부하는 것이 훨씬 효과적이라고 말하는 학생도 있다.

학교현장에서 비슷한 학업성취를 나타내 보이는 학생일지라도 그들이 선호하는 학습양식은 서로 다를 수 있다는 점에 유의해야 한다. 학교현장에서 교사들은 모든 학생에게 획일적인 학습장면을 강요할 것이 아니라 학생으로 하여금 자신들이 선호하는 분위기와 방법을 선택할 수 있는 기회를 제공할 수 있어야 한다. 물론 지나치게 쉽고 편안한 방식만으로는 어렵고 까다로운 학습을 제대로 성취할 수 없다는 점도 동시에 알려주어 학생들 자신이 보다 바람직한 방법을 개발 선택하도록 도와주어야 한다.

4. 피아제의 인지발달이론

피아제(Piaget)는 인간의 지적능력이란 환경과의 상호작용을 통해 적응해 들어가는 독특한 양식이라고 했다. 그는 인간의 지적 평형상태 유지에 작용하는 기능으로 동화(assimilation)와 조절(accommodation)이라는 상호보완적인 과정을 제시했다. 동화란 새로운 환경에 접한 개인이 이미 자기가 알고 있는 지식으로 그것을 이해하고 설명하려는 과정이다. 예를 들어 네발로 걸어 다니는 누런색 동물을 개라고 생각하는 아동이 누런색의 소를 처음 보았을 때, 그것을 개로 이해하려는 태도이다. 조절이란 새로운 경험을 통해서 지금까지 가지고 있던 자기의 생각이 잘못되었음을 알고 기존의 인지구조를 수정하는 과정이다. 위의 예에서 소를 가까이에서 경험한 아동이 소의 울음소리와 섭취하는 먹이의 종류, 크기 등이 개와 다르다는 것을 알고 난 후 개에 대한 개념 정리를 다시하게 되는 경우이다.

피아제는 인간의 지적능력이 발달하는 과정을 인지구조의 조직화와 적응의 상호작용이 계속적으로 일어나면서 사고의 구조가 질적으로 변화해 간다고 주장한다. 그는 인간의 인지발달 단계를 발달순서에 따라 감각 운동기, 전조작기, 구체적 조작기, 형식적 조작기로 나누었으며, 이러한 인지발달의 진행은 인간특유의 발생학적 순서에 의해 이루어지기 때문에 어떤 개인도 그 순서를 바꾸거나 특정단계를 건너 뛸 수 없다고 했다. 물론 문화나 개인에 따라 각 단계를 통과해 가는 속도에는 어느 정도 개인차를 인정하지 않을 수 없다.

인지발달의 각 단계가 가지는 특성을 간단히 요약해 보면 다음과 같다.

① 감각운동기(sensory motor stage)

보통 출생에서 2세 까지의 기간에 해당되며, 유아의 지각과 행동은 타고난 반사와 감각운동에 기초한 경험의 결과에 의존한다. 유아의 운동기술이 점차로 증가함에 따라 유아 자신과 주변 사물과의 관계를 알게 되며, 주변세계에 대한 탐색을 가능하게 하며 점점 환경을 통제할 수 있게 된다. 감각운동기가 끝나갈 무렵에 유아는 자신의 외적 경험을 내적으로 표현하기 시작한다.

② 전조작기(pre-operational stage)

전조작적 사고는 2~7세 까지의 연령에서 나타나며, 세계를 이해하기 위해 상징을 사용할 수 있다. 언어와 사물에 대한 기초개념이 발달한다. 그러나 이 시기의 아동이 가지고 있는 언어와 개념은 아동 자신이 직접적으로 접촉하는 대상에만 극한되는 특성을 가지기 때문에 상황에 따라 변한다. 아동이 직접적으로 접촉하는 경험과 사건이나 상황에 의해 사고가 발달한다. 이 시기의 아동은 사물을 단일 차원에서 직관적으로 분류하기 때문에 문제해결 과정에서 인과관계의 중요성을 이해하지 못하며, 다른 사람의 관점을 가질 수 없어 자기중심적인 사고를 지니게 된다.

③ 구체적 조작기(concrete operational stage)

초등학교시기에 해당하며, 아동의 인지적 특성은 언어의 복잡성을 이해하고, 다른 사람의 생각이나 관점이 자기와 같지 않다는 것을 안다. 구체적 사실이나 사물에 대한 논리적 사고가 가능하다. 그러나 시간과 공간을 초월하지 못하고 현재의 경험만을 이용하기 때문에 추상적 사고를 수행하지 못한다.

④ 형식적 조작기(formal operational stage)

형식적 조작은 12세 이후에 나타나며, 새로운 문제에 직면했을 때 현재의 지각적 경험뿐만 과거 경험과 미래 상상을 함께 이용한다. 문제 해결과정에서 가설을 설정하여 다양한 해결책을 모색하는 등 체계적으로 접근해 들어가는 능력이 있다. 따라서 추상적으로 생각하고, 가설을 시험하고, 실제 현실을 초월하여 개념을 형성할 수 있다.

제3절 학습자의 정의적 특성과 교육

1. 감성지능과 EQ

1) 감성지능과 EQ의 의미

감성지능(emotional intelligence)이란 인간의 정서적 측면을 통제하고 관리하는 심리적 특성으로서 자기통제, 열정, 인내력, 그리고 자신에 대한 동기부여 등을 통칭하는 개념이다. 동일 수준의 지능과 학력을 소유한 사람들이 인생에서 성공하거나 실패하는 이유를 부분적으로 설명해 줄 수 있는 개념으로 최근에 등장한 것이 감성지능인데, 이것은 개인이 가지고 태어난 유전적 특성에 관계없이 학습에 의해 길러질 수 있는 능력이다. 이러한 감성지능의 정도를 나타내기 위해 감성지수, 즉 EQ(Emotional intelligence Quotient)라는 용어를 사용하게 된다.

골맨(D. Goleman)은 IQ가 높지만 인생에서 성공하지 못하는 사람과 낮은 IQ에도 불구하고 성공적인 삶을 살아가는 사람에게서 정서지능의 차이를 발견할 수 있다고 했다. 그는 EQ가 높은 사람의 특징을 다음과 같이 정리했다.

첫째, 스스로에게 동기를 부여한다.
둘째, 절망적인 상황에서 의욕을 잃지 않는다.
셋째, 충동을 억제한다.
넷째, 순간적인 만족감을 지연시킨다.
다섯째, 기분을 조절한다.
여섯째, 고뇌 때문에 사고능력이 방해를 받지 않는다.
일곱째, 감정이입을 잘하며, 희망적이다.

지금까지의 EQ연구에서 그것이 개인차의 어느 정도를 차지하는가를 제대로 밝히고 있지는 못하다. 그러나 EQ가 주로 한 개인의 인간관계를 결정짓는 중요한 특성이라는 점에는 의견의 일치를 보이고 있으며, 인간이 생존 경쟁을 이겨내고 성공할 수 있게 만드는데 강력한 영향력을 발휘한다는 것이다. 다시 말해서 EQ가 인간 생활 전반이나 적응이나 성취면에서 보다 중요한 능력이 된다는 것이다. 그러므로 학교교육 현장에서는 더 이상 인간의 감정과 사회적 관계를 배제한 기계적 지식 소유자를 길러내는 대신 자신의 욕망과 충동을 조절하고, 뚜렷하고 건전한 세계관을 가지고 주위 사람들과 조화를 이루며 살아가는 사회적 기술을 소유한 개인을 길러내어야 한다.

2) 감성지능의 구성요소

한 개인의 감성지능이 우수하다는 것은 자신의 감정을 잘 알아내어 관리하고, 다른 사람들의 감정을 읽을 줄 알며, 그것에 효과적으로 대처하는 사람이다. 이러한 특성을 소유한 사람은 생활의 변화에 잘 대처할 뿐만 아니라 생산성을 향상시켜주는 마음의 자세를 가지고 있는 것으로 보고된다.

감성지능을 구성하는 요인을 간단히 정리하면 다음과 같다(한방교, 1998).

첫째, 자신의 감정을 스스로 인식하는 것으로 자신의 정서 상태를 정확히 알아, 그것의 종류와 발생 원인을 이해한다.

둘째, 자신의 감정을 관리하고 조절하는 것으로 자신의 감정을 적절히 표현하고, 파괴적이고 공격적인 행동을 절제하며, 주변세계에 대해 될 수 있는 한 긍정적 태도를 유지한다.

셋째, 자신의 감정을 생산적으로 이용하는 것으로 어떤 일을 추진해 나가는데 있어, 스스로 동기를 부여하기 때문에 지치지 않고 그 일에 몰두할 수 있으며, 책임감을 가지고 추진해 나간다.

넷째, 다른 사람의 감정을 읽을 줄 아는 것으로 감정이입의 능력으로서 다른 사람의 말을 잘 들어주고, 감정에 예민하며, 언어적 또는 비언어적 감정 표현을 잘 읽을 줄 안다.

다섯째, 다른 사람과 인간관계를 잘 맺는 것으로 대인관계를 분석하고 이해하는 기술이 있고, 집단을 조정할 수 있으며, 의견이 상충할 때 협상하는 능력이 포함된다.

2. 동기와 성취동기

인간이 어떤 행동을 수행했을 때, 그 행동을 일으키게 한 근원적인 힘은 인간 내부에 있다고 보게 된다. 이러한 인간 내부의 힘을 심리학에서는 동기 또는 욕구라는 용어로 표현한다. 동기(motive)와 욕구(need)는 생리적 또는 심리적 결핍에 의해 발생한 에너지로서 행동을 일으키는 원동력을 나타내는 개념으로서 거의 동의어로 받아들여지고 있다.

동기는 인간의 행동을 활성화하고 방향감을 주며, 그 행동을 지속적으로 유지 강화하도록 하는 기능을 수행한다. 이러한 인간의 동기에는 크게 생리적 동기와 사회적 동기의 두 종류가 있다. 생리적 동기는 배고픔, 갈증, 피로, 성적 충동과 같은 유기체의 유지 존속과 관련된 것이며, 사회적 동기는 명예와 권력추구, 성취동기, 자아실현 동기 등 유기체의 생존과 직접적으로 관련되지 않는 특징을 가진다.

인간의 경험과 학습에 의해 형성된 사회적 동기는 개인에 따라서 아주 다양한 형태를 띠게 되는데, 특히 학교학습과 밀접하게 관련된 것이 성취동기이다. 성취동기란 도전적인 과제를 성취함으로써 만족감을 얻으려는 인간의 심리적 특성인 것이다. 높은 성취동기를 가진 개인은 어려운 과제를 훌륭히 성취하고 싶어 하며, 장기적이고 원대한 목표를 세우고 끊임없이 노력하는 태도를 보이며, 그 과정에서 나타나는 장애물로 인한 욕구좌절을 인내하는 능력이 뛰어나다고 한다. 학교 현장에서 이러한 성취동기는 바로 학습동기와 직결되어 성취동기가 높은 학생이 결과적으로 학업 성취면에서 좋은 성적을 유지하게 된다.

높은 성취동기를 소유한 개인이 나타내 보이는 행동특성은 자신이 얻은 성취결과에 집착하는 것이 아니라 목표를 향해 나아가는 과정에서 경험하는 어렵고 힘든 일 자체에 흥미를 갖는다는 것이다. 그러므로 이들은 쉽게 해결할 수 있는 과제보다는 적절한 모험심을 요하는 과업을 좋아하며, 대체로 자신감이 많고, 자기가 맡은 일에 최선을 다하는 경향이 있다. 또한 성취동기가 높은 개인은 자기가 수행한 일의 결과에 대해 관심을 많이 가지며, 그것에 책임을 지려한다.

성취동기의 발달은 환경의 영향을 받으며, 적절한 방법에 의해 개발 육성될 수 있는 사회적 동기이다. 특히 어렸을 때의 양육과정에서 아동의 독립성을 유지 발달시켜 줄 때 높은 성취동기가 길러질 수 있다고 한다. 따라서 부모나 교사가 아동의 독립성을 신장시킬 수 있는 적절하고 체계적인 환경자극을 제공함으로서 성취동기를 육성할 수 있을 것이다.

3. 자아개념

자아개념이란 개인이 가지고 있는 자기 자신에 대한 생각, 감정, 태도 등에 대한 지각의 총체라고 할 수 있다. 이러한 자아개념은 타인이 자기를 어떻게 보고 평가하는가에 대한 지각과 자신에 대한 자기평가의 상호작용에 의해 형성된다. 따라서 자아개념의 발달은 사회적 환경과 경험의 영향을 받는다. 자아개념은 자신에게 중요한 타인, 즉 부모, 교사, 친구 등의 평가나 애정 및 수용에 의해 영향을 받으며, 자신이 경험한 성공과 실패의 누적에 의해서도 영향을 받게 된다.

개인이 지니고 있는 자아개념은 자기가 접하는 모든 환경을 이해하고 해석하는 준거로 작용하게 된다. 학교생활 중에 계속적으로 성공한 경험을 가진 학생은 긍정적 자아개념을 형성하게 되는 반면 실패를 거듭한 학생은 부정적 자아 개념을 발달시키게 된다. 긍정적 자아개념이 안정감과 자존감을 유지하게 하고, 효과적인 사회접촉을 가능하게 하는데 반해 부정적 자아개념은 불안정하고, 자존감을 상실하게 하고 사회적 접촉을 방해한다.

자아개념은 학문적 자아개념과 비학문적 자아개념으로 나눌 수 있다. 학문적 자아개념은 학생이 교과나 학교와 관련해서 자신을 어떻게 보는가에 대한 지각의 총체로써 학교의 학업성취에서 계속적인 성공 또는 실패경험은 학문적 자아개념 형성에 누가적 영향을 미치게 된다. 그 결과 학생들의 학년이 올라갈수록 자아개념과 학교성적 간에는 더욱 밀접한 상관관계를 가지게 된다. 즉 학업성적이 우수한 학생들은 자아개념이 긍정적이어서 자기 자신을 가치 있고, 유능한 사람으로 지각하는데 반해, 학업성적이 좋지 않은 학생들은 자신이 무능하다는 열등감을 가진 부정적 자아개념을 지니는 경향이 학년이 높아갈수록 뚜렷해진다.

이상에서 살펴보았듯이 한 개인의 긍정적 자아개념이 높은 학업성취와 밀접한 상관이 있다는 것은 사실이다. 그러나 성공적인 학업성취가 긍정적 자아개념을 형성하는 것인지 아니면 긍정적 자아개념이 높은 학업성취를 가져오게 하는 것인지를 분명하게 규명해주지 못하고 있다. 그렇지만 비학문적 자아개념에 해당하는 사회적 자아개념, 정서적 자아개념, 그리고 신체적 자아개념은 부모의 수용적인 자녀양육태도에 의해 긍정적 자아개념을 형성할 수 있다고 밝혀졌으며, 비학문적 자아개념이 긍정적일 때에도 높은 학업성취를 기대할 수 있다는 것이다. 결과적으로 볼 때 학생들에게 긍정적 자아개념을 형성 발달시키는 것이 교육적 효과를 높일 수 있는 한 방법임을 알 수 있다.

4. 에릭슨의 성격발달이론

에릭슨(E. Erikson)은 인간의 성격이 주변사람들과의 상호작용 과정에서 맞이하게 되는 사회 문화적 위기를 자아가 어떻게 극복하느냐에 따라 점진적으로 발달해 간다고 했다. 그의 이러한 성격발달 이론은 한 개인의 성격에 미치는 사회적 관계의 중요성을 강조하기 때문에 심리사회성 발달이론이라고도 한다. 에릭슨은 유아에서 노인에 이르기까지의 발달단계를 8단계로 나누었으며, 각 단계마다 양극성을 지닌 특성이 발달될 수 있다고 했다. 즉 각각의 발달단계에서 개인들이 만나게 되는 위기를 성공적으로 극복하게 되면 긍정적인 면의 특성이 발달하고 그렇지 못할 경우 부정적인 면의 특성이 형성된다는 것이다.

또한 개인의 성격발달은 서로 관련된 일련의 단계들을 통하여 점진적으로 형성되기 때문에 특정 단계의 위기극복 실패는 다음 단계의 위기극복을 어렵게 만들 수 있다. 그러나 인간은 스스로 위기를 극복하려는 잠재 가능성을 가지고 있기때문에 성공을 향해 끊임없이 노력하게 된다는 것이다. 에릭슨은 특히 청년기 동안에 맞이하게 되는 역할혼미와 자아정체감(ego identity) 위기를 극복하는 것이 성격 형성에서 아주 중요한 위치를 차지한다고 했다.

① 신뢰감 대 불신감 (0~1세)

유아와 어머니 사이에 형성되는 대인접촉은 생애 최초의 사회적 환경이 된다. 어머니가 애정을 가지고 일관성 있게 유아를 돌보게 되면, 세계와 타인에 대한 기본적인 신뢰감을 형성하게 된다. 이렇게 형성된 신뢰감은 심리적 안정의 기초가 된다. 그러나 어머니의 애정이 부족하고 일관성 없는 태도로 유아를 돌보게 되면 세계와 타인에 대한 불신감을 조성하게 된다.

② 자율성 대 수치감과 회의 (2~3세)

이 시기의 유아에게 실시하는 배설통제의 훈련과정에서 부모가 유아의 능력을 인정하고 격려하며, 실수에 대해 허용적일 때 자율성이 길러진다. 그러나 부모의 과잉보호나 무관심에 의한 훈련 결핍은 유아로 하여금 환경을 통제하는 자신의 능력에 회의를 느끼며 수치감을 느끼게 만든다.

③ 주도성 대 죄책감 (4~5세)

이 시기의 유아들은 주변세계에 대한 탐색이 이루어지는데, 이때 부모가 유아에게 탐색할 수 있는 자유를 허용하고 유아의 질문에 관심을 보이며 적절한 해답을 제공해 주게 되면 주도성이 발달한다. 그러나 부모의 지나친 간섭이나 활동제한, 질문에 대한 무관심이나 질책은 유아로 하여금 자신이 주위 사람들을 귀찮게 만드는 존재라고 느끼게 되어 죄책감을 가지게 된다.

④ 근면성 대 열등감 (6~11세)

초등학교시기에 해당되므로 성취해야 할 과업이 주어지게 된다. 자신이 수행한 과업의 결과에 대해 주위사람들로 부터 인정받고 격려 받으면 근면성이 발달한다. 그러나 부모의 지나친 기대로 인해 성취할 기회를 갖지 못하거나 수행 결과에 대한 비난과 멸시는 열등감을 형성한다.

⑤ 정체감 대 역할혼미 (12~18세)

중·고등학교의 청소년기에 해당된다. 청소년들은 자신의 신체, 성, 진로 등에 대한 자기 자신의 판단과 다른 사람들의 눈에 비친 자기를 비교 분석해 가며 서서히 성격을 발달시켜 가게 된다. 이 과정에서 생활의 여러 측면에서 자기 역할을 통합하는데 성공하면 자아 정체감이 형성되고, 실패할 경우 일탈, 비행등 역할 혼미 상태에 빠지게 된다.

⑥ 친밀성 대 고립감 (성인전기 : 25~40세)

성인초기에 가지는 대학생활이나 직장생활에서 경험하는 다양한 인간관계를 통해 친밀감 또는 고립감을 발달시키게 된다. 타인과 진실한 인간관계를 맺고 상대방의 성장을 인정하고 존경할 수 있을 때 친밀감이 형성되는 반면 지나치게 경쟁적이며 부정적인 관계를 유지할 경우 고립감을 발달시킨다.

⑦ 생산성 대 침체성 (성인중기 : 40~65세)

중년기에 접어들어 사회에 대해 책임감을 느끼게 되고, 다음 세대에 대한 배려와 지도에 관심을 가지게 되는데, 이것을 생산성의 확립으로 본다. 일반인에게 있어서 이러한 생산성은 자녀 교육에 정성을 쏟고 직장이나 사회에서 자신의 책임을 성실히 수행하며 타인을 돌보는 과정에서 발달한다. 그러나 이러한 지도과정이나 자원활동에 참여하지 못할 때 자기 몰입 상태에 빠져 대인관계의 결핍을 가져오는 침체성을 형성한다.

⑧ 통합성 대 절망감 (노년기 : 65세 이후)

자신의 인생을 회고하는 과정에서 인생의 유한성을 느끼며 자신의 생애 동안 최선을 다했으며 만족스러운 결론에 도달했다고 판단할 때 자아 통합성을 형성한다. 그 결과 노쇠현상을 수용하고 죽음을 긍정적으로 받아들이고, 이에 대비한다. 그러나 과거의 경험들에 대한 후회와 미련은 남은 여생에 대해 초조감을 느끼게 만들고, 자기 혐오와 절망감에 빠지게 한다.

단원 마무리

질문을 만들어 보고 동료들과 이야기를 나눠 부세요.

♠ 정답이 있는 질문(교재에서 답을 찾을 수 있는 질문)
· 인간의 신체적 특성이나 심리적 특성이 집중적으로 발달한 시기를 무엇이라고 하나요?
·
·
·
♠ 정답이 없는 질문(더 궁금하고, 이유나, 추론, 적용 등을 묻는 질문)
· 하워드 가드너의 다중지능에서 자신의 강점지능은 무엇인가요?
·
·
·

Introduction to Education

chapter05. 교육의 사회학적 이해

제1절 사회와 교육
제2절 사회화와 교육
제3절 사회계층과 교육
제4절 미래사회의 교육

제1절 사회와 교육

1. 사회의 특성

인류의 역사가 시작된 이래 사회는 자연적인 과정으로서 조직되고 형성되었다. 하비거스트(Havighurst)와 뉴가튼(Neugarten)은 사회란 주어진 문화를 공유하는 사람과 집단성원간에 존재하는 제관계의 망상조직이라 하였고, 질린(Gillin)은 공통된 이익, 영토, 생활양식과 외부인과 자기들 자신을 구별하게 하는 단체애를 서로 나누어 가지는 비교적 영구적인 사람의 최대집단을 사회라고 하였다. 이처럼 사회는 사람의 집단을 중심으로 보는 데에서 사람의 공동 생활양식을 뜻하는 문화의 뜻과는 구별되는 것이다. 따라서 사회의 의미는 집단의 개념을 통해 명확해진다. 집단이란 두 사람 이상이 모여 의미 있는 상호관계가 이루어지는 경우를 말하며, 그 구성원 개개인들의 필요한 욕구를 충족시키기 위한 모임으로서 그 가운데는 심리적인 관계가 존재함을 뜻한다. 이와 같은 의미의 집단을 사회의 개념과 동일시하기에는 다소의 무리가 있으나 엄격히 말하면 사회는 집단과 달리 자족성(self sufficiency)을 가진 집단이다. 따라서 사회는 인간관계를 바탕으로 가치가 있고 의미가 있는 상호관계가 이루어져야 하며, 항상 집단관계 내에서 가능함을 전제로 하는 것이다. 이를 위해 일정한 인구와 지역, 사회구성원 간의 상호작용, 지속성과 변화성 등을 갖추고 있을 때 비로소 사회집단이 형성될 수 있다.

인간은 다른 동물과 달리 출생 시부터 독립하여 존재할 수가 없을 뿐만 아니라 사회인으로서의 자질을 한꺼번에 가질 수 없다. 인간은 출생 후 부모의 양육과 보호로, 점차 성장함에 따라 또래와 교제하고 사회질서를 학습함으로써 사회인으로 성장하게 되는 것이다. 이러한 과정 안에서 인간은 그 사회가 필요로 하는 예의와 습관, 태도를 익히게 되며 사회의 구성원으로서 바람직하게 적응하기 위하여 지식과 기술을 습득하게 되는 것이다.

이러한 점에서 브루커버(Brookover)는 인간 성장의 기본요인으로 생리적 유기체, 자연적 환경, 그리고 사회적 환경이라고 지적했다. 그러므로 한 인간으로 성장하기 위해서는 유전적인 요인이나 자연적인 환경도 중요하겠지만 사회라고 하는 생활의 장과 문화라고 하는 행동의 규범이 필요하게 되는 것이다. 따라서 인간성장에 있어서 매우 중요한 부분을 차지하고 있는 것은 사회적 환경이며, 이러한 사회적 환경을 통하여 인간을 보다 가치 있게 만드는 것이라고 할 수 있다.

2. 사회의 기능

사회는 인간의 공동생활 단위로서 어떤 사회를 막론하고 구성원의 공동생활을 효율적으로 영위하기 위해서는 그 사회가 계속하여 유지, 존속되고 발전되어야 한다. 그러므로 사회는 그 사회의 지속적인 유지와 존속, 발전을 위한 기능이 필연적으로 요청된다. 사회의 기능을 구체적으로 살펴보면 다음과 같다.

첫째, 어떠한 사회든지 인간 전체의 생존에 필요한 구성단위가 된다는 것이다.

둘째, 사회는 전체 사회인의 생존에 수반되는 활동을 분업으로 할당한다는 것이다.

셋째, 사회는 그 내부의 질서를 유지하려는 구심적 속성과 그 주위의 환경적 상황과의 교섭과정에서 발생하는 모순, 갈등을 해소하기 위한 목적 지향성을 가지고 있다.

넷째, 사회가 일정한 영역에 있어서 개인의 이익을 전체 사회인의 이익에 복종시킬 것을 요구하는 기능을 지닌다.

다섯째, 사회는 그 체제의 구조를 규정하는 제도화된 문화유형을 계승하고 유지하며 창조하는 기능을 가지고 있다.

3. 교육의 사회적 기능

1) 문화 전승의 기능

교육이 갖는 가장 일차적인 사회 기능은 문화 전승의 기능이다. 사회의 존속을 위해서는 문화적으로 전승된 지식·기술·가치관·규범·태도·언어 등의 제 생활양식과 행동 양식을 계승해야 한다. 어떤 사회적 사태나 사물에 대하여 의미하는 바가 각기 다르고, 행동 규범이 다르게 나타나면 사회생활은 불가능해지거나 아니면 혼란에 빠질 것이다. 따라서 문화가 제공하는 지적 유산을 젊은 세대가 체득하게 하고, 현 사회가 공인하는 다양한 행동 양식을 습득하여 현재의 생활에 적응할 수 있게 하는 것은 교육의 문화 전승 기능인 것이다. 따라서 개인은 사회의 구성원으로 인정받기 위해 그 사회에 적응하여야 하고, 그 사회에 적응하기 위해서는 그 사회가 공인하는 언어·사고·감정·태도·가치관·행동양식 등을 학습해야 한다. 이러한 내용의 학습은 대부분 교육을 통하여 이루어진다.

문화 전승 기능은 사회구성원으로 하여금 그 사회가 요구하는 지식·기술·규범·태도·언어·가치관 등 생활방식과 행동 양식을 사회구성원들이 계승하도록 하여야 한다. 만일 사회가 그렇지 못할 때 그 사회의 안정이나 질서는 유지되기 힘들기 때문이다. 그러므로 사회구성원은 개인이나 사회를 위해서 사회가 요구하는 여러 가지 생활방식과 행동양식을 내면화하게 되는데, 이는 한 사회의 문화가 사회화를 통하여 다음 세대로 전달되는 결과가 된다.

2) 사회 혁신의 기능

교육은 사회구성원의 사회적응이나 사회 유지를 위해 사회를 보다 바람직한 방향으로 변화시키는 기능을 한다. 이것을 사회 혁신의 기능이라고 하며, 문화 개혁, 또는 문화 창조적 기능이라고 한다. 인간이나 사회의 모든 집단은 상호작용을 통하여 상호 의존적이면서도 서로가 상대방에게 영향을 미치게 되는 것과 같이, 교육도 사회의 영향을 받으면서 적극적으로 사회에 영향을 미치게 되는 것이다. 즉, 교육은 현실사회의 다양한 현상에 따라 바람직하고 발전적인 사회규범이나 가치관의 변화를 고무시킬 수 있고, 또 새로운 지식의 발견을 위한 촉매제로써 그 기능을 발휘할 수 있어야 한다.

현대사회의 물질문명의 발달과 더불어 첨단 기술 산업의 발달로 인한 물질적 궁핍으로부터 해방된 인간이, 다시 기술과 물질의 노예에서 해방되어 참다운 삶을 영위하기 위해서는 교육을 통한 정신 자세와 새로운 문화 창조의 기대는 의미가 있는 것이다.

3) 사회적 통합 및 통제의 기능

통합(integration)이란, 서로 다른 여러 가지 이질적인 요소가 각각 특수성과 고유한 기능을 유지하면서 전체적으로 모순이나 갈등이 없이 조화로운 상태를 말하고, 통제(control)는 전체적인 질서를 위해서 개별적인 행동을 하지 못하게 조정하는 것이다. 이를 토대로 전문화와 분화되어 있는 이질적 구성 요소들을 조정하고, 또 이들 요소들을 중심으로 부분 문화 간의 대립과 갈등을 해소하고 조화시키기 위해서는 때때로 강제성을 띤 통제와 제재가 필요하다.

교육을 통한 통합적 기능은 학습자들의 바람직한 행동은 권장하지만 비정상적인 행동에 대해서는 제재를 가하게 된다. 그 결과, 교육은 학습자들에게 사회가 공인하는 방향으로 나아가도록 이끄는 것이다. 다양하고 복잡한 현대사회에서 사회적 통합은 교육을 통해서 공통된 사회의식을 형성하여 이룰 수 있다.

4) 사회구성원의 선발 기능

학교교육은 적어도 그 근본취지에 있어서 보다 유능하고 장래성이 있는 젊은이들을 선발하여 훈련하며 장차 그들이 성인이 되어 사회에서 원하는 지위를 차지하도록 기회를 제공한다. 즉, 교육은 사회의 유지·발전을 위해 수많은 기능을 수행하는데 그 기능에 따라 지위와 역할이 달라지며 거기에 맞는 지식과 기술 또는 자질을 요구한다. 교육은 이러한 여러 가지 다른 요구에 맞게 학습자의 능력·적성·흥미 등을 기초로 하여 인력을 선발하고 교육하여 배치하는 일을 하는 것이다. 교육의 선발(screen)과 분류에 영향을 주는 요소로는 개인의 학업성적·지능·포부·가정의 경제적 여유·부모의 희망·진학을 장려 또는 억제하는 학교의 분위기 등을 들 수 있다.

5) 사회이동 촉진의 기능

인간은 누구나 타인보다 잘 되고자하는 공통된 욕망을 지니고 있다. 이러 한 욕망에도 불구하고 자기가 태어난 위치(position)나 사회적 계층(social status)을 넘어서 더 높은 위치나 지위로 상승하는 사람은 그렇게 많지 않다. 아무리 사회적 상승 이동의 욕망이나 성취동기가 강하더라도 거기에는 반드시 자신의 능력이 뒷받침되어야 하며 교육 수준도 높아야만 한다. 오늘날 사회는 개인의 교육 수준, 전문직 지식 및 기술을 가정배경・종교・인종・성별보다 더 중요하게 간주한다. 전문지식이나 기술은 주로 교육을 통해서 이루어지고 교육의 성과는 사회가 요구하는 능력을 부여하기 때문에 결과적으로 교육은 사회적 지위 향상을 위한 조건을 충족시켜 사회이동을 가능하게 한다.

제2절 사회화와 교육

1. 사회화의 의미

사회화란 한 인간이 다른 인간과의 상호작용을 통하여 그의 생활환경의 요청에 응하고 그 사회의 규범들을 습득하고 그 문화적인 규범에 합당하게 행동하는 것을 배움으로써 인간이 되는 과정을 의미한다. 따라서 사회화는 오늘날 철학, 교육학, 사회학, 심리학 등의 공동연구 과제라고 할 수 있다. 사회화의 개념 속에는 교육의 개념이 내포되는 것이다. 이는 사회집단 속에서 생활을 통하여 인간이 되어 가는 과정이 바로 사회화이기 때문이다.

즉, 사회의 가치, 신념, 규범 등의 문화를 자기 내부에 내면화하게 되었을 때 비로소 인간이 되는 것이다. 인간이 사회의 일원으로서 필요한 태도나 능력을 체득하여 사회화된다는 것은 안정된 사회생활을 하기 위한 조건으로 필요 불가결의 조건이라고 할 수 있다. 자기를 둘러싸고 있는 환경, 즉 자연이나 사회나 문화에 적응하는 방법을 체득하지 않고는 인간은 생활을 영위할 수가 없다. 따라서 인간은 그와 같은 사회에 적응하는 방법을 체득하기 위한 학습의 요구를 본래부터 가지고 태어났다고 생각할 수 있다.

사회적 관점에서 볼 때 사회화란 문화가 전승되고 개인이 조직된 생활양식에 적응되는 방식을 말한다. 사회화는 평생에 걸친 과정이다. 그것은 매우 일찍부터 시작되며, 어린 시절에 아이들은 집단생활에 참여함으로써 자신이 속한 사회와 그 사회 내의 여러 집단이 갖는 가치를 구현하는 것을 어느 정도 배우게 된다. 개인이 새로운 사회형태와 사회제도에 참여함에 따라, 새로운 규율을 배우게 되고 새로운 가치도 전개하게 된다. 보통 부모들은 어린이의 사회화에 중요한 매체가 되지만 그들 자신도 부모의 역할과 어버이로서의 가치에 참여함으로써 사회화되는 것이다.

개인적 관점에서 볼 때 사회화란 개인적 성장과 발전을 위한 잠재력의 완성을 의미한다. 사회화는 생물적인 유기체를 인간화시켜 그를 통제되고 규제된 행위를 할 수 있는 정체의식을 가진 자아로 변화시키며, 나아가 이상, 가치 및 열망도 부여해 준다. 사회화는 인간의 행동을 규제하기도 하지만 그것은 개성과 자아의식을 형성하는 데 필수적인 조건이 되는 것이다. 그러므로 사회화는 위에서 설명하는 두 가지 의미를 지닌다.

2. 사회화의 역할

사회화를 통해 사회는 어린이들에게 공동사회에 통합되기 위해서 알아야 하고, 자신의 잠재력을 개발하고, 그리고 안정되고 의미 있는 것들을 가르쳐 준다.

첫째, 사회화는 용변 습관에서 과학적 방법에 이르는 기본적 훈련을 주입한다. 훈련되지 않은 행동은 충동을 유발한다.

둘째, 사회화는 훈련과 아울러 열망도 주입해 준다. 훈련은 본래 힘들고 보답이 없는 것이지만 열망은 즉각적인 만족을 포기하고 훈련을 쉽고 뜻있게 만들어 줌으로써 그것을 지속시켜 준다.

셋째, 사회화는 자아정체감을 습득하게 한다. 무엇보다도 핵심적인 사회화의 결과로 개인은 나는 누구인가? 라는 정체의식을 갖게 된다.

넷째, 사회화는 사회적 지위와 역할을 습득하게 한다.

다섯째, 사회화는 사회적 역할과 그것들을 후원하는 태도를 가르친다.

여섯째, 사회화는 기능을 가르친다. 필요한 기능을 획득해야만 개인은 사회에 적응할 수 있다.

3. 사회화와 교육

인간의 삶은 계속적인 학습과정 속에서 이루어진다. 인간은 사회적 학습에 의해서 인간으로서 자격을 습득하게 된다. 즉, 사회화 과정 그 자체가 사회적 학습의 성격을 띠고 있음을 나타내 주는 것이다. 그런데 사회적 학습이란 학습자가 외부자극으로부터 오는 사회적 환경의 특수 영향의 결과로서 어떤 일정한 사고 및 행동양식을 가지게 되는 상호작용 과정이다. 이러한 과정은 기본적으로 학습 과정을 전제로 하지 않고서는 성립할 수 없다. 어느 한 사람에 대하여 강력한 자극이 주어진다거나 또는 그것이 본능적인 행동을 불러 일으켜 하나의 사회화의 결과로 굳게 되면 이것이 그 사람의 특징이 될 수 있다. 사회화의 대상으로서 가져야 할 지식은 행동이나 사유의 규범상에 맞추어진 형태를 가지게 된다. 이러한 지식은 대개 그 시대의 사회적 환경 속에서 작용하는 당위적 행동 및 사유에 관한 언어적 복합체로서 나타난다.

다음에는 학습자 상호 간의 경쟁도 사회적인 것으로서 중요한 의미를 보여 준다. 왜냐하면, 다양한 사회학습 상황에서 서로 자신의 것을 내세우고자 경쟁함으로 다른 학습자보다 앞서려 노력하기 때문이다. 나아가 학습이 제도화되는 과정에 있어서 학습집단(교실)에 따라 학습 내용이나 정도를 달리하는 사회적 조정에서도 볼 수 있다.

제3절 사회계층과 교육

1. 사회계층의 의미

사회계층이란 일정한 기준에 따라 구분된 사회의 서열화된 구분을 말한다. 사회계층은 개인의 경제적, 사회적, 또는 문화적 조건을 기준으로 사회 집단을 의식적으로 분절하려는 사회학적 개념으로서 사회계층은 경제력, 교육 정도, 직업 등에 따라 비교적 비슷한 배경을 가진 사회인들끼리 구분되는 것을 말한다. 특정한 사회계층을 이루는 집단의 성원들은 가치, 태도, 행동이나 정신적 경향에 이르기까지 여러 가지 측면에서 공통점을 지닌다. 동일한 계층에 속하는 아동들은 의, 식, 주의 양식이 비슷하고 가구, 문학, 여가 이용, 오락, 취미 등이 비슷하며 교육의 정도도 비슷하다. 따라서 서로 자유롭게 섞이고 유사한 사회적 습관과 가치를 가진다.

동일한 사회계층의 성원들은 공통의 하위문화를 공유한다. 즉, 동일한 계층은 성원들의 수입과 직업형태가 비슷하고, 예절, 의복, 언어, 교육에 대한 태도, 시민적 책임, 종교적 참여 등에 있어서도 유사하며 비슷한 인생 경험, 사회와 정치에 대한 태도, 소비생활, 매스미디어의 선택 등이 비슷하여 결국 같은 문화를 공유하게 된다. 이러한 사회계층의 일반적 특징으로는 첫째, 계층체제는 사물의 자연적이고 변하지 않는 질서의 일부분으로 형성되는 것이 아니라 인간에 의해 만들어진 것이며, 이것은 역사적 변화에 종속된다. 둘째, 사회계급은 카스트나 봉건 신분제도와는 대조적으로 훨씬 경제적 성격의 집단이라는 것이다. 이 말은 이 계층은 인간이 만들어 낸 것으로 시대에 따라 변할 수 있고 특히 계층체계에 절대적으로 영향을 미치는 것은 경제적 요건임을 뜻한다.

사회계급과 관련하여 사회계층을 파악하면 쉽게 이해될 수 있다. 사회계급은 사회계층의 중요한 한 측면으로 그 본질은 전체 사회에 있어서 인간의 집합이 각각 그들이 갖는 사회적 힘, 권력, 부, 위력 등의 차이에 따라 상하가 구분되고, 그 사이에 지배와 복종의 관계가 있을 때 인정되는 개념이다.

2. 사회계층의 구분

사회계급은 사회경제적 요소와 밀접한 관계가 있는데 비해 사회계층을 구분하는 것은 경제적인 것만이 아니라 직업, 교육, 그리고 문화적 환경 및 가치 기준의 수준 등도 고려된다. 미국의 사회학자인 워너(Warner)는 직업의 종류, 거주 지역, 가옥의 종류와 질, 수입의 양, 수입의 출처, 교육 연한에 따라 사회계층을 구분하였다.

사회계층을 결정하는 요인은 시대와 사회에 따라 일정하지 않다. 전근대사회에서는 가문의 혈통과 같은 귀속적 요인이 계층 결정의 요인으로 작용했고, 근대사회에서는 능력이나 업적과 같은 획득적 요인이 계층의 주요결정 요인으로 작용했다고 볼 수 있으나 어떤 시대나 사회를 막론하고 귀속적인 요인과 획득적 요인이 다 함께 사회계층 결정에 작용하였다. 특히, 현대사회에 있어서 사회계층은 원칙적으로 개인의 능력과 실력 또는 업적 등 획득적 요인에 의해서 결정되며, 계층을 규정하는 주요 요인으로서는 직업, 재산, 수입, 학력, 가문, 주거, 생활양식 등이다.

볼드리지(Baldridge)에 의하면 대체로 수입과 부의 정도, 교육수준, 직업 등에 의해 사회계층이 결정된다고 보았다. 사회계층을 분석하는 접근방법에는 주관적 방법, 객관적 방법, 평판적 접근법 등이 있는데, 주관적 접근방법은 사람들이 스스로 어떤 계층에 속한다고 생각하는지를 자기평가로 알아보는 것으로 사회성원 귀속의식에 의하여 자신이 어떤 계층에 속하고 있는가를 조사하여 사회계층을 분석하는 방법이다. 객관적 방법은 사람의 사회적 지위를 나타내는 직업, 학력, 수입, 재산, 등 측정 가능한 지표를 사용하여 계층을 분석하는 방법이다. 평판적 접근방법은 사회의 성원들이 서로 상대의 사회적 지위를 평가한 결과에 따라 각자의 소속 계층을 판정하는 방법이다.

3. 사회계층 이동과 교육

인간의 사회계층 상승에 대한 욕망은 본능적인 것이라고 한다. 사람들은 돈을 많이 벌고, 좋은 집을 사고, 자동차를 가지기를 원한다. 그러면 자기가 속한 계층을 벗어나 더 나은 계층에 살고 있다는 생각을 하게 된다. 사회계층은 수입의 양이나 가옥의 질뿐만이 아니라 교육의 정도, 직업의 종류, 수입의 출처, 주거지역 등을 통해 분류된다. 대다수 인간은 현재 자신의 사회계층보다 더 나은 사회계층에서 살기를 원한다. 즉 사회적 이동 또는 사회계층이동을 통해 나은 사회적 지위를 누리기를 원한다. 사회적 이동에는 같은 수준에 있는 다른 사회적 위치로 이동하는 수평적 사회이동과 상승, 하락으로 이동하는 수직적 사회이동이 있다. 수직적 사회이동에는 자기의 처한 계층보다 나아지는 상승이동과 낮은 지위로 떨어지는 하락이동이 있다. 그리고 사회적 이동에는 여러 차원으로 구분되는데 교육적 이동, 경제적 이동은 물론 위신이나 권력체계의 이동을 의미하기도 하고, 세대 간의 이동과 세대 내의 이동을 의미하기도 한다.

사회가 어느 정도 개방적인가 혹은 폐쇄적인가 하는 것은 바로 사회적 이동이 어느 정도로 가능한가에 달려있다. 폐쇄사회의 대표적인 것으로 신분제도가 있었던 중세 봉건사회나 인도의 카스트 제도를 들 수 있다. 영국에서도 폐쇄적인 사회이동의 경향이 있는데 대부분의 사회이동은 밀접한 사회계층 사이에서 일어날 뿐이지 노동계급이 상층계급으로 이동되는 것은 어느 사회에서나 매우 한정되어 있으며 이러한 계층이동도 바로 교육 기회의 확대에 의한 것이라고 한다. 특히 영국에서는 모든 예의범절과 행동 양식을, 명문대학 출신들의 긴밀한 관계, 사용하는 발음과 억양의 차이 등이 사회이동을 제한시켰다고 한다.

미국 사회도 이제는 그 사회적 지위 상승에 있어서 많은 어려움을 보여 주고 있다. 즉 백인이나 프로테스탄트 자본주의 정신을 교육받은 높은 지위 출신의 자녀들이 사회적인 경쟁에 유리한 위치에 서게 되지만, 소수민족이나 빈민계층의 자녀들은 매우 불리한 입장에 서게 된다. 미국에서 사회적 이동의 경우를 살펴보면 보편적으로 사람들이 그들의 부모와 관련해서 이동하지만 소수만이 아주 높이 올라가거나 내려가고 있다고 한다.

이러한 사회계층의 세대 이동은 결국 자녀의 교육과 매우 관계가 깊다. 사회이동에 대한 강한 욕망이 있는 부모들은 대부분 자기 자녀들에게 고등교육의 기회를 제공하고 있는데 이것은 교육에 의한 사회이동이 가장 보편적인 오늘날의 현상이기 때문이다. 특히 한국의 경우에 있어서 교육적 요구에 대한 증가가 사회이동의 증가에 계속 적용되는 현상이다. 이것은 바로 부모들이나 본인 당사자들이 사회이동에 대한 기대를 보여 주기 때문이다.

정철수(1980)는 사회 지위 이동에 있어서 특히 개인적 차원에서 상승적 이동에 용이한 조건에 대해 다음과 같이 설명하고 있다.

첫째, 개인이 생활하는 지역사회의 크기와 사회이동 상승과의 관련성이 있다.
둘째, 형제가 적을수록 상향적 이동을 할 가능성이 크다.
셋째, 어머니 지배형의 가정에서 자녀들은 더 상향적 이동을 할 가능성이 크다.
넷째, 결혼 연령이 늦을수록 상향적 이동을 할 가능성이 크다.
다섯째, 자녀 수가 적을수록 상향적 이동을 할 가능성이 크다.

우리나라에서 볼 수 있는 보편적인 현상은, 교육을 받고 자기의 적성에 맞는 직업을 선택하는 것이다. 그러나 그 외에도 특수한 재능, 즉 운동을 잘한다거나 노래를 잘 부른다거나, 정치적인 출세의 기회 또는 예상치 못한 수입 등에 의한 사회적 이동이 일어났거나 전혀 다른 계층과의 결혼으로 인하여 사회이동이 일어나는 경우도 있다. 이때 교육을 통한 사회 지위 이동은 정상적 사회이동이라고 하고 그 외는 불완전 사회이동이라고 한다.

오늘날의 교육은 사회계층과 밀접한 관계가 있다. 다시 말하면 교육은 사회계층 이동에 주요한 수단인 동시에 또 그 자체가 생활이며 인간의 성장인 것이다. 한편 부모의 사회계층은 자녀들의 사회화, 성격 형성, 학업성적, 교우관계 및 진학에 이르기까지 매우 큰 영향을 미치고 있다는 점이다.

최근까지도 사람들은 인간의 지능과 학업 등이 선천적인 유전을 통해 결정적으로 좌우된다고 생각하였으나 이제는 후천적인 사회 문화적인 환경과 개인의 동기와 노력 등에 더욱 크게 영향을 받는다는 것으로 인식하고 있다. 교육을 받은 부모들은 대개 교육을 받지 못한 사람들에 비해 높은 사회적, 경제적 지위를 차지하고 있으며 부모들은 자녀들의 교육에 대한 기대가 크고 관심도가 많다. 그들은 자녀들의 능력이 개발될 수 있는 모든 환경을 제공해 주고 피아노, 무용, 미술 등에서도 소질을 발굴하기 위해 레슨을 시키고 늘 지도하고 돌보아 준다. 이러한 부모의 기대와 관심도는 바로 자녀들의 자아개념 형성에 영향을 주고 있으며 이것이 바로 학업성취에도 크게 작용하고 있다.

4. 학교교육과 사회계층

사회계층의 영향은 아동이 성장해 가면서 가족에서 동료집단으로, 학교집단으로 그 범위가 확대되어 간다. 아동기의 어린이들은 부모나 가족 구성원이 가지고 있는 계층적 가치나 규범의 제약을 받게 된다. 그들이 친구와 맺는 인간관계는 일정한 계층성을 갖는 근린관계로 한정될 뿐만 아니라 부모의 선택에 의한 제약에서 벗어날 수 없다.

한 사람의 일생에 있어서 사회계층이 갖는 중요성은 매우 크다. 한 개인에 대한 사회 계층적 배경은 그 사람의 교육수준, 교육에 대한 야망, 성취동기의 정도 및 학업성취, 행동발달의 정도를 예측할 수 있다. 물론 오늘날에는 계층구조가 개방화됨으로써 과거보다 사회계층의 중요성이 약화 되지만 그 영향은 매우 크다.

이처럼 사회계층은 그 사람이 앞으로 어떤 사람이 되어 갈 것이냐에 대하여 일생의 기회를 결정하는 가장 중요한 요인의 하나이며, 사회적 책임과 특권을 결정함에 큰 역할을 한다. 사회계층은 가치관이나 도덕성의 발달과도 관계가 크다. 그러나 인간의 생활이 사회계층의 영향을 많이 받는 것은 사실이지만 인간이 사회계층에 지배되는 것은 결코 아니다.

교육은 인간이 가지고 있는 잠재력을 계발함으로써 사회적으로 자아실현에 중요한 역할을 담당한다. 따라서 교육은 사회계층이 인간에게 미치는 부정적인 영향을 극복하고 모든 사람이 바람직한 모범시민이 될 수 있도록 도와주어야 한다. 오늘날 학교교육이 사회계층의 형성과 깊이 관련되어 있음은 분명하다. 특히 교수·의사·변호사·교사 등과 같은 전문직에 종사하려면 전문교육을 받지 않고서는 그러한 위치를 차지하기가 불가능하다. 특히 학교교육은 사회계층과 밀접한 관계가 있는데, 학교는 계층 사이의 문화를 서로 가르쳐 주고 사회계층의 이동에 필요한 여러 가지 정보와 기술을 알려주기도 한다. 그러므로 청소년들은 공식적인 학교의 활동에서 이러한 것을 배울 수 있다.

제4절 미래사회의 교육

1. 미래의 의미

일반적으로 시간적인 개념에서 미래란 아직도 오지 않은 어떤 시간인 동시에 그 때의 삶의 상태를 말한다. 미래는 불확실성과 미지이며 가변적이며 유동적인 동시에 실망도 희망도 아니다. 오로지 개인의 관념 속에 존재하는 시간이며 동시에 예견되는 상태다. 현재를 중심으로 과거와 미래라고 하는 개념들을 우리는 시간이라는 차원 속에 예속시키고 그것이 당연하다는 생각을 항상 해 왔지만 실제로 시간에는 지나간 것과 앞으로 다가올 것 두 가지 차원밖에 없다. 현재란 정확히 말해서 존재하지 않으며, 지금 이 순간 과거라는 사실로 지나가 버리고 오로지 미래만 남아 있는 것이다.

과거는 사실의 영역에 속한다. 이미 일어난 것이므로 이의 사실 여부를 확인할 수 있다. 즉 과거는 알 수 있는 사실들로 구성된다. 하지만 지나간 것은 마음대로 바꿀 수 없다는 제한이 있다. 반면에 미래는 불확실성의 경지이므로 앞으로 일어날 것을 두고 마치 이미 일어난 것을 검증하듯이 사실 여부를 증명할 성질의 것이 못 된다. 따라서 과거의 일에 관해서 상반되는 의견이 나올 때는 사실 여부를 가려 어느 쪽이 더 개연성이 높은지 따져 볼 수 있을 뿐이다. 미래에 관한 지식은 논리구성에서 모순된 표현임에도 불구하고 그 실제적 유용성만은 인정할 수밖에 없다. 과거의 지식의 유용성도 미래를 위해서만이, 또한 경험된 사실은 미래의 추정을 위한 원료로서만이 의미가 있다고 해도 과언이 아니다.

미래에 대하여 어떠한 차원에서 생각하든 간에 그것은 그 자체가 사실로서 존재하는 것이 아닌 지극히 주관적인 관념이다. 그 내용은 '있음직한' 미래, '있을 수 있는' 미래, 그리고 '갖고 싶은 혹은 바람직한' 미래의 세 가지로 집약된다. 있음직한 미래란 지금까지의 과거 추세를 기반으로 그런 추세가 지속할 것으로 가정을 할 때, 또는 특별한 조건들을 추가로 고려할 때, 장차 그 현상이 어떤 모습으로 일어나리란 것을 예측할 수 있는 개연성이 높은 미래를 이른다. 있을 수 있는 미래는 과거의 추세나 특정한 가정에는 관계없이 어차피 일어날 수 있는 모든 가능성의 미래와 그것과도 상관없이 우리가 상상할 수 있는 것이면 그것이 실제로 일어나든 아니든, 또는 그것이 바람직하든 아니든 가능한 미래를 가리킨다. 바람직한 미래는 위의 두 가지와는 달리 개인이나 집단이 원하고 선호하고 가치 있고 옳다고 판단하는 바의 미래이다.

2. 미래사회의 인간 문제

현대사회 속에 생활하는 우리 인간은 종교적, 철학적, 심리적, 사회적 등등의 차원에서 인간의 문제를 다루어 왔다. 그러나 우리는 미래사회의 인간의 문제에 대해서는 지극히 추측에 불과할 정도로 불확실하게 그리고 부분적으로 예견할 뿐이다.

미래가 어떤 상상하기 어려운 세계라도 인간이 인간적으로 존재하는 한 시간과 공간을 초월하여 인간에게 공통되는 문제를 인간의 외적인 한계, 진화론적인 한계에서 취급하지 않고 주로 내적인 한계 문제에, 즉 인간의 개인적인 차원에서 문제를 취급하고자 할 것이다. 인간으로서 존재하려고 하면 반드시 미래라고 하는 전망 속에서 어떻게 파악되고 어떤 어려움이 예견되느냐 하는 점을 주시해야 할 것이다(정범모, 1979).

첫째, 미래사회는 교육의 문제가 제기된다. 무엇을 가르칠 것이냐 하는 문제이다.
둘째, 가족관계 · 성관계의 문제이다.
셋째, 비인간화 문제이다.
넷째, 시민성의 문제이다.
다섯째, 직업 변화의 문제이다.

그 밖에도 여가의 활용문제이다. 이미 고도 산업사회에 진입한 나라들은 노동시간의 단축 문제가 상당히 논의되고 있고 따라서 일하지 않는 시간이 점점 늘어가고 있다. 여가의 시간을 얼마나 보람 있게 보낼 수 있느냐의 여부는 미래 세계에 있어서는 심각한 문제가 될 수 있을 것이다.

3. 미래사회의 인간상

정보화 사회는 우리에게 넘겨진 또 하나의 미래이다. 컴퓨터 공학으로 시작된 정보화 사회는 이미 우리에게 경험되고 있고, 멋지게 건축해 가야 할 새로운 집이다. 정보화 사회는 적어도 네 가지의 성질로서 규정될 수 있으며, 각각은 새로운 인간의 능력을 요구한다. 인간이 사회적 동물이라고 볼 때, 미래에 알맞은 인간상에 대한 우리의 고민은 새로운 사회의 모습에 관한 논의와 전혀 별개일 수는 없다.

정보화 사회는 지식이 폭증하는 사회이며, 폭증하는 지식은 사회변화를 왜곡시킨다. 이때 우리는 정보를 효율적으로 활용하고 변화하는 환경에 적극적으로 대처할 수 있는 사회적응력을 지닌 인간을 필요로 한다. 정보화 사회는 교통 및 통신 수단의 발달에 힘입어 세계 경제와 세계문화가 형성되는 소위 지구촌화 현상을 초래하였다. 세계가 시시각각으로 교류하는 세계화 시대에는 세계를 이해하면서 자신을 지켜갈 수 있는 주체적 세계인이 요구된다. 궁극적으로 이러한 정보화 사회의 변화는 개인의 존재가치를 드높이는 결과를 가져왔다. 개인의 힘이 막강해지면서 타인과의 공존윤리가 절실해 지고 있다. 이런 사회에서는 남과 더불어 사는 윤리의식이 투철한 공동체적 시민이 요구된다.

토플러는 미래시제형 교육을 강조하면서, 앞으로의 교육에서는 교육제도를 중심으로 한 조직적 변화, 교육과정 자체의 개선, 미래지향성의 권장을 제안한 바 있다. 정보화 사회의 특징에 적응하기 위해서는 교육에 대한 우리의 관점 자체를 총체적으로 반성해 보아야 한다는 지적이다. 학교 교육을 중심으로 접근된 교육학적 논의 자체는 다시금 살펴보아야 한다. 교육의 내용과 방법도 수정해 가야 한다. 그만큼 우리 교육에 대한 미래학적 시각이 절실해진 셈이다. 지금이야말로 교육미래학이라는 새로운 교육적 반성이 시작되어야 한다.

단원 마무리

질문을 만들어 보고 동료들과 이야기를 나눠 보세요.

♠ 정답이 있는 질문(교재에서 답을 찾을 수 있는 질문)
· 사회적 관점에서 사회화란 무엇인가요?
·
·
·

♠ 정답이 없는 질문(더 궁금하고, 이유나, 추론, 적용 등을 묻는 질문)
· 미래사회의 교육은 어떤 사회화의 과정이 필요할까요?
·
·
·

chapter06. 다문화 교육의 개념과 목표

제1절 다문화 교육의 개념

제2절 다문화 교육의 필요성 및 문제점

제3절 다문화 교육의 목표

제4절 다문화사회와 교육적 과제

제1절 다문화 교육의 개념

1. 다문화 교육의 정의

보수적 입장에서 다문화 교육은 자기 문화에 대한 성찰 없이 문화적 다양성이나 타문화에 대한 이해를 부가적으로 추구한다. 문화적 다양성은 기존 문화 체제를 손상하지 않는 범위 내에서 인정되며, 다문화 교육의 목적은 소수문화가 지배문화에 동화, 포섭되는 것을 전제로 하고 있다. 이른바 '용광로(melting pot)' 이데올로기에 속한다.

이에 비해 타문화들이 가지고 있는 상대적인 가치들을 인정하면서, 자문화의 가치와 전통에 대하여 비판적 성찰을 해나가도록 하는 것이 비판적 다문화 교육이다. 이러한 다문화 교육은 학습자로 하여금 다른 정체성을 가진 사람들을 존중하게 하여 자문화중심주의에서 벗어나게 할 수 있다는 '탈중심성'의 측면을 갖는다(김미윤, 2005). 샐러드 그릇(saladbowl) 이데올로기란 다양한 구성 요소들이 상호 공존하며 고유의 특성을 유지하면서도 서로 조화되어 또 다른 통합성을 이루어 내는 것을 의미한다. 이는 다양한 문화 간의 이해와 존중, 관용, 그리고 대화와 신뢰를 바탕으로 하는 다문화적 정체성을 수립하는 것이다(강휘원, 2006).

다문화사회에서 다른 문화에 대한 관용이 중요하지만, 우리는 기존 사회의 다양성을 먼저 인정하고 수용해야 한다. 소득, 계층, 장애유무, 성적 지향(sexual ohentation) 등에 나타나는 다양한 문화에 대해 우리 사회는 아직 충분히 포용하거나 이해하지 못하고 있다. 이러한 상황에서 외국문화에 대한 수용을 요구하는 것은 이율배반적 요구이며, 다문화정책은 우리 사회 내부의 기본권에 대한 논의를 전제로 하여 성립한다. 이와 같은 관점에서 다문화사회에 대처하는 교육은 다문화가정 자녀에 대한 적응 교육에 국한되어서는 안 되며, 기존 사회 청소년들에 대한 시민교육이 되어야 하고 반인종주의(anti-racism), 반 편견(anti-bias)교육에서 시작해야 한다. 반편견 교육이란 성, 인종, 민족, 능력, 장애유무 등에 상관없이 모든 사람을 편견을 갖지 않고 존중하도록 가르치는 것을 의미한다. 또한 사회 속에 존재하는 편견과 고정관념을 벗어나게 하여 학습자로 하여금 민주사회에서 공정하고 개방적인 시민으로 성장하게 하는 것이다. 요즘 우리 사회의 다문화 교육은 타문화에 대한 관광적 접근이 되어서는 안 되며 반 편견, 평등, 그리고 사회 정의를 추구하는 교육이 되어야 한다.

종합해 보면 다문화 교육이란 교육과정과 교육제도를 개혁하여 다양한 계층, 인종, 민족 집단의 학생들에게 균등한 교육기회를 제공할 수 있도록 하는 개혁운동이다. 또한 사회 정의의 원리를 추구함으로써 학교와 사회의 모든 종류의 불평등에 도전하며, 모든 학생들의 지적, 개인적, 사회적 잠재력을 최대한 실현하고자 하는 교육이다(Banks & Banks, 2007; Bennett, 2007). 따라서 다문화 교육은 학교 교육과정에서 인종차별(racism), 성차별(sexism), 계급차별(classism), 언어차별(linguicism), 장애인차별(ablism), 연령차별(ageism), 종교적 불관용(religiouis intolerance), 외국인 혐오(xenophobia)와 관련된 이슈를 직접적으로 다룬다(National Associadon for Multicultural Education, 2007).

다문화 교육은 문화적 다양성에 대해 진보적 입장을 개진하며, 사회 내에 다양한 문화가 존재한다는 것을 인정한다. 즉 문화적 차이를 동화의 대상이 아니라 그 자체로 가치있는 것으로서 인식하도록 교육하는 것이다. 또한 다문화 교육은 사회 내 소수자 자녀들이 학업 곤란 요인을 극복하여 학업 성취를 이룰 수 있도록 도우며, 다수자 자녀를 위한 민주시민 교육을 수행한다.

2. 다문화 교육 논쟁

교육개혁 운동으로서의 이러한 다문화 교육에 대하여 다문화사회에서 보편적 합의가존재하는 것은 아니며 반대하고 비판하는 입장 또한 지속적으로 개진되어 왔다.

미국에서 다문화 교육이 본격적으로 논의되기 시작한 것은 10년대 민권운동(civil rights movement)시기부터이다. 이후 소수민족의 교육의 기회균등을 보장하려는 연방정부 의 계정지원과 각종 법안의 마련으로 다문화 교육은 계속 발전하였으며, 현재 거의 모든 주의 주 교육과정 기준에 다문화 교육을 포함시키고 있다. 그러나 미국 교육과정에서 다문화 교육을 확대해야 한다는 주장과 이에 반대하는 입장이 여전히 쟁점으로 남아 있다.

먼저, 다문화주의와 다문화 교육 찬성론자들은 서구중심, 백인 남성 중심의 세계관을 비판하면서, 미국사회의 다양성을 존중하고 이에 기반을 두어 새로운 사회질서를 형성해야 한다고 주장했다. 이들은 교육과정에 미국 내 소수민족에 대한 비중을 높이고, 비서구 국가들의 내용을 강화하여 왔다. 이러한 움직임에 대하여 보수주의자 교육가들의 다문화 교육에 대한 반대도 거세다.

다문화 교육을 비판하는 교육가들은 다문화주의를 두 가지로 분류하는데, 하나는 문화적 다원주의고, 다른 하나는 비판적 분리주의다. 문화적 다원주의(cultural pluralism)는 미국 사회의 다양성과 다원주의 사회로의 진화를 인정하면서도 미국 사회의 공통 문화를 강조하는 입장이다. 이 입장에서는 교육과정에서 청소년들이 미국에 살고 있는 다양한 문화적, 민족적 집단에 대해 배우는 것을 중시하지만, 미국인을 "미국인답게" 만드는 공통의 정치적 이상과 제도에 대해 배우는 것을 보다 더 강조한다(Postman, 2001; Schleger, 1998). 다문화 교육 비판론자들도 그들이 정의하는 이러한 '문화적 다원주의'는 찬성하는 입장이다. 보수주의자들이 바라보는 다문화 교육의 두 번째 형태는 '비판적 분리주의'(critical separatism)이다. 다문화주의 극단적 형태로서 비판적 분리주의는 문화적, 민족적 차이를 강조하면서, 다양성의 이상을 실현하지 못한 국가적 실패를 강조한다. 이 입장에서 다문화 교육은 다른 문화에 대한 연구보다는 서구사회 내, 특히 미국 내의 민족적, 성적, 인종적 또는 집단 간의 긴장에 더 초점을 둔다. 보수주의 교육가들은 비판적 분리주의의 입장에 따라 구성된 다문화 교육을 받은 학생들이 결과적으로 '다문화'를 배우는 것이 아니라, '두 문화, 즉 억압자와 피억압자의 세계를 배우게 된다고 비판한다.

보수 교육가들의 입장에서 보면, 다문화 교육은 미국 사회의 공통문화, 공통성, 일체성을 도외시하고 다양성을 지나친 강조하는 것이다. 그리고 그 결과 학생들은 다문화 교육을 통해 관용을 학습하기 보다는 냉소와 무관심을 습득할 가능성이 많다는 것이다. 또한 다문화 교육가들이 미국 헌법의 역사는 소수민족의 권익을 증진시켜왔다는 점, 미국이 소수민족에 대해 가장 관용적인 서구 사회라는 점을 도외시한다고 비판한다.

이와 같이 보수주의자들은 문화적 다양성에 대한 요구와 주장을 미국 사회를 해체할 수 있는 위협으로 간주하며, 이 위협을 제거할 수 있는 대책으로 미국 주류 문화에 기초한 교양교육을 주장한다. 즉, 보수 교육가들은 학교의 일차적인 책임은 학생들이 미국의 주류 문화를 습득하도록 하는 것이며, 문화적 다양성에 대한 교육이 이러한 책임을 수행하는데 방해가 되어서는 안 된다고 주장한다(Postman, 1996; 정상준, 1995: 82~84).

미국의 다문화정책을 둘러싼 논쟁은 다문화사회로 진입한 우리 사회에 많은 시사점을 던져준다. 현재 한국사회에서 진행되는 다문화정책에 대한 논의에서도 문화적 다양성의 존중이나 인권 보호 맥락에서만 진행되고 있는 것은 아니다. 일부 언론에서 소수자들이 정치 집단화하는 것을 경계하는 시각이 제시된 바 있다. 중앙일보는 '코시안 정치세력화 가능성: 2020년엔 신생아 3명 중 1명이 혼혈'이라는 제목의 기사를 실었다(2006. 04. 04.). 이 기사는 미래의 코시안들이 정치적 이익 집단화하는 것을 예상하고 있으며, 전반적으로 코시안들이 경제적 이익을 창출하는 집단일 뿐만 아니라 정치적으로 견제해야 할 집단이라고 전망하고 있다(문경희, 2006).

이는 우리나라에서도 다문화 정책과 다문화 교육이 전개되면서 미국의 경우처럼 다문화주의의 확대를 주장하는 입장과 이에 반대하는 입장이 대립할 가능성이 존재함을 말해준다. 어떤 입장을 취하느냐에 따라 정부 정책이나 교육 실천 방향이 달라질 것이다.

그러나 현재 시급한 문제는 우리 사회에 뿌리 깊이 박혀있는 자문화 중심주의적 입장을 개선하는 것이라고 하겠다. 즉 우리 청소년들이 자문화 중심주의, 배타주의, 편견을 극복하고 다문화적 자질을 함양하도록 하는 것이 당면 과제라고 할 수 있다.

3. 다문화 교육의 구성 요소

다문화 교육은 복합적이고 다차원적으로 이루어진다. 뱅크스(Banks. 2008)는 다문화 교육의 구성 요소로서 다음과 같은 다섯 가지 차원을 설명한다.

첫째, 내용 통합(content integration)이다. 내용 통합이란 교사들이 자신의 교과에 나오는 주요 내용을 가르치기 위해서 다양한 문화 및 집단에서 자료와 정보를 가져와 활용하는 정도를 말한다.

둘째, 지식 구성 과정(knowledge construction process)으로, 이는 다문화 수업에서 중요한 비중을 차지하고 있다. 지식 구성 과정이란 학자들이 지식을 창조하는 절차를 의미하는데, 특정 학문영역의 암묵적인 문화적 가정, 준거 틀, 관점,

편견 등이 해당 학문 영역에서 지식이 형성되는 과정에 어떠한 영향을 미치는지에 대한 내용을 의미한다.

셋째, 편견 감소(prejudice reduction)이다. 이것은 학생들이 보다 긍정적인 인종적 · 민족적 태도를 습득할 수 있도록 하는데 활용될 수 있는 전략을 의미한다.

넷째, 공평한 교수법(equity pedagogy)이다. 공평한 교수법이란 교사가 다양한 인종, 민족, 사회 계층 집단 학생들의 학업 성취도를 향상시키기 위하여 사용하는 기법과 교수법을 통칭한 것이다.

다섯째, 학생의 역량을 강화하는 학교문화와 조직(empowering School culture)이다. 이는 다양한 인종, 민족, 언어, 사회계층 집단 학생들이 교육적 평등을 경험하도록 학교의 문화와 구조를 재구성하는 과정이라고 할 수 있다.

모든 학생들에게 공평한 평가 방법을 만들어내고, 능력별 분반제를 폐지하며, 인종 · 민족 · 사회계층에 관계없이 모든 학생들이 높은 학업 성취를 이룰 수 있다는 신념을 교직원들이 갖도록 하는 것은 바로 학생의 역량 강화를 위한 학교 문화와 조직 개혁의 일환이다.

4. 다문화 교육에 대한 오해

다문화 교육이 문화적 다양성을 존중하고, 차별을 감소시키며 보다 평등한 사회 건설을 주장함에도 불구하고, 미국 사회에서 다문화 교육에 대한 우려가 존재하며 일부에서 다음과 같은 오해나 선입견을 가지고 있다고 뱅크스(Banks)는 지적한다.

첫째, 다문화 교육은 소수 집단 만을 위한 교육이다.

둘째, 다문화 교육은 반 서구적이다.

셋째, 다문화 교육은 사회를 분열시킨다. 모경환, 황혜원(2007a, 2007b)의 연구에서도 우리나라 중등학교 교사들이, 비록 소수이긴 하지만, 이와 같은 선입견을 가지고 있음을 밝힌 바 있다.

한국 사회에 나타나고 있는 다문화 교육에 대한 오해 또는 오개념은 다음과 같이 분류할 수 있다(차경수 · 모경환, 2008: 421~436).

첫째, 다문화 교육이 특정 민족, 인종, 종교의 학생들만을 위한 것, 즉 소수자(minority)만을 위한 교육이라는 오해가 있다. 즉 다문화 교육은 '그들'을 위한 교육이지 '우리'를 위한 교육이 아니며, 기존의 다수 집단 학생과는 무관한 교육이라는 것이다. 다문화가정 자녀의 적응 돕기가 다문화 교육의 전부라고 생각하는 사람들이 바로 이러한 오해를 하고 있다. 그러나 주류 문화와 소수문화, 다수자와 소수자 가릴 것 없이 다원화된 사회에서 시민적 자질 육성을 위한 다문화 교육의 필요성은 커지고 있다. 즉 다문화 교육은 현대 사회를 살아가는 데 필요한 지식, 기능, 태도를 '모든' 학생들이 갖출 수 있도록 준비시키는 교육이다.

둘째, 다문화 교육이 한국의 문화적 정체성을 저해한다는 오해가 있다. 다문화 교육에는 소수자에 대한 불평등한 처우나 사회 구조적 모순을 검토하는 과정이 수반되며, 문화적 다양성에 대한 인정과 긍정이 수반된다. 이것을 한국 사회와 한국 문화의 위상을 저해한다거나 문화적 정체성을 위협하는 것으로 간주하는 것은 바람직하지 않다. 다문화 교육은 자유, 정의, 평등이라는 보편적인 가치를 토대로 하고 있으며, 소수 엘리트 집단에게만 부여되는 권한과 자유를 모든 시민들에게 확대하는 것을 목표로 한다. 이러한 과정은 한국의 문화적 자산과 정체성을 더욱 풍부하고 유연하게 만들어 준다.

셋째, 다문화 교육이 한국 사회를 분열시키고 사회 통합을 저해한다는 오해가 있다. 그러나 실상 다문화 교육은 분열된 사회의 통합을 추구하는 교육이다. 사회적 약자의 위치에 있는 소수 집단들에게 평등한 교육의 기회를 보장하고, 다수 집단의 문화적 소양과 관용을 증진 시킴으로써 문화적 차이가 사회적 갈등 요인으로 작용하지 않도록 한다. 소수집단이 처해 있는 불합리한 현실을 개선하고, 그들의 기여와 성취를 정당하게 인정하는 과정은 진정한 사회 통합을 위한 초석이 된다.

5. 다문화 교육 관련 용어

1) 집단 간 교육과 다문화 교육

미국에서 다문화 교육은 1960년대의 민권 운동의 영향을 받아 급속히 발전하게 된다. 그런데 다문화 교육의 개념이 등장하기 이전에도 집단 간의 갈등을 해소하고 사회 통합을 추구하는 교육적 노력이 없었던 것은 아니다. 그것이 1950년대까지 시행되었던 '집단 간 교육'(intergroup education) 또는 '집단 간 이해교육'이다. 주로 소수계 학자들과 교육자들을 중심으로 '집단 간 교육'을 통해 인종적 민족적 편견과 오해를 줄이기 위해 노력했다. 이 운동은 인종적 민족적 소수집단에 대한 정확한 지식과 이해가 갈등과 긴장을 완화한다는 가정을 가지고 있었다.

이러한 집단 간 교육은 모든 학교를 위한 교육은 아니었고, 단지 인종간 문제가 발생하고 있는 학교에서만 의미 있는 것으로 간주되었다. 사실, 대부분의 인종간 교육프로그램이 연방정부의 재정보조를 받아 수행되었고, 주 단위에서 제도화되지는 못했다. 결국 집단 간 교육은 장기적 효과를 별로 거두지 못하고 1950년대에 끝나고 말았는데, 밴과 뱅크스는(Ban& Banks)는 미국 사회와 교육계가 집단 간 교육의 철학이나 목적, 그리고 학교 내외에서 어떠한 역할을 할 수 있을지에 대한 충분한 이해를 하지 못했다고 평가한다. 이에 비해 다문화 교육(multicultural education)은 다양한 집단 간의 관음과 이해 증진이라는 집단 간 교육의 목표를 넘어서 집단 간에 존재하는 불평등(inequality)을 해소하고 인종차별주의를 극복하고자 하는 목적을 가지고 있다는 데서 집단 간 교육과 차이를 나타낸다. 또한 다문화 교육은 학습자의 가치관과 행동을 수정하고 교육하는 것에 그치지 않고, 법과 제도의 개선 및 정책의 수립을 통해 목적을 달성하려고 하는데서 그 이전의 교육과 차이를 가지고 있다.

2) 국제이해교육과 세계교육

다문화 교육이 국제교육이해교육(education for intemational understanding)과 다르지 않다는 오해가 흔히 일어난다. 자신이 속한 문화와 상이한 문화들을 이해하게 한다는 점에서 국제이해 교육은 다문화 교육과 유사점을 지닌다. 그러나 국제이해 교육은 우리 사회 외부에 존재하는 다양한 문화에 대한 이해를 통해 그들과의 상호작용을 촉진시키고자 하는 것이다. 반면, 다문화 교육은 자국 내에 존재하는 다양한 소수문화를 포용하고 이해하려는 것이다. 이를 통해 자기 자신을 심도 있게 이해하고 재발견하며, 사회 내에 존재하는 불평등을 감소시키고자 하려는 것이다. 따라서 국제이해교육은 지구촌이라는 세계 공동체를 기본적인 범주로 설정하고 세계 문제의 해결과 상호 이해를 지향하는 반면, 다문화 교육(multicultural education)은 한 국가 내의 다문화, 다인종화의 경향에 따라 나타나는 사회적 문제의 해결과 공존 원리 모색에 초점을 맞춘다. 즉, 국제이해교육은 국가외부에 존재하는 행위 주체에 대한 이해와 국가 간에 발생하는 분쟁과 관련된 쟁점, 세계 평화와 발전 등을 주요 이슈로 다루고, 다문화 교육은 한 사회 내의 문화적 다양성과 이로 인한 문제들을 주로 다룬다. 이에 비해 세계교육(global education) 또는 세계시민교육(global citizenship education)은 국가 외부에 존재하는 국제간 행위 주체에 대한 이해증진과 의사소통이라는 국제이해교육의 목표를 넘어서 보다 포괄적인 이념을 추구한다. 즉 세계교육은 국제이해교육에서 추구했던 국가 간 이해뿐만 아니라 국제사회에 존재하는 정치적, 경제적, 문화적 불평등(inequality), 세력 불균형, 인권 침해 등을 인식하고 이를 해결하고자 하는데 초점을 둔다.

세계시민교육의 토대를 마련한 한베이(Hanvey, 1974)는 세계화에 대응하는 학교 교육과정을 조직할 때 고려해야 할 요소로 다음 다섯 가지 목표를 제시했다.

첫째, 다양한 관점에 대한 지각(perspective consciousness)이다. 이는 세계를 이해하는 방식, 과거 및 현재의 국가 간 이슈에 대한 이해 방식에 다양성이 존재한다는 것을 이해하며, 자신의 관점이 보편적이지 않을 수도 있다는 가능성을 인지하는 것이다.

둘째, 지구촌에 대한 인식(state of the planet awareness)이다. 즉 운명공동체인 지구촌의 일원으로서 지구촌의 중요한 이슈들, 사건들, 그리고 현 상황에 대해 심층적으로 이해하는 것이다.

셋째, 비교 문화적 인식(cross-cultural awareness)이다. 이는 세계의 여러 문화들의 차이와 공통점을 알고, 세계 문화의 특징을 이해하는 것이다.

넷째, 세계적 역동성에 대한 지식(knowledge of global dynamics)이다. 이는 다양한 국가 행위체 및 비 국가 행위체들이 서로 상호의존관계에 있음을 인식하고, 이들로 구성된 세계 체제의 특성과 복잡성을 이해하는 것이다.

다섯째, 인류의 선택에 대한 인식(awareness of human choices)이다. 이는 지역적, 국가적, 국제적 이슈와 관련하여 인류가 어떤 결정을 내리고 행동을 취했는지 살펴보는 것이다. 메리파일드와 서비디(Merryfiled& Subedi(2001)는 여기서 한 걸음 더 나아가 국제간 경제적 정치적 불균등 상태에서 발생하는 문화의 식민지화를 비판하고, 국가간 상호의존성에 대한 인식과 마음의 탈식민지화(decolonizing)를 주장한다. 즉 국제현상에 대한 시각을 강대국 중심의 관점에서 벗어나 주변국의 입장에서 바라볼 수 있는 의식의 지평 확대를 추구하는 세계시민교육을 주장 한다.

3) 다문화 교육과 유사 개념과의 차이

이상에서 살펴본 바와 같이 집단 간 교육(intergroup education)이나 다문화 교육은 자국 내에 존재하는 다양한 집단 간의 이해와 관용을 증진하고자 하는 노력이다. 초기에 각 민족, 인종 집단 간 관용과 이해를 추구했던 집단 간 교육이 별 성과를 거두지 못했고, 이후 등장한 다문화 교육은 집단 간 불평등 나아가 모든 종류의 불평등을 해소하고 교육의 기회균등을 목표로 하는 개혁운동이다.

이에 비해, 국제이해 교육이나 세계교육은 국가 밖 행위체의 문화, 제도 그리고 그들과의 상호연관성을 탐구하는 교육이다(Banks. 2008). 오랜 역사를 가지고 있는 국제이해 교육(education for international understanding)은 국가 간 이해 증진과 상호교류 및 의사소통의 증진을 위해 많은노력을 기울여왔다. 이에 더하여 1970년대 이후 등장한 세계시민교육은 국가 간 세력 불균형, 불평등에 대한 인식과 이의 해결을 위해 주변부, 중심부 국가 모든 학습자 들을위한 교육을 설계 한다.

요컨대 집단 간 교육과 다문화 교육, 그리고 국제이해교육과 세계교육은 각기 다른 목표와 범주를 가지고 발전해 왔다. 그런데 다문화 교육을 통한 다문화적 시민성의 함양이 세계시민으로서의 자질 육성이라는 세계교육의 목표와 유사점이 있으며, 이것이 개념적 혼란의 원인이 되기도 한다.

4) 다민족 교육

다민족 교육(multiethnic education)이라는 용어는 다문화 교육이라는 개념이 본격적으로 사용되기 이전에 한시적으로 사용되었다. 미국에서 아시아계 미국인, 미국 원주민, 그리고 남미계 미국인과 같은 다양한 문화적 집단 출신의 학생들이 평등한 교육 기회를 경험하도록 교육 제도를 재구성하기 위해 계획된 교육개혁 운동이었다.

1960년대와 70년대에 민족학(ethnic studies)의 발달에 영향을 받았으며, 민족과 인종 문제에 초점을 두었다. 다양한 인종, 민족 집단의 유산과 공헌을 이해하고 학생들이 자신의 문화뿐만 아니라 주류 문화에서도 잘 기능할 수 있도록 하는 것을 목표로 하였다. 이에 비해 다문화 교육은 인종, 민족, 계층, 성, 언어 등 보다 광범위한 교육적 문제를 다룬다.

제2절 다문화 교육의 필요성 및 문제점

1. 다문화 교육 현장의 현실

교육현장에서 '다문화가정 자녀'에 대한 별도의 교육은 점차 가시화되는데 비해 학생 일반이 함께 참여하는 기회는 전혀 찾아볼 수 없으며 현장에서 교육을 추진하는 교사 등이 참여하는 교육이나 워크숍 등도 본격적으로 추진되지 않을 정도로 '다문화' 정책의 한국사회와의 관련성은 찾기 어려운 상황이다. 그런데, 다른 한편으로는 '위로부터의 정책'과 함께 '다문화'라는 이름을 붙인 각종 사업과 프로그램이 양산되는가운데 교육현장에서도 교육청으로부터 '다문화' 개념이 전달되면서 '다문화가정 자녀'를 찾아 이들과 관련해 '다문화 교육'이라는 이름의 활동을 전개해야 하는 상황이 펼쳐지고 있다.

〈A 교감〉 글쎄요. 제가 지난 9월 달에 오면서. 오면서 이 다문화가정이라는 게 생겼어요. 요 정책이. 그전에는 다문화가정이라는 정책이 전혀 없었거든요. 제가 와서 한 며칠이 있으니까 공문이 내려와가지고 다문화가정 뭐 느닷없이 돈을 주면서 추진하라고. 그래서 다문화가 뭐야. 모르잖아요. 다문화가정이 뭔지 개념조차 모르는 상태였는데. 가만히 보니까 뭐 외국에서 부모들이. 부모들이 외국인인 자녀들이 다문화가정이다. 그런 면에서 보니까 지난해에 지난해에는 우리학교에 14명이 있었어요. 14명 있었고. 금년에는 22명인가 있죠. 아마. 많이 늘었어요. 24명인가. 상당히 많이 늘었는데… 늘어나는 추세 같더라구요.

〈B 교감〉 그것은 저는 다문화가정이라는 거는 여기 와서 처음 알았어요. 솔직히 말해서 뭐 하튼 (그전에도) 오학년이나 사학년이 있었으니까 있던 건 사실이죠. 확인은 인제 선생님(다문화 가정자녀 프로그램을 맡는 교사)이 오시는 바람에 고런 과정이 있어서 알게 됐죠…. (연구자: 그 당시 아무런 그게 없을 때에는 뭐 그다지 선생님이 보시기에 문제가 있다거나 어려움이 있다거나…) 전혀 없었어요.

1) 다문화가정 자녀의 발견 : 급조된 관심과 집단적 일반화

'다문화', '다문화가정'이라는 단어 이외에 아무것도 전달받지 못한 상황에서 교사들은 스스로 개념을 형성해야 하는 작업에 직면해야 한다. 그런데, 그 작업은 철저히 교사 개인에게 맡겨져 있으며, 결국 적지 않은 교사들이 누구를 '다문화가족 자녀'로 규정할 수 있는지, 어떤 기준에 의해 그 범위가 결정되는지를 판단하고 실제 적용하는 데에서부터 혼란을 겪고 있다.

이러한 상황에서 대부분의 교사들은 대중매체를 통해 전달된 상식적 인식과 자신의 직접적 관찰 경험 등을 토대로 '다문화가족 자녀'의 개념을 설정하고 특징을 발견해가고 있는데, 흔히 그 개념은 '혼혈'이나 '피부색' 등의 혈통주의적 개념으로 정의되며 부분적으로는 '삐뚤어졌다' '단정하지 못하다'는 식의 부정적 함의를 내포하기도 한다. 이처럼 단순하고 일반화된 개념 틀을 가지고 있을 뿐 아니라, 자신의 주위에서 발견하는 '다문화가족 자녀' 들은 피부색이나 행동특성이 '한국인과 유사한 것'으로 인식하며 이러한 점에서 안도감을 갖는 것이 교사들 사이에서 나타나는 또 하나의 경향이다. 이러한 경향은 특히 다문화가족 자녀의 수가 많지 않은 학교의 교사들에게서 더욱 두드러진다.

이에 비해, 학교생활 적응에 가시적인 어려움을 겪는 학생을 지도해야 하거나 교육 현장에서 '다문화가족 자녀'를 일정한 집단으로 설정해야 하는 교사들은 '한국 학생들과 무엇인가 다른 존재'라는 정도로 인식할 뿐, 구체적으로 무엇이 어떻게 다르고, 또 어떤 점이 유사한지에 대해서는 구체적 이해가 결여 되어있는 상황이다. 또한 출신 국가나 경제적 배경, 가족 상황 등이 매우 다양한 '다문화가족 자녀들'은 무엇인가 공통점을 지니고 있으며, 특히 부모가 같은 국가 출신이면 공통점이 더 있으리라는 식의 다소 막연하고 일반화된 기대를 갖고 있다.

2) 준비되지 않은 실천의 돌입

교사들이 다문화가족 자녀를 대면하는 양상은 이들의 수나 교육청과 해당 학교의 정책 등에 따라 서로 비교된다. 한편으로 다문화가족 자녀가 소수이고 다문화가족 자녀와 관련된 프로그램이 시행되지 않은 학교의 교사들은 수업 과정에서 다문화가족 자녀에 대해 특별한 관심을 둘 필요성을 느끼지 못하며 따라서 별 다른 어려움도 느끼지 않는 경향이 있다. 다만, 한국어에 익숙하지 않은 학생의 수업 태도나 학부모와의 의사소통 문제 정도에서 어려움을 느끼는 정도로 알림장이나 전화로 전달되는 사안에 대해 오해가 생기거나 학생에 대해 상의하고 싶은 경우가 있어도 하지 못하는 경우도 있다. 이에 비해, 다문화가족 자녀를 특정한 범주로 설정하고 특별한 지도를 해야 하거나 이들을 대상으로 한 방과후 프로그램 등을 운영해야 하는 경우, 상식적 수준에서 다문화가족 자녀에 대한 관심을 형성해가는 교사로서는 여러 가지 당황스러운 경험을 하게 된다.

사실, 대부분의 교사들에게 다문화가족 자녀는 교사의 세계에서 기대하지 않았던 존재로서 이들을 대면하는 것 자체가 당황스러울 뿐이다. 한 번도 만나보지 못했고 무엇을 어떻게 해야 하는지에 대해 아무런 지침이나 교육을 받지 못했던 교사들은 학급에서 해당 학생을 둘러싸고 벌어지는 일상적인 사건에 대해서도 문제 파악 자체에 확신이 없고 어떻게 대처해야 할지 난감한 경우가 많다.

> 〈M학교 6학년 담임교사〉 우리와 다른 6 어쩌구 이렇게 시작되는 (주민등록)번호가 있는 거 처음 알았어요…. 저는 학교 졸업하고 바로 발령을 받았잖아요. 학교를 다닐 때에도 보통은 특수아동들에 대해서는 연수 때에도 많이 듣고 수업도 듣고 했는데 그렇게 다문화아이에 대해서는 처음 경험을 하게 된 거죠. 실습 때도 대학교 때도 실습 나갈 때도 실습학교에 다문화 아이가 한명도 없었어요. 그래서 다문화 애가 있을 거라는 생각을 한 번도 해본 적도 없이 현장에 온 거죠.

이러한 상황에서 해당 학생을 어떻게 대해야 하는지, 이들과 관련해 일반 학생들을 어떻게 지도해야 할지는 전적으로 교사 개개인에게 달려있다. 적절한 지침서도 없으며 주위의 교사들 역시 이 부분에 대해서는 특별한 경험이 없기 때문에 조언을 구할 상대를 찾기도 어렵다. 더욱이 이들을 위해 별도의 학습과정을 구성하는 일은 '맨 땅에 헤딩하기'와 같다고 할 만큼 시행착오의 연속이다.

3) 결손의 보충을 위한 도움과 배려

다문화가족 자녀들을 위해 무엇인가 하려는 또는 해야만 하는 교사에게 가장 먼저 떠오르는 것은 이들이 겪는 어려움이다. 한편으로 다문화 가족 자녀에 대해 관심을 갖기 시작하면서 교사들에게 이들은 '못살던' 과거 한국 사회와 유사한 특징을 지니고 있으며, 그만큼 보살핌과 지원이 필요한 대상으로 다가온다. 게다가 학급에 있는 다문화가족 자녀가 한국어 구사가 자유롭지 않고 학습 과정을 따라오는데 어려움을 겪으며 학습에 집중하지 못하거나 숙제를 해오지 않거나 알림장의 내용을 이해하지 못하는 모습을 목격하면서 그러한 마음은 더욱 굳어질 수밖에 없다. 결국 이러한 경험을 통해 다문화가족 자녀들은 '한국 학생과는 질적으로 다른', '학습 결손' 내지 '학습 부적응'을 겪고 있는 것으로 명확히 규정된다. 물론 다문화가족 자녀 중에는 학습과정 중에 특별히 부적응을 겪지 않는 경우도 있으며 개중에는 학교 성적이 우수한 학생들도 있지만, 이들의 존재는 예외 정도로 취급될 뿐 다문화가족 자녀 전반의 특징을 규정하는데 중요하게 고려되지 않는다. 또한 과목의 성격에 따라 참여도나 선호의 차이가 있다는 점 역시 간과되는 경향이 있다.

'학습 결손' 내지 '부적응' 상태에 있는 아이들에게 대부분의 교사들은 자신이 해줄 수 있는 최선의 방도는 '결손 내지 부적응이 조금이나마 개선되도록' 다른 학생들에 비해 의도적으로 발표기회를 부여하거나 칭찬과 격려를 자주하는 등 세심한 배려를 하는 것이라고 믿고 있다. 또는 이들에게 특별한 상(스티커)을 주기도 한다. 그리고 교우들에게 이들을 돕고 배려하도록 독려하며 이러한 관계를 제도화하는 경우도 있다. 일부 학교에서는 이들을 별도의 반으로 구성해 한국어 교육을 중심으로 방과후 교육을 진행하고 있다.

이처럼 다문화가족 자녀를 둘러싼 교사들의 대응은 학습과정 중에 이들이 보이는 부적응 문제에 집중되어 있다. 이러한 점은 공식적으로 천명되거나 제도화되는 단계로 공고한 '사실'로 굳어져가고 있다. 이에 비해, 이러한 부적응의 주요 요인이 이주에 따른 교육환경 변화에 의한 것으로 해당 학생이 이주 전에는 적응에 아무런 문제가 없었을 수도 있다는 점은 교사의 대응으로 가시화되지 않고 있다. 또한 특정 부분에서 이들이 적응에 어려움을 겪을 수 있지만 또 다른 부분에서는 별다른 어려움을 겪지 않을 수 있으며 우수한 부분도 있을 수 있으며, 도움을 받는 동시에 도와줄 수 있는 부분이 있다는 점 등은 충분히 드러나지 않는다.

또한 다문화가족 자녀들이 학교생활과 관련해 겪을 수 있는 문제 중 학습과정 외에 겪는 문제는 간과되고 있으며 이에 대해 명시적인 대응을 하는 경우도 찾아보기 힘들다. 앞서 살펴본 바와 같이 다문화가족 자녀들이 교우들로부터 흔히 놀림을 당하거나 차별적 언사의 대상이 되고 있음에도 불구하고 이는 “아이들이 자라나는 과정”으로 가볍게 간주되거나 차별적 태도의 가능성을 우려하면서도 교사 역시 별다른 대응을 못하는 상황이다.

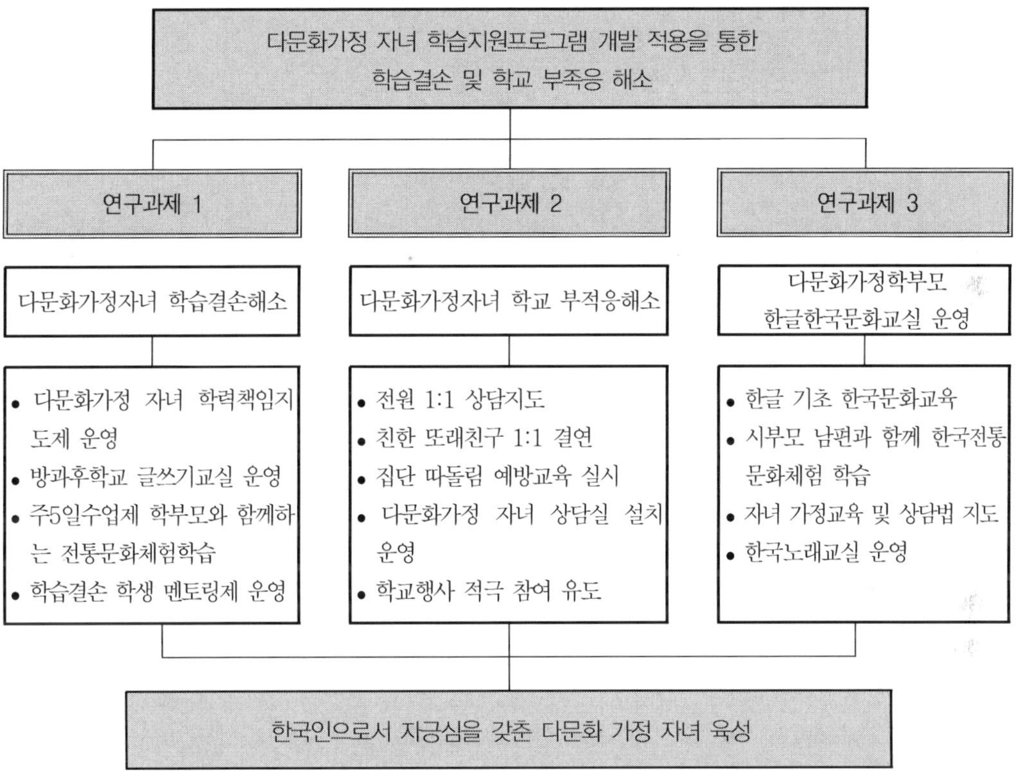

[그림 6-1] 초등학교 ‘다문화가정 자녀학습지원 사업’ 예시

4) 혼란의 경험과 대안적 접근의 필요성 인식

다문화가족 자녀를 일정한 범주로 설정하고 이들에게 무엇인가를 하려는 교사들은 우선 이들이 필요로 하는 것으로 보이는 부분을 찾아 도움과 배려를 제공하는 것이 자신이 할 수 있는 최선의 방법이라고 간주하는 경향이 있다. 그런데 다문화가족 자녀에 대한 관심이 지속되고 이들을 도우려는 ‘선의’의 실천이 진행되면서 교사들은

미처 예상하지 못했던 장벽에 부딪히고는 한다.

무엇보다도 자신이 제공한 '선의'가 다문화가족 자녀들에게 도움이 되기보다는 오히려 상처를 입히는 경우가 발생하는 것은 교사들로서는 전혀 예상하지 못했던 바이다. 다문화가족 자녀들 중에는 자신의 배경이 주위 교우들에게 알려지는 것에 민감한 이들이 적지 않으며 이러한 점을 감추기 위해 이름을 바꾸고 심지어 학교를 옮기는 경우까지 있다. 교사가 특별히 배려하지 않거나 특별 지원프로그램이 시행되지 않을 때에는 다른 학생들과 별 다른 구분 없이 학교에 다닐 수 있었는데 다문화가족 자녀들을 특정한 범주로 설정하고 이들에게 무엇인가 다른 조치를 취함으로써 일반 학생들도 자신들과 '다른' 이들의 존재를 확인하고 다문화가족 자녀 역시 자신들이 일반 학생들로부터 구분되어짐을 느끼게 되면서 의도와는 반대로 상처를 받는 경우가 생기는 것이다.

또한 여러 학생을 대해야 하는 교사들로서는 다문화가족 자녀라는 특정 집단에 관심을 쏟으면서 상대적으로 다른 학생들에게 향하는 관심이 줄어들어 결과적으로 '피해를 줄 수도 있다'는 점도 부담이 된다. 더욱이 다문화가족 자녀에게 특별히 배려하는 것에 대해 교우들이 직, 간접적으로 문제를 제기하는 경우에는 부담이 가중될 수밖에 없다. 이런 제약 때문에 다문화가족 자녀들에게 '제대로 신경을 못 쓰면' 그 또한 해야 하는 무엇인가를 놓치고 있는 것 같아 마음이 편치 않다. 무엇인가 다를 것이라는 기대 하에 다문화가족 자녀들에게 향했던 배려가 일반 학생들의 지도에 부정적 영향을 미칠 수 있다는 점도 무시할 수 없다. 이외에 자신의 '선의'와 정책적 배려가 도움 일변도로 흐르다 보면 자칫 해당 학생들을 '받는 데만 익숙한' 수동적 존재로 고착시키지 않을까 하는 우려 역시 교사들을 혼란스럽게 하는 부분이다.

이처럼 일반 교사로서는 상당한 관심을 가지고 나름대로 최선이라고 생각했던 대응 방식을 실제 추진하는 과정 중에 이런저런 장벽에 부딪히고 기대했던 것과는 전혀 다른 효과를 낼 수 있음을 자각하는 경우가 생겨나고 있다. 이처럼 기본적 확신이 없는 상태에서 상식만으로 다문화가족 자녀들을 판단하고 대응해왔던 데 대해 스스로 의문이 들기 시작하면서 교사들은 혼란에 빠지기 쉽다. 도와주고 배려하는 동시에 그 부작용을 염려하고 '다르게 보지 않아야 한다'고 생각하면서 어느 순간 다문화가족 자녀들을 다르게 보고 있는 자신을 발견하면서 다문화가족 자녀는 '자연스럽게 대하기 힘든' 상대, '무엇인가 필요 이상으로 신경 써야 하는 피곤한' 대상으로 받아들여지기도 한다.

이러한 모순 속에서 일부 교사들은 도움과 배려라는 지배적인 수용 패러다임에 대한 대안으로 '다문화가족 자녀들과 일반 학생들을 똑같이 대해야 한다'는 기본 입장을 세우기도 한다. 특히, 다문화가족 자녀들만으로 구성된 환경 속에서 이들과 비교적 긴밀한 관계를 맺을 수 있는 특수한 상황에 있는 교사들 사이에서는 동정 어린 시각에서 일종의 '특별대우'를 하는데 대한 비판이 제기되고 있으며 이들 역시 당당한 사회구성원으로서 도움을 받는 동시에 도와줄 수 있는 존재로 접근해야 함을 강조하면서 '다문화가족 자녀'가 아니라 그냥 일반 학생으로 서로를 대하는 계기를 마련하기도 한다. 그러나 이와 비교해 일반 학급 교사들이 한국인 학생들 속에서 학습과정 적응에 힘겨워하는 다문화가족 자녀들을 직접 대면하는 상황에서 이러한 태도를 관철시키는 것은 그리 쉽지만은 않은 현실이다.

2. 다문화 교육의 필요성

1) 인권의 측면

인권의 측면에서 다문화적 배경을 가진 학생 개인에게 교육권과 학습권을 보장하여 민주적 가치관과 태도를 길러줄 수 있다는 점이다. 이는 헌법질서를 통하여 자유민주국가를 지향하고 있는 국가의 입장에서는 당연히 해야 할 일로 여겨진다.

2) 사회 전체의 측면

사회 전체의 측면에서 보면, 다문화 교육은 사회적 갈등을 줄이고 사회통합에 기여할 수 있는 방안을 제시해줄 수 있다. 특히 한국사회와 같이 단일민족을 오랫동안 유지해온 경우에, 다문화가정의 자녀들은 국적과 민족의 불일치를 경험하게 되고 언어와 문화에서도 이중성을 경험하게 되며, 또한 이들이 한국사회의 근대화 이후 늦게 한국사회의 구성원으로 편입됨으로써 사회적 하층에 속할 가능성이 많다는 점을 고려하면 이러한 사회적 통합을 위한 교육적 노력으로서의 다문화 교육은 사회적 갈

등을 줄일 수 있는 매우 중요한 것이라 아니할 수 없다.

3) 문화적 측면

한국 사회에 다양한, 문화적 배경들이 섞임으로서 더욱더 건강하고 새로운 문화 창조의 기회를 제공받을 수 있다는 문화적 측면도 고려해볼 수 있을 것이다. 사실 어떻게 보면 오랫동안 단일민족과 단일 문화를 유지해온 한국 사회의 경우, 다양한 문화의 주입은 새로운 문화의 창조를 위한 시발점이 될 수도 있을 것이다. 다문화 교육의 이러한 측면은 앞의 양자에 대하여 매우 적극적인 측면이라 할 수 있다.

3. 다문화 교육의 문제점

1) 청소년의 다문화 이해수준과 현행교육의 한계

최근 다문화가정의 자녀교육 실태조사(조영달 외, 2006)에 의하면, 농어촌 도시 저소득층 국제결혼 가정의 청소년 1,621명(2005. 10)이 취학하고 있으나, 학교에서 뒤처지고 있다. 언어소통능력의 부족으로 독해, 어휘력, 쓰기 작문능력이 현저하게 떨어지며 엄마가 외국인이라는 이유로 집단 따돌림을 당하고 있다. 국제결혼 자녀 10명중 1명꼴로 초등학교에서 미진학 중퇴하고 있으며 중학교에서 미진학 중퇴자가 10명중 2명 정도로 추정하고 있다.

외국인 부모 자녀에 대한 한국문화에 대한 교육이 시급하며, 일반학생을 대상으로 한 타문화이해 교육과 에디켓 교육도 시급한 실정이다. 그리고 탈북자 새터민 가정의 청소년들은 초등학교 취학률 85.7%에 비해 중학교 취학률 49.1% 고등학교 취학률 6.6%로 취학률이 매우 낮을 뿐만 아니라, 취학하더라도 중도 탈락률이 초등학교 1.1% 중학교 16.2%, 고등학교 14.5%에 이르고 있어 학교성적에 대한 고민과 북한사투리로 인한 고민이 많으며 검정고시를 위해 대안학교, 보충학습을 지원하는 단체에 의존하고 있다. 또한 외국인근로자가정의 청소년들은 총17,287명 중 외국인 학교 재학생은 7,800명이고 국내 학교 재학생은 1,574명에 불과하다. 2003년 이후

불법체류 외국인 근로자 자녀도 학교교육 받을 수 있게 되었음에도 불구하고 약 8000명의 청소년이 학교교육 밖에서 방치되고 있다. 외국인근로자 자녀들은 정규학교에 다니지 않는 이유가 돈을 벌기 위하여(35%), 한국말을 못해서(25%), 불법체류 아동이기 때문(15%)으로 나타나고 있어 청소년 인권 및 교육문제가 심각한 실정이다(설동훈, 2003).

현재 종교단체 시민운동단체 등이 외국인 근로자센터 등에서 교육·의료·법률 서비스를 지원하고 있으나 매우 미흡한 실정이며, 경기교육청에서 안산시 등지에서 특별학급을 설치한바 있으나 아직도 대부분 청소년들이 방치되고 있는 실정이다. 학교에서 이탈한 학생들이 노동인구로 전락하고 비행청소년과 결탁하여 사회적 해악을 끼칠 요소가 있으며, 폭력적으로 변화하는 사례도 많이 나타나고 있다. 교육도 제대로 받지 못한 외국인 아이들이 한국사회에 미칠 나쁜 영향은 우리가 생각하는 것 보다 위협적인 요소가 될 수 있다.

2) 다문화가정 학생의 학교적응

다문화가정 학생이 대다수가 학교적응에 많은 어려움을 느끼고 있다.

첫째, 기초학력 부족이 낳은 학습 부적응이다. 많은 다문화가정 학생들은 기초학력 부족으로 인해 다양한 과목에서 어려움을 겪고 있다. 이중 특히 부족한 한국어 능력은 다른 과목에서의 어려움으로 이러지게 되는 악순환의 단초가 된다.

둘째, 문화적 차이가 낳는 학습 부적응이다. 갑자기 한국문화에 적응해야 하는 다문화가정 학생들의 경우 자신의 출신국가와 한국 고가의 문화적 차이가 학습에의 적응을 어렵게 하는 경우들이 발생하며, 특히 영어의 경우 조기교육의 경험이 없는 다문화가정 학생들이 어려움을 겪기 쉽다.

셋째, 부정적 학습태도다. 수업에의 적응이 어려운 만큼이나 낮은 집중력, 산만함, 지루해하기, 장난치기 등의 부정적 학습태도를 지닌 경우가 많다.

넷째, 한국사회의 차별적 시선이 낳는 위축감이다. 한국사회는 아직 문화다양성에 대한 이해의 정도가 낮으며, 이에 따라 짙은 피부색, 혹은 출신국의 낮은 경제적 위상 등에 대한 한국사회의 차별적 시선은 많은 다문화가정 학생들에게 위축된 태도를 지니게 한다.

다섯째, 차별이 빚는 갈등으로 인한 적응의 어려움이다. 한국사회의 차별적 태도로 인해 다문화가정 학생들은 급우들과 갈등하고 충돌을 빚는 경우가 상대적으로 빈번하며, 이러한 갈등과 충돌은 사회적 적응에서의 어려움으로 이어진다.

여섯째, 제한된 사회적 관계망이다. 한국사회의 차별적 시선과 이로 인해 빚어지는 갈등은 다문화가정 학생들을 위축시키기 쉬우며, 그 결과 사회적 관계 형성의 테두리가 제한되기 쉽다.

3) 다문화 교육 교수·학습 프로그램

다문화 교육 교수·학습 프로그램이 아직은 많이 부족한 상황이다.

첫째, 실질적인 도움을 줄 수 있는 방과 후 교과 프로그램이 없다. 이제는 다문화가정 자녀 학생들의 성장과 관련된 일련의 책임과 적응활동을 교사 개인이나 시민단체, 종교기관에 맡겨둘 상황이 아니다. 현재는 다문화 교육 관련 정책을 수립하기 위한 준비 단계에 이르지 않은 상황이라 할 수 있다. 따라서 다문화가정 학생들에 대한 초등학교 단계에서부터 교육 프로그램과 다문화가정 부모를 위한 교육 프로그램 등이 정부 당국 차원에서 이루어질 수 있도록 시급히 마련되어야 한다.

둘째, 일반, 재량, 체험 활동 등에서 활용할 수 있는 다문화 수업 자료 및 프로그램 없다는 점이다. 다문화사례 프로그램은 다문화가정 학생들만을 대상으로 하는 것이 아니라 같은 학습 구성원을 이루고 있는 일반 학생들과 함께 이루어져야 한다는 점이다. 학교 구성원 전체가 다문화가정을 편견 없이 바라보고 조화롭게 어우러져 나가기 위해서는 다문화국가에 대해 바로 앎으로써 가능한 것이다. 짧은 시간이라도 다문화가정 혹은 외국에 대한 이해를 위한 동영상 자료나 교과 선생님의 이야기로 학생들의 마음을 열어간다면 다문화가정 학생들이 한국의 학교생활에서 겪어야 할 어려움을 많이 덜어줄 수 있을 것이다.

셋째, 다문화 관련 연수를 전혀 받지 않은 다문화 전담 교사가 배정되어 운영되고 있다. 다문화가정 학생들은 계속적으로 증가하고 있는데 이러한 학생들을 가르치고 전담하는 교사의 수는 매우 부족한 실정이다. 또한 다문화 학생들의 담임을 맡고 있는 교사 대부분은 다문화에 대한 지식이 전혀 없는 상태에서 일반 학생들과 크게 다르지 않게 가르치고 있다. 일반학교에서는 다문화학생들을 위한 전문 교사가 거의 없는 실정이며 그나마 교육을 받은 경우에도 다문화 교육 프로그램 내용이 실제 학교 현장에서 별로 도움이 되지 않고 형식적인 내용이다.

넷째, 우리 문화 중심의 다문화 교수·학습 내용이 이루어지고 있다. 다문화 교수·학습의 중요한 목표 중 하나가 우리나라 문화를 이해하고 타문화를 이해하도록 지도하는 것이다. 하지만 일반 학생이나 다문화가정 학생 모두가 한국의 문화를 이해하게 하는데 초점을 두고 있을 뿐, 다문화가정 학생들의 문화가 더불어 이루어지지 않고 있다.

제3절 다문화 교육의 목표

1. 다문화 교육의 일반 목표

다문화 교육은 교육적 불평등 해소와 기회 균등, 그리고 모든 학생들의 학업 성취 및 민주사회의 구성원으로서의 기능과 비판적 안목 육성을 추구한다(Nieto & Bode. 2008) 다문화 교육의 목표는 학자들에 따라서 다양하게 제시되고 있는데, 여기서는 가장 포괄적으로 제시하고 있는 바스(Bas, 2008)의 여섯 가지 목표를 기술하고자 한다.

첫째, 다문화 교육은 자기 이해의 심화를 추구한다.

둘째, 다문화 교육은 주류 교육과정에 대안을 제시하는 것을 목표로 한다.

셋째, 다문화 교육은 모든 학생들이 다문화사회에서 요구되는 지식과 기능, 태도를 습득하는 것을 목표로 한다.

넷째, 다문화 교육은 다문화가정 자녀들이 인종적・신체적・문화적 특성 때문에 겪는 고통과 차별을 감소시키는 것을 목표로 한다.

다섯째, 다문화 교육의 목표는 학생들이 전 지구적(global)인 테크놀로지 세계에서 살아가는데 필요한 읽기, 쓰기, 그리고 수리적 능력을 습득하도록 돕는 것이다.

여섯째, 다문화 교육은 학생들이 자신의 공동체에서 제구실을 하는데 필요한 지식, 태도, 기능을 다양한 집단의 학생들이 습득하도록 도와주는 것이다(Banks, 2004).

이상에서 다문화 교육의 목표로 제시된 여섯 가지 내용을 살펴보았다. 이를 종합해 보면 다문화 교육의 목표는 크게 세 가지로 나누어 볼 수 있다. 첫째는 소수자를 위한 배려와 교육의 기회균등 추구이다. 둘째는 주류 학생들을 포함한 모든 학생들의 시민적 자질 육성이다. 셋째는 지구촌 공동체의 일원으로서의 역량 함양이다. 이러한 세 가지 목표는 서로 밀접하게 연관되어 있으며 각각의 실현은 다른 목표의 달성에도 도움을 준다.

2. 다문화 교육의 목표와 교사

다문화 교육에 있어서 교사의 역할은 매우 중요하다. 다문화 교육을 위해서는 가정, 학교, 사회에서의 교육이 모두 중요하겠으나, 체계적인 교육을 수행하는 학교 교육이 특히 중요하다. 무엇보다도 교사의 인식과 실천이 없으면 다문화 교육은 성공할 수 없다. 교사의 다문화적 인식과 태도는 수업과 학생 지도에 직접적으로 영향을 미치기 때문이다.

팽(Pang, 2005)은 학교현장에서 교사들이 다문화 교육을 실시하면서 어떤 목표를 강조하는가에 따라 다음과 같은 네 가지 유형의 교사로 구분하고 있다.

첫째, 동화주의 교사(Assimilationist Teacher)는 학교에서 가르치는 지식은 보편적인 진리이며 학생들에게 가장 필요한 것이라고 믿는다. 교사의 목표는 지식을 전수하여 학생들이 기론의 사회정치적 체제에 순응하도록 하는 것이다. 이는 종종 소수자 학생들이 출신 가정의 언어와 문화를 버리고 주류사회의 문화를 습득함으로써 주류 사회에서 생존해야 한다는 관점을 의미한다.

둘째, 인간관계를 강조하는 교사(Human Relations Teacher)는 모든 학생들이 서로 존중하는 것을 목표로 삼는다. 다양한 집단의 학생들이 서로 협력하는 경험을 제공하여 편견을 극복하도록 하는데 초점을 둔다. 그러나 학생들에게 반드시 전수해야 할 필수적 지식이 있다고 믿는다. 이들은 다른 나라의 음식, 의상 등을 전시하고 체험하게 함으로써 다양성을 인식하는 프로그램을 운영하기도 한다.

셋째, 사회적 행동을 강조하는 교사(social Action Teacher)는 학생들에게 비판적으로 사고 하는 법을 가르치며 학생들이 사회적 불평등에 도전하여 변화의 주체가 되는 것을 다문화 교육의 목표로 삼는다. 이들은 학교가 현상유지의 도구라고 비판하며, 교육 내용으로는 노동자 계층, 유색 인종, 여성과 같은 다양한 사회 집단의 불평등과 인권 등을 다룬다.

넷째, 배려를 강조하는 교사(Caiing-Centered Teacher)는 정의, 자유에 기초한 다문화 사회(multicultural society) 건설을 목표로 한다. 이들은 학생들이 상호 존경하고 배려하는 분위기를 통하여 공정과 평등의 가치를 공유하도록 하는 데 수업의 초점을 둔다. 수업에서는 인간이 편견을 가지고 있는 존재임을 인식하게 하고 사회에 존재하는 차별과 편견을 다룬다.

팽(Pang)은 첫째와 둘째 유형의 교사들을 현상 유지의 관점을 공유한다고 보며, 셋째와 넷째 유형의 교사들이 진정한 의미의 다문화 교육을 실천하는 교사라고 보고 있다. 모경환, 황혜원(2007)의 연구에서는 수도권 중등 국어·사회 교사들의 다문화 교육 목표에 대한 관점을 분석했는데, 배려를 강조하는 교사들의 비중이 가장 높게 나타났고, 그 다음으로 인간관계를 강조하는 교사, 사회적 행동을 강조하는 교사, 동화주의 교사 순으로 나타났다. 즉 응답 교사들은 다문화 교육의 목표로서 배려중심의 관점을 가장 강하게 소유하고 있으며 그 다음으로 인간관계 접근법을 가지고 있음을 나타났다. 즉 다문화 교육은 다문화사회의 건설을 위해 상호 이해와 배려를 강조해야 한다는 관점에 강한 동의를 나타내고 있었다. 한편, 40대 이상의 연령층은 20대, 30대 연령층의 교사들보다 동화주의 관점에 강하게 동의하고 있다.

다문화 교육이 동화주의 관점을 극복하면서 발달해 온 점을 고려하면, 바람직한 다문화 교육을 위해 이러한 동화주의 관점은 개선되어야 할 것이다.

제4절 다문화사회와 교육적 과제

1. 다양성에 대한 대응

문화적·인종적 다양성은 이제 우리 사회뿐만 아니라 전 세계적으로 부인할 수 없는 현실로 다가오고 있다. 그러나 이러한 다양성에 대한 인식과 대처 방안은 관점에 따라 다양하게 제시되고 있는데, 크게 보수주의적 관점과 진보주의적 관점으로 나누어 파악할 수 있다(모경환, 황혜원, 2007b).

첫째, 문화적 다양성을 부정적으로 파악하는 보수주의적 관점은 다양성으로 인해 국민적 일체감이 저해된다고 주장한다. 예컨대 미국의 보수주의 역사학자인 슐레신거(Schlesinger, 1992)는 문화적·인종적 다양성이 개인주의, 애국심과 같은 미국의 전통적 가치를 약화시키고, 분열과 분리를 조장한다고 주장하였다. 이러한 입장에서는 다양성을 강조하는 것은 사회를 해체할 수 있는 위협으로 간주 된다. 따라서 이러한 관점은 주류문화에 기초한 교양 교육을 주장하며 주류문화의 핵심을 전달하는데 교육의 중점을 둔다. 허르스크나 블룸(Hirsch & Bloom, 1987)과 같은 미국의 보수 교육가들은 주류문화를 학생들이 습득하도록 돕는 것이 학교의 일차적인 책임이며, 문화적 다양성에 대한 교육이 이를 방해해서는 안 된다고 주장하고 있다. 이러한 입장에서 교육의 궁극적인 목적은 소수문화들을 지배문화 속에 포섭하는 '동화주의'를 지향 한다.

그러나 다양한 문화와 언어를 사회적 분열의 원인으로 보는 동화주의적 교육은 소수문화 집단의 소외를 초래하여 사회적 통합을 저해한다. 전 세계적으로 많은 학생들이 동화주의적 교육으로 인해 소속 집단의 문화, 언어, 인종적 정체성을 상실하거나 부모 혹은 소속 문화집단의 가치와 갈등을 빚고 있다. 예컨대 서유럽의 무슬림들은 제도적 차별로 인하여 정치적, 경제적 참여의 기회를 보장받지 못하거나 편견이나 선입견으로 인하여 사회적 고립감을 경험해왔다.

문화적 다양성은 세계화가 진행 중인 국제 환경에 그 사회가 적응하는 데 유용한 자원이 되며, 시민들에게 풍부한 문화적 경험을 제공해 주고, 공적 의사 결정 시 고려할 수 있는 대안의 수를 늘려준다(Banks, 2008). 따라서 교육영역에서도 각 문화의 가치를 존중하고 보전하면서도 상이한 문화들 간에 공존 방안을 모색해야 하는 필요성이 제기된다.

둘째, 보수주의적 관점과 달리 진보주의적 관점은 문화적 다양성에 긍정적인 가치를 부여한다. 다양한 집단들이 자유, 정의, 평등의 실현을 위해 노력함으로써 민주적인 국가가 더욱 발전한다는 것이다. 이 관점을 지닌 학자들은 다양성은 사회의 잠재력을 향상시켜 주며, 문화적 다양성에 대처하는 자세야말로 중요한 시민의 자질이라고 주장한다(Banks, 2004; Nieto & Bode, 2008; Sleeter & Grant, 2003). 따라서 이 관점에서는 모든 학생들이 문화적 다양성의 가치를 인식하도록 학교에서 가르치는 것이 중요하다. 진보주의 학자들은 서구 민주주의의 이상과 차별적 현실과의 간극을 좁히는 역할을 수행하는 다문화 교육을 지지한다.

이들은 인종적, 계급적, 언어적, 경제적, 문화적 다양성은 선택의 문제가 아니라 현대사회의 존속을 위한 필수요건이 되었다고 파악한다. 다양한 문화들이 지니고 있는 가치를 인정하면서 자문화의 전통을 비판적으로 인식하는 가운데 통합성을 이루어내자는 것이다.

2. 교육소외층 배려

다양성의 증가는 필연적으로 사회에서 소외되는 소수자들의 문제를 발생시킨다. 다양한 인종·민족 집단이 한국 사회에 유입되면서 인구 구성 측면 뿐만아니라 문화적 차원에서도 다양성이 증가하고 있다. 한국사회의 소수 집단을 형성하고 있는 이들은 한국 사회에 적응하는데 많은 어려움을 겪고 있으며, 대다수가 낮은 경제적 지위에 머무르고 있었다. 이들을 한국 사회에 적응 시키기 위한 정부 지원의 다양한 정책이 실시되고 각종 시민단체의 활동이 전개되고 있다. 그러나 이들은 여전히 편견과 차별, 인권 침해를 경험하며, 한국 사회에 쉽게 정착하지 못하고 있다. 한국사회의 일부를 구성하고 있는 이들 소수집단을 포용하지 못한다면 사회 갈등을 유발하는 원인으로 작용하게 될 것이다.

따라서 이들과의 상호존중과 포용, 공존의 문제는 이제 한국사회의 민주주의 실현 정도를 가늠하는 하나의 척도가 되었다.

다문화가정의 자녀들 역시 한국 사회에 적응 하는데 많은 어려움을 겪고 있다. 언어 능력의 부족, 기초학습 능력 부진, 정서적 불안 등과 같은 내적 요인 및 불안정한 학습 환경, 또래의 편견과 놀림, 교사의 인식 부족 등과 같은 환경적 요인으로 인하여 학업 성취가 부진한 경우가 많다(조영달 외, 2006). 다문화가정의 자녀들은 현재 주로 유·초등학생들이지만 지속적인 증가와 함께 수년 내에 청소년의 한 층을 형성하게 될 것이며, 이들의 한국어 능력 향상, 학교 적응, 차별·소외감 해소가 사회적, 교육적 과제로 부각되었다.

따라서 각급 학교에서 교육을 담당하는 교사들은 학생들의 성, 인종, 문화 그리고 언어의 다양한 배경들에 민감해야 하며, 이러한 다양성이 교육과정이나 교실수업에서 문제시될 수 있다는 것을 인식해야 할 필요가 있다. 그리하여 자신의 학급을 보다 통합적으로 만들고 다문화가정의 학생들을 포용하며 주류 학생들에게 다문화적 감수성과 태도를 육성하는 책무를 이행해야 한다.

3. 민주시민의 육성

문화적 다양성의 심화에 따라 대두되고 있는 교육적 과제는 대상의 측면에서 두 가지로 파악할 수 있다. 먼저 다문화가정이 급증함에 따라 다문화가정 자녀 교육을 위한 지원대책을 확대해야 할뿐만 아니라, 다음으로 다문화가정 자녀와 함께 살아가는 다수자 자녀들의 시민적 자질 육성을 위한 교육을 체계적으로 실시해야 한다. 즉 다문화적 사회의 구성원들이 주체적이고 능동적으로 살아갈 수 있도록 하는 시민교육(citizenship education)이 새로운 교육적 과제이다. 이러한 시민교육은 사회적 소수집단에게만 필요한 것이 아니라, 주류사회의 시민과 그 자녀들에게 더욱 필요하다. 다문화적 환경에 대한 대처 방식은 변화하는 환경에 대한 우리 사회 구성원들의 인식과 가치관에 영향을 받기 때문이다.

다시 말하면 우리 사회의 새로운 교육 소외 계층으로 떠오르고 있는 다문화가정 자녀들의 적응과 학업성취 문제를 해결하는 한편, 기존의 다수 집단 학생들을 위한 시민교육도 균형 있게 실시해야 한다. 사회적 약자에 해당하는 다문화가정 자녀에 대한 교육지원이 다문화 교육의 하나의 방향은 될 수 있으나, 다문화 교육의 대상을 이들로 한정시켜서는 안 된다. 즉 다문화 교육은 소수민족 집단의 정착을 돕기 위한 프로그램이나 다양한 민족과 문화에 대한 지식을 습득하는 것에 국한되지 않는다. 학교교육은 다양한 문화와 민족이 공존하는 사회에서 시민으로서의 역할을 수행할 수 있도록 돕고, 모든 학생들의 학업 성취 향상과 차별의 해소를 추구해야 한다. 즉 소수자가 한국사회에 잘 적응하도록 하는 측면과 함께 주류 한국인이 소수문화를 이해하고 편견을 극복하는 것, 나아가 차별을 시정하고자 하는 태도의 육성과 실천하는데 까지 나아가야 한다. 즉 다양한 문화와 민족이 공존하는 사회에서 시민으로서의 역할을 수행할 수 있도록 돕고, 모든 학생들의 학업 성취 향상과 차별의 해소를 추구하는 교육이 이루어져야 한다(차경수 · 모경환, 2008: 421~436).

단원 마무리

질문을 만들어 보고 동료들과 이야기를 나눠 보세요.

♠ 정답이 있는 질문(교재에서 답을 찾을 수 있는 질문)

· 다문화 교육의 구성요소 5가지는 무엇인가요?

·

·

·

♠ 정답이 없는 질문(더 궁금하고, 이유나, 추론, 적용 등을 묻는 질문)

· 자신이 생각하는 다문화 교육의 가장 큰 문제가 무엇이라고 생각하나요?

·

·

·

chapter07. 다문화사회와 교육의 이해

제1절 다문화사회의 전개와 교육의 필요성
제2절 다문화사회의 교육환경 변화
제3절 다문화 교육의 범위 확대 과정
제4절 다문화 교육의 국내 실태

제1절 다문화사회의 전개와 교육의 필요성

한국사회는 점차 다인종, 다문화사회로 급격하게 전환하고 있다. 최근 통계에서 확인할 수 있듯이, 국제결혼을 통하여 국내에 이주해 들어오는 여성이 꾸준히 증가하고 있으며 외국인 이주노동자들의 숫자도 점차 증가하고 있는 실정이다. 이에 따라서 국제결혼 가정에서 출생하는 자녀들과 외국인 이주노동자 가정에서 출생하는 자녀들, 이주노동자들이 고국에서 불러들이는 자녀들의 숫자도 점차 증가하고 있는 추세다. 이 중 우리나라 국제결혼 건수를 살펴보면 점차 증가하고 있으며 최근 들어 그 폭이 커지고 있다.

그러한 국제결혼 가운데 절대 다수는 한국인 남성과 외국인 여성의 결혼으로 확인된다. 그리고 이 여성들 가운데 아시아계 여성의 비중은 85% 이상으로 나타나(설동훈 외, 2005) 국제결혼의 상당 부분은 한국인 남성과 아시아계 여성의 결혼임을 알 수 있다. 이와 같은 변화는 국제결혼 이주여성과 그 가정 자녀의 증가로 이어질 수 있다는 점에서 주목할 필요가 있다. 그 결과 우리 사회에서 다문화가정의 아동들이 점차 증가하는 추세이며 이후 우리 사회의 주요한 구성원이 될 것이라는 사실을 쉽게 예측할 수 있다. 그러나 이러한 현실과 달리 다문화가정의 아동 대부분이 학교생활에서 상당한 어려움을 겪고 있다는 사실에 주목할 필요가 있다.

기술적 개념으로서의 '다문화'는 문화적 다양성의 존재 자체를 의미한다. 문화적 다양성은 정도의 차이는 있겠지만 모든 사회에 존재한다고 볼 수 있다. 그러나 우리가 논의하고자 하는 좁은 의미의 문화적 다양성은 국민국가 내에 인종, 언어, 역사·문화적 동질성에 기반한 공동체가 다수 존재하는 현상을 의미한다. 호주나 미국과 같이 민족국가의 성립 이전부터 다양한 인종 및 문화공동체가 존재했던 국가가 있는 반면 독일이나 스웨덴과 같이 단일한 민족으로 구성된 공동체가 외부로부터 이민을 받아들이면서 문화적 다양성을 가지게 된 경우도 있다. 어떤 경우이든 상이한 인종 및 문화공동체를 복수로 가지고 있는 사회는 일단 다문화사회라고 부를 수 있다.

다른 한편, 다문화는 지향해야 할 이념을 의미한다. 이 경우 다문화사회는 '시민/국민으로서 누릴 수 있는 사회, 경제, 정치, 문화적 권리를 취득하고 향유 하는데 인종과 민족이 차별의 근거가 되지 않는 사회(김혜순, 2007)를 뜻한다. 이렇게 다문화를 지향해야 할 이념으로 규정할 경우, 대한민국이 다문화사회로 가야 하는가, 혹은 대한민국이 다문화주의를 정책적으로 수용해야 하는가에 대해 논란의 여지가 있다. 대한민국이 인종과 민족의 차별의 근거가 되지 않는 사회를 지향한다고 할 때 다문화사회로의 지향은 원칙적 수준에서 동의할 수 있다. 그러나 이를 위해 다문화주의(multiculturalism)를 국가정책 혹은 이념으로 택해야 하는지는 다른 문제다.

제2절 다문화사회의 교육환경 변화

'다문화 교육'(multi-cultural education)이란 용어는 우리 사회의 변화에 따라 대두된 것으로서 아직 그 개념이 뚜렷이 정립되어 있지 않으며, 기존의 국제이해교육과 어떤 관계에 있는지, 그 구체적 내용에 무엇이 포함되어야 하는지에 대해 합의된 것이 없다. 사실 90년대 문민정부가 시작되며 세계화가 강조되었으며 이것이 정부의 교육 개혁안에 반영되어 일선 학교현장에서는 '국제이해교육'(globaleducation, international education, education for international understanding)이라는 이름으로 다문화 이해 교육이 함께 시행되어 왔다.

다문화 교육(Multi-cultural Education)은 다양한 문화, 민족, 성, 그리고 사회계층과 학생들이 동등한 교육적 기회를 얻고, 긍정적인 문화교류 태도와 인식 그리고 행동을 발달시키도록 돕는 것을 목표로 가진 교육이다. 원래 다문화 교육은 미국과 같은 다민족 국가들이 경험하고 있는 이민족 간의 갈등, 이민자들의 자국민으로의 통합, 해외주재 자국민의 동질성 유지 등을 위한 교육적 발상에서 시작되었다. 다문화 교육은 타문화 교육, 문화간 교육, 또는 이(異)문화교육 등의 다양한 명칭으로 불린다.

다문화 교육은 문화적 다양성의 존중과 이해를 위한 일련의 교육적 과정을 통해 문화적 차이에서 오는 사회적 차별을 해결하여 민주주의 가치를 실현하기 위한 교육 전략으로 간단하게 정의할 수 있다. 이와 같은 개념적 정의는 문화적 다원주의 입장에서 다문화 교육을 바라본 베넷(Bennett, 1995) 등의 주장을 근거로 한다. 베넷은 다문화 교육을 민주주의의 가치와 믿음에 기초한 교수·학습 방법으로 접근하고, 다양한 문화 세계와 상호 독립된 세계에서 문화적 다원주의를 조성하는 것으로 간주하였다. 이때 다문화 교육은 평등주의 운동, 다양한 교육과정 접근, 다문화주의 실현 과정, 편견과 차별에 대한 저항을 포함하고 있다.

다문화 교육을 실천적으로 정의한 슐레만(Suleiman, 2004)에 의하면 다문화 교육은 학생들의 학문적, 사회적, 언어적 욕구와 연결할 수 있는 다양한 학습 환경을 조성하는 다학문적 교육 프로그램으로 학생들에게 그들 자신의 배경과 우리 사회의 다양한 집단의 문화적 배경에 대해 깊은 이해를 도모 해야 한다.

또한, 장인실은 다문화 교육은 인종 뿐만 아니라 다양한 문화 집단에 속해 있는 다른 사람들의 상호 이해와 평등 관계를 중시하고 다른 집단의 문화를 동등하게 가치 있는 것으로 인식하여 학생들이 다른 문화에 대한 편견을 줄이고 다양한 문화를 올바로 이해하도록 하기 위한 지식, 태도, 가치교육을 제공하는 것이라고 정의하였다.

다문화 교육을 좀 더 적극적이고 확대된 개념으로 정의하고자 했던 니에토(Nieto, 2005)는 다문화 교육은 모든 학생을 위한 기본적 교육이며 종합적 학교개혁 과정이라고 정의하였다. 다문화 교육은 학교에서 인종주의와 차별의 다른 형태를 거부하고, 학생과 교사, 지역사회가 수용하는 다원주의(민속, 인종, 언어, 종교, 경제, 성 등)를 지지하며 교사 간, 학생 간, 가족 간의 상호작용뿐 아니라 학교교육과정과 교수전략에 반영된다. 다문화 교육은 철학에 기초한 비판적 교육학이며, 사회변화의 기반으로서 지식, 성찰, 실천에 초점을 두고, 사회 정의의 구현을 위한 민주주의 원리를 고양시킨다.

다인종 국가들은 소수의 다인종이 자국으로 이주를 시작해오던 시기에는 우선 이들을 주류사회에 성공적으로 편입시키기 위한 주류화(mainstreaming) 또는 동화(assimilation)의 관점에서 교육정책을 수립하였다. 즉 소수 인종이 한시라도 빨리 주류사회에 적응하여 살 수 있도록 이주민들에게 자신의 전통문화를 버리고 주류문화를 받아들일 수 있도록 교육적인 지원을 하였다. 그러나 이렇게 다양한 문화와 언어를 주류문화에 편입시키려는 정책은 훗날 평등, 정의 및 다양성 인정이라는 민주주의 개념과 위배 된다는 점에서 소수집단뿐 아니라 주류 집단내에서 반론이 제기되면서 다문화 교육이라는 새로운 개념이 등장하게 되었다.

다문화 교육은 사회구성원들이 인종적, 계층적, 민족적으로 다양화되면서 다양한 구성원의 다양한 욕구를 충족시키기 위한 교육을 목표로 발전되어 왔다. 즉 다문화 교육은 이들 다양한 집단 간의 차이점이나 공통점에 관심을 두기보다, 이들의 개성과 독특성을 존중하는 교육을 통해 평등(equality), 다양성 내의 통합(unity within diversity), 정의(justice for all)를 중시하는 민주주의적인 교육의 실천뿐만 아니라 인종, 성, 사회계층 간의 차별을 없애려는 교육을 지향하여 왔다.

다문화 교육은 하나의 독립된 교육과정 혹은 교육 프로그램인 실행의 실제가 아니다. 다문화 교육은 교육의 공평성, 여성, 소수민족, 언어적 소수자, 저소득층, 장애인과 관련된 광범위한 다양한 프로그램과 교육의 실제를 설명하기 위한 것이다. 다시 말해서 교육과정의 개정 등 제한된 의미로서의 입장보다 총체적인 학교개혁 운동의 일환이다.

따라서 다문화 교육은 특히 사회내 소수집단에 속하는 아동교육에 치중하면서, 소수집단이 자신의 고유문화를 지키고 기존 주류문화와 조화를 이루어 살아가도록 하는 교육정책의 일환이었다. 오스트레일리아, 캐나다, 뉴질랜드와 같은 다문화주의가 비교적 잘 실천되는 나라에서는 모든 다양한 문화가 대부분 수용되고 있을 뿐 아니라, 자신의 언어와 문화, 종교 등을 향유 하도록 적극적으로 독려하고 있다(아태국제이해교육원, 2004).

다문화 교육은 문화상대주의와 포스트모더니즘이 철학적 배경을 이루고 있다. 문화상대주의란 기본적으로 문화의 다양성을 인정하고 각 문화는 그의 독특한 환경과 역사적 · 사회적 상황에 따라 이해해야 한다는 견해에 기초하고 있다. 즉 그 사회가 지닌 독특한 맥락을 고려하여 문화를 판단하는 것으로 어떠한 문화적 요인도 나름대로의 존재 이유가 있음을 인정하는 것이다. 다문화 교육의 철학적 배경이 되는 문화상대주의란 궁극적으로 보편적인 가치에 근거해서 함께 공존하고자 하는 윤리적 보편주의에 토대를 두고 있다고 말할 수 있다.

포스트모더니즘의 특징은 보편적인 합리성과 이성을 거부하고 우연성, 다양성, 지역성, 이질성, 구체성 등을 강조한다. 즉, 동질성보다 이질성을 선호하며 문화의 보편성이나 생활양식의 동일성보다는 서로의 독특한 생활양식과 다른 사고방식을 강조한다. 교육에서의 포스트모더니즘은 문화적인 다양성을 반영하고, 학생들의 목소리와 다양한 개성을 존중한다는 점에서 다문화 교육과 관련성을 지니고 있다.

제3절 다문화 교육의 범위 확대 과정

다문화 교육은 미국에서 1960~1970년대 민권 운동으로 출발하였다. 초기에는 학교에서 인종주의를 막기 위한 교육적 노력으로 개념화되었고, 이후 인종, 민족, 성, 사회계층, 언어, 장애 문제와 관련된 학교개혁 운동으로 확장되었다.

초기의 다문화 교육은 다민족 국가들이 민족 간의 갈등을 해소하고 공존하기 위하여 시작되었고, 점차 다문화사회에 대한 인식이 다양성의 존중이라는 가치를 기반으로 개개인의 다양성이 인정되고 동등한 사회 참여가 가능한 열린 사회의 의미로 발전됨에 따라 다문화 교육은 소수자에 대한 배려 교육에서 벗어나 다수자에 대한 교육, 즉 다문화사회를 살아가는 새로운 가치관과 능력을 기르고자 하는 교육으로까지 그 범위가 넓어졌다.

다문화 교육은 오늘날의 다문화사회를 살아가는 능력과 태도, 즉 관계와 소통 속에서 더불어 살아가는 가치관과 능력을 획득하고자 하는 목적을 가지므로 다양한 문화 구성원들의 특성에 대한 이해와 존중, 나아가 인간의 본성에 대한 성찰을 통해 서로 수용하고 개입할 수 있도록 세계관의 변화를 도모할 수 있는 근본적인 교육 기회이어야 한다(양영자, 2007). 결국, 다문화 교육에서 궁극적으로 추구하는 이상은 긍정적인 자존감을 가지고 낯선 이웃을 이해하고 포용하는 능력이 있는 뿌리 깊고 넉넉한 인품을 기르는 데 있다.

다문화 교육의 영역은 이론적 개념에서부터 학습과정 및 교육 프로그램까지 한정된 교실, 학교, 사회적 환경 영역에서부터 지구촌 전역까지, 사회적 중립성에서 정치적 활용까지 광범위하며 지나치게 다양한 교육 이념과 정책 등을 내포하는 경향이 있다.

다문화 교육의 내용은 교과의 내용으로서의 의미뿐 아니라 교육과정의 내용 요소로서의 의미를 넓게는 교육 자체에서의 활용 범위까지 제시되고 있다.

바커(Baker)는 다문화 교육내용을 (표 7.1)과 같이 교육기관에서 이루고 있는 접근방법, 다문화 교육 방법, 내용의 실제를 제시하였다.

표 7.1 바커(Baker)의 다문화 교육 내용

접근 방법	교육 방법	교육 내용
교육과정 재구성	· 교육과정에서 문화적 집단에 대한 내용을 포함시킴 · 학생들이 새롭거나 다른 관점으로 교육과정 내용을 보게 함 · 교육과정을 기초로 규칙과 패러다임을 형성함	· 각 문화의 대표적인 영웅이나 휴일 기념하기 · 교사들과 학교 행정가들을 위해 다문화 교육 내용에 대한 워크샵 개최하기 · 다문화 교육 내용을 포함한 교재 개발하기
목표성취	· 민족, 문화, 성별 등이 다른 집단들의 학업성취를 증가시킴	· 유아들의 학습 유형과 교육 유형을 적합하게 맞추는 프로그램 · 이중 언어를 사용하는 다문화 언어 교육 프로그램 · 여학생을 위한 특별 수학,과학 프로그램
집단간 교육	· 다양한 인종. 민족. 문화 집단에 대한 학생들의 긍정적인 태도 발달을 도움 · 소외된 집단 구성원들이 자신의 문화 집단에 대해서 긍정적인 태도를 갖도록 도움	· 명예 훼손에 반대하는 단체에 의해서 지지되는 편견 감소 프로그램 · 인종차별을 폐지하는 학교, 교실 프로그램 · 협력적인 학습 전략과 기술

뱅크스(Banks, 2008)는 다양한 접근방식과 복합적 열린 교육을 지향하는 학교 교육으로서 다문화 교육에 담아내야 하는 것으로 다음의 5가지를 들고 있다.

표 7.2 Banks의 다문화 교육을 위한 학교 교육 요소

주제	교육 내용과 방법
편견 줄이기	인종적, 민족적 편견 줄이는 방법론 모색
문화적 틀 이해시키기	지식이 어떻게 구성되는지 이해시킴
통합적 내용	다양한 문화적 콘텐츠를 사용하여 문화적 다양성을 통합적으로 제시
균등 교육	다양한 배경을 가진 학생들이 균등한 학업 성취를 할 수 있도록 교수법 개발
학교문화와 사회구조에서의 권력 기르기	다양한 민족, 인종 문화적 집단의 학생들이 학교에서 차별받지 않도록 균등하고 정의로운 학교문화 창출

더맨스파크 & 더 A.B.C. 태스크포스(Derman-spark & The A.B.C. Task Force)는 다문화 교육의 내용으로 민족 간의 유사점과 차이점, 능력, 성역할에 대한 정체성, 문화적 차이와 유사성, 고정관념과 차별행동 없애기 등으로 인식하였고, 이들 주제와 하위 범주로 설명하였다.

표 7.3 다문화 교육의 범주와 내용

하위 범주	내용의 실제
문화	· 문화 간의 유사점과 차이점 특징 알기 · 각 문화에 대한 이해 및 존중심 기르기 · 문화 간 긍정적 태도 발달시키기
협력	· 다양한 사람들과 상호작용 능력 증진하기 · 다양한 사람들과 협동능력 증진하기
편견	· 선입견, 편견, 고정관념에 비판적 사고 형성하기 · 문제 상황에 대처 능력 기르기
정체성	· 긍정적 자아 개념 기르기 · 자아 정체감 및 집단 정체감 형성하기
평등성	· 국가, 민족, 성, 능력, 계층에 대한 긍정적 태도 가지기 · 인간이 평등하다는 가치 형성하기
다양성	· 다양한 개인과 집단의 존재 인정하기 · 다양성 존중하는 마음 갖기

다문화 교육의 일반적인 특징은

첫째, 사회구성원들을 통해 사회에 존재하는 문화의 다양성을 인식하도록 하기 위한 차원의 활동으로, 다문화 이해에 관한 활동이 이에 해당된다.

둘째, 인종, 민족, 성, 언어, 종교 등이 사회구성원 다수의 것과 다르다는 이유로 사회 속에서 차별받지 않도록 노력하는 차원의 활동이다.

셋째, 다문화적 관점이 반영된 교육과정, 교과서를 비롯한 교육시스템을 구축하는 차원의 활동이다.

제4절 다문화 교육의 국내 실태

1. 다문화 교육의 실태

다문화 교육의 교수·학습 프로그램은 이미 오래전 유럽에서 다문화 교육이 시작된 이래 각국의 다문화 유입 양상에 따라 많은 시행착오와 발전을 거듭해 왔다. 점차 학자들의 심층적이고 체계적인 연구와 실천가들의 노력을 통해 다양한 관점에서의 접근, 소수집단을 우선으로 하되 소수집단과 일반 학생 모두를 대상으로 하는 교육, 교과 및 범 교과 혹은 간 학문적 교육과정 접근 등이 강조되는 현대의 다문화 교육에 이르렀다.

또한, 「이주근로자와 그 가족의 권리에 관한 국제협약」(UN, 1991), 「아동의 권리에 대한 국제협약」(UN, 1991) 등 UN 인권 관련 협약을 통해 이주근로자 자녀 등의 교육권을 보장하고 있다. 우리나라에 거주하는 다문화가정의 자녀들은 이 협약에 기초한 '초·중등교육법 시행령'에 힘입어 교육의 기회를 제도적으로 보장받고 있다. 즉, 다문화가정의 자녀들은 임대차계약서나 거주 사실에 대한 인우보증서 등의 서류를 제출할 경우 초등학교에 입학할 수 있다(제19조). 그리고 중학교의 경우에는 학칙에 따라 전·입학이 허용되고 있으며(제75조), 국내에서 중학교를 졸업할 경우 일반전형 이외의 방법으로 고등학교의 입학 전형에 참여할 수 있도록 허용하고 있다(제82조).

초·중등교육법 시행령의 이러한 입장은 2003년에 출범한 참여정부의 외국인 정책기조에 뿌리를 두고 있다. 참여정부는 외국인 정책의 기조를 국익의 우선에서 국익과 인권의 조화로 변경하는 동시에 외국인에 대한 처우를 통제와 관리 중심에서 상호 이해와 존중 중심으로 수정하였다. 그리고 참여정부의 그러한 입장 선회는 2005년부터 시민단체, 학계, 관계 부처 등의 합의를 거쳐 '외국인 정책 기본방향 및 추진 체계'로 결실을 얻었다. 2007년 5월에 제정된 '재외 외국인 처우 기본법'과 당해에 외국인 정책에 관한 주요 사항을 심의하고 조정하기 위하여 국무총리실에 신설된 '외국인 정책위원회'는 그 추진 체제에 대한 후속 조치라고 말할 수 있다. 다문화 가정을 직접적으로 겨냥하여 2006년에 '다문화가정 자녀 교육지원 대책'을 마련한 것과 더불어 2007년에 서울대학교에 '중앙다문화 교육센터'를 설치한 것 또한 참여 정부의 업적으로 지목되고 있다.

교육인적자원부는 2006년도와 2007년도에 '다문화가정 자녀 교육지원 계획'을 발표하고 그 실행을 독려했으며, '2007 개정 교육과정'에서는 범 교과 주제의 하나로 '다문화 교육'을 도입하였다. 2006년 5월 1일 '다문화가정 자녀 교육지원 대책'을 통하여 외국인 근로자 자녀와 국제결혼 자녀의 학습결손 방지와 학교적응에 초점을 맞추었다. 2006년 하반기에는 <교과서 보완 지도자료>를 발간·배포하였고, '2007 개정 교육과정'- 초·중등교육과정 총론에 다문화 교육을 35개의 범교과 학습 주제 중 하나로 포함시켜 진행하였다.

우리나라에서도 최근 다문화 교육에 관심이 고조되면서 관련 연구들이 활발히 수행되고 있으며, 관련 기관과 단체에 의한 지원이 이루어졌다. 교과부의 「다문화가정 자녀 교육 지원대책」(2006년 5월 1일) 이후 시도 및 지역청 수준에서 다문화가정 학생들을 대상으로 각종 교육적 지원을 펼쳤으며, 연구학교도 지정하여 운영하였다. 또한, 국가 수준의 다문화 교육 센터를 지정·운영하고, 다문화 관련 연구기관들이 협동연구를 수행함으로써 체계적이고 장기적인 정책 지원을 시도하고 있다.

'2007 개정 교육과정'에서는 '다문화 교육'이라는 주제가 초중등학교 교육과정 총론에 포함되었고, 다수자 대상의 소수자 이해 증진을 위한 교육 내용이 교육 과정과 교과서에 포함되었다(오경석 외, 2007). 2009년부터 연차적으로 교과서에 혼혈아나 입양 문제 등의 다문화 교육 주제가 반영되어 현재까지 이어져 오고 있다.

실제로 2006년부터 「지역인적자원개발사업(RHRD)」을 통해 12개 지역의 세부 프로그램을 지원하였고, 지자체, 교육청 담당자가 참여하는 '실천사례 나눔대회'를 통해 다문화가정 등에 대한 지역 단위의 경험 및 과제 등을 공유하였다. '다문화가정 학생 교육 지원 공모사업'을 실시하여, 시·도교육청과 연계한 지역 다문화 교육센터를 지정·운영, 지역의 특성 및 여건에 맞는 다문화 교육 프로그램(64개)을 개발·운영하였다. 더불어 학교 중심의 맞춤형 교육 지원을 위해 시·도 교육청별 다문화가정 학생 현황, 관련 지원프로그램 등을 고려하여 문화체험 활동, 한국어(KSL)반 운영, 멘토링, 방과후 교실, 이중언어 교수 요원 양성 등 지역 특성에 맞는 맞춤형 다문화 교육 사업을 지원하고, 학교 단위의 다문화 교육 실행방안 등을 마련하기 위해 전국적으로 정책연구학교를 지정·운영하고 있다.

2007년 2월에는 교육과정에 다문화 이해 교육요소 반영을 강화하기 위해 사회, 도덕 등 관련 교과 및 개정 교육과정에 '타문화 이해·존중, 편견 극복 및 관용'을 위한 성취목표를 반영하였고, 교과서는 2009년도부터 연차적으로 개발하여 사용하고 있다.

교과부는 국제협약의 취지를 반영하여 미등록 외국인 아동 등의 국내학교 입학 또는 전학을 쉽게 하기 위해 「초·중등교육법 시행령」 제19조 제1항을 개정(2008)하였다. 미등록 외국인 아동의 경우, 임대차계약서, 거주 사실에 대한 인우보증서 등 거주사실을 확인할 수 있는 서류를 제출함으로써 입학 또는 전학 절차에 갈음할 수 있도록 관련 기준을 완화하였다.

이후에도 다문화가정 학생에 대한 지속적이고 체계적인 교육 지원을 위해 『다문화가정 학생 교육 지원방안(2009~2012)』을 수립(2008. 10)하였으며, 교육부 및 시·도교육청은 다문화가정 학생 교육 지원에 많은 예산을 지원하고 있다.

앞에서 살펴본 것처럼 정부에서는 2006년부터 지속하여 다문화사회 혹은 다문화가정이 안고 있는 문제를 해결하기 위하여 다각적인 노력을 기울이고 있다. 법무부는 다문화 정책을 총괄하면서 이민 행정과 외국인 인권 보호 업무를 전담하고 있으며 노동부는 외국인력 정책을 맡게 되었다. 교육인적자원부는 국민을 대상으로 하는 다문화 이해 교육 및 이민자 2세 교육을 담당하게 되었으며, 보건복지가족부는 결혼이민자의 사회적응을 조력하는 업무를 담당하게 되었다.

다문화 교육은 정부가 경주해 온 그러한 노력의 핵심을 이루고 있다고 말해도 과언이 아니다. 실제로 2007년에 정부에 의하여 추진되었던 53개의 다문화 사업 가운데 다문화 교육에 관한 사업은 전체의 83%에 해당하는 44개를 차지하고 있었다.

물론, 다문화가정의 자녀들에게서 확인되는 이들의 문제들이 학교에서 동등한 무게로 취급되는 것은 아니다. 앞의 논문에 따르면, 연구학교에서 경주하는 노력은 외국 및 한국 문화의 이해(43.4%)와 이중언어 및 한국어 구사 능력의 제고(20.0%)에 편중되어 있으며, 나머지 문제에 대한 노력은 겨우 10% 수준에 머물러 있다. 더욱이 가장 큰 노력을 기울이고 있는 외국 및 한국 문화의 이해를 위한 프로그램은 지역문화 체험, 지역유적지 탐방, 다문화가정과 일반가정의 결연, 결혼 이민자 만남의 날 추진 등 일회성 행사에 그치는 경향이 있다. 이 외에도 다문화 교육이 제대로 이루어지기 위해서는 다음과 같은 문제해결이 선행되어야 한다.

다문화 교육은 '다문화가정의 자녀를 대상으로 한 교육'으로 이해되는 경우가 많다. 이 경우 다문화 교육은 외국인 근로자 자녀나 국제 결혼자 자녀를 주요 대상으로 하며, 교육 내용은 한국어 및 한국 문화에 대한 교육이 중심을 이루고 있다. 그러나 이들로 다문화 교육을 한정시킨다면 진정한 의미의 다문화사회를 형성하는 데 한계에 직면할 수밖에 없다. 따라서 다문화 교육의 범주를 소수에 한정시키지 말고 전국민으로까지 확대하고 적용해야 한다.

2. 교육 내용의 성격과 한계

현행 다문화 교육의 세부 교육 내용은 소수자가 주류사회인 한국 사회에 적응하도록 하는 동화주의 차원을 넘어서지 못하고 있다. 즉, 다문화 교육을 한국화 교육과 동일시함으로써 한국어, 한국문화교육, 상담프로그램운영, 다문화가정의 지역 문화체험, 다문화가정과 일반가정의 결연활동 등에 집중됨으로써 일방적인 성격이 강하다. 더욱이 내용 역시 지역 문화 유적지 탐방, 전통예절이나 전통문화체험 등에 국한되어 진행되기 때문에 일반인의 인식 변화나 다문화사회 구성원으로서의 동질성을 확보하는 데 어려움이 있다.

3. 교육 대상자의 문제

현재 한국 사회에서 다문화 성원을 이루는 이들은 대부분 경제 문제 해결과 자유를 확보하기 위하여 한국행을 선택한 이들이다. 따라서 다문화 교육 이전에 그들의 특수한 현실과 상황을 바탕으로 한국 사회를 이해할 수 있는 방식이 선행되어야 한다. 다문화 성원인 국제결혼자, 해외근로자, 새터민과 그들의 자녀들이 한국에서 생활하는 과정에서 발생할 수 있는 불필요한 대립과 갈등을 방지하기 위해서는 우리 사회의 다문화에 대한 인식과 시스템에 대한 총체적인 점검이 필요하다. 이외에도 해외동포나 장기간 해외 생활 이후 한국으로 귀국한 이들의 자녀들에 대한 고려 역시 필요하다.

다문화 교육을 위한 정책 목표는 크게 두 가지로 설정된다. 첫째, 다문화가정 학생 및 학부모 교육역량 강화, 둘째, 우리 사회의 다문화 이해 및 수용성 증진이다. 이러한 정책 목표를 추진하기 위해, '학습단계별·대상별 특성에 따른 맞춤형 교육 강화'와 '교육기관 역할 분담 및 지역기관 연계 강화'를 전략으로 설정하였다.

다문화 교육을 위해서는 다문화가정 학생, 학부모, 일반인, 교사 등 모두를 포함하되 대상별 특성에 맞는 통합적인 다문화 이해를 제고 하고, 다문화가정 학생의 학습단계별 특성을 고려한 맞춤형 교육을 지원하며, 다문화가정 학부모의 자녀학교 생활 이해 및 상담을 지원해야 한다. 또한, 지자체, 다문화가족지원센터, 지방문화원, 민간단체 등 지역 내 다문화 교육 지원기관을 파악하고 연계·협력하여 자원 활용을 극대화해야 한다.

다문화 교육을 위한 프로그램은 다문화가정 학생과 일반 학생 모두를 대상으로 하는 교과 프로그램과 다문화가정 학생만을 대상으로 하는 학교적응 프로그램으로 구분한다. 일반 교과와 범교과를 포함하는 교과 교수·학습 프로그램, 학교 생활적응과 언어 적응 프로그램 개발을 위한 구체적인 방안들, 이를 협력하여 지원하는 추진체제에 기대하는 역할이 필수적이므로 학교현장이 계속 증가하고 있는 다문화가정 학생들의 한국 생활 및 학교생활 적응을 위한 다문화 교육에 심혈을 기울여 나아가야만 한다.

단원 마무리

질문을 만들어 보고 동료들과 이야기를 나눠 보세요.

♠ 정답이 있는 질문(교재에서 답을 찾을 수 있는 질문)
· 다문화 교육의 철학적 배경이 되고 있는 사조는 무엇인가요?
·
·
·

♠ 정답이 없는 질문(더 궁금하고, 이유나, 추론, 적용 등을 묻는 질문)
· 다문화 교육에 대한 실질적인 프로그램을 계획해 본다면 어떻게 해 보시겠습니까?
·
·
·

Introduction to Education

chapter08. 교육과정

제1절 교육과정의 개념

제2절 교육과정의 구성 원리

제3절 교육과정의 유형

제1절 교육과정의 개념

1. 교육과정의 어원

교육과정(敎育課程: curriculum)이라는 말은 라틴어의 currere에서 유래되었다. currere는 '경주로', '달리는 코스'라는 뜻이다. 영화 벤허에서 보면 전차 경주를 벌리는 모습을 볼 수 있는데, 이때의 경주로가 곧 currere이다. 요즈음의 표현대로라면 트랙에 해당된다고 할 수 있다.

이처럼 달리는 코스(race course)를 뜻하는 커리큘럼이란 출발점에서 도착점까지의 '달리는', '공부하는', '활동하는', '경험하는' 과정 전체를 의미한다. 교육의 과정(process)은 준비하고, 목표를 정하고, 목표 달성을 위해 진행하고, 달성 여부를 확인 평가하는 것이며, 이와 같은 교육의 시작에서 끝까지를 교육과정이라고 하는 것이다.

2. 교육과정의 정의

교육과정이란 교육 활동의 시작에서 종점까지를 지칭하는 것인데, 구체적으로 무엇을 의미하느냐 하는 데는 몇 가지 주장이 있다.

첫째, 교육과정은 교수 요목(course of study)이라는 주장이다. 교수 요목이란 학습의 진행 과정에서 목표 달성에 필요한 구체적인 지식체계가 필요하게 된다. 이 지식체계는 곧 교과목이 된다. 그러므로 교수 요목이 교육과정이란 주장 속에는 지식을 체계적으로 배열하고 분류하여 학습자의 발달단계에 따라 제시하는 것이라고 본다.

둘째, 교육과정은 경험 전체라는 정의이다. 19세기 말부터 시작된 아동중심 교육사상가들, 특히 듀이(Dewey)로 대표되는 교육사상가들에게 받아들여지고 있는 주장이다.

셋째, 교육과정은 탐구과정이라는 정의이다. 이것은 브루너(Bruner)에 의해서 강조

> 되는 정의인데, 그는 지식량의 증가에 따라 학습자 개인이 학습할 수 있는 지식의 양에는 한계가 있으며, 지식 자체 보다는 지식의 구조를 습득해야 한다고 주장한다.

교육과성의 정의라는 별도로 교육과정이 가지는 구성요소를 분석한 사람은 타일러(Tyler)이다. 타일러는 교육과정의 구성을 목표, 교육내용의 선정, 교육내용의 조직, 평가 등 네 가지 요소로 설명한다. 즉 교육과정은 달성하려는 도달점인 목표가 설정되어야 하고, 목표 달성에 필요한 내용이 선정되어야 하며, 선정된 내용을 적절히 배열하여야 하며, 마지막으로 목표 달성 여부를 판단하는 평가의 절차가 이것이다.

이상의 정의를 종합하면, 교육과정이란 교육의 장에서 이루어지는 경험, 활동, 지식체계의 숙달 등 학습자의 변화에 기여 하는 모든 것이라고 할 수 있다.

제2절 교육과정의 구성 원리

1. 교육목표의 설정

교육목표를 설정하는 것은 교육과정 설계의 첫 번째 단계이다. 하나의 교육활동을 계획하기 위해서는 그 활동을 통해서 달성하고자 하는 것이 무엇인지를 결정해야 하는데, 교육목표는 곧 달성하고자 하는 결과인 것이다.

교육목표는 교육과정을 통해서 지향하는 방향이다. 그리고 이 목표의 설정은 교육과정의 내용, 조직, 평가 등의 기준점이 된다. 그러므로 교육목표의 설정은 추상적이어서는 안 되며 구체적이고도 사실적이어야 한다.

교육목표의 설정에는 다음과 같은 기준을 충족시켜야 한다.

첫째, 학습자의 능력을 고려해야 한다.
둘째, 문화적 타당성이 있어야 한다.
셋째, 교육목표는 다른 교과의 목표들과 충돌하지 않는 것이어야 한다.

교육목표가 설정되면 설정된 교육목표는 학습자에게 제시되어야 한다. 이때 목표의 진술 방법은 다음과 같다.

첫째, 교육목표는 행동용어로 진술되어야 한다. 행동목표란 구체적인 행동을 통해 달성될 수 있는 목표이다. 예컨대 '이해한다.', '감성을 기른다.', '감상력을 기른다.' 등 보다는 '일차방정식을 풀 수 있다', '두 물질을 구별할 수 있다.', '말할 수 있다.' 등과 같이 구체적 행동으로 표현해야 한다. 행동용어의 사용은 그 결과에 대한 평가를 용이하게 하기 때문에 반드시 사용해야 한다.

둘째, 교육목표는 통합성과 일관성을 지녀야 한다. 이것은 목표 간의 방향 일치를 뜻하는 것으로서, 다른 목표와의 통합성과 일관성이 있어야 한다는 것이다. 한 학습 과정이 일관된 목표를 가져야 하는데, 일치된 목표가 주어지지 않으면 교육 활동의 기준이 흔들리게 된다. 한 시간에는 저축의 미덕을 강조하고, 다른 시간에는 소비의 미덕을 강조한다면 구체적으로 달성하려는 결과에 혼란이 초래될 수 있기 때문이다.

셋째, 교육목표는 실현 가능성이 있어야 한다. 이것은 학습자의 능력, 발달상태, 욕구와 흥미 등이 고려되어야 한다는 것이다. 유치원 아동에게 민주주의의 이념을 강조한다든지 마라톤 풀 코스를 완주하게 한다면 이것은 잘못된 목표이다. 어떤 목표든지 아동의 현재 수준에서 달성할 수 있도록 설정 되어야 하는 것이다.

2. 교육내용의 선정

교육목표가 설정되고 나면 이 목표를 달성하기 위한 교육과정(경험)의 선정이 필요하다. 교육내용은 교육목표를 달성하기 위한 도구이므로 목표와의 관련성 속에서 선정되어야 한다. 내용선정의 원리를 제시하면 다음과 같다.

1) 타당성의 원리

좋은 교육내용은 교육목표가 제시하는 것을 달성할 수 있는 것이어야 한다. 즉 목표를 달성할 수 있는 기회를 제공하는 것이 곧 교육내용이다.

교육내용은 목표를 달성하는데 필요한 실제적인 경험 또는 활동을 구체적으로 구성한 것이다. 내용이 목표 달성에 필요한 행동 경험을 포함하지 않는다면, 즉 타당성을 갖지 않는다면 그 내용은 잘못 선정된 것이다.

2) 가능성의 원리

어떤 교육내용이든지 그 내용은 학습자의 현재 수준에 달성될 수 있는 내용이어야 한다. 즉 가능성이란 학습 가능성을 의미하는 것으로서 학습자의 능력, 발달수준을 고려하여야 한다.

학습가능성을 높이기 위해서는 내용선정에 있어서 학습자의 구체적인 특성, 예컨대 신체적 조건, 지능, 성숙도, 준비성, 흥미 등의 요인을 충분히 고려하여야 한다.

3) 만족의 원리

교육내용은 학습자의 만족을 충족시킬 수 있는 것으로 선정되어야 한다. 학습결과에 대한 만족감이 크면 클수록 학습 동기는 커지며 학습 의욕과 성취도가 높아진다.

유아에게는 유아에 맞는 내용이어야 하며 청소년에게는 청소년에 맞는 내용이어야 한다. 만족감이 충족되지 못하면 학습에 대한 욕구가 감소하게 되어 목표의 성취도를 떨어뜨리게 되는 것이다.

4) 한 목표 여러 경험의 원리

교육목표를 달성하는 방법과 과정은 여러 가지가 있을 수 있다. 지구력을 기르기 위해서는 여러 가지 방법이 있을 수 있다. 이와같이 하나의 목표는 다양한 경험을 통해 달성될 수 있어야 한다. 이것은 학습자의 현재 상태에 따라 최선의 내용을 제시할 때 학습효과가 높아지기 때문이다.

5) 한 경험 여러 성과의 원리

교육내용은 그 내용을 학습하는 과정 속에서 다양한 결과를 얻어낼 수 있는 것이 좋다. 하나의 경험을 통해서 하나의 결과를 얻는 것 보다는 여러 가지 결과를 얻을 수 있는 것이 보다 경제적이다. 예컨대 유아들이 시장놀이나 시장견학의 활동을 통해서 경제활동의 개념, 수요와 공급의 법칙, 사회적 규범과 규칙 등을 발달시킬 수 있으므로 좋은 학습 내용에 속한다. 그러나 단어암기, 계산 등과 같이 한 가지 경험을 통해 한 가지 목표를 달성하는 것들은 좋은 내용이라고 할 수 없다.

교육내용들은 하나의 경험으로 하나의 결과 밖에 얻지 못하는 것들이 매우 많다. 특히 지식체계에 관한 것은 대부분 한 가지 결과밖에 얻지 못한다. 그러므로 교육내용을 선정할 때는 단순한 지적 활동보다는 다양한 학습경험을 할 수 있는 것으로 선정하는 것이 효과적이다.

교육내용 선정의 원리로서는 이 밖에 기본적 개념 습득에 도움이 될 수 있는 것, 탐구력을 기를 수 있는 것, 사회적 가치와 개인적 가치를 높여 줄 수 있는 것, 다른 학습 내용과 중복되지 않는 것 등이 있다.

3. 교육내용의 조직

1) 계속성

교육 내용에서의 계속성이란 내용의 종적 연결을 말하는 것으로서 연속성, 반복성을 의미한다. 교육 내용은 연속적이고 반복적으로 학습하므로 해서 성취수준을 높일 수 있다.

인간은 누구나 망각이라는 정신적 메카니즘을 갖고 있으므로 학습과제를 계속적으로 반복 연습하지 않으면 안 된다. 예컨대 전화번호를 오래 사용하지 않으면 결국 잊어버리게 되는 경우, 구구단을 성인이 되면 자주 쓰지 않아 혼동하는 경우 등이 있다. 이것은 학습과제를 반복하지 않아 망각하는 것으로서 곧 계속성의 중요성을 알게 하는 것이다.

2) 계열성

계열성은 계속성이 반복적인 것인데 비해 내용의 질적 심화와 양적 확대를 의미한다. 하나의 학습과제는 선행학습과 후행 학습이 있다. 선행학습보다 양적으로 확대되고 질적으로 심화하여 학습함으로써 학습의 성취도를 높이게 되는 것을 계열성이라고 한다. 교육내용은 심화 확대되는 과정에서 내용의 일관성, 즉 계열을 이탈하지 않아야 한다. 계열성을 유지하는 것은 목표를 향한 방향성이며, 내용의 연속성을 유지하는 것이다.

덧셈을 예를 들면, 초등학교에서는 단순히 덧셈을 하지만 중학교에서는 방정식의 형태로 덧셈을 학습한다. 이것은 덧셈을 초등학교에서 끝내는 것이 아니라 중학교에도 연속하는 것이며 덧셈의 질적 양적 수준에서 확대된 것이다. 이와 같이 학습과제의 계열을 유지하면서 내용의 질적 심화와 양적 확대를 추구하는 것을 계열성이라 한다.

3) 통합성

통합성이란 내용과 내용간의 상호연관성을 유지해야 한다는 것이다. 내용들 간에 상호 연결이 이루어지므로 해서 한 단위의 목표가 완전하게 달성될 수 있는 것이다. 통합은 직접적인 것도 있고 간접적인 것도 있다. 사회, 윤리, 국어와 같이 유사한 내용들은 직접적으로도 통합될 수 있으나 국어와 수학, 음악, 미술과 같이 보다 독립적인 것처럼 보이는 내용들 간에는 간접적인 통합이 필요하다. 간접적 통합이란 목표를 중심으로 한 통합으로서 국어, 수학, 미술, 음악 등의 내용이 각각의 연결점은 없으나 인간완성이라는 한 단계 높은 수준에서는 통합될 수 있는 것이다.

목표를 중심으로 통합하게 되면 교과 내용간의 중복성, 분량의 조절 등의 문제가 해결될 수 있다. 또한 통합성을 유지하게 되면 학습자의 정신적 신체적 도덕적인 면에서 균형 있는 발달을 추구할 수 있게 된다.

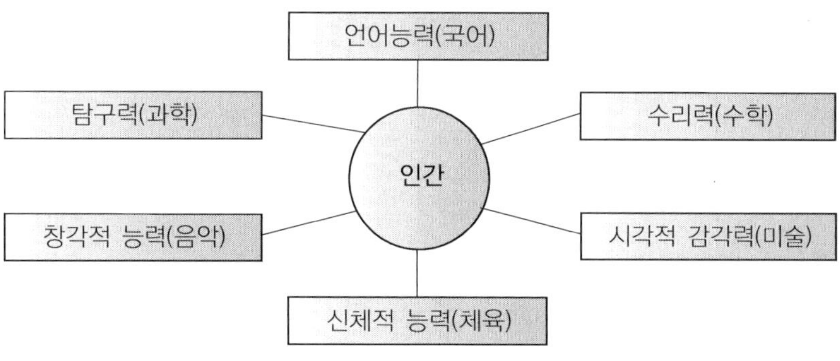

[그림 8-1] 높은 수준의 통합

제3절 교육과정의 유형

1. 교육과정의 유형

교육과정의 유형은 교육과정의 정의를 어떤 기준에 따라 하느냐에 의해 분류된다. 교육과정의 중심이 교과냐 경험이냐 아니면 탐구과정이냐 하는 정의에 따라 여러 종류의 주장이 제기되었다. 일반적으로 전통적 교과를 강조하는 교과중심 교육과정, 경험을 강조하는 경험중심 교육과정, 탐구과정을 강조하는 학문중심 교육과정, 인간의 내재적 가치를 강조하는 인간중심 교육과정이 대표적이다. 이외에도 분류방식에 따라 표면적 교육과정과 잠재력 교육과정과 같은 분류도 있으나 여기에서는 다루지 않겠다.

교육과정의 분류는 교육과정에 대한 개념의 변화과정과 일치한다. 전통적으로 주장되어온 지식 중심의 교과중심 교육과정은 가장 오랫동안 받아들여져 왔으며 현재의 학교 교육에서도 기본적 교육 활동으로 실행되고 있다. 교육학이 학문적 체계를 형성하면서 지식체계보다는 아동의 생활과 경험과정이 강조되면서 경험중심 교육과정이 발생하였다. 그러나 경험중심 교육과정이 지나치게 지식에 대해 소홀히 취급한다는 비판과 함께 학문중심 교육과정이 등장하였다. 학문중심 교육과정은 전통적으로 강조되어온 지식체계를 중요시하되 지식습득의 내용보다는 과정을 강조하는 입장을 취하게 되었다. 20세기 말에 이르러 사회적 가치의 변화, 산업화에 의한 인간 소외와 같은 문제가 제기되면서 새롭게 주장되는 것이 인간중심 교육과정이다. 이 교육과정은 지식이나 탐구 또는 경험의 가치를 무시 하기보다는 통합적인 관점에서 인간의 가치를 중심으로 설계되는 교육과정이다.

교육과정은 두 가지 관점의 발달과정이라고 할 수 있다. 하나는 교사, 교과, 지식 중심이고 다른 하나는 아동, 학습자, 인간 중심이다. 교과중심 교육과정에서 경험중심으로, 학문중심으로 변화되는 과정은 교사(교과중심) → 학습자(경험중심) → 교사(학문중심) → 학습자(인간중심)와 같은 과정으로 변화되어 왔다. 이와 같은 발달과정을 그림으로 표현해 보면 [그림 8-2]와 같다.

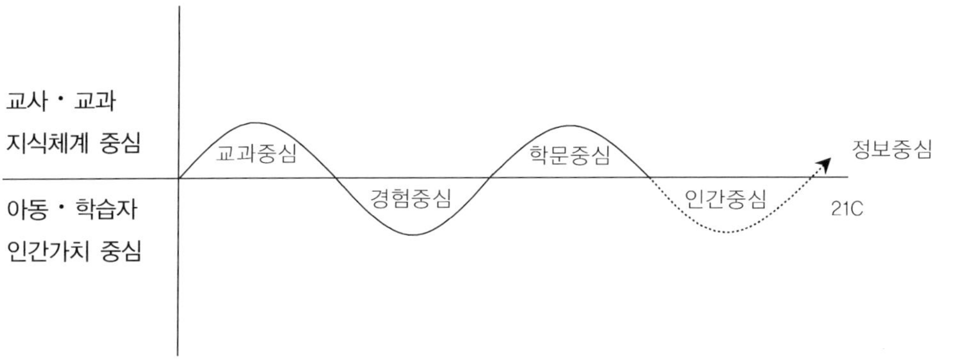

[그림 8-2] 교육과정의 변화

이와 같은 흐름에 따르면 21세기 초 미래사회의 교육과정의 형태는 아마도 지식체계가 강조되는 교육과정으로 변화 될 것이라고 예측해 볼 수 있다. 특히 21세기 초의 교육과정은 극도의 지식발달에 따른 인간과 지식의 조화가 강조되는 정보중심 교육과정의 형태가 나타날 것이라고 보여진다.

2. 교과중심 교육과정

교과중심 교육과정은 가장 오랫동안 지지받은 교육과정으로서 서양의 7자유과나 동양의 사서삼경 등도 이 교육과정의 한 형태이다. 교과중심 교육과정은 전통적 지식체계를 강조하기 때문에 학교의 모든 활동은 지식의 습득에 중점을 두고 있다. 지식은 논리적인 체계와 분류를 가지고 있으며 이 지식체계를 교과라고 한다.

교과는 교육내용의 핵심으로서 교육의 목적은 이 교과를 숙달하는 것이다. 교과는 문화유산 중에서 가장 핵심적인 것들로 구성되어 있으며 이를 담고 있는 것은 교과서이다. 교과중심 교육과정은 주지주의 합리주의의 입장에 있기 때문에 학습자가 이를 습득하여 장래 생활에 유용하게 이용할 수 있는 것이라고 생각하기 어렵다.

교과중심 교육과정에서 교육의 목적이 지식에 있고, 이 지식을 체계화한 것을 교과서라 하며, 지식을 해석하고 전달하는 사람을 교사라고 본다. 그러므로 교사는 지식전달자로 전락될 수 있으며 학습자는 생활과 무관한 지식을 습득할 위험성을 가지고 있다.

교과중심 교육과정의 특징을 요약하면 다음과 같다.

첫째, 교육내용은 대표적인 인류의 문화유산이다.
둘째, 교육의 주체로서 교사의 역할이 강조된다.
셋째, 교육의 방법은 전달과 해석이다.
넷째, 교과간의 경계가 분명하다.

교과중심 교육과정은 여러 가지 형태로 구분될 수 있다. 지식의 분류와 체계화에 따라 분과형, 상관형, 광역형 등으로 구분하기도 한다. 분과형 교육과정은 가장 대표적인 교과중심 교육과정으로서 지식내용을 보다 많은 종류로 분류한다. 역사과목은 고대사, 중세사, 근대사, 서양사, 동양사 등으로 세분화된다.

상관형 교육과정은 지나친 지식의 분화에 따른 교과간의 단점을 보완하기 위한 것으로서 역사, 정치, 문화 등을 묶어서 사회과로 묶는 형태이다. 관련된 과목간에 상관성을 강조한다.

광역형 교육과정은 지식의 범위를 좀 더 크게 묶는다. 초등학교 1학년에서 즐거운 생활, 바른 생활, 슬기로운 생활 등으로 구분하는 것이 예이다.

교과중심 교육과정이 현대의 교육체제에서는 그다지 환영받지는 못하지만 그 나름대로 문화 발전에 기여한 것도 사실이다.

교과중심 교육과정의 장점을 살펴보면 다음과 같다.

첫째, 뚜렷한 체계가 있고 객관적인 지식을 다룬다. 그러므로 교육목표와 방법, 평가가 객관적으로 이루어질 수 있다.
둘째, 엄선된 내용만을 학습하므로 학습의 능률성이 높다.
셋째, 학습자의 지적발달을 촉진한다.
넷째, 학습과정을 설계하기 쉽다.
다섯째, 학습결과는 즉시 확인되며 학습자의 통제가 용이하다.

이와 반대로 교과중심 교육과정이 가진 단점은 다음과 같다.

첫째, 논리적 교과의 조직은 학습자의 심리적 조직과 항상 일치되기 어렵다. 학습자의 발달과 수준 등은 전혀 고려되지 않으며 모든 학습자에게 동일한 교과를 강요한다.

둘째, 지식의 숙달을 통해서 학습자의 창의성과 같은 고등정신능력을 기르기 어렵다.

셋째, 지식학습은 실생활에서 유용하게 사용되기 어렵다. 인수분해나 물의 전기분해와 같은 지식은 실제로 현실 생활에 개인이 활용하는 것은 아니다.

넷째, 학습자는 언제나 미성숙자로 인정하므로 학습자의 자주성이나 독립성 등이 무시된다. 학습자는 항상 교사의 통제에 따라야 하며 피동적인 존재가 될 수 있다.

3. 경험중심 교육과정

교과중심 교육과정이 지나치게 교사중심, 지식 중심이라는 것에 대한 반발로 나타난 것이 경험중심 교육과정이다. 경험중심 교육과정은 19세기 말부터 싹트기 시작한 아동중심사상이 듀이에 의해 확산되면서 1930년대부터 시작되었다. 진보주의 교육사상가들에 의해 제기된 아동 중심사상은 교육과정 구성에 있어서도 아동·학습자 중심의 설계를 강조하게 되었다. 특히 듀이가 생활경험을 중요한 교육내용으로 주장하면서 경험중심 교육과정이 발달하게 되었다.

교과중심과 경험중심은 교육내용을 보는 관점이 근본적으로 다르다. 지식이 가장 중요한 교육내용이라는 교과중심 교육과정에 비해 경험중심 교육과정에서는 교육내용은 과정(process)이며 경험(experience) 이라는 것이다. 지식이 모든 사람에게 공통되고 객관적인 것인데 비해 경험은 개개인의 욕구나 필요, 그리고 환경에 따라 달라지는 것이다.

경험중심 교육과정의 일반적인 특징을 들면 다음과 같다.

첫째, 경험중심 교육과정에서는 아동의 욕구와 흥미가 강조된다.

둘째, 경험중심 교육과정에서는 인간의 통합적 발달을 강조한다.

셋째, 교육방법은 암기가 아니라 실제경험, 즉 행동을 통한 학습(learning by doing)이다.

넷째, 교육과정은 실용성에 기초를 둔다.

다섯째, 경험중심 교육과정은 민주적 가치를 강조한다.

경험중심 교육과정이 교과중심의 반발에서 출발하였으나 아동의 가치를 존중한다는 장점과 함께 몇 가지 문제점도 있다. 먼저 경험중심 교육과정의 장점을 제시하면 다음과 같다.

첫째, 아동의 욕구와 흥미를 바탕으로 교육과정을 설계하기 때문에 자발적 참여를 유발할 수 있다.

둘째, 교육의 내용을 다양화 할 수 있다. 경험을 교육내용으로 삼기 때문에 자연환경, 사회환경, 개인적 관심 등 모든 분야에서 교육내용을 추출할 수 있다.

셋째, 민주시민 육성에 도움이 된다. 지식보다는 사회적 활동과 참여를 강조하므로 민주적 가치의 함양에 도움이 된다.

넷째, 학교와 지역사회의 일체감을 높여 준다. 교육활동은 학습자의 현재 환경을 기초로 하기 때문에 학교와 지역사회가 쉽게 연결될 수 있다.

다섯째, 학습내용은 현실에 쉽게 적용된다. 학습내용 자체가 곧 생활과정에서 선택된 것이므로 실용적이고 사실적인 활동은 현실에 곧바로 응용할 수 있다.

경험중심 교육과정의 단점으로는 다음과 같은 것이 있다.

첫째, 기본적인 학력이 저하된다. 흥미와 관심을 지나치게 강조하고 있기 때문에 어렵고 난해한 내용들에 대해 접근이 부족하다.

둘째, 교육의 시간 경제가 무시된다.

셋째, 직접경험이 반드시 다른 장면에도 적용되는 것이 아니다. 경험은 원리나 법칙을 학습하는 것이 아니기 때문에 일반화되기 어려운 것이다.

넷째, 교육과정 조직의 논리적 체계가 부족하다. 학습자의 흥미와 관심은 일관성이 있는 것이 아니므로 교육과정 구성의 논리적 체계화가 어렵다.

4. 학문중심 교육과정

1957년 소련에서 인공위성 스푸트니크(Sputnik)가 발사되자 서구의 교육자들 사이에서는 경험중심 교육과정이 교육의 질적 저하를 초래했다는 비판이 일게 되었다. 미국에서는 새로운 교육체제를 설계하기 위해 8년 연구라는 프로젝트가 시행되었고 그 결과는 우즈홀(Woods hall) 회의에서 브루너(Bruner)에 의해 새로운 교육운동의 방향이 제안되었다. 이것이 브루너의 '교육의 과정(the process of education)'이다. 브루너를 중심으로 한 교육개혁 운동가들은 경험주의에서 벗어나 새로운 지식교육 과정이 받아들여져야 한다고 주장하게 되었는데 이것이 곧 학문중심 교육과정의 시작이다.

1) 학문중심 교육과정의 특징

첫째, 지식의 구조화를 강조한다. 지식의 구조란 지식의 기본적 개념, 지식의 탐구과정을 의미한다. 즉 학교에서는 단순한 지식을 습득할 것이 아니라 지식의 구조를 학습해야 하며 지식의 탐구과정을 학습해야 한다는 것이다. 이것은 무엇을 학습하느냐 보다는 어떻게 학습하느냐 하는 것으로서 학습방법의 학습을 강조한 것이다.

브루너는 지식의 구조가 중요한 점을 다음과 같이 들고 있다.

① 기본원리를 이해하면 교과 내용의 포괄적인 통찰이 가능하다.
② 단순지식을 기억하기보다는 구조화된 지식의 습득이 용이하다.
③ 기본적 원리는 다른 학습에 잘 전이(transfer)될 수 있다.
④ 교사로 하여금 새로운 학습방법을 모색하게 자극한다.

둘째, 어떤 교과든지 지식을 잘 구조화하면 모든 학습자에게 효과적으로 가르칠 수 있다. 예컨대 힘의 균형원리를 유치원생에게는 시소를 타면서 가르치고 중학생에게는 기호나 숫자로 가르치고 고교생에게는 논리적 사고를 통해서 가르칠 수 있다는 것이다. 특히 브루너는 학습의 단계를 세분화하고 발달 특징에 따라 ① 동작적 표현방법, ② 영상적 표현방법, ③ 상징적 표현방법을 사용할 수 있다고 하였다. 브루너는 발달단계에 따라 가장 낮은 수준의 지식에서 가장 높은 수준의 지식에 도달하는 방법을 나선형 교육과정이라고 말하였다.

셋째, 교육방법은 탐구과정이어야 한다.

넷째, 학습자의 내적 동기를 중요시 한다.

학문중심 교육과정은 지식을 강조하고는 있지만 전통적 교과중심 교육과정에서처럼 지식 자체를 강조하지는 않는다. 그보다는 지식의 습득과정, 탐구과정을 중요하게 여긴다.

2) 학문중심 교육과정의 장점은 다음과 같다.

첫째, 학습자의 동기유발에 효과적이다.

둘째, 학습자의 지적 성장에 효과적이다.

셋째, 개인차를 인정하고 개별적 학습속도를 존중한다.

넷째, 기본적 개념을 학습하는 것이 관련된 지식에 전이를 가져온다.

3) 학문중심 교육과정의 단점은 다음과 같다.

첫째, 학습능력이 상위권에 있는 학습자에게는 효과적이지만 지적능력이 낮은 학습자에게는 부적합하다.

둘째, 지식의 탐구과정을 강조하므로 현실 생활의 문제해결능력을 길러주지 못한다.

셋째, 인간의 내재적 가치에 대해서는 전혀 언급되지 않았다.

넷째, 탐구과정을 잘 이끌어 갈 수 있는 교사가 많지 않다.

5. 인간중심 교육과정

인간중심 교육과정은 학문중심 교육과정의 비판에서 출발하였다. 학문중심 교육과정이 교육의 수월성을 질적으로 향상시키는데 기여 하기는 하였지만 교육대상자인 학습자의 인간적 가치에 대해서는 소홀하게 다룬 면이 많았다.

교육이란 지식과 기술의 확대하는 것에만 목적이 있는 것이라 그 보다는 인간관계, 사회적 가치실현, 개인적 자아실현과 같은 본질적 문제가 더 중요한 것이다. 인간은 창조적이어야 하고 존중되어야 하며 사회적 관계 속에서 삶의 의미를 실현시키는 존재이다. 인간중심 교육과정은 이와 같이 인간존중의 목표를 추구하는 교육과정이다.

인간중심 교육과정은 기계적 인간으로 훈련되는 것보다 자신에 대한 만족감을 느끼고 깊이 있는 사고와 행동을 스스로 결정할 수 있는데 목표를 둔다. 그러므로 인간중심 교육과정은 인간의 정신적 신체적 성장과 통합을 달성할 수 있도록 교육내용을 설계해야 한다.

인간중심 교육과정은 20세기 말에 나타난 교육과정으로서 현대사회가 가진 기계문명의 여러 가지 모순인 고독, 무질서, 자아상실, 가치혼란, 환경파괴와 공해 등에 대해서도 관심을 가진다. 무엇보다도 교육의 체제 속에서 인간상실의 문제를 적극적으로 해결해야 한다.

인간중심 교육과정은 철학적으로 실존주의 철학에 바탕을 두고 있다. 그러므로 실존주의에서 주장하는 자기발견 과정을 교육과정의 중요한 과정으로 인식 한다.

그러나 인간중심 교육과정은 인간 가치를 상승시키는 이념적인 방향은 뚜렷하게 설정하였지만 실현 방법론에 있어서는 그다지 큰 진전을 보여주지 못하고 있다. 왜냐하면 인간의 존재혼적 가치는 철학적 규범적 수준에서는 접근하기 용이하지만 그것을 실현시 키는 실제적인 교육방법에서는 현실적으로 많은 제약이 따르기 때문이다. 즉 인간중심 교육과정은 이념적 당위성에서는 충분히 가치 있는 진전을 보여 주었지만 실현 과정인 현실적 교육방법에서는 별다른 성과를 보여주지 못하였다. 다만 최근에 소개되고 있는 개방 교육, 열린 교육 등을 통해서 현실적 접근방법이 모색되고 있을 뿐이다.

1) 인간중심 교육과정의 특징

첫째, 인간중심 교육과정은 자아실현을 추구한다.
둘째, 인간중심 교육과정은 모든 교육 교육체제가 인간을 중심으로 설계되어야 한다.
셋째, 잠재적 교육과정(latent curriculum)을 중요시해야 한다고 주장한다.
넷째, 인간중심 교육과정에서는 사회적 관계인 인간관계를 강조한다.

인간중심 교육과정은 자기실현이라는 이상적 목표를 설정함으로써 실질적 실현방법의 문제점이 제기되고 있다. 그러나 현대사회가 가지고 있는 인간상실의 문제를 교육을 통해 해결하고자 한다는 점에서 매우 가치 있는 주장이라고 할 수 있다.

단원 마무리

질문을 만들어 보고 동료들과 이야기를 나눠 보세요.

♠ 정답이 있는 질문(교재에서 답을 찾을 수 있는 질문)

· 교육 자체가 모두 경험의 과정이라고 말한 학자는 누구입니까?

·

·

·

♠ 정답이 없는 질문(더 궁금하고, 이유나, 추론, 적용 등을 묻는 질문)

· 4차 산업혁명시대의 교육과정을 어떻게 만들어 보고 싶은가요?

·

·

·

Introduction to Education

chapter09. 교육평가

제1절 교육평가의 개념과 절차

제2절 교육평가의 분류

제3절 평가도구의 조건

제4절 평가 문항의 제작과 활용

제1절 교육평가의 개념과 절차

1. 교육평가의 개념

교육의 개념을 정의할 때, 일반적으로 교육을 바람직한 방향으로의 행동 변화를 유인하는 목적 활동으로 정의한다. 이 정의에서 행동 변화는 교육활동에 있어서 달성하고자 하는 목표가 된다. 여기서 교육활동이 달성하고자 한 목표를 얼마만큼 달성했는가를 측정하여 유의미화 하는 것이 교육평가이다.

타일러(Tyler)는 「평가의 과정이란 본질적으로 교육과정(敎育課程) 및 수업의 프로그램에 의하여 교육목표가 실제로 어느 정도 실현되었는지를 밝히는 교육의 과정이다」라고 정의하고 있다. 즉, 평가란 교육목표의 달성도를 밝혀서 새로운 교육과정 프로그램에 정보를 제공해주는 역할을 하는 것이다. 이와 같은 정의에 따라 교육평가가 갖는 의의는 네 가지로 요약될 수 있다.

1) 교육평가의 의의

① 교육평가는 교육목표의 달성도를 다룬다.

② 교육평가는 행동 증거를 수집하는 방법이다. 행동 증거를 수집하는 방법은 시험, 행동관찰, 질문지, 면접 등 다양한 방법이 포함된다. 중요한 것은 어떤 행동 증거를 얻는데 어느 방법이 타당한 방법인가를 결정하는 것이다.

③ 교육평가는 인간 이해의 수단이다. 즉, 개인의 지능, 적성, 성격, 흥미, 태도, 동기 등 개인차의 여러 측면을 진단한다.

2. 교육평가의 영역과 기능

교육평가에서 취급되는 영역은 주로 학력평가, 지능평가, 적성평가, 성격평가, 신체평가, 환경평가, 학교평가, 교사평가 등이다. 이같이 평가의 범위가 넓은 것은 교육목표 달성의 주체인 학습자의 모든 변인과 학습자에게 영향을 미칠 수 있는 주변의 다양한 변인들이 모두 평가의 대상이 되기 때문이다.

1) 교육평가의 기능

① 학습결과의 진단과 치료 : 이것은 주로 학력평가에 관계된 기능이다. 교육평가는 얼마만큼 목표에 도달했으며, 도달하지 못한 학습자를 어떻게 교정해야 하는가의 정보를 제공한다.

② 생활지도와 상담을 하기 위한 자료 : 적성을 판별하여 진학과 진로 등을 지도함에 이용될 수 있다.

③ 교육과정(教育課程)과 학습지도법의 개선 : 교육목표의 설정, 유효한 학습경험의 선택, 학습경험의 조직, 학습지도 방법의 개선 등에 관한 개선점을 시사한다.

④ 학습자 자신에 대한 이해와 학습동기 유발 : 학습결과를 학습자에게 알려 주어 피드백(feed back)과 함께 학습동기를 유발할 수 있게 된다.

⑤ 교육계획의 개조 : 평가결과를 통해 학습과정 등을 재구성하는 기능을 갖는다.

이상의 다섯 가지 기능 외에도 예언적 기능, 평가적 기능, 심리적 기능, 성향의 측정 기능 등이 있다.

3. 평가의 절차

위에서 제시한 수업 과정의 마지막 과정으로 평가 과정은 다음과 같은 일련의 절차를 통해서 이루어진다.

1) 평가 과정

① 교육목표의 설정 : 어떻게(how) 평가할 것인가의 문제보다 언제나 먼저 고려되

어야 하는 것이 무엇(what)을 평가할 것인가의 문제이다. 여기서 「무엇」이라고 지칭하고 있는 것은 교육목표이며 보통 일반목표와 구체적(명세적) 목표로 구분된다. 일반목표는 비교적 포괄성을 가진 목표이며, 구체적 목표는 보다 사실적인 목표이다.

② 평가장면의 선정 : 평가장면에는 필답 검사뿐만 아니라 질문지, 표준화 검사, 관찰, 투사적 방법, 실험 실습 등 다양한 방법이 있다. 다만 한 가지 행동 증거를 수집하기 위해서 반드시 한 가지 방법만이 유일한 것이 아니라는 점을 유념하여야 할 것이다.

③ 평가도구의 선정 및 제작 : 평가의 중심 단계인 이 과정에서는 실제 행동 증거를 수집할 수 있는 측정 도구를 만드는 일이다. 대학에서의 측정 도구는 흔히 중간고사와 기말고사, 리포트, 그리고 실기 과제 등이 된다.

④ 평가의 실시 및 결과 처리 : 현재 가장 많이 실시되고 있는 방법은 필답 검사이다. 그러나 필답 검사는 간편하고 비교적 신뢰도가 높지만 목표 달성도의 단면밖에 잴 수 없다는 약점을 갖고 있다.

⑤ 평가결과의 해석 및 활용 : 측정 결과 그 자체는 아무런 의미를 갖지 못한다. 측정된 자료가 일정한 기준에 의해 해석되어 평가되었을 때 비로소 의미를 가진다. 평가결과는 학습 경험의 재투입 혹은 동기유발과 추수지도가 뒤따를 때 더욱 유의미한 결과를 가진다.

제2절 교육평가의 분류

1. 평가 시기에 따른 분류

1) 진단평가

진단평가의 목적은 학습 출발점에서 학습자의 능력 위치를 밝힘으로써 수업계열의 적절한 출발점을 찾도록 하는 일이다. 즉 진단평가는 학습 시작 전에 학습자의 학습 위치(학습 출발점)를 진단하는 것이다. 진단검사를 통해서 학습 출발점보다 뒤떨어진 학생을 찾아내어 기초학습이나 선수 능력의 결점이 무엇인지를 밝혀야 한다. 그래서 그 결손 점을 보완할 수 있는 기초자료가 되어야 한다. 대입 수학능력 고사나 학력고사의 성적도 입학생들에 대한 진단평가의 역할을 한다. 기초학력이 저조한 학생들의 경우 학습수준을 밝혀 학습의 출발점을 결정하는 일은 그 학습 과정의 성공과 직접적으로 관련되어 있다.

2) 형성평가

형성평가는 수업 과정에서 학습자에게 피드백(feed back)을 주고 교수방법의 개선과 교육과정의 질적 개선을 위해 실시하는 평가이다. 형성평가의 방법에는 수업중의 가벼운 질문, 간단한 테스트, 학습자의 반응 유도 등 여러 가지이다. 보통 이 형성평가를 평가라고 생각하지 않는데, 그것은 이 평가가 수업과정 중에 실시 되고 그 결과가 성적 등의 최종적인 결과에 영향을 미치지 않기 때문이다. 그러나 형성평가 역시 수업과정 중에 실시 되는 중요한 평가 중의 하나이다. 형성평가는 수업의 진행 상태를 수업 중간에 체크 하는 것이므로 가볍고 간단하게 실시 되어야 한다.

형성평가의 기능은 다음 몇 가지로 요약될 수 있다.

첫째, 학습자의 현재 학습 위치를 알 수 있다.

둘째, 학습자의 학습 곤란이나 결손 내용을 알 수 있다..

셋째, 교정 학습이나 보충수업 실시의 근거가 된다.

넷째, 학습활동을 강화하는 작용을 한다.

다섯째, 교수자에게 교수방법의 개선점을 제공한다.

형성평가의 방법으로는 형식적 평가인 필답검사 외에도 개별적 질문이나 집단적 질문, 거수 반응, 중요한 내용의 확인, 간단한 집단 테스트, 집단 토론, 발표나 과제 검사 등을 통해서도 실시될 수 있다. 주의해야 할 점은 형성평가가 총괄평가의 도구가 되어서는 안 된다는 점이다. 그리고 형성평가는 집단의 하위 그룹을 소외시켜서도 안 된다.

3) 총괄평가

일반적으로 말하는 평가란 대부분 이 총괄평가를 의미한다. 총괄평가는 하나의 학습과제 혹은 교과가 끝난 다음에 전체적으로 교육목표 달성도를 평가하려는 것이다. 중간고사, 기말고사 등이 총괄평가의 한 종류이며, 본래의 목적은 성취도를 확인하기 위한 것이다. 총괄평가는 성취도 확인 이외에도 부수적으로 성적을 매겨 비교하기도 하며, 학습의 결손 부분을 판정하는 데도 이용된다. 그리고 총괄평가의 결과는 학습의 결과를 확인할 뿐만 아니라 다음 학습의 성취도나 진보를 예언하기도 한다.

진단평가나 형성평가가 절대평가의 성격을 갖고 있는데 반하여, 총괄평가는 상대평가의 성격을 갖고 있다. 총괄평가에서 관심을 가져야 할 것은 평가의 기준을 반드시 마련해야 하는 점과 학습자 집단의 전체적 수준이 반드시 고려되어야 한다. 어느 학과목의 평가결과가 극단적으로 낮거나 높다라면 이것은 평가의 기준설정에 문제가 있다고 보아야 하겠다. 평가의 기준은 교육내용의 수준이나 평가자의 내적 판단 기준에 두어야 하는 것이 아니라, 학습자 집단의 수준에 두어야 한다.

2. 평가 기준에 따른 분류

1) 임의평가

임의평가는 평가자가 객관적 기준을 가지지 않는 평가자의 임의적 판단에 의해 평가하는 체제이다. 평가형태 중 가장 문제가 많으며 객관성이 결여된 방법임에도 불구하고 현재 대학에서의 평가가 대부분 임의평가에 의존하고 있음이 사실이다. 임의평가는 평가자마다 결과가 다를 뿐만 아니라 동일 평가자에게서도 때에 따라 달라지거나 서로 다른 결과로 나타나기도 한다. 특히 논문형 시험에서 채점 신뢰도가 가장 낮게 나타난다. 평가전에 평가 기준이 마련되지 않으면 그 평가 결과의 객관성이 보장될 수 없음을 시사하고 있다.

2) 상대평가

상대평가는 평가 기준을 주어진 학생집단 내부에서 구하며, 집단의 평균점이 평가 기준이 된다. 상대평가는 표준점수 척도에 의거한 평가방법으로서 수 우 미 양 가, A B C D E 등을 표준점수의 일정한 척도에 의해 분류한 것이다. 즉, 이 평가방법은 집단의 평균에서 개인이 얼마만큼 이탈되었는가를 찾아서 평가하는 방법이다.

한 학급에 40명의 학생이 있을 때 A학점 20%, B학점 40%, C학점 30%, D학점 10% 등으로 비율을 정해놓고 평가를 한다면 이것이 바로 상대평가이다. 상대평가의 약점은, 첫째, 평가결과가 정상 분포의 가정에서 출발한다는 점, 둘째, 집단 내 비교는 가능하나 다른 집단과의 비교가 어렵다는 점, 셋째, 경쟁의 대상이 교육목표가 아니라 집단 구성원이라는 점 등이다.

그러나 상대평가의 장점은, 엄밀한 개인차의 변별이 가능하며 학생으로 하여금 경쟁을 유발하고 외발적 동기의 역할로 작용 된다는 점이다.

3) 절대평가

절대평가는 절대기준평가, 준거지향적 평가, 목표기준평가 등으로 부르기도 한다.

이것은 학생의 성적이 집단의 기준과는 상관없이 결정되는 평가로서, 교육목표 달성도에 의하여 성적이 결정되는 방법이다. 개인의 성적이 집단의 성적 분포에의해 영향을 받지 않기 때문에 서열을 매길 필요도 없으며, 한 학급이 모두 A를 받거나 모두 B를 받을 수도 있다.

절대평가는 평가 기준이 학습 목표 달성도라는 절대적인 기준에 있으므로 성취도 평가에 용이하다. 이 절대 점수는 의미 있는 점수이며, 학생 간의 비교도 가능하다. 그러나 절대기준을 선정하기가 곤란하다는 단점이 있다. 절대기준이라고 선정하였어도 그 기준이 과연 객관성을 가지고 있느냐 하는 난점이 있다. 그리고 절대평가의 결과는 근본적으로 정상 분포를 기대하지 않는 평가이므로 통계적으로 활용하기가 어려우며, 개인차 변별이 곤란하다.

절대평가는 교육을 통해 인간의 가능성을 발전시킬 수 있다는 신념을 철학적 배경으로 하고 있다. 그리고 학습자에게 성취감을 제공한다는 점, 평가결과의 부적(負的) 편포를 추구한다는 점 등에서 임의평가나 상대평가에 비하여 「교육적」평가 형태라고 볼 수 있다.

제3절 평가도구의 조건

1. 측정오차

교육평가는 좋은 평가도구를 개발하는 것으로 결정된다. 좋은 평가도구란 평가의 목적을 가장 잘 반영하는 것이다. 모든 평가도구는 측정을 기초로 한다.

모든 측정은 단위로 표현된다. 예컨대, cm, 근, 척, mile, kg 등이나, 몇 점, 몇 등, 몇 % 등으로 표현된다.

측정에는 언제나 오차가 있게 마련이다. 아무리 정밀한 측정이라도 측정오차를 없앨 수는 없다. 특히 인간의 행동, 감정, 정서, 지적능력 등과 같이 교육현장에서 측정되는 것들은 간접적인 측정밖에 할 수 없는 대상들이므로 다른 물리적 대상의 측정보다 측정오차가 클 수밖에 없다.

오차의 종류에는 보통 세 가지가 대표적이다.

첫째, 관찰자의 오차이다. 이것은 관찰자, 혹은 측정자의 오차이다. 측정자의 주관, 성격, 상태에 따라 달라지는 오차이다.

둘째, 측정 도구의 오차이다. 아무리 정밀한 측정 도구라도 오차 없는 측정 도구는 없으며, 인간을 측정하는 교육평가에서는 완전무결한 도구란 불가능하다. 아무리 잘 만든 평가도구라도 완전할 수는 없는 것이다.

셋째, 대상의 오차이다. 이것은 측정대상의 변화에 의한 측정 일관성의 결여에 의한 것이다. 대상의 변화 요인은 무수히 많다. 예컨대 동기, 습관, 환경, 기분, 피로 등에 의해 오차가 발생한다. 그렇기 때문에 어제 측정한 IQ와 오늘 측정한 IQ는 동일한 결과를 얻기 힘들다.

2. 교육측정의 난점

교육평가에서는 측정의 어려움이 몇 가지 있다.

첫째, 측정대상이 불분명하다는 점이다. 시험이나 실습 또는 그 밖의 방법을 통해서 측정하려고 하는 것이 무엇인지 불분명한 경우이다. 기억력, 지구력, 속도 등은 그래도 비교적 쉽게 판별될 수 있지만, 성격, 감성, 사고력이나 창의력 등과 같은 특성은 판별하기가 애매하다.

둘째, 교육의 측정 결과는 항상 논리적 일관성을 유지해야 하는데 학생의 내적 특성이 끊임없이 변화되기 때문에 그 일관성을 유지하기 어려우며, 이론과 실제(결과)는 항상 일치 하지만은 않는다.

셋째, 수량화의 문제점이다. 길이를 잴 때 3cm+6cm=9cm라고 하는 데는 아무런 이의가 없다. 그러나 국어 60점과 산수 80점을 합해 평균 70점이라고 하는 것에는 문제가 있다. 국어능력과 산수능력은 서로 관련이 거의 없는 능력이므로 가감계산을 할 수 없기 때문이다. 이것은 마치 3cm+5kg=8(?)라고 표현하는 어리석음과 마찬가지다. 그러므로 교육평가에서는 수량화에 대해 항상 조심스럽게 접근하여야 하며, 측정치에 절대성을 부여해서는 안된다.

넷째, 측정의 간접성 또한 문제이다. 교육에서의 대부분 측정대상은 지적 능력, 태도, 도덕성, 감성 등과 같이 간접적으로 밖에 측정할 수 없는 것들이다. 직접적으로 측정할 수 없기에 측정된 결과에 대하여 절대적인 가치를 부여해서는 안 된다.

3. 측정도구의 조건

좋은 측정 도구의 조건은 여러 가지가 있다. 그중에서 가장 일반적인 조건은 타당도, 신뢰도, 객관도, 실용도이다.

1) 타당도

타당도란 검사나 측정 도구가 측정하려고 하는 것을 어느 정도나 측정하고 있느냐를 말한다. 즉, 타당도란 「무엇」을 측정하는가에 관한 것이다. 예컨대, 가슴둘레를 알아보려면 가슴 부분을 재야하는데 배를 쟀다면, 아무리 정밀한 척도를 사용했어도

의미 없는 결과이다. 즉 국어 시험은 국어능력을 재야하는 것이며, 사회생활 능력을 재는 것이 아니다.

타당도는 준거(criteria)가 중요한 조건이다. 측정의 근거 설정을 어떻게 하는가에 따라 타당도는 좌우된다. 즉 타당도는 「무엇을, 얼마만큼」 측정하고 있느냐의 문제이다.

2) 신뢰도

검사 도구에서 첫 번째 중요한 조건이 타당도라면, 신뢰도는 두 번째로 중요한 조건이다. 타당도가 「무엇」을 측정하는가에 관한 것이라면, 신뢰도는 「어떻게」, 「얼마나 정확하게」 측정하는가에 관심을 둔다. 그러므로 신뢰도란 측정의 정확성, 즉 측정 오차에 관한 것이다.

고장난 저울이나, 검증 받지 않은 자로 잰다면, 그 결과는 아무도 믿을 수 없는 것처럼 신뢰성 없는 교육평가는 아무런 평가상의 의미가 없다. 특히, 교육평가는 끊임없이 변화하는 학생을 대상으로 하고 있으므로 측정 오차를 줄여서 신뢰도를 높이는 일은 매우 중요하다.

신뢰도는 다음과 같은 세 가지 개념이 있다.

첫째, 같은 대상(물체, 인간 행동, 사회 현상 등)을 같은 측정도구로 반복 측정했을 때 얼마나 동일한 결과가 나오느냐 하는 점이다. 즉 측정 결과들의 변산 상태를 의미하는 것으로써 「측정의 표준오차」에 관한 것이다.

둘째, 측정 도구가 진짜 변량을 얼마나 측정하는 가의 문제이다. 이것은 측정 도구의 오차변량이 얼마냐에 관한 것이다.

셋째, 한 측정 도구를 한 집단에서 두 번 이상 측정했을 때 측정된 두 결과들 간에 얼마나 일치하는가의 문제이다. 통계적으로는 상관계수로 표시 된다.

검사의 신뢰도란 검사 속에 끼어드는 오차변량에 의해 결정된다. 결국 신뢰도를 높이는 일은 오차를 줄이는 일이라고 할 수 있다. 신뢰도를 높이기 위해서는 다음과 같은 방법이 있다.

첫째, 시간상의 안전성(temporal stability)이 유지되어야 한다. A반은 오늘 측정하고 B반은 내일 측정한다면, A와 B의 측정 결과는 시간 변인에 의해 달라질 것이다.

둘째, 문항 표집의 적합성이다. 이것은 검사 문항으로 선택한 문항이 개인의 능력을 잘 대표할 수 있어야 한다는 점이다.

셋째, 문항의 동질성이 있어야 한다. 동일 집단은 동일한 문항으로 측정해야 한다.

넷째, 검사를 받는 학생의 목적과 수준에 알맞아야 한다. 학생의 수준을 과대평가하거나 과소평가하여, 문항을 결정하면 신뢰도는 그만큼 낮아진다.

다섯째, 검사의 길이(크기)가 너무 작아서도 안 된다. 논문형 검사라면 한 문제로 시험을 보는 것보다 두 세 문제로 시험 보는 것이 신뢰도를 높일 수 있는 방법이다.

3) 객관도

객관도는 신뢰도의 일종으로써 검사자 신뢰도이다. 즉 검사자 간의 합치도라고 할 수 있다. 같은 시험지를 여러 사람이 채점했을 때 그 결과의 분산이 크다면 객관도가 낮다고 말할 수 있다.

객관도를 높이기 위한 방법은 다음과 같다.

첫째, 평가도구를 객관화시켜야 한다. 주관식보다는 객관식 문항이 객관도를 높일 수 있다.

둘째, 평가자의 평가 능력이 높아져야 한다. 평가에 대한 기초적인 능력을 가지고 있어야 한다.

셋째, 하나의 평가 자료를 여러 사람이 평가 한다.

넷째, 명확한 평가 기준을 설정하여 주관적인 추측이나 편견을 최소한으로 줄여야 한다.

4) 실용도

실용도란 한 평가도구가 시간과 경비와 노력을 적게 들이고도 평가를 얼마나 잘 할 수 있느냐의 문제이다. 아무리 평가도구가 좋아도 시간과 경비, 노력이 지나치게 많이 필요하면 실용성이 없다.

실용성이 있는 평가도구는 다음과 같다.

첫째, 채점이 쉬워야 한다.
둘째, 쉽게 해석할 수 있어야 하며 평가결과는 일상적으로 활용될 수 있어야 한다.
셋째, 비용, 시간, 노력이 절약되어야 한다.

제4절 평가 문항의 제작과 활용

1. 문항제작을 위한 설계

1) 문항의 제작 준비

좋은 문항을 만드는 것은 곧 좋은 평가의 준비가 되어 있다는 뜻과 같다. 문항을 제작하는 제작자로서, 좋은 문항을 제작하려면 다음과 같은 몇 가지 조건을 고려해야 한다.

첫째, 문항 제작자는 우선 해당 교과목이 가진 지식뿐만 아니라 그 교과목이 갖는 교과로서의 위치와 의미에 대한 깊은 이해가 필요하다.

둘째, 문항 제작자는 그 교과가 가진 교육적 가치와 교육적 목적달성에 대한 관심을 가지고 있어야 한다. 학습결과의 평가가 지나친 교과 주의에 빠져 지식만을 위한 지식평가로 전락 되어서는 안 된다.

셋째, 검사 대상, 즉 학생의 현재 상태에 대한 이해가 필요하다. 학생의 정신적, 정서적 발달 상태에 대해서 이해하고 있어야 하며, 학생의 지적 능력에 대한 정보를 가지고 있어야 한다.

넷째, 문항 속에 사용하는 어휘를 정확하고 정교하게 사용하여야 한다. 아무리 좋은 문제라도 그것이 학생들에게 정확하게 전달되지 않으면 소용이 없다. 문장은 짧고 명료하게 기술해야 한다. 그러기 위해서는 문장을 가급적 단문으로 기술하는 것이 좋다.

다섯째, 교육평가에 대한 기본적인 개념을 이해하고 있어야 한다. 교육평가는 주관적인 것이 아니라 객관적이어야 한다.

2) 문항의 형식

문항에는 여러 가지 형식이 있다. 문항의 형식을 분류하는 것은 다양한 관점이 있을 수 있지만, 채점 방식에 따라 첫째, 주관형과 객관형, 학습자 반응에 따라 둘째, 선택형과 서답형 셋째, 인지형, 재생형, 논문형으로 분류하기도 한다.

우리나라에서는 일반적으로 정범모의 분류에 따라 다음과 같은 분류 방식을 따른다.

- 서답형
  - 논문형
  - 단답형
  - 완결형
- 선택형
  - 선다형
  - 배합형
  - 진위형

2. 문항제작의 실제

1) 선택형 문항

(1) 선택형의 종류

① 진위형 : 이자(二者) 택일형이다. 진위형, 수정형, 군집형, 진위변형 등이 있다.

② 배합형 : 배합형은 전제가 주어지고 그에 대응하는 답지로 구성되어 있다. 단순 배합형, 복합 배합형, 분류 배합형, 관계 분석형, 관계 분류형, 양적 비교형, 공변 관계형 등이 있다.

③ 선다형 : 가장 널리 이용되는 선택형의 형태로서 질문 항과 여러 개의 답지로 구성된, 소위 객관식 문항이다. 선다형은 그 사용의 광범위성과 객관성이 높지만 답지 마다 측정 기능을 잘 조절하지 않으면 안 된다. 질문항의 서술에 따라 최선답형, 대입형, 합답형, 부정형, 포괄제외형 등으로 구분한다.

(2) 선택형의 장·단점

① 장점

첫째, 채점의 객관성, 신뢰성이 유지된다.

둘째, 문항의 타당성이 유지된다.

셋째, 한 검사 속에 다양한 문항을 넣을 수 있어서 여러 가지 능력을 한 검사로 잴 수 있다.

넷째, 채점이 쉽고, 통계 처리가 간편하다.

다섯째, 문항제작이 비교적 쉽다.

② 단점

첫째, 지식의 재생과 같은 단순 능력의 측정에 빠질 위험이 있다.

둘째, 추측의 요인을 제거할 수 없다.

셋째, 정밀한 문항을 제작하려면 시간과 노력이 많이 든다.

넷째, 표현과 창의성 측정에는 부적합하다.

(3) 선택형 문항제작의 주의점

첫째, 단어와 문장은 될 수 있는 한 명백하게 표현하라.

둘째, 복잡한 어구 배열을 피하라. 즉 묻고자 하는 요점이 간결하게 표현되어야 한다.

셋째, 답지 선택의 모든 조건을 제시해야 한다.

넷째, 문항 속에 수사적인 표현이나 군더더기 말을 넣지 마라.

다섯째, 너무 특수한 지식을 측정하려고 하지 말라.

여섯째, 오답지라 하더라도 거짓 사실을 진술하지 않는 것이 좋다.

일곱째, 정답의 단서가 있어서는 안 된다.

여덟째, 학생집단의 수준에 따라 문항의 곤란도를 조절해야 한다. 이를 위해서 교수는 예상되는 집단의 평균점수를 결정해 두어야 한다.

아홉째, 한 문항 속의 답지는 서로 유사한 형식을 갖도록 제작하라.

열 번째, 문항의 서술은 언어적으로만 할 것이 아니라, 그림, 도표 등을 제시하여 실질적인 질문이 되도록 하라.

선택형 검사에는 진위형, 배합형, 선다형이 있으나 일반적으로 많이 쓰는 선다형 제작에 대한 주의점을 제시하면 다음과 같다.

첫째, 질문은 직접 질문형, 불완전 문장형을 사용하라.
둘째, 정답은 분명해야 하며, 오답 역시 그럴듯해야 한다. 정답을 모르고서도 문제를 풀 수 있어서는 안 된다.
셋째, 질문은 긍정형으로 하되, 부정문일 경우 부정사 밑에 밑줄을 그어주어 혼동되지 않도록 하라.
넷째, 오답을 지나치게 전문적, 특수 지식으로 표현하지 마라.
다섯째, 「정답 없음」도 답지가 될 수 있어야 한다.
여섯째, 답지 간에도 논리적 순서가 있다면 순서대로 배열하라.
일곱째, 질문과 답지는 될 수 있는 한 자세히, 그리고 간결하게 표현하라.
여덟째, 답지 길이는 비슷해야 하며, 정답 위치는 다양해야 한다.
아홉째, 답지 수는 4~5개가 적당하다.

2) 서답형 문항

(1) 단답형

단답형은 간단한 단어, 구, 문장, 숫자, 그림 등 제한된 형태로 대답하는 형식이며, 단순재생형이라고도 불리는 가장 고전적인 방법이다. 이 평가방법은 창의력과 같은 고등 정신 능력의 측정에는 부적합하다. 다음은 단답형의 예이다.

예) 1. 황산의 화학 기호는 무엇인가?(질문형)
2. 인플레이션의 특징 세 가지만 들어라.(진술문형)
3. $\frac{1}{x} = \frac{1}{a} + \frac{1}{b}$ 일 때 x를 구하여라.(질문문형)

이와 같은 단답형은 「단순재생형」이라 한다. 단답형은 보통 「누구」, 「무엇」, 「언제」, 「어디」, 「왜」 등과 같은 사실적인 지식을 답하는데 주로 사용된다. 단답형의 문항제작에는 다음과 같은 점을 고려해야 한다.

① 정답은 간단한 단어, 어구, 수식으로 대답할 수 있도록 하라.
② 정답의 수는 되도록이면 하나가 좋으며, 4개가 넘는 것은 부적당 하다.
③ 질문이 명료해야 한다. 예컨대 '세종대왕이 누구냐 ?'와 같이 애매한 질문은 부적당하다.
④ 정답이 여러 가지로 표현될 수 있는 경우에는 모두 정답으로 간주해야 한다.
⑤ 내용을 묻는 문항일 때는 철자나 문법 등에 의해 채점하지 말아야 한다.
⑥ 단순 암기력의 측정 문제는 최소한으로 줄여야 한다. 단순하게 기억된 학습내용은 쉽게 망각되며 교육적 가치가 가장 적다.

(2) 완결형

완결형은 진술문의 일부분을 비워 놓고 적당한 답을 채우는 방법이다. 때로는 단답형이라고도 하지만, 단답형과는 형식상에 차이가 있다. 문항의 형식에는 불완전 문장형, 불완전 도표형, 제한 완결형이 있다.

예)

① 불완전 문장형
유전은 (　　)세대 사이의 (　　)관계이다.

② 불완전 도표형

strong	(　　)	(　　)
(　　)	bigger	(　　)
(　　)	(　　)	best

③ 제한 완결형

고래는 (　　)으로 숨쉬며 (　　)을 먹는다.

허파. 숨통. 아가미. 물. 젖

완결형 제작에는 다음 사항들이 고려되어야 한다.

① 문장의 의미 있고 중요한 부분만을 빠트려야 한다.
② 공백의 수와 길이를 적절하게 조절해야 한다.
③ 문장 속에 답을 암시하는 내용이 없어야 한다.
④ 문장을 교과서에서 그대로 옮겨오지 말아야 한다.

(3) 논문형

서답형 중에서도 대학에서 가장 많이 사용되는 평가방법이 논문형 문항이다. 논문형에는 별다른 형식이 없으나, 반응의 무제한성이 특징이다. 논문형에서 주로 사용되는 진술문의 형식은 다음과 같은 것들이다.

설명하라. 예시하라. 논술하라. 요약하라. 비교하라. 개요를 쓰라. 정의하라. 해석하라. 원인과 결과를 밝혀라. 분석하라. 분류하라. 제시하라. 재조직하라.

이러한 지시문은 한 개로 제시되기도 하나 경우에 따라서는 두 세 개가 함께 제시되기도 한다.

예)

「상업은 완전히 방임되어야 한다. 그러면 상업은 자신과 국가를 보호할 것이다.」 이 문장을 읽고 다음을 진술하시오.

① 이 사상의 배경을 설명하시오.
② 이 사상을 비판하시오.

논문형 평가 문항제작에는 다음과 같은 점 들이 고려되어야 한다.

① 검사받을 집단의 성질, 예컨대 집단의 크기, 동질성 등을 고려해야 한다. 논문형은 이미 반응의 자유도를 최대한으로 허용한 것이므로 집단의 성질을 잘 파악하지 않으면 안 된다.
② 단순한 지식의 측정보다는 고등정신기능을 측정하도록 만들어야 한다.
③ 구체적인 목적을 검사할 수 있도록 구조화시키고 제한성을 갖도록 해야 한다. 「조선 시대의 문학에 대해 써라」는 문제와 같이 추상적이고 포괄적인 문제는 수험자를 혼란시킨다.
④ 여러 문제를 제시하고 그 중에서 몇 개만 선택하도록 하는 문항은 절대로 사용하지 말아야 한다. 학생의 부담을 덜어주기 위해 「세 문제 중 두 문제만 골라 써라」 등과 같이 제시하는 경우가 있는데 그것은 결코 좋은 방법이 아니다. 아무리 난이도를 조절하여도 두 문제 사이의 난이도는 동일 하지않으며, 두 문제 간의 해결 능력도 동일하게 비교할 수 있는 것이 아니다. 메이어(G. Meyer)의 연구에 의하면 이와 같은 문제의 상관도는 매우 낮다고 하였다.
⑤ 가능하면 채점기준을 미리 제시하는 것이 좋다. 수험자가 어떻게 반응하는 것이 좋은가를 판단하게 되고 반응의 방향을 결정하는데 도움이 되기 때문이다.
⑥ 문항 수는 시간 내에 해결할 수 있는 길이로 제한해야 한다.
⑦ 문항은 고난도에서 저난도의 순서로 배열하는 것이 동기유발에 효과적이다. 즉 쉬운 것을 앞부분에, 어려운 것을 뒷부분에 배치해야 한다.
⑧ 제시된 문제 이외의 보너스 문항을 두지 말아야 한다. 동일한 기준으로 학생을 비교하기 어렵다. 보너스가 필요하다면 차라리 문항의 난이도를 조절하거나, 보너스 문항을 본 문항에 포함시키거나, 채점의 기준을 조절하는 것이 좋다.
⑨ 무엇보다도 문장은 명확하게 해야 하며, 한자나 영어 등은 꼭 필요한 경우에만 사용해야 한다.

(4) 논문형 검사의 장 · 단점

장점으로 다음 몇 가지를 들 수 있다.

① 반응의 자유도가 크다. 수험자의 지적 배경에 따라 적절한 자료와 정보를 선택하고 조직화할 수 있다.
② 고등 정신 기능, 예컨대 표현력, 조직력, 사고력, 추리력, 분석력 등을 측정하기에 좋다.
③ 문항제작이 쉽다.
④ 학습자의 학습태도를 개선해 준다. 평가방법은 학습자의 학습태도의 방향을 암시한다.

단점으로 다음 몇 가지를 들 수 있다.
① 채점의 객관성, 신뢰성이 부족하다. 엘스(W. C. Ells)의 연구에 의하면, 같은 채점자가 한 시험지를 두 번 채점했을 때 두 채점 결과 간의 일치도가 높지 않음을 밝히고 있다.
② 문항 표집이 제한적이다. 문항 수가 적기 때문에 평가의 신뢰도가 낮아지는데 단답형, 완결형은 비교적 이런 단점을 보완하고 있다.
③ 채점에 시간과 노력이 많이 든다. 시간이 많이 걸리기 때문에 최초의 채점과 최후의 채점간의 차가 나타날 가능성이 많다. 예컨대 어제 채점한 것과 오늘 채점한 것의 간에 차이가 있다거나, 첫 장의 점수와 마지막 장의 점수가 다를 수 있다는 것이다.
④ 단편적 지식의 상기에 그칠 위험이 있다. 이것은 문항제작에서 특히 조심해야 할 것이다.

3. 문항 분석

문항은 한 검사를 구성하는 기본 단위이다. 검사가 제 기능을 하기 위해서는 기본 단위인 문항 하나하나가 검사의 목적에 알맞게 구성되어 있어야 한다. 그러므로 좋은 검사도구란 좋은 문항이 선행되어야 하는 것이다.

좋은 문항이란 검사의 목적을 대표적으로 측정할 수 있는 것이어야 한다. 즉, 학습결과를 잘 측정할 수 있는 것이 좋은 문항이다. 그리고 좋은 문항은 학습 후 앎으로의 성과를 예측 할 수 있는 것이어야 한다. 앞으로의 성과를 예측하기 위해서는 문항과 준거(criteria)사이의 객관적으로 제시되어야 한다.

이와같이 문항은 검사의 성패를 좌우하는 역할을 하고 있다. 그러므로 문항을 분석하여 검사의 성공 여부를 확인할 필요가 있다.

문항 분석에 포함되는 내용은 문항 곤란도, 문항 변별도, 문항 반응 분포도로 분류된다.

1) 문항 곤란도

문항 곤란도란 「한 문항의 어려운 정도」, 또는 「한 문항에 학생들이 정답을 한 확률」을 말한다. 문항의 곤란도는 정답의 확률로 표시되기 때문에 0%에서 100%까지의 변산을 가진다.

문항의 곤란도란 개인에 관한 것이 아니라 집단에 관한 것이다. 그러므로 문항곤란도는 집단의 표준편차와 평균에 의해 결정된다.

문항 곤란도를 계산하기 전에 추측요인과 미달항을 고려해야 한다. 추측요인이란 추측으로 정답 할 수 있는 요인이다. 4지 선다형이라면 정답을 몰라도 맞힐 확률이 25%인데, 이 25%를 계산에 포함시켜야 한다는 점이다. 미달형(계산을 못한 문항)은 곤란도의 계산에서 제외해야 한다. 단 중간 중간 비워 놓고 지나간 것은 오답으로 간주해야 한다. 이와 같은 점들을 고려하여 문항 곤란도를 계산하여 보자.

<문항 곤란도 공식>

$$P = \left(\frac{R - \frac{W}{R-1}}{N - NR} \right) 100$$

P : 문항 곤란도 지수

R : 정답 수

W: 오답 수
N : 응답자 수
NR : 각 문항의 미달자 수 즉, 미달항(non-reach)

예컨대 다음과 같은 문항 반응이 있었다고 하자. 그 곤란도의 계산은 아래와 같다.

<어떤 문항의 반응 수>

답지

① 40	*②150	③ 200	④ 60	NR 30
계 300(*는 정답)				

이 결과를 공식대로 풀면 다음과 같다.

$$P = \left(\frac{150-\frac{120}{4-1}}{300-30}\right)100 = 41(\%)$$

즉 100명중에 이 문항을 통과 한 사람은 41명이라는 결론이 나온다. 여기에는 추측요인과 미달형 요인도 고려되었다.

문항의 곤란도는 보통 10~90% 사이에서 결정되는 것이 무난하다. 그러나 한 검사 속에 들어있는 여러 개의 문항들은 다양한 곤란도를 가지고 있어야 한다. 예컨대 60개의 문항으로 구성된 검사라면 10%, 20%, 40%, 60%, 80%, 90%의 곤란도 수준에 각 10개씩의 문항을 배당하면 좋을 것이다.

2) 문항 변별도

문항의 변별도란 문항 하나하나가 능력이 높은 학생과 낮은 학생을 잘 변별 할 수 있는가의 문제이다. 즉 우수한 학생이 열등한 학생보다 분명히 정답 할 확률이 높도록 문항이 만들어져야 한다는 것이다. 이것은 문항의 타당도에 관한 것인데, 만일 상하간의 차이가 별로 없는 경우라면, 변별도 지수가 낮아 쓸모가 없는 문항이 된다.

문항 변별도 지수(discriminating index)를 구하는 방법은 여러 가지가 있다. 여기서는 비교적 실용적이고도 간단한 6간표를 이용한 방식을 알아보자.

6간표에 의한 방식은 다음과 같다. 먼저 학생집단을 상, 중, 하로 구분하여, 상위 27%, 중간 46%, 하위 27%의 비율로 나눈다. 각 집단 별로 문항에 대한 정답률과 오답률을 구하여 표를 만든다.

예를 들어 보자. 300명 학생들에게 시험을 보게 하고, 이를 성적에 따라 상, 중, 하로 구분하여 각 집단 별로 정답과 오답 수를 계산해 보았더니, 다음 표와 같이 6간표로 분류되었다.

〈6간표의 예〉

	오답	정답
H	10	70
M	60	60
L	75	5

H : 상위 27% 집단의 반응
M : 중간 46% 집단의 반응
L : 하위 27% 집단의 반응

6간표에 의한 문항변별도 지수(D.I) 공식은 다음과 같다.

$$D.I = \frac{HR - LR}{\frac{3}{N}}$$

D. I : 문항 변별지수
H.R : 상위 집단에서 정답 한 학생 수
M.R : 중간 집단에서 정답 한 학생 수
L.R : 하위 집단에서 정답 한 학생 수
N : 사례 수(학생 수)

이 공식에 대입하여 위의 결과를 계산하면 다음과 같다.

$$D.I = \frac{70-5}{100} = 0.65$$

가장 낮은 변별도를 0.00, 가장 높은 변별도를 1.00 이라고 할 때, 이 경우 0.65 정도면 비교적 변별도가 높은 편이라고 할 수 있다.

D.I는 보통 0.40 이상이면 최우량 문항, 0.30 이상이면 우량 문항, 0.20 이상이면 보통이지만 고쳐야 할 문항, 0.19 이하이면 버리거나 전면 수정해야 할 문항으로 평가한다.

3) 문항반응분포

문항반응분포란 주로 선택형의 경우 문항 속에서 각 답지에 반응한 반응분포를 말한다. 예컨대, 4지 선다형의 경우라면, 4개의 답지에 대한 반응이 골고루 분포되었는가 아니면 편중되었는가를 알아보는 것이다. 문항반응분포를 조사해 보면 어떤 답지가 나쁜 것인지를 알 수 있다.

문항반응분포의 예를 들어보자. 다음 표는 세 문항에 대한 답지별 반응 수를 조사 것이다.

① 문항 1

답지	반응 수
①	54
②	149(*)
③	53
④	53
계	300

② 문항 2

답지	반응 수
①	90(*)
②	80
③	70
④	60
계	300

③ 문항 3

답지	반응 수
①	200(*)
②	80
③	0
④	20
계	300

<문항 1>은 좋은 분포이다. 정답에 많은 수가 집중되어 있고, 나머지 세 개의 오답들 간에도 비슷하게 매력이 있음을 알 수 있다.

<문항 2>는 정답과 오답의 변별이 잘 안된 문항이다. 이런 문항은 정답이나 오답 중에서 내용을 수정해야 한다.

<문항 3>은 답지 ③과 ④는 제 구실을 하지 못하고 있다. 특히 답지 ③은 전혀 불필요한 답지이므로 답지 내용을 수정해서 ②, ③, ④항이 골고루 분포되도록 유도해야 할 것이다.

4. 채점의 기술

1) 일반적인 주의

우리는 평가과정에서 채점을 소홀히 하는 편이다. 채점의 정확성에는 노력을 기울이지만 채점의 방법과 기준을 선정하는 일에는 주관과 편견이 크게 작용하곤 한다.

첫째, 오답의 가치를 인식해야 한다. 흔히 정답에만 관심을 갖고 정답률에만 신경을 쓰지만, 오답에 대한 중요성도 생각해야 한다. 오답을 반응하게 된 배경, 원인을 분석할 불요가 있다. 오답의 원인이 학습자에게 있는지, 아니면 문항 출제자에게 있는지, 문항의 잘못된 구성에 있는지에 대해서도 분석할 필요가 있다.

둘째, 예상하지 못한 정답이나 오답의 경우에 주의해야 한다. 특히, 자유로운 반응이 보장된 논문형에서는 응답의 다양성을 고려해야 한다.

셋째, 채점이 너무 어렵게 문항을 제작하지 말아야 한다. 채점이 너무 어려우면, 검사 신뢰도가 떨어지게 된다.

2) 객관식 문항의 채점

객관식 문항은 반응의 자유도가 한정되어 있기 때문에 채점이 단순하고 신뢰도가 높다. 다만 객관식 문항의 채점에서 특히 주의해야 할 점이라면 단순 반복으로 채점하는 과정에서 자주 생기는 착오를 조심해야 한다는 점이다.

3) 주관식 문항의 채점

주관식 문항 중 특히 논문형 검사에서 중요한 것이 채점인데 여기에는 분석적 방법과 객관적 방법의 두 가지 입장이 있다. 전자는 채점의 기준을 요소로 분석해서 배정한 뒤 채점하는 것이고, 후자는 답을 한 개의 단위로 보고 전체적인 관점에서 채점하는 것인데, 후자의 경우 채점자의 임의성이 개재될 위험이 많다고 볼 수 있지만 반응의 자유도가 아주 클 때는 오히려 효과적이기도 하다. 채점은 다음과 같은 요령으로 하는 것이 좋다.

첫째, 채점의 기준을 미리 정한다. 기준을 설정함으로써 채점자의 임의성과 주관성을 배제할 수 있다.

채점 기준의 예를 들면 다음과 같다.

<채점 기준의 예>

1. 제작자료의 풍부성……………………5점
2. 예시의 적절성…………………………5점
3. 논리적 주장의 적정성 ………………3점
4. 창의적 비판……………………………4점
5. 표현의 체제……………………………3점

총 20점

둘째, 채점 기준표를 만들면 편리하다.

셋째, 모범 답안을 만들어 채점 방향의 이탈을 방지하는 것이 좋다. 모범 답안에서는 반응 가능한 모든 답이 제시되어야 한다.

넷째, 채점 시에 편견과 착오가 작용하는데 주의해야 한다. 이름은 보지 않은 것이 좋고, 글씨의 깨끗함에 흔들려서도 안 된다. 항상 평가자 자신의 평가기준이 객관적인가를 비판적으로 생각해야 한다.

다섯째, 답안지는 학생단위 채점보다는 문항단위로 채점하는 것이 보다 객관적이다. 이렇게 해야 문항별 채점의 동질성이 유지될 수 있다.

여섯째, 문항의 배점 비율은 되도록 동일한 것이 좋으며 달리 하고자 할 때는 문항간의 배점 차가 너무 크지 않도록 해야 한다.

이상과 같은 점을 고려해서 채점을 하게 되면, 비록 논문형 검사라 할지라도 객관식 검사의 채점 못지않게 채점의 객관성과 신뢰성을 높일 수 있을 것이다.

5. 측정점수의 표시 방법

검사 측정된 결과는 결과의 이용과 해석을 위해 여러 방법으로 통계적 정리를 하게 된다. 결과의 통계적 표시 방법은 여러 가지가 있으나 가장 대표적인 것은 원점수, 백분위 점수, 표준점수일 것이다.

1) 원점수

원점수는 말 그대로 결과로 얻어진 점수 그 자체이다. 이 원점수는 척도에 따라 점수의 범위는 달라지게 된다. 10점 만점 20점 만점 등 점수 범위 내에서 표시된다. 이 원점수는 가장 의미가 적고 비과학적이며, 다음과 같은 단점을 갖고 있다.

첫째, 원점수 척도는 일정한 기준이 없다.

둘째, 원점수는 다른 원점수와 비교가 불가능 하다.

셋째, 원점수는 동간척도(同間尺度)가 아니다.

넷째, 원점수는 다른 점수와 성취도의 비교가 불가능하다.

원점수는 이상과 같이 그 자체로서는 별다른 의미를 갖기 어려우므로 이 점수를 표준점수로 변환시켜 해석해야 한다.

2) 백점 만점 척도

백점 만점 척도 역시 원점수의 일종이다. 다만 점수 범위를 100점 만점으로 한정하므로 쉽게 이해할 수 있을 뿐이다. 이 척도 역시 원점수와 근본적으로 같으며 몇 가지 문제점이 있다.

첫째, 의미 있는 준거점(절대영점)이 없다. 100점 만점 중에 국어 90점을 맞았다면 잘한 것인지 못한 것인지 비교할 근거가 없다. 준거점이 없으므로 국어 90점과 산수 70점을 비교해 볼 도리가 없다. 점수만 가지고는 과연 국어가 산수보다 높은 점수인지 판별이 불가능하다.

둘째, 객관성과 일관성이 없다. 평가자에 따라 점수가 달라지므로 객관적인 평가가 어렵다. 한 과목을 두 사람이 수업하고 평가했을 때 서로 다른 학급에서 얻은 90점의 의미가 동일하게 해석될 수 없다. 이런 관점에서 볼 때 교육 현장에서 편의상 100점 만점의 방법을 사용하고 있는 것은 비합리적인 방법임을 알 수 있다.

3) 백분위와 백분점수

백분위는 %로 표시되고, 백분점수는 점수 척도로 표시되는 차이가 있을 뿐 이 두 가지는 근본적으로 동일한 척도이다. 이 두 가지를 합해 보통 「백분척도」라 한다. 백분척도는 백점 만점 척도와 함께 가장 많이 사용된다. 이것은 우리가 일견해서 쉽게 이해할 수 있기 때문이다. 백분척도의 장·단점을 지적하면 다음과 같다.

(1) 장점

① 상대적 위치를 정확하게 알 수 있다.

② 분포 상태를 잘 나타내 준다.
③ 가장 이해하기 쉬운 자료이다.

(2) 단점

① 동간척도가 아니다. 그러므로 점수 간의 비교가 쉽지 않다.
② 총점, 평균 등의 더하기, 빼기 등이 불가능하다. 물론 우리가 일상적으로 합산하기는 하지만 바람직하고 의미 있는 것은 아니다.

4) 표준점수

표준점수란 원점수를 인위적으로 정상 분포의 상태가 되도록 처리한 것이다. 그리하여 개인의 위치를 객관적으로 표시해 주는 방법이다. 이 표준점수는 위에서 기술한 여러 점수 형태보다 통계적으로 오류가 없는 점수이다. 원점수나 백분위 점수 등은 사용하기는 편리하나 상호 비교나 통계적 처리가 불가능하다는 단점을 갖고 있다. 표준 점수는 이와 같은 단점을 보완하여, 점수간의 비교나 계산이 가능하기 때문에 교육평가의 자료로 가장 적당하다.

예컨대 한 학생이 국어 80점, 산수 60점을 얻었을 때 국어를 산수보다 잘했는지 판별되지 않는다. 그리고 국어 80점 + 산수 60으로 계산하여 평균 70점으로 계산할 수 없다. 물론 교육현장에서는 일상적으로 원점수를 합산하여 사용하고는 있으나 이론상으로 타당하지 않다. 왜냐하면 국어 능력과 산수 능력은 서로 다른 능력이므로 합산할 수 있는 것이 아니다.

이때 이 점수들이 표준점수로 환산되면, 국어를 잘한 것인지를 알 수 있고, 두 점수를 합산하여 평균점수를 낼 수도 있다. 여러 가지 표준점수 중에서 현실적으로 가장 편리하게 사용할 수 있는 것이 T 점수이다. T 점수는 평균이 50, 표준편차 10인 정상 분포 곡선을 가진다. 그러므로 국어 T 60점이면 평균 이상이고 산수 T 40점이면 평균이하임을 알 수 있다. 그리고 국어 T 60, 산수 T 40이면 평균 T 50이므로 정확히 그 집단의 중간이라고 해석할 수 있다. T점수의 계산 공식은 다음과 같다.

<T 점수의 계산 공식>

$$T = \frac{X-M}{SD}10 + 50$$

X : 개인의 소득 점수
M : 집단의 평균
SD : 표준 편차

이 T 점수도 완전한 것은 아니다. 근본적으로 절대 영점이 없어서 비율척도처럼 신용할 수 없으며, 집단 내 개인의 위치밖에 알려주지 못한다. 그러나 악의 점수들보다 훨씬 과학적이고, 논리적 오류가 적기 때문에 교육적으로 가장 합리적인 척도이다.

<T 점수의 특징>

① 동간적인 척도이므로 점수간의 계산이 가능하다.
② 점수간의 비교가 가능하다.
③ 일상적으로 늘 쓰는 100점 만점의 표시 방법과 같아서 쉽게 이해할 수 있다. 예컨대 T 10이면 낮은 점수, T 50이면 정확한 중간 점수, T 90 이면 높은 점수라고 쉽게 해석할 수 있다.

단원 마무리

질문을 만들어 보고 동료들과 이야기를 나눠 보세요.

♠ 정답이 있는 질문(교재에서 답을 찾을 수 있는 질문)
· 절대평가와 상대평가의 차이와 각 평가의 쓰임은 무엇입니까?
·
·
·

♠ 정답이 없는 질문(더 궁금하고, 이유나, 추론, 적용 등을 묻는 질문)
· 학생의 성장과 피드백을 위해 어떤 평가방법을 사용하시겠습니까?
·
·
·

Introduction to Education

chapter10. 학습과 교수

제1절 학습의 개념

제2절 학습의 조건

제3절 학습이론

제4절 교수의 개념

제5절 교수이론

제1절 학습의 개념

1. 학습의 의미

학습(learning)이란 어떤 행동이 발생하거나 변화하는 과정을 말한다. 모든 유기체는 이러한 학습을 통해 적응에 필요한 것들을 배워나가게 된다. 특히 인간에게 있어서 학습은 출생 당시의 무력함 때문에 더욱 중요한 의미를 지니게 된다. 인간의 행동은 성숙과 학습에 의하여 변화되는데, 생애의 초기 단계에서는 반사행동이나 본능적 행동과 같은 성숙에 의한 변화를 많이 볼 수 있으나 나이가 들어갈수록 훈련이나 경험에 의한 행동 변화에 해당하는 학습에 의존하여 적응하며 살아간다. 이렇게 볼 때 인간행동의 대부분은 학습의 결과라는 것을 알 수 있으며, 학습의 개념에는 단순한 조건 반사적 행동에서부터 고차원적인 추리 활동까지 포함될 수 있다. 그러므로 학습 행동의 종류는 다양하고 복잡하다. 이러한 일반적 관점에서 학습에 관해 내린 정의가 바로 '학습이란 연습이나 훈련의 결과로써 일어나는 비교적 영속적인 행동 변화'라는 것이다. 그러나 정확히 말해서 행동의 변화는 학습의 결과로 나타나는 것이지, 행동 변화 그 자체가 학습일 수는 없다.

학습의 개념을 좀 더 정확히 파악하기 위하여 학습의 의미를 밝혀주는 특징을 정리해 보면 다음과 같다.

첫째, 학습은 개체와 환경의 상호작용과정에서 일어난다.

둘째, 학습은 그 결과로써 행동의 변화를 일으킨다.

셋째, 학습은 연습이나 훈련의 결과로 일어난다. 따라서 성숙에 의해 일어난 행동 변화는 학습에 포함 시키지 않는다.

넷째, 질병이나 피로, 약물에 의한 일시적 행동변화 또는 반사적 신경에 의해 발생한 행동 변화는 학습에 포함 시키지 않는다.

다섯째, 학습은 간접경험에 의해서도 일어날 수 있다. 관찰이나 모방, 독서 등을 통해서도 학습은 일어난다.

2. 학교학습의 특성

학습에 관한 대부분의 연구가 실험실에서 이루어졌기 때문에 그 결과를 학교 활동에 그대로 이용하는데 많은 문제가 따른다. 실험실에서 진행되는 학습실험과 학교 현장의 학교학습의 차이점을 밝혀봄으로써 학교학습의 특징을 살펴보도록 하겠다.

첫째, 실험실 학습의 피험자는 주로 동물이나 대학생이지만 학교학습의 대상자는 일반 학생이다.

둘째, 실험실 학습은 비교적 단기간에 끝나는 단순 과제를 사용하지만 학교 학습은 보다 많은 생각과 노력을 필요로 하는 복잡한 과제를 다룬다.

셋째, 실험실 학습은 피험자의 과거 학습경험을 차단한 상태에서 진행하지만, 학교 학습은 학습자의 누적된 학습경험을 토대로 진행된다.

넷째, 실험실 학습의 성공여부는 피험자의 일상생활에 큰 영향을 미치지 않지만, 학교학습에서의 성공과 실패는 학습자의 일상생활에 큰 영향을 미친다.

다섯째, 실험실 학습은 학습에 영향을 줄 수 있는 많은 변인들을 통제한 상황에서 이루어지지만 학교학습이 이루어지는 교실상황에서는 변인들이 통제되지 않는다.

여섯째, 실험실 학습에서의 피험자는 숫자가 적거나 실험자와 피험자간의 상호작용이 학습 성취에 크게 영향을 미치지 않지만, 학교학습에서는 학습자 수가 대체로 많고 교사와 학생간의 상호작용이 학습 성취에 크게 작용한다.

제2절 학습의 조건

1. 준비성(readiness)

준비성(readiness)이란 학습자의 심리적, 신체적 조건이나 경험이 특정학습을 할 수 있도록 갖추어져 있는 상태를 말한다. 이것은 효과적인 학습이 이루어지기 위해서 학습자의 성숙정도와 경험이 일정한 정도의 수준을 유지하고 있어야 함을 의미한다. 학습자의 준비성을 파악하는 것은 학습의 최적기를 결정하거나 적절한 학습과제를 각 학년에 배당하는데 중요한 역할을 한다. 학습은 개인의 발달수준에 맞추어서 진행되어야 효과를 극대화 할 수 있다.

브루너(Bruner)는 이러한 준비성의 개념이 학습에 대해 지나치게 소극적이라는 점을 지적하고, 학습자의 지적 호기심을 최대한으로 자극하는 방법을 추구하여 성공적인 학습을 위한 준비성을 촉진시켜야 한다고 주장한다. 학습 준비성에 대한 소극적인 태도는 준비성이 마치 학습자 발달의 어느 한 시점인 것처럼 생각하고 언젠가 자연스럽게 나타날 것이라고 기다리는 오류를 범할 수 있다. 학습자에게 다양한 형태의 학습기회를 주어 준비성의 유무를 찾아내고 학습자의 호기심을 자극하여 준비성을 촉진시켜야 한다. 그러나 인간에게는 어떤 기능이나 활동을 가장 쉽게 배울 수 있는 시기가 있는데, 이를 결정적 시기라고 한다. 이러한 결정적 시기를 잘 포착하여 학습시킬 경우 완벽한 학습효과를 거둘 수 있다.

2. 동기유발

동기유발이란 개체가 일정한 행동을 하고자 하는 경향이 생긴 것을 말한다. 학습자가 실제 학습활동에서 진행 중인 학습과제에 흥미와 관심을 가지고 활발하게 수업에 참여하는 상태를 동기유발 되었다고 한다. 이러한 동기유발은 학습자의 행동 형태와 방향을 결정하는 학습자 내적 요인으로서 학습의 효과를 증진 시킨다. 학교현장에서 학습자의 동기를 유발 시키는 것은 아주 중요한 일이다. 동기유발 방법에는 외적 동기유발과 내적 동기유발이 있다.

외적 동기유발이란 칭찬이나 벌과 같은 학습자 외부에서 주어지는 자극에 의해서 학습에 적극 참여하도록 하는 방법이다. 좋은 성적을 얻기 위해서 또는 부모의 관심을 끌기 위해서 열심히 공부하는 학생들의 경우에 해당된다. 한편, 내적 동기유발은 학습자의 내면적 욕구에 의해 적극적 학습 참여를 유도하는 것이다. 학습자가 능동적으로 학습에 참여하여 탐구하고 추리하여 문제를 해결하는 과정에서 스스로 만족을 느끼는 경우가 내적 동기유발이다.

교육의 궁극적인 목표가 학습자로 하여금 스스로 학습하도록 이끄는데 있다고 할 수 있다. 그러나 모든 학습자들에게 처음부터 이러한 내적 동기유발 상태에 이르기를 기대할 수는 없다. 어린이들에게 일정한 수준의 학습능력이나 학습습관을 길러주기 위한 초기단계에서는 외적 동기유발 방법을 채택하는 것이 효과적이다. 그러나 최종적으로는 내적 동기유발 상태에 이르도록 이끌어야 한다. 왜냐하면 외적인 보수에 의한 학습은 학습자로 하여금 교사나 부모가 기대하는 반응에 순종하도록 만들어 수동적인 성격 형성과 단편적 지식습득은 물론 외적 보수를 지나치게 의식한 나머지 부당한 방법으로 좋은 결과만을 추구하려는 부정적 태도를 형성할 염려가 있다. 반면 지식추구 활동을 통한 내면적 욕구충족을 경험하게 하는 내적 동기유발은 능동적이며 자율적인 학습자를 길러 낼 수 있는 것이다.

동기유발의 구체적 방법을 내적 동기유발과 외적 동기유발로 나누어 살펴보겠다.

1) 내적 동기유발

(1) 호기심

학습과제의 제시가 학습자에게 적절한 수준의 호기심을 유발하도록 이루어져야 한다.

(2) 흥미와 적성

학습자의 흥미와 적성을 파악하여 그것을 학습에 적극 활용할 때 동기유발이 잘 될 수 있다.

(3) 결과에 대한 지식

학습결과에 대한 정보를 알려주는 것은 학습자로 하여금 자신의 문제 해결과정을 점검해 볼 수 있게 해주어 주체적 지적활동 추구를 촉진시킨다.

(4) 목표인지

학습목표는 학습의 진행방향을 알려주기 때문에 학습자가 학습목표를 정확히 알고 있으면 보다 적극적으로 학습에 참여할 수 있다.

2) 외적 동기유발

(1) 상과 벌

학교현장에서 가장 많이 사용하는 동기유발 방법이 바로 상과 벌이다. 상은 학습자의 특정행동을 더욱 촉진시키는 역할을 하는데, 그 종류에는 물질적 보상, 칭찬, 관심 등이 있다. 벌은 학습자의 특정행동을 제거하기 위해 사용하며, 그 종류에는 체벌, 비난, 멸시 등이 있다. 상은 학습자의 동기를 유발하는데 있어 가장 직접적이고 즉각적인 효과를 나타내는 방법이며, 특히 선물과 같은 물질적 보상보다는 관심 기울이기와 같은 정신적 보상의 효과가 지속적이다. 그러나 벌은 정서적인 불안감을 초래하여 인간관계를 해칠 염려가 있다는 점에 유의해야 한다.

(2) 협동과 경쟁

여러 명의 학습자가 함께 생활하는 학교현장에서 학습자들은 학습과정에서 협동과 경쟁을 경험하게 된다. 협동과 경쟁은 모두 동기유발에 적극적 영향을 미친다. 그러나 경쟁은 본질적으로 상대적 우수성을 요구하기 때문에 배타적 인간관계를 형성할 가능성을 지니고 있으며, 지나치게 학습의 결과에만 집착하게 만든다. 반면 공동목표를 향해 활동하는 협동은 경쟁에 비해 학습의 양적인 면에서는 열등하나 질적인 면에서 우수한 성과를 나타낸다.

제3절 학습이론

1. 조건형성이론

조건형성이론은 행동주의 심리학자들에 의해 정립된 것으로써 인간의 모든 행동은 경험을 통한 학습의 결과로 형성된다는 것이다. 이들에 의하면 인간은 근본적으로 환경의 지배를 받는 동물로써 한 개체가 나타내 보이는 행동은 주어진 환경자극에 대한 반응이며, 이 반응은 강화에 의해 계속 유지될 수 있다는 것이다. 다시 말해서 인간의 행동은 내부의 동기에 의해서 일어나는 것이 아니라 자신이 통제할 수 없는 외적인 힘에 해당하는 환경에 의해서 형성된다는 것이다. 이들은 자극(stimulus)과 반응(response)의 결합을 학습이라고 보고, 학습이 일어나는 현상에 관한 과학적 연구를 위해 객관적으로 관찰이 가능한 행동만을 연구의 대상으로 삼을 것을 주장한다. 이들의 주장이 인간행동에 미치는 환경의 영향을 지나치게 강조하는 면이 있긴 하지만 인간에게 경험을 체계적으로 조직하여 제공할 경우 어떠한 행동도 학습시킬 수 있다는 점을 시사해 주고 있어 교육적으로 큰 의미를 지니게 된다.

1) 고전적 조건형성

고전적 조건형성(classical conditioning)은 짝지어 제시된 두 개의 자극에 대해서 동일한 반응이 일어나는 현상에 관한 이론이다. 유기체의 경우 입안에 음식이 들어왔을 때 타액이 분비되는 것과 같은 반응은 자율신경계의 통제에 의해 일어난다. 유기체에게서 볼 수 있는 이러한 자연스러운 반응을 무조건 자극(음식)에 대한 무조건 반응(타액)이라고 한다. 그런데 러시아의 생리학자 파브로프(Pavlov)는 개를 이용한 타액분비 실험에서 타액분비와는 전혀 상관이 없는 종소리에 대해서도 개가 타액을 분비하도록 하는데 성공했다. 이것이 바로 새로운 자극과 반응의 결합, 즉 조건자극(종소리)에 대한 조건반응(타액)이 이루어진 조건형성(conditioning)이다.

파브로프의 실험과정을 [그림 10-1]과 같이 나타낼 수 있다.

조건형성 이전

조건자극(종소리) → 무반응이나 청각반응
무조건자극(음식) → 무조건반응(타액분비)

조건형성 중

조건자극(종소리) ↘
무조건자극(음식) → 무조건반응(타액분비)

조건형성 후

조건자극(종소리) → 조건반응(타액분비)

[그림 10-1] 고전적 조건형성

위의 그림에서 알 수 있듯이 조건형성이란 실험이 있기 이전에는 타액 반응과는 전혀 상관이 없는 중성자극으로 존재하던 종소리가 개에게 음식을 제시하기 바로 전에 반드시 종소리를 들려주는 실험을 계속할 경우 결과적으로 개는 음식물이 동반되지 않는 종소리에 대해서도 타액 반사를 보이게 된다. 파브로프의 조건형성이론은 유기체의 새로운 행동형성 과정을 과학적 실험을 통해 밝혀낸 최초의 연구로서 행동주의 심리학자들에 의해 학습이론으로 발전하게 된다. 그러나 파브로프의 실험에 근거한 조건형성을 유기체의 본능적이고 생리학적인 반응에 새로운 자극을 짝지어 주는 것과 같은 극히 제한적인 반응에만 적용된다.

2) 조작적 조건형성

조작적 조건형성(operational conditioning)은 유기체의 의도적 행동에 따르는 결과에 의해서 새로운 행동이 형성되는 과정을 설명한 이론이다.

조작적 조건형성에 관한 체계적 실험연구는 스키너(Skinner)에 의해서 이루어졌다. 그는 조그만 상자 속에 배고픈 쥐를 넣어두고, 쥐가 상자 속에 장치된 지렛대를 발로 눌렀을 때에만 음식물이 떨어지게 장치를 하고 관찰했다. 실험을 반복한 결과 쥐로 하여금 음식물을 얻기 위해서는 항상 지렛대를 누르는 반응을 할 수 있게 만들었다. 즉 유기체가 의도적으로 나타내 보이는 여러 행동 중 특정행동(지렛대 누르기)을 선택해서 강화(음식제공)하는 과정을 반복할 경우, 유기체에게 그 행동(지렛대 누르기)을 학습시킬 수 있다는 것이다. 이러한 조작적 조건형성에서는 유기체의 반응이 환경에 의해 통제되고 관리되는 과정을 밝혀내는 데 중점을 두게 된다. 즉 반응과 그 결과 간의 관계에 관심을 가진다.

조작적 조건형성을 통해서 동물들에게 상당히 복잡한 일련의 반응을 수행하도록 훈련시킬 수 있다. 해상 동물원에서 보여주는 돌고래 쇼와 같은 것들이 이러한 과정으로 형성된 자극—반응 연쇄학습에 해당된다. 학교현장에서 한 학생이 수업시간에 발표를 수행한 후 교사의 칭찬을 받았다면, 그 학생의 발표 행동은 증가하게 될 것이다.

3) 조건형성의 주요현상

(1) 소거와 자발적 회복

조건형성에 의해 새로운 행동이 습득된 후, 계속해서 조건자극에 무조건 자극이 전혀 따라오지 않거나 특정행동 뒤에 강화가 주어지지 않게 되면, 그 행동이 점점 감소되다가 결국엔 모두 사라져 버리게 되는데, 이것을 소거 현상이라고 한다. 종소리에 타액반사를 나타내도록 조건 형성된 개에게 종소리 뒤에 전혀 음식이 뒤따르지 않는 상황을 계속 제시하게 되면, 종소리에 대한 타액분비량이 점차 줄어들다가 결국엔 사라져 버린다. 이러한 소거 상태가 계속되다가 특별한 다른 조건이 제시되지 않았는데도 조건 형성된 행동이 저절로 회복되는 현상이 나타나는데, 이것을 자발적 회복이라고 한다. 그러나 이러한 자발적 회복 현상은 일시적인 것으로서 더 이상 자극이 짝시어 제시되지 않거나 강화가 뒤따르지 않으면 조건 형성된 행동은 소거된다.

(2) 일반화와 변별

일반화란 한 개체가 특정 자극에 대해 조건반응이 형성된 후 그 조건자극과 유사한 자극들에 대해서도 조건반응을 나타내는 현상을 말한다. 그러나 유사한 자극들을 제공하고 처음 사용한 조건자극에만 계속 강화를 주게 되면 다른 유사자극에는 반응을 보이지 않게 되는데, 이것을 변별이라고 한다. 일반화 현상은 조건형성의 초기 단계에 많이 나타나지만 특정 자극에 대해서만 강화를 주게 되면 변별로 이행된다.

2. 인지이론

인간의 지각(perception)에 관한 연구를 중심으로 발달한 독일의 형태주의 심리학자들에 의해서 발전한 이론으로서 학습을 인지구조의 성립과 변화로 보려는 입장이다. 이들은 인간의 지각과정을 중요하게 생각하며, 외부상황에 대한 유기체의 인지는 그것을 구성하는 요소들의 단순한 결합이 아니고, 그 이상의 의미를 가진다. 동일한 상황에 대한 접촉이라도 개인의 과거경험, 기대, 추구하는 목표 등에 따라 다르게 지각한다는 것이다. 다시 말해서 인간유기체는 환경과 상호작용 하는 능동적인 존재로서 행동의 대부분이 외적자극보다는 내적 동기에 의해 일어난다. 그러므로 학습이란 개체의 인지구조에 변화를 초래하는 것이라고 보며, 학습이란 주어진 상황이 전체적으로 조직되어 있는 관계를 파악하고 이해하는 과정에 의해 이루어진다고 주장한다.

1) 통찰설(insight theory)

통찰설(insight theory)은 학습이란 주어진 상황에 대한 학습자의 문제장면 전체에 관한 통찰에 의해서 이루어진다고 보는 입장이다. 쾰러(Koehler)는 인간과 가장 유사한 침팬지를 대상으로 한 실험을 통해 인간의 학습은 동물들과는 달리 중추신경계의 영향을 받는 유목적적 행동에 의해 이루어진다는 것을 밝혔다. 즉, 나무상자와 막대기가 따로 흩어져 있는 방안에서 천장에 높이 매달린 바나나를 따먹는 실험에서 침팬지는 나무상자를 바나나 밑에 가져다 놓고 막대기를 쥐고, 그 위에 올라가 바나나를 따는데 성공했다. 이는 침팬지의 복잡한 문제 해결과정을 알려주는 실험이었다. 그는 침팬지가 여러 가지 무모한 행동을 반복 수행하는 것이 아니라, 방안의 여러 상황을 한참 살펴본 후 위와 같은 행동을 바로 실행에 옮겼다고 보고했다. 이것은 침팬지가 처음에는 바나나 따는 일과 무관했던 부분적인 요소들(나무상자·막대기)을 바나나를 따는 것과 관련된 의미 있는 인지구조로 형성했기 때문에 학습이 이루어진 것이다.

문제해결을 위한 구성요소들 간의 관계 또는 전체와 구성요소 간의 관계를 파악해 내는 과정을 통찰(insight)이라고 한다. 이러한 통찰은 대뇌 중추적 기제이고, 갑자기 순간적으로 일어나기 때문에 '아하! 경험'(aha! experience)이라고도 한다.

2) 장이론

장이론(field theory)은 행동의 결과를 개체적 조건과 환경적 조건의 상호작용으로 본다. 레빈(Lewin)은 인간의 행동을 설명하는데 있어 물리학의 역학적 장개념을 도입했다. 그는 개인을 둘러싸고 있는 환경(E)은 개체(P)의 경험, 사고, 상상 등과 항상 역동적 관계를 맺게 된다고 했다. 즉 개체의 행동(B)은 개체와 환경의 상호작용이라고 보고, B=f(P・E)라는 행동공식을 제시했다. 인간의 주변세계는 개인의 과거경험으로 구성된 인지구조의 영향을 받아 개인의 심리적 환경으로 바뀌게 된다. 그러므로 학습이란 학습자의 내부적 특성의 변화에 의해 이루어지게 되는 것이다.

레빈은 학습을 다음의 네 종류로 나누었다.

(1) 인지구조의 변화로서의 학습

학습자의 인지구조 변화는 다음과 같은 경우에 일어난다. 즉 새로운 경험에 의해 미분화된 영역이 구조화될 때, 낡은 구조가 개조될 때, 상상, 추리 등에 의해 심리학적 현실세계가 확대될 때 학습자의 인지구조가 변화된다.

(2) 동기의 변화로서의 학습

학습자가 가진 내적동기가 변화함에 따라 학습이 이루어질 수 있다. 성취동기가 강한 학생이 보다 학습이 잘 이루어진다.

(3) 이데올로기의 변화로서의 학습

개체는 자신이 속해 있는 집단이나 사회의 이데올로기에 따라 사물이나 사건을 지각하고 받아들이게 된다. 그러므로 개인이 소속집단을 바꾸거나 사상의 전환을 하게 될 때 그의 학습에 영향을 미치게 된다.

(4) 신체근육의 통제로서의 학습

신체적 기능을 의도적으로 통제하거나 훈련 함으로서 새로운 행동이 형성될 수 있다. 신체 기능의 학습이 인지구조의 변화에 영향을 미칠 수 있다.

3. 관찰학습

인간의 새로운 행동습득은 관찰을 통한 모방과 대리적 학습 및 독서와 강연 참여 등을 통한 상징적 학습에 의해서도 이루어진다. 인간은 어떤 행동을 습득하기 위해서 반드시 직접적인 경험을 해야만 되는 것이 아니라, 다른 사람의 경험을 간접적으로 보고 들어서 자기 행동을 변화시키기도 한다. 부모, 교사 또는 친구와 인기 연예인들의 행동을 지켜본 아동들에게서 그들의 행동특성을 습득하는 경향을 찾아볼 수 있다. 이러한 현상은 한 개인이 타인의 행동을 관찰하거나 모방함으로써 학습이 이루어질 수 있음을 알려준다. 심리학에서는 이러한 형태의 학습을 관찰학습 또는 사회학습이라고 한다. 어린이는 주로 부모와 또래들의 행동을 단순히 따라하거나 또는 다른 사람의 행동을 관찰한 후 자기의 판단과 생각을 덧붙여서 그 행동을 모방하기도 한다. 그러므로 관찰학습에서는 타인의 행동과정에 대한 관찰자의 지각에 많은 영향을 받는다. 학습자가 기계조작에 대한 조교의 시범을 지켜본 후 스스로 실행에 옮기는 경우가 관찰학습에 해당된다. 또 관찰학습에는 다른 사람의 행동을 관찰한 후, 그 행동의 결과에 따라서 모방여부를 결정하기도 한다. 즉 모델의 행동 중 상이나 칭찬을 받는 행동은 따라하지만, 벌이나 질책을 받는 행동은 피하게 된다. 이러한 경우 학습은 모델의 인기가 높을수록, 모델과 학습자간의 유사성이 클수록 모방의 가능성이 커진다. 이것은 인기 연예인의 복장이나 행동특성을 모방하는 청소년이나 형의 잘못을 지켜본 동생이 똑같은 실수를 피해 가는 현상에서 찾아볼 수 있다.

반두라(Bandura)는 관찰학습에서는 외형적 반응이나 강화가 필요하지 않은데, 그 이유는 학습자가 자신의 환경 자극을 인지적으로 선택하고 조직하기 때문이라고 했다. 반두라가 제시한 관찰학습의 진행 과정을 살펴보기로 하겠다.

첫째, 주의집중과정: 모델의 행동에 주의를 집중해 관찰한다.

둘째, 파지 과정: 관찰한 내용을 조직하고, 기억해서 저장하며, 시연 행동을 하기도 한다. 관찰 내용을 부호화하여 인지구조 속에 저장하는 것이다.

셋째, 재생과정: 관찰해서 저장했던 행동을 자신의 능력에 맞춰 직접행동에 옮긴다.

넷째, 동기화 과정: 학습자가 실행에 옮긴 행동에 대한 보상이나 자기만족에 의해 악으로 그 행동이 일어날 가능성을 높여주게 된다.

4. 정보처리 이론

인간의 인지과정을 컴퓨터의 정보처리 과정에 비유하여 학습을 설명하려는 입장을 정보처리 이론이라고 한다. 이들은 인간이 정보를 처리하여 기억 속에 저장했다가 다시 꺼내어 활용하는 일련의 정보처리 과정에 관심을 가진다. 따라서 정보처리 이론에서는 학습을 인간의 기억 및 파지와 관련시켜 연구하게 된다. 인간의 기억체계는 [그림 10-2]와 같이 감각기억, 단기기억, 장기기억 장치로 구성되어 있다고 본다.

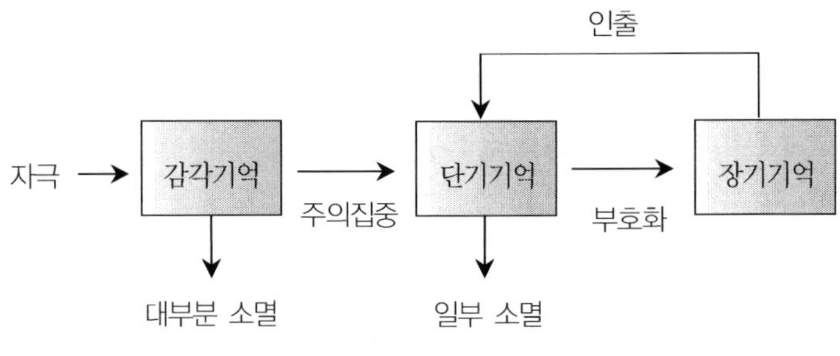

[그림 10-2] 기억체계의 구성

감각기억 장치는 정보처리의 첫 단계에 해당되며, 주로 우리의 감각기관을 통해 들어오는 모든 자극이 잠시 머무는 곳이다. 감각기억은 우리의 감각기관을 자극한 많은 정보들을 비교적 충실하게 받아들이긴 하나 빨리 주의를 기울이거나 의미화하지 않으면 사라져 버린다. 여기에서 선택적으로 주의를 기울인 정보와 의미 있는 것으로 지각해서 받아들인 정보는 다음 처리단계인 단기기억 장치로 들어가게 된다.

단기기억 장치는 주위 환경에서 들어온 정보와 이미 기억하고 있는 장기기억 장치에 저장된 정보를 동시에 처리하는 단기적이며 적극적인 기억 활동 과정이다. 이러한 단기기억 장치는 정보를 저장할 수 있는 용량이 제한되어 있기 때문에 들어온 정보를 빨리 처리하지 않으면 새로운 정보에 의해 밀려나 사라지게 된다. 그러므로 단기기억 장치에 들어온 정보는 빨리 처리해서 장기기억 장치로 보내야만 기억할 수 있는 정보가 된다.

장기기억 장치는 처리된 정보를 저장하는 곳으로 용량의 제한이 없기 때문에 많은 양의 정보를 저장할 수 있다. 이곳에 저장된 정보는 체계적으로 조직되어 관리되며, 인출을 위한 단서가 주어지면 활용할 수 있게 된다.

학습에 관한 정보처리이론에서는 학습자의 기억체계에 대한 연구를 통해 학습과 기억의 효율성을 증진시킬 수 있는 방법을 탐색하는데 주력하고 있다.

제4절 교수의 개념

1. 교수의 의미

교수란 교사가 학습자에게 특정한 행동을 학습시키기 위하여 환경을 계획적으로 조작하는 과정이다. 즉 학습자의 경험을 의도적으로 형성하려는 교육적 활동이라고 볼 수 있다. 학교현장에서 교수와 비슷한 의미로 자주 등장하는 용어로 수업이 있다. 영어의 Teaching과 Instruction을 번역하는 과정에서 생겨난 용어들인데, Teaching을 교수로 Instruction을 수업으로 번역하는 사람이 있는가 하면, 그 반대로 번역하는 사람도 있다. 어쨌든 교수와 수업은 학습이 효율적으로 일어날 수 있도록 도와주는 과정으로서 구별 없이 사용하는 것이 일반적이다. 그러나 수업보다 교수를 보다 폭넓은 의미로 보는 입장도 있다. 즉 교수는 학습자의 모든 능력을 자극하는 포괄적인 내용의 전달로 보는 반면 수업은 학습자의 지적 탐구적 특성을 자극하는 내용을 전달하는데 국한시키려 한다. 또한 교수와 학습의 두 활동이 동시적으로 일어나고 있는 점을 강조하여 교수·학습과정이라고 지칭하기도 한다. 여기에서는 교수와 수업은 학습자에게 학습이 일어날 수 있도록 학습자의 내적과정을 파악하고 그것을 촉진시키기 위한 외적조건을 체계적으로 조성하는 것으로서 이해하며 구별 없이 사용하겠다. 다시 말해서 교수란 일정한 학습과제의 성공적인 학습을 위하여 학습 환경과 학습조건 및 교사—학생간의 상호작용을 의도적으로 계획하고 관리하는 과정을 총칭하는 것이다.

교수의 개념을 보다 정확히 파악하기 위해 교수활동과 관련된 변인을 정리해 보면 다음과 같다.

1) 교수활동의 변인

(1) 학습과제 변인

학교에서 진행되는 수업은 교육과정에 내포된 일정한 내용과 행동을 가르치는 과정이다. 그러므로 교수—학습의 전과정은 정해진 학습과제에 적합해야 한다.

(2) 학습자 변인

학습자의 지적, 정의적, 신체적 특성에 맞게 교수활동이 설계 운영되어야 한다. 학습자가 지닌 선행학습의 정도, 동기, 체력 등은 교수—학습과정에서 직접적으로 관련된다.

(3) 교사 변인

교사는 주어진 학습과제의 해석과 조직, 수업의 절차와 방법, 그리고 평가에 이르기까지 수업의 대부분을 계획하고 운영한다. 따라서 교사의 능력은 물론 교사가 가진 교육철학이 크게 작용한다.

(4) 학습환경 변인

수업을 위한 자료 및 시설 그리고 학급규모와 분위기 등이 교수활동에 크게 영향을 미친다. 교수활동은 각 학교 또는 학급의 상황적 조건을 고려해야 한다.

2. 교수와 학습의 관계

학교에서 교육목표를 달성하기 위해 수행하는 교육활동에서 교수와 학습은 동시에 일어난다. 교사를 중심으로 수행되는 교육환경의 조작이나 수업절차는 교수에 해당되며, 학습자료 중심으로 진행되는 경험, 연습, 실험과 같은 활동은 학습에 해당된다. 그러나 역사적으로 볼 때 교수와 관련된 교수법이라는 용어가 학습이나 학습지도라는 말보다 먼저 사용되어져 왔음을 알 수 있다. 루소(Rousseau)의 아동중심 사상이 교육계에 받아들여지기 이전에는 주로 교사중심의 교육이 유지되었기 때문에 교수이론이 발달하게 된다. 그러나 이 시기의 교수이론들은 학습자에 대한 탐색이나 연구가 수반되지 않은 상태에서 주로 관념이나 사상의 형성과정에 대한 논리적 분석을 통해 지식을 체계적으로 보다 쉽게 가르칠 수 있는 방법을 연구하려고 노력하게 된다.

듀이(Dewey)를 중심으로 발달한 진보주의 교육 사상을 바탕으로 아동의 경험에 관심을 가지게 되었다. 즉 아동의 경험이 형성되는 과정과 그것이 재구성되는 과정에 대한 탐색경향이 학습이론의 발달로 이어지게 된다. 그러나 진보주의 교육에 대한 비판으로 교육의 효율성 문제가 대두되면서 교수방법에 대한 논의가 다시 일어나게 된 것이다. 보다 효율적인 교수방법의 개발은 학습과정을 충분히 고려한 상태에서 이루어져야 한다는 사실을 간과할 수는 없다. 새롭게 등장한 교수—학습과정이라는 용어가 이를 잘 대변해 주고 있다. 특히 학교교육의 교실상황에서 교수와 학습은 서로 밀접하게 관련되어 있다. 그렇지만 교수와 학습이 동일한 의미를 지닌 것은 아니다.

교수와 학습의 차이점을 비교해 봄으로써 그 의미를 좀 더 구체적으로 파악해 보도록 하겠다.

첫째, 교수는 교사중심의 독립변수이고, 학습은 학생중심의 종속변수이다. 학습은 교사의 교수활동에 영향을 받아서 발생하는 학생의 경험이기 때문이다.

둘째, 교수는 일정한 목표가 있으나 학습에는 목표가 있을 수도 있고 없을 수도 있다. 교수는 반드시 의도적인 활동이지만 학습은 무의도적으로 일어날 수도 있다. 따라서 학습이 수업에 비해 보다 포괄적인 개념이라 할 수 있다.

셋째, 교수는 일의적이지만, 학습은 다의적이다. 교사의 수업은 한 방법으로 진행되지만, 배우는 학생들은 각각 다르게 받아들이게 된다. 학습은 학생들의 개인차에 영향을 받기 때문이다.

넷째, 교수는 처방적이지만, 학습은 기술적이다. 교수는 교육목표 달성을 위한 적절한 수업절차와 환경조성 등의 방법을 찾아내는 처방적 특성을 지니고 있다. 그러나 학습은 학습상황을 지켜보고 학습의 성립과정과 법칙을 기술하는 것이다.

다섯째, 교수에 관한 연구는 주로 교실에서 이루어지지만 학습에 관한 연구는 실험실에서 이루어진다. 학습이론의 대부분이 동물을 실험 대상으로 삼아서 나온 결과이기 때문에 그대로 인간에게 적용하는데 어려움이 따른다.

제5절 교수이론

1. 글레이저(Glaser)의 교수절차모형

교수란 학습자가 수업목표를 성취할 수 있도록 도와주기 위해 환경을 조성하는 활동이기 때문에 연속적인 과정으로 이해되어야 한다. 이러한 일련의 연속적인 교수과정을 처음으로 체계화한 사람이 글레이저(Glaser)이다. 그는 교수 활동에 대한 체계적 접근을 통해 4개의 구성요소로 된 교수 절차 모형을 만들어 내었다 [그림 10-3].

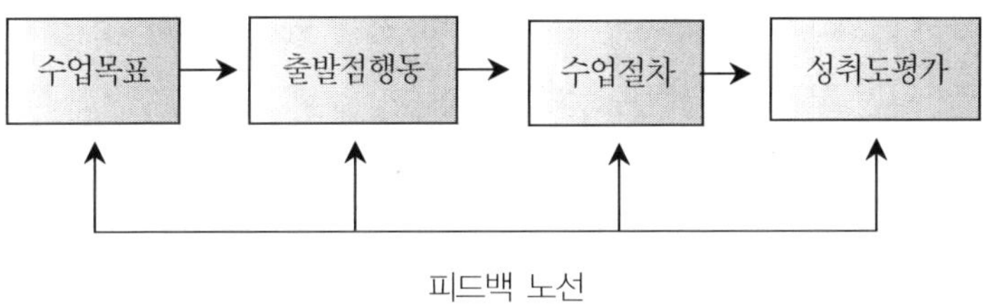

[그림 10-3] 교수 절차 모형

글레이저는 수업목표, 출발점 행동, 수업절차, 성취도 평가를 교수 활동의 구성요소로 보았으며, 성공적인 교수를 위해서는 이들 요소들을 체계적으로 상호 관련 시켜서 수업을 진행해야 한다고 했다. 즉, 수업의 각 단계는 계속적 피드백에 의해 후속단계의 활동을 결정할 뿐만 아니라 이전 단계의 활동을 수정하도록 유기적으로 관련되어 있다. 교수활동 진행과정의 구성요소는 다음과 같이 설명할 수 있다.

1) 수업목표 설정

수업목표는 특정 교수과정이 끝났을 때 학생들이 보여줘야 할 변화된 행동이다. 체계적인 교수 활동을 수행하기 위해서는 수업목표인 학습자의 변화된 행동들을 관찰, 측정이 가능한 수준으로 구체화 시켜야 한다. 그러므로 수업목표는 학습자의 행동을 중심으로 진술 해야하며, 명확하고 간결해야 하며, 일정한 성취기준을 나타내 주어야 한다. 이러한 관점에서 글레이저는 수업목표의 세분화를 주장하게 된다. 세분화된 수업목표는 교수와 학습의 방향을 구체적으로 제시해 주며, 학습 내용의 선정과 조직에 대한 지침의 역할을 해줄 수 있을 뿐만 아니라 성취도 평가의 준거가 된다.

2) 출발점 행동

출발점 행동이란 특정 행동을 학습하려는 시점에 학습자들이 가지고 있는 여러 가지 특성들을 말한다. 효율적인 교수 활동을 위해서는 학습자들이 가지고 있는 출발점 행동들을 측정하여, 그 결과를 활용해야 한다. 출발점 행동으로 고려되어야 할 학습자의 행동특성으로는 지적능력, 선행학습 정도, 적성과 같은 인지적인 측면과 흥미, 자아개념, 태도와 같은 정의적인 측면이 있다. 학교현장에서 출발점 행동을 측정하기 위해 진단평가를 실시하지만, 인지적 측면을 지나치게 강조 할 경우 출발점 행동진단에 오류를 발생시키게 된다.

3) 수업절차

교사가 실제로 수업목표를 달성하기 위해 수행하는 모든 수업전개 활동을 수업절차라고 한다. 교사는 학습자의 출발점 행동을 고려해서 적절한 수업자료를 개발하고, 수업전략을 찾아야 하며, 학습과제의 내용을 선수학습과 관련짓는 활동 등을 수행해야 한다. 학습자가 수업목표를 달성할 수 있도록 수업 매체 활용이나 견학, 관찰 등 학습자의 개인차를 고려한 다양한 보조 활동을 계획하고 실행해야 한다. 수업절차에 대한 교정적 정보를 얻기 위해 형성평가를 실시 히기도 힌다.

4) 성취도 평가

일련의 교수 활동이 끝난 다음, 설정된 수업목표에 도달한 정도를 파악하는 것이 성취도 평가이다. 즉 수업이 끝난 후 학습자들이 나타내 보여준 행동의 변화를 알아보는 것이다.

성취도 평가에서 얻어진 정보는 후속 되는 단위의 교수 활동 절차를 설계하는데 기초자료로서 활용 된다.

2. 브루너(Bruner)의 교수이론

브루너(Bruner)는 교수활동을 학습의 순서를 최적화 하는 것으로 보고, 교수에 관한 이론은 지식이나 기술을 배우고 익히는데 가장 효과적인 방법을 수립하고, 실천하는 활동과 관련된 법칙을 제시해야 한다고 했다. 이러한 입장에서 그는 교수 이론에 포함 시켜야 구성요소로 학습 경향성, 지식의 구조, 학습계열, 강화체제를 제시했다.

1) 학습 경향성

학습 경향성이란 학습자가 가지고 있는 학습 의욕 또는 학습 동기라고 할 수 있다. 학습자의 높은 학습경향성은 학습상황이나 문제해결 장면에서 적극적이고 능동적인 수업참여를 이끌어내게 되어 문제의 해결 가능성을 탐색하려는 태도를 유지시키게 된다. 이러한 학습 경향성을 높이기 위해서는 다음과 같은 전략이 필요하다.

① 문제 해결의 탐색경 향성을 활성화 시킨다.

학습자가 문제에 대해 호기심을 가지게 하기 위해서는 적정수준의 불확실성을 유지해야 한다. 학습자에게 너무 쉽거나 너무 어려운 문제는 호기심을 유발하지 못한다. 그리고 수업상황에서 학습자의 탐색 과정에서 발생할 수 있는 실수에 대해 관대해야 한다. 교사의 관대한 태도는 물론 교실 분위기가 허용적이고 개방적이어야 한다.

② 탐색에 대한 방향감을 제시해 준다.

학습자로 하여금 학습의 목적이나 문제의 핵심을 알려주어 학습자의 탐색 방향이 수업목표를 향해 나아갈 수 있도록 이끌어야 한다.

2) 지식의 구조

브루너에 의하면 어떤 영역의 지식을 구조화해서 학습시킬 때 학습자는 보다 쉽게 배울 수 있다는 것이다. 지식의 구조란 한 교과를 구성하고 있는 가장 기본이 되는 개념이나 법칙 또는 아이디어를 말한다. 그러므로 지식의 구조는 복합적인 단편 지식들을 조직적으로 단순화시킨 것이라고 할 수 있다. 브루너는 한 교과의 지식을 구조화하기 위해서는 그 교과 영역의 최고 전문가가 참여해야 한다고 주장했다. 지식의 구조를 파악하는 것은 어렵지만, 구조화된 지식을 학습하게 되면 여러 상황으로의 전이가 쉽게 이루어질 수 있어 학습의 효과가 높아진다.

브루너는 지식의 구조가 가지는 특성을 다음 세 가지로 제시했다.

첫째, 지식의 표현양식이 다양하다.
둘째, 표현이 경제적이다.
셋째, 표현의 파생력이 강하다.

3) 학습계열

학습계열이란 학습과제의 제시순서를 말한다. 모든 학습자에게 적합한 학습계열이란 있을 수 없으며, 학습자의 개인차에 따라 학습과제의 제시 순서는 달라지며, 또 학습과제의 특성에 따라서 제시순서가 달라진다. 학습계열의 적절성에 따라 학습자는 학습과제에 쉽게 접근해 갈 수 있는가 하면 반대로 학습의욕을 잃어버릴 수도 있다.

브루너는 학습효과를 높이기 위한 학습계열에서 일반적으로 고려해야 할 사항은 학습자의 인지 발달 단계에 맞추어 학습과제를 제시함으로써 적절한 수준의 불확실성을 유지하는 것이라고 했다. 즉 학습과제 제시는 동작적 표현에서 영상적 표현을 거쳐 상징적 표현으로 진행될 때 학습자의 탐색 경향도 높아질 수 있을 것이라고 본다.

4) 강화체제

브루너는 수업에서 학습자에게 바라는 최종적 목표는 학습자의 탐구 경향성을 높여 스스로 탐구하는 태도를 유지 발전시키는 것이라고 했다. 그러므로 수업 활동에서 학습자에게 주어지는 강화의 최종목적은 자신의 탐색결과에 대한 성공감을 맛보게 하는 내적보상에 두어야 한다. 브루너는 학습자의 탐색결과가 타인에 의해 주어지는 상이나 벌과 같은 외적 보상에 의해서 통제 받을 경우, 성취를 통해 학습자가 받는 내적보상은 오히려 줄어든다고 했다. 이것은 수업 활동에서 적절한 강화체제를 확립하기 위해서는 지나친 외적보상체계를 경계해야 하며, 외적보상의 사용은 학습자로 하여금 내적보상으로 나아가게 만드는 수단적 수준에 머물러야 함을 암시해 준다.

학습자에게 탐구 결과에 대한 성취감을 느끼게 하기 위한 강화체제는 학습자의 탐구결과에 관한 지식을 적정 시기에 알려주는 것이다. 즉 탐구 결과의 지식은 탐구활동을 교정할 수 있는 정보로써 사용되어야 하며, 학습의 과정에서 성공의 기쁨을 최대화하고, 실패의 불만을 최소화할 때 탐구 경향성이 높아지게 된다.

3. 캐롤(Carroll)의 학교학습 모형

캐롤(Carroll)은 학교현장에서 교육과정을 중심으로 이루어지는 학교학습의 결정변인을 찾아내어 정리했다. 그에 의하면 학교학습에서의 학습성취도는 학습자 측면의 변인과 학교 측의 수업 변인이 동시에 작용한 결과로 보아야 한다는 것이다. 그는 학습자 변인으로 적성, 수업이해력, 지구력을 제시했으며, 수업 변인으로는 수업의 질과 학습기회를 분석해 내었다.

이들 변인에 대해 간단히 설명하면 다음과 같다.

1) 학습자 변인

(1) 적성

특정 학습과제와 관련된 학습자의 능력을 적성이라고 한다. 즉 한 학습과제에서 높은 적성을 소유한 학습자는 그 과제를 일정한 기준까지 학습하는데 필요한 시간이 짧은 반면 낮은 적성을 소유하게 되면 보다 많은 시간을 필요로 한다. 동일한 학습자라도 그의 적성은 학습과제의 종류와 특성에 따라서 달라진다.

(2) 수업이해력

수업이해력은 교사의 수업활동 전반에 대한 학습자의 이해력이다. 학습자가 교사의 교수 내용에 대한 설명이나 교수 활동의 진행절차와 방법에 대해 어느 정도 이해할 수 있느냐와 관련된 능력이다. 일반적으로 학습자의 일반지능과 언어능력에 의해 수업이해력의 정도가 결정된다.

(3) 지구력

지구력은 일정한 수준의 학습을 성취하기 위해 끈기 있게 시간을 투자하려는 학습자의 내적 특성으로서 학습동기 및 태도, 가치관 등과 관련이 있다. 지구력이 높은 학습자는 학습을 위해 보다 집중적으로 많은 시간을 투자하려 할 것이다.

(4) 수업 변인

① 수업의 질

수업의 질은 수업 활동에서 교사의 학습과제 제시가 학습자에게 얼마나 적절했느냐에 의해 결정된다. 모든 학생에게 최적인 수업이란 있을 수 없겠지만, 학습자들의 선행 학습의 정도, 적성, 태도 등에 대한 관심과 배려에 의해 수업의 질을 높일 수 있으며, 그 결과 학습에 필요한 시간을 단축 시킬 수 있다.

② 학습기회

학습기회란 특정한 학습과제를 학습시키기 위해 학습자에게 실제로 주어지는 시간량을 말한다. 학습자의 개인차를 고려해서 충분한 시간 량의 학습기회를 제공할 경우 학습자의 학습 정도는 높아지게 된다.

이상에서 밝힌 다섯 개의 변인들에 의해 학습자의 학습정도가 결정되는데, 캐롤은 이들 변인을 학습에 필요한 시간량을 결정하는 것과 학습에 사용한 시간량을 결정하는데 관여하는 것으로 분류하여 다음과 같은 방정식으로 나타내었다.

$$학습의\ 정도 = f\frac{학습에사용한시간량(학습기회, 지속력)}{학습에필요한시간량(적성, 수업이해력, 수업의질)}$$

위의 방정식을 통해 알 수 있듯이 학교학습에서 제시하는 특정 학습과제를 학습자가 성공적으로 완수하기 위해서는 방정식의 분모에 해당하는 시간량을 최소화시키고, 분자에 해당하는 시간을 최대화 시킬 필요가 있다. 이 방정식은 학습자 개개인의 특성을 고려한 질 높은 수업과 충분한 시간 배당을 통해 모든 학습자에게 일정한 기준의 학업성취를 이루게 할 수 있다는 결론에 도달하게 된다.

4. 오수벨(Ausubel)의 유의미 학습이론

오수벨(Ausubel)은 학습에 있어서 학습자의 능동적인 인지 활동이라고 할 수 있는 유의미 수용학습에 관심을 기울였다. 그는 수업을 통해 제시되는 학습과제가 학습자의 기존 인지구조에 의해 포섭이 가능할 경우, 효율적인 학습이 이루어질 수 있다고 했다. 특정 학습과제가 학습자에게 의미 있는 것으로 받아들여진다는 것은 학습자의 인지구조와 새로운 학습과제 사이에 연계가 이루어졌음을 나타낸다. 여기서 말하는 인지구조란 학습자의 내적 지식체계를 말한다. 따라서 오수벨(Ausubel)의 유의미 학습 이론에서는 기억이나 사고와 같은 학습자의 내적 심리 과정에 대한 연구도 함께 진행하게 된다.

오수벨(Ausubel)은 제시된 학습과제와 학습자 인지구조 간의 상호작용 여하에 따라 학습을 기계적 암기 학습과 유의미 학습으로 나눌 수 있다고 했다. 학교에서 학습해야 할 대부분의 내용은 사건이나 사실의 기억 또는 개념 및 원리의 이해와 관련된 것들이며, 이들에 대한 조직적이고 체계적인 제시를 통해 유의미 학습을 이끌 수 있다. 유의미 학습에 의한 지식습득은 기계적 암기에 의한 학습보다 오랫동안 기억되며, 지식의 활용도도 높다. 학습자의 인지구조는 위계적 체계를 이루기 때문에 가장 포괄적인 개념을 중심으로 그와 관련된 하위 개념이나 사실들이 위계적으로 조직되어 있다. 그러므로 유의미 학습이란 학습자가 새로운 학습과제를 이해하고 수용했다는 것을 의미하며, 이는 학습자의 인지구조를 증대하고 재조직하는 과정이 바로 학습이라는 관점과 일치한다.

학습자의 인지구조에 영향을 미칠 수 있는 유의미 학습이 이루어지기 위한 조건을 오수벨을 다음과 같이 정리했다.

① 학습과제의 유의미성

유의미 학습이 이루어지기 위해서는 가르치려는 학습과제가 어떤 의미를 가지고 있어야 한다. 무의미 철자나 단순기호와 같은 학습과제는 학습자 내부의 어떤 인지구조와도 관련지을 수 없기 때문에 단순 암기에 의존할 수밖에 없다. 학습과제의 유의미성이 클수록 학습자의 위계적 인지구조의 상위개념과 관련되기 때문에 유의미 학습이 보다 쉽게 이루어질 수 있다.

② 학습자의 학습관련 정착지식

학습하려는 과제와 관련된 정보와 지식이 학습자 내부의 인지구조에 이미 존재하고 있어야만 새로운 과제를 수용할 수 있다. 유의미 학습은 누가적 학습경험을 강조하는 학교학습에서 특히 중요하다. 학습자의 선행지식의 정도를 파악하여, 적절하게 학습과제를 조직하고 제시할 때 교육의 효과를 거둘 수 있는 것이다. 그러나 오수벨은 학습자가 새로운 학습과제와 관련된 정착지식을 갖추고 있지 않을 때 수업의 도입과정에서 의도적으로 관련 정착지식을 먼저 제시함으로써 수업의 효율성을 높일 수 있다고 주장했다. 이와 관련해서 오수벨(Ausubel)은 선행조직자란 용어를 사용했다. 선행조직자란 새로운 학습과제를 학습자의 인지구조와 관련시키기 위해 수업의 시작 단계에서 제공하는 추상적이고 일반적인 개념을 말한다. 선행조직자는 유의미 학습을 위해 의도적으로 투입할 학습 관련 정착지식이라고 할 수 있다.

③ 유의미 학습을 위한 학습자이 학습태도

학습에 직면한 학습자의 학습 태도가 기계적으로 암기만 하려고 할 경우 유의미 학습은 이루어질 수 없다. 학습자 스스로가 기존의 학습경험과 새로운 학습과제를 연계시켜 정보를 처리하고 체계화하려는 태도를 지녀야 유의미 학습이 가능하다.

단원 마무리

질문을 만들어 보고 동료들과 이야기를 나눠 보세요.

♠ 정답이 있는 질문(교재에서 답을 찾을 수 있는 질문)
· 반두라의 관찰학습의 4가지 진행과정은 어떻게 이루어지나요?
·
·
·

♠ 정답이 없는 질문(더 궁금하고, 이유나, 추론, 적용 등을 묻는 질문)
· 메타인지 학습이 가장 잘 이루어지기 위한 자신만의 방법은 무엇인가요?
·
·
·

chapter11. 생활지도와 상담

제1절 생활지도의 개념

제2절 생활지도의 영역과 활동

제3절 상담의 기초

제1절 생활지도의 개념

1. 생활지도의 필요성

생활지도란 영어의 guidance로 학생들을 '이끌어준다.', '안내한다.', '지도한다.'라는 뜻으로 개인 자신과 자신의 환경을 이해하도록 개인을 조력하는 과정이다. 생활지도의 필요성에 대하여 교육적인 측면을 보면 기술훈련을 통한 자기지도와 자기 이해에 있다. 학생 스스로에게 책임지는 능력을 배양하려면 의사소통 능력이나, 의사결정의 능력, 정보능력 등 구체적인 기술을 습득해야 한다. 사회적인 측면으로는 급속히 변해가는 사회의 변화에 잘 적응하기 위해서 긍정적인 가치관의 확립이 대두된다. 옳고 그름의 판단과 아울러 현재 심각해지고 있는 성범죄, 음주 흡연을 비롯하여 약물복용까지 기타의 문제들을 이해하고 지도하려는 의지가 절실히 필요하다. 요즘 학생들은 문제 발생 시 선생님이나 전문가의 상담을 받으려는 의식보다는 또래에게 의지하고 의논하는 경향이 팽배해있다는 점을 볼 때 예방 차원에서도 사전에 이런 문제들을 방지하기 위해서 학교와 교사는 좀 더 전문적인 방향으로 자기실현과 자기지향을 위해 성장하도록 의식구조부터 사고방식이나 가치관이 긍정적으로 자라나길 힘써야 한다.

2. 생활지도의 원리

생활지도란 모든 학생을 대상으로 해야 함에 있어 원리를 간단히 정의 하기란 쉬운 일이 아니지만 국내외 학자들의 견해를 종합해 보면 다음과 같다.

첫째, 생활지도는 예방을 원칙으로 해야 한다.

둘째, 생활지도는 인간 개인의 존엄성과 개성을 인정해야 한다.

셋째, 생활지도는 단순한 문제 발생 해결에 초점을 맞추는 것이 아니고 장기적인 안목으로 운영되어야 한다.

넷째, 생활지도는 상담 교사 만이하는 것이 아니라 학교 교사 모두가 관심을 갖고 접근해야 한다.

제2절 생활지도의 영역과 활동

1. 생활지도의 영역

생활지도는 1908년 미국에서 퍼슨(Persons)의 직업지도 운동으로 전개되기 시작했는데 그 후 활동 영역이 확대되고 다양화되었다.

표 11.1 생활지도 영역

영역	활동 내용
교육지도	오리엔테이션, 학습부진아지도, 독서 지도 및 기타 학습상의 문제지도
직업지도	진학지도, 직업적성지도, 직업선택 등 기타 직업에 관한 문제지도
건강지도	위생, 각종 질병, 신체장애 등 기타 건강에 관한 문제지도
인성지도	정서, 성격 문제, 개성문제, 욕구불만의 진단과 해석, 기타 심리 장애의 진단과 치료·교육
사회성지도	교우 관계 이성, 가족 문제 사회 및 기타 대인관계에서 생기는 문제지도
여가지도	취미, 오락 등 각종 여가 시간에 관련된 문제지도

2. 생활지도 활동

1) 학생 조사 활동(inventory service)

학생 조사활동은 체계적인 수행에 있어 정확하고 가치 있는 자료를 수집하여 학생들의 이해를 돕고 전체적인 운영 및 교육계획을 수립 하는데 목적이 있다. 조사 활동의 범위는 가족력에 관한 자료, 학교 내에서의 각종 서식자료로 신체검사나 건강기록부, 지적 능력, 인성 성격, 미래에 대한 계획 등으로 구분하고 있다.

학생들의 이해를 돕기 위한 조사 활동 방법으로 몇 가지 유의할 사항은 다음과 같다.

첫째, 조사 활동은 생활지도의 목적에 위배 되지 않아야 한다.

둘째, 조사결과는 가능한 신속하게 기록하고 정리해서 실제에 있어 유용하게 활용할 수 있어야 한다.

셋째, 조사 활동은 다양한 방법으로 객관성과 신뢰성이 높아야 한다.

넷째, 조사 활동에서 주로 사용하는 방법은 가족관계 조사, 면접, 사례연구, 환경조사, 각종 표준화 심리검사, 문제 진단검사, 학업성취검사, 교우 관계 조사, 행동에 대한 누가기록, 각종 질문지형태의 각종 조사방법이 있는데 여러 가지 방법을 함께 사용하는데 있어 기술적으로 활용해야 한다.

2) 상담 활동(counseling service)

상담 활동은 생활지도에 있어서 가장 중요한 비중을 차지하는 영역으로 전문적인 기술을 필요로 하는 부분이다. 학생들의 적응문제, 인성, 의사결정 문제, 대인관계 문제 등 정신건강과 학생의 적응을 도와주려면 전문 상담가와 문제를 지닌 내담자와의 친밀한 관계 형성이 이루어져야만 학생들에게 사회적, 정서적, 정신적 문제해결능력을 키워줄 수가 있다. 즉 상담 활동은 학생들의 행동 변화와 의사결정능력의 배양, 대인관계기술과 적응능력 기술향상 등 잠재능력의 개발에 목적을 두고 있다.

최근 학교에서 이루어지는 상담은 주로 개인과 가족 상담 형태가 주류를 이루는데 비밀보장이 철저하게 우선된다는 믿음과 상담자와 내담자 사이의 공감대가 형성되어야 상담이 진행되므로 상담기법에만 초점을 맞추는 것보다는 상담자의 가치관과 신념 인간관이 더욱 중요하다.

3) 정보활동(information service)

정보활동은 정보화 시대에 사는 사람으로서 주변을 둘러싼 생활환경과 공간 속에서 정보를 수집・제공 해주는 활동을 말한다. 학생들이 바라는 정보제공을 통해 개인적인 성장과 사회적 적응을 통해 문제해결을 객관적으로 이해하고 미래의 계획을 세우는데 도움을 주는 목적이 있다.

학생들에게 제공되는 정보는 다음과 같다.

첫째, 교육 정보로 입학조건을 포함 학생 생활에 있어 필요한 제반 사항과 학교의 교육과정과 교칙 등이 포함된다.

둘째, 직업정보로 각종 직업에 관한 입사, 근무, 승진, 퇴직조건 등 사회 전반적인 인력의 수요와 공급에 관한 사항, 사회의 변화와 추세에 관한 사항 등 고용과 취업에 관한 유익한 정보를 말한다.

셋째, 개인・사회적 정보로는 신체, 정서, 사회성, 성격 등에 관한 것으로 대인관계 향상을 위한 정보와 사회성 관계와 성 역할 등 정신위생에 관한 것 등이 포함된다. 이러한 정보들은 학생의 성취도와 요구, 흥미에 따라 적절하게 제공되어 원만한 인간관계를 형성하여 건강한 삶을 유지해 나갈 수 있도록 다양한 정보가 제공되어야 한다.

4) 정치 활동(placement service)

정치 활동은 학생의 전공계열, 진학지도, 적성 및 취업지도 등 진로에 관하여 정확한 이해를 통해 학생들이 필요로 하는 것을 최대한 충족 시키는데 목적을 둔다. 또한 정치 활동이란 능력과 적성에 따른 선택과목이나 전학, 편입학, 학급 특별활동 등은 교육적 정치에 속하며, 직업적 정치 활동이라 함은 직업이나 진로선택, 구직 알선, 졸업생이나 중퇴자들의 취업과 관련된 사항들을 도와주는 것을 말한다. 이러한 정치 활동은 급변하는 현대사회에 있어 학교마다 중요한 기관으로 자리매김하여 운영 하고 있는 추세이다.

5) 추후활동(follow-up service)

추후활동은 생활지도를 받은 학생들의 추후적응상태를 관찰하거나 조사 연구하여 도움이 필요한 학생이나 부적응 학생들에게 도움을 주고 연구결과를 통해 보다 나은 생활지도의 개선 방향으로 이끄는데 목적이 있다. 상담을 받은 학생들은 꾸준한 관리 차원에서의 계속 지도가 필요하며 혹시 중퇴를 했다거나 전학 간 학생에게도 관심을 갖는 것이 필요하다. 일반 학생들은 여러 가지 정보에 의한 반응을 수집 분석하여 프로그램 개선과 질 높은 생활지도를 위한 방안에 배려를 해야 한다.

지금까지 생활지도의 활동을 살펴본 바와 같이 여러 가지 활동들이 상호 연관성 있게 이루어질 때 비로소 효과를 볼 수 있다고 본다. 생활지도의 대상은 전체학생이 되어야 함에도불구하고 특별학생에 대해 주요활동이 되어왔다. 특수한 학생에 대한 지도 또한 개인과 학교생활에 적응을 도와주기 위해서는 생활지도가 수행되어야 한다. 특히 특수한 학생에 포함되는 학생 즉, 지적정애, 정서장애, 문제행동 등, 특수 재능 소유학생들은 학부모와의 상담을 통해 나름대로 특별한 교육계획을 수립한다거나 전문기관에 의뢰하는 것을 검토해야 한다.

제3절 상담의 기초

1. 상담의 기본개념

상담이란 용어는 영어로 번역하면 counseling으로 라틴어의 'consulere'에서 유래되었다. 원래 뜻은 '고려', '조언', '반성', '의논' 등의 의미로 쓰이고 있으나 이것은 일상적인 의미이고, 상담자와 내담자 간의 만남을 통해 이루어지는 과정으로 최근에는 폭넓게 용어가 사용되고 있다. 전문상담은 역동적인 상호작용의 인간관계를 통해 내담자의 감정을 수용・공감・이해하며 내적・외적인 경험의 일치를 포함한 관계의 형성에서부터 출발한다.

최근에는 상담 활동을 교육적 의미와 치료적 의미 간에 서로 다른 입장을 취하는 학자도 있지만 대다수가 개념을 구분하지 않고 서로 상호보완적 입장을 취하고 있다.

상담에서 특히 중요한 부분은 1 : 1 인간관계로 언어를 매개로 하는 역동적인 상호작용과 전문적인 조력 과정을 거쳐 비밀적인 관계로 이루어진다. 다시 말해 상담은 인간의 가치와 존엄에 대한 인식에서 출발해야 하며, 내담자의 감정이입 적 이해를 통해 내면세계를 이해해야 한다. 또한 내담자의 말이 포함 되어있는 의도나 정서, 동기, 갈등, 고민 등을 충분히 이해하고 궁극적인 동기를 이해해야 한다. 이러한 인간관계 형성을 위해 부모와 자녀관계, 교사와 학생관계, 의사와 환자와의 관계, 교우관계 등 내담자의 올바른 관계 형성을 위해 감정을 수용하고 명료화해서 내담자가 발전적으로 성장할 수 있도록 도와주는 것이다.

2. 상담의 목표와 목적

상담의 궁극적인 목표는 내담자의 행동 변화와 건전한 정신건강 추구를 통해 책임감과 인격적으로 성숙한 사람으로 거듭 나기 위해서 내담자의 문제를 해결하는데 있다. 그러나 상담 관계의 목표를 결정하는 것은 상담자 또는 내담자가 말하는 목표에 달려있고, 상담이론이나 내담자의 발달단계, 내담자의 문제에 따라 상담 목표 진술은 다를 수 도 있다. 또한 문제해결이란 내담자 스스로 선택과 결정을 내리도록 상담자가 도와주는 것 이다. 즉 상담의 목적은 내담자가 보다 생산적이고 자아 만족적인 생활을 할 수 있도록 행동 변화에 영향을 주는 것이라 할 수 있다.

상담이론에서 강조하는 주요 목표들을 살펴보자면

첫째, 감정이나 사고 등 인간 행동의 변화를 들 수 있다.
둘째, 내담자가 다른 사람과의 인간관계를 원만히 하고 사회적 개인적인 관계들을 개선 시키는데 있다.
셋째, 환경의 변화에 적응하도록 사회적 효율성과 대처하는 능력을 증진시킨다.
넷째, 합리적인 의사결정의 과정을 배운다.
다섯째, 자기 탐색의 과정을 거쳐 잠재력을 향상 시키고 잠재능력을 개발하도록 한다.

3. 상담의 기본원리와 과정

상담자는 인간의 가치와 존엄성, 잠재력, 개인의 자유와 책임을 인정하는 것이 중요하다. 즉, 내담자의 개인차에 따라 개성과 욕구를 존중하는 것이 중요하며, 자유스럽고 편안한 분위기를 조성해 줘야 한다. 또한 정서적인 공감과 더불어 온화하고 수용적인 태도가 필요하며 내담자의 마음 상태가 불안과 죄책감, 열등감, 고독감 등을 가지고 있기 때문에 상담자의 말 한마디에 관심과 신경이 예민해져 있다. 그러므로 비판적인 태도는 지양하고 스스로 문제를 해결해 나갈 수 있도록 자기 결정력을 키워 주도록 한다. 상담이란 내담자가 상담자를 신뢰하는 마음에서 출발함으로 비밀보장이 이루어져야 한다.

상담의 원리를 몇 가지로 구분하자면 상담 관계 형성의 원리, 동기유발의 원리, 지도의 원리, 비밀 보장의 원리, 자기 결정의 원리, 수용의 원리, 비심판적인 태도의 원리 등이다. 여기서 상담 관계 형성을 위하여 필요한 요소들을 살펴보자면, 공감적 이해, 무조건적 존중, 신뢰, 안전함이다. 동기유발의 원리는 현실적이고 적절한 목표를 설정하고 이를 활성화하여 목표를 달성할 수 있도록 내담자를 동기화해야 한다. 지도의 원리는 잠재적 발달의 가능성을 최대한 실현하도록 도와준다.

상담의 과정으로는 초기에 기틀을 잡는 일로 내담자의 문제를 이해하기와 상담의 진행과 목표에 대해 합의를 이루고, 라포(rapport) 형성과 함께 촉진적 상담 관계를 형성하는 일이다. 중기에는 상담의 목표가 어느 정도 달성되기까지의 과정으로 상담의 핵심적인 단계인데 목표가 한꺼번에 달성 된다기보다는 목표가 순차적으로 달성해 나가는 과정이라고 이해하는 것이 바람직하다. 마지막 단계로 내담자가 원했던 바가 이루어지면 상담이 종결될 수도 있고 내담자의 목표 달성에 대한 실패에 따라서도 종결될 수 있다,

상담의 기법으로는

첫째, 적극적인 경청과 온전한 주의집중이다. 내담자의 말에 귀를 기울이는 것만으로도 상담의 효과를 발휘할 수 있다.

둘째, 내담자와의 명확한 의사소통을 위해 상담자가 내담자의 말을 반복해 주는 재진술 기법과 내담자의 감정을 반영해주고 감정 상태까지 공감해주는 감정반영 기법이다.

셋째, 내담자의 자기탐색과 문제해결을 위해 질문기법을 들 수 있다.

효율적인 상담을 위해서는 내담자에게 어떤 질문을 하느냐가 중요하다. 상담자는 우선 자신이 질문하고 있다는 사실을 의식하면서 자신이 내담자에게 묻고자 하는 것이 정확히 무엇인지를 미리 재고해 보아야 한다. 상담자의 입장에서 하는 질문이 아니라 내담자가 자신의 어려움을 자각하고 알아차리도록 질문을 통해 내담자의 미해결된 과제를 발견하도록 도와야 한다.

다음은 몇 가지 상담할 때 필요한 질문이다.

〈상대방에게 공감하는 질문〉

- 요즘 어떻게 지내십니까?
- 좀 더 자세히 이야기 해 주시겠어요?
- 기분이 ~하시다니, 무슨 일이신가요? 자세히 말씀해 주시겠어요?
- 왜 그런 일이 일어났다고 생각합니까?
- 그 일에 대해 어떻게 생각하십니까?
- 당신의 기분이 어떨지 상상해 보고 있어요. 분명 ~ 할 것 같은데 그런가요?

· 지금 얼마나 화가 나시겠습니까?
· 그 일이 힘겨웠습니까? 제가 생각하기엔 많이 힘들었을 것 같아요
· 저도 비슷한 경험을 했습니다. 그 이야기를 들려 드리고 싶은데 괜찮을까요?
· 제가 도울 수 있는 점이 있을까요?

〈상담 문제 해결을 위한 초기 질문〉
· 이 문제를 알려줘서 고맙습니다. 이 상황에 대해 알고 있는 사실을 모두 알려 주시겠습니까?
· 더 이야기하고 싶은 내용은 없나요?
· 정말입니까?
· 그 다음에 무슨 일이 있었나요?
· 그들의 반응은 어땠습니까?
· 또 다른 의견은 없습니까?

〈상담 문제 해결을 위한 제안 질문〉
· 당신이 중요하게 생각하는 것은 무엇입니까?
· 당신이 이루고자 하는 상황은 구체적으로 무엇입니까?
· 결과를 어떻게 기대하신가요?
· 이로 인해 바뀌게 될 변화는 무엇입니까?
· 이 문제를 해결하기 위해 당신에게 어떤 도움과 자원이 필요합니까?
· 당신이 통제할 수 있는 혹은 통제할 수 없는 리스크는 무엇입니까?

4. 상담의 이론

1) 정신분석적 상담

프로이트의 정신 분석학은 1880년대 후반 실어증, 히스테리 연구 등에서 비롯되었다. 프로이트의 이론을 토대로 인간의 발달단계와 무의식이라는 개념을 통해 내담자로 하여금 정확한 통찰과 통정(integration)을 할 수 있도록 하는 과정으로 무의식의 갈등을 의식화시켜 성격을 재구성하는 것이 정신분석적 상담이다. 프로이트는 인간의 발달 단

계를 구강기, 항문기, 남근기, 잠복기, 성기기로 나누었는데 어렸을 때의 초기경험이 성인이 되었을 때 무의식의 과정으로 자신의 행동에 있어 의식적인 영향을 미친다고 보았다. 이때 무의식의 힘이란 바로 리비도(libido)라고 하는 성적인 욕구를 말한다. 따라서 성장 과정에서 만나는 관계들을 통해 갈등을 경험하며 그런 갈등이 성인이 되어 미해결로 남아 있을 때 내담자의 행동과 인지, 감정이 여러 형태로 나타나는데 자아(ego)기능을 강화하려는 것이 정신분석적 상담의 목적이다.

방어기제는 성격발달의 수준이나 불안의 정도에 따라 여러 가지 형태로 나타나는데 자아를 보호하기 위한 인간의 무의식적인 사고 및 행동수단이라고 볼 수 있다. 방어기제에는 투사, 억압, 부인, 고착, 동일시, 억제, 퇴행, 승화, 합리화, 반동형성 승화, 보상 치환, 도피, 공상, 거부, 감정전이, 무효화 등이 있다.

2) 인간중심적 상담

인간중심적 상담은 1940년 로저스에 의해 주창된 상담으로 처음엔 비지시적 상담이었다가 1951년에 출판된 '내담자 중심치료'에서 '내담자 중심(client centered)상담'이라고도 바뀌었다. 이 상담은 인간의 행동 원인 보다는 목적에 초점을 맞추는 이론으로 내담자 중심으로 상담을 진행해 나가기 때문에 비지시적 상담이라고 한다. 그러나 점차 인간 중심적으로 알려지면서 인간의 성장과 변화에 대한 접근으로 정신분석적, 행동주의적, 인지적 접근과 함께 상담과 심리치료 분야에 커다란 맥을 이루고 있다.

이 상담의 기본개념은 인간을 긍정적인 시각으로 보며 아주 신뢰할 만한 선 한 존재로 본다. 상담자는 인간의 의지를 믿기 때문에 인간의 잠재가능성과 잠재력을 토대로 인간의 미래에 관심을 갖고 자아실현을 목표로 하는 상담이다. 특히 로저스는 "서로 신뢰를 바탕으로 상담자는 내담자에 대하여 무조건적으로 수용하는 마음과 공감적 이해, 진솔한 태도를 통해 내담자가 자신의 문제를 이해하는데 조력해야 한다."고 강조했다. 특히 경청의 중요성을 주장하고 내담자의 감정 표출의 도움을 위해 허용적인 분위기 연출이 필요하며 라포(rapport)의 형성은 상담자의 태도나 행동이 결정적으로 영향을 미치므로 상담의 실패와 성공에 있어 라포(rapport)는 아주 중요한 의미를 갖는다.

3) 행동적 상담

행동적 상담에서는 모든 인간의 행동을 후천적으로 학습된 것이라고 보며 파블로프(pavlov)의 고전적 조건형성과 스키너(Skinner)의 조작적 조건형성원리를 기반으로 소멸, 처벌 등 행동 감소기법 및 행동 형성, 강화 등의 기법을 사용하는 상담인데, 최근에는 스키너의 조작적 조건 형성을 토대로 하는 강화이론이 더 채택되고 있다. 이 같은 원리는 유아교육기관이나 초등학교, 특수학교 등에서 많이 적용되고 있으며 부적응 행동을 소거시키고 바람직한 방향으로 행동을 학습시키는 것에 목표를 두었다. 또한 부적응 행동수정을 위해 벤두라의 사회학습(social learning) 원리도 함께 활용되고 있다.

4) 인지적 상담

인지적 상담은 인간의 의식과 사고과정을 강조하는 상담으로 잘못된 사고・인지과정을 재구성하여 잘못된 인지・지각을 바로 하려는데 목적이 있다. 이 상담은 1970년 후반부터 급격한 발전을 이루었는데 내담자의 사고과정을 수정하고 변화시킴으로써 정서적・행동적 장애를 극복하게 하는 상담 법이다.

5) 지시적 상담

대표학자는 윌리엄슨(williamson)으로 의사 결정적 상담이라고도 한다. 이 상담은 내담자에게 합리적인 정보를 제공하고 미래의 계획을 세우는데 도움을 주는 것으로 직업 상담에서 비롯되었다. 현재 학교상담에서 많이 활용하고 있으며 상담자가 내담자의 직업 진로문제, 진학, 입시, 가정, 인간관계 문제 등 주로 합리적인 의사결정을 하도록 도움을 주는 상담법인데 상담자는 내담자에게 타협이나 강요를 할 수도 있으며 기술 습득이나 내담자의 태도 변화를 위해서라면 훈련과 환경변화 등을 사용하는 접근법이다.

6) 기타 상담

집단상담은 비슷한 환경에 비슷한 문제를 지닌 사람들을 집단으로 상담하여 문제를 해결하기 위한 정보나 자료를 얻거나 토의의 기회를 부여하는 상담기법이다. 집단상담을 통해 타인과 자신을 비교함으로써 자기의 이해를 도울 수 있고 문제해결 방법의 습득과 대인관계 기술 습득, 자기 의견의 발표기회, 자신감과 안정감, 객관적 사고함양 등 다양한 효과를 얻을 수 있다.

5. 상담 과정

상담 과정은 내담자에 따라 상담횟수를 결정해야 하지만 경우에 따라서는 한 두 번의 초기상담만으로도 종결될 수도 있고 12회기를 평균적으로 20회기 이상으로 이어지는 경우도 있다. 상담 진행 과정은 상담자의 가치관과 내담자의 상담의 종류에 따라 달라지는데 성공적인 상담을 위해서 어떤 접근법을 선택하는가는 상담가의 몫이다. 상담을 잘 이끌어내고 내담자를 잘 다룰 수 있는 능력을 함양하기 위해서는 상담가의 부단한 전문적인 연수와 훈련이 필요하다.

1) 준비 단계

내담자를 맞이하기 전 단계로 면접과 동시에 이루어진다. 내담자의 인적사항, 여러 발달기록, 각종 심리검사결과, 과거 상담기록 등을 수집하는 과정이다.

2) 초기상담 단계

내담자에게 상담실에 온 이유와 문제 등을 진술하게 하는 과정에서 상담의 필요성을 절실히 느끼도록 하는 과정이 포함된다. 상담자는 내담자의 진술을 경청하면서 필요에 따른 몸짓과 공감의 표현 즉, 비언어적인 행동을 함께 사용하며 내담자의 비언어적인 행동도 주의 깊게 살핀 후 상담에 관한 기대와 느낌에 대해 명료하게 한 다음 내담자가 상담의 진행 방향과 라포(rapport)를 인식하도록 해야 한다. 또한 내담자의 무의식에 정보를 얻기 위해 도형 성격 상담, 예술심리치료 상담, 푸드아트테라피 기법을 활용할 수 있다.

3) 중기상담 단계

상담문제를 보다 구체적으로 명료화하는 단계인데 내담자의 목표 도달 촉진과정에서 내담자가 저항이나 포기의 상황이 발생할 수도 있다. 이 과정을 슬기롭게 잘 극복하면 자기 통찰과 함께 자기이해와 합리적인 대안책을 찾을 수 있으니 많은 노력을 촉진해야 한다. 이때 환경을 바꿔준다거나 이용한다.

적절한 기술을 적용하여 타협과 함께 내담자의 태도 변화를 위해 다양한 기법을 사용한다.

4) 종결과 평가

대부분 내담자와의 합의에 의해 종결은 이루어지나 상담자는 상담목표에 도달했는지 평가에 따라 상담의 권유를 내담자에게 청할 수 있다. 또한 종결을 할 때 추후 상담에 대해 인지를 시키는 것도 필요하다. 최근에는 사이버 상담이 증대되어 가고 있으므로 내담자에게 이메일이나 온라인, 게시판 상담을 이용할 수 있도록 구체적인 방법을 알려주는 것도 내담자에 대한 인간적인 존중이라고 볼 수 있다.

단원 마무리

질문을 만들어 보고 동료들과 이야기를 나눠 보세요.

♠ 정답이 있는 질문(교재에서 답을 찾을 수 있는 질문)
· 상담의 기본원리에는 무엇이 있나요?
·
·
·
♠ 정답이 없는 질문(더 궁금하고, 이유나, 추론, 적용 등을 묻는 질문)
· 자신이 생활지도에 적용해 보고 싶은 상담이론은 무엇인가요?
·
·
·

Introduction to Education

chapter12. 교육행정과 교육제도

제1절 교육행정

제2절 교육제도

제3절 장학행정과 자치제도

제1절 교육행정

1. 교육행정의 의미

교육행정은 학자에 따라서 여러 가지로 정의하고 있으나 대표적으로 크게 2가지로 정의할 수 있다. 즉, 루서(W. C. Reusser)는 학교나 사회에 의하여 설정된 교육목적을 달성하는 수단으로 보고, 몰맨(Moehlman)은 교육활동을 지원하는 서비스(Service)활동으로 보고 있다. 여기에서는 교육행정의 정의를 「교육에 관한 행정」과 「교육을 위한 행정」으로 나누어 종합해 보고자 한다.

첫째, 교육에 관한 행정을 「법규해석적인 견해」에서 보면 행정의 종합성을 강조하는 입장으로 국가통치권의 작용 중에서 입법과 사법을 제외한 나머지를 행정이라 하고, 이 행정작용 중에서 교육에 관한 행정을 교육행정이라 한다. 이를 국가공권설이라고도 하며, 법을 근거로 하여 행정작용에 있어서 권력적 통제적 강제적 요소를 강조하기 때문에 이 입장에서 교육은 통제적 획일적으로 이루어진다.

둘째, 교육을 위한 행정을 「조건정비적 견해」에서 보면 교육의 자주성을 강조하는 입장으로 교육목표를 효과적으로 달성하기 위한 봉사활동으로 보는 견해이다. 그러므로 교육행정은 그 자체를 목적으로 하지 않고 다만 수단으로 보는 것이다. A. B. 몰맨(Moehlman)은 교육행정을 교육목표달성의 수단과 봉사활동이라고 정의하였고, 리더(W. G. Reeder)는 교육행정 자체만으로는 존재할 하등의 이유가 없으며, 교육 행정가는 교수-학습활동의 봉사자라고 말하였다.

셋째, 교육을 위한 행정의 하나로 협동행위론(행정 행태설 또는 행정 행위설)이 있는데, 이는 합리성과 능률성을 강조한다. 인간의 노력 시간 비용은 최소로 유지하고 효과는 최대로 올리기 위해 두 사람 이상의 힘을 협력 조정하는 작용으로 본다. 즉, 교육행정이란 학교조직의 교육목표를 달성하기 위한 합리적인 협동행위를 이룩하려는 작용으로 정의한다. 대표적인 학자는 김종철, 왈도(Waldo), 시몬(Simon) 등이다.

이상의 3가지 개념은 각기 타당성을 가지고 있는데 종합해 보면 교육행정은 국가통치권의 범위 내에서 존재해야 하며, 동시에 교육 목표 달성을 위한 봉사적 기능을 수행함으로써 조직과 집단 간 협동행위의 개념으로 이해할 수 있다.

따라서 교육행정이란 「교육 활동의 목표를 설정하고 목표 달성에 필요한 인적・물적 조건을 정비 확립하고 목표 달성을 위한 활동을 지도, 감독하는 협동적이고 조직적인 작용」을 의미 한다.

교육행정의 개념을 보다 명확하게 이해하고 정의하기 위해서는, 교육제도 및 교육행정과 교육정책이 어떤 상호 관계를 갖고 있는가에 관해서 고찰할 필요가 있다.

「교육제도」라 함은 일정한 주권국가의 의도적 교육 활동이 특정한 형식과 조직을 통하여 비교적 안정되고 영속적인 형태를 갖추게 된 것을 말하는데, 그것이 법제화됨으로써 표준화와 안정성을 가져온 것을 의미한다. 교육제도 중에서 가장 핵심이 되는 것은 학교제도 또는 학제이다. 이와같이 생각할 때 교육 제도를 운영하는 것이 교육행정이라 할 수 있다. 그러나 교육제도는 결코 고정 되어있는 것이 아니며, 교육제도 자체를 혁신하고 개선해 나가는 일은 교육행정의 기능에 속하는 것이다. 「교육정책」은 교육 활동에 관한 기본방침을 의미한다. 국가적인 교육정책은 교육에 관한 입법에 가장 분명히 나타나 있다고 볼 수 있다. 국가 전반의 교육활동을 법률로써 조직화 한 것이 교육제도라고 한다면 교육제도를 수립하고 그 운영의 대강을 결정하는 것은 교육정책의 중요문제라 할 것이다. 교육행정이 이와 같은 의미의 교육정책에 의거하여 그 테두리 안에서 행해진다는 것은 당연한 일이다. 그러나 정책을 수립하는 것은 입법이고 일단 세워진 정책을 집행하는 것이 행정이라는 식의 사고방식은 지양되어야 할 것이다. 교육행정에서 중요기능의 하나는 정책 수립 과정에 참여하고 올바른 교육정책을 세우도록 지도 조성하는 일이라는 점을 잊어서는 안 된다.

「교육행정」은 그것이 공동목표달성을 위한 조직적 협동행위임을 본질로 한다는 점이나 그것이 주로 인사・시설・재무의 관리와 지도 감독을 내용으로 한다는 점에서 볼 때 일반 행정과 공통된 점이 많다. 그러나 그 독자성 내지 특수성도 있음을 잊어서는 안 된다. 교육행정의 특수성은 첫째, 교육이 하나의 장기적 투자이며, 그 성과를 평가하기가 지극히 곤란하다는 점에 있다. 긴 안목으로 보지 않는다면, 교육은 낭비적이고 비생산적임에 틀림없다. 교육행정, 특히 재정 분리 독립이 강조되는 이유도 여기에 있다. 둘째, 교육행정의 특수성은 교육에 참여하는 사회집단의 독자성에 있다. 교사집단은 독특한 지식과 기능을 가진 전문직임을 특징으로 하며, 학생집단은 신체적・정서적・사회적 발달에서 아직 미숙한 세대를 대표한다. 뿐만아니라, 교육은 때때로 전문가와 비전문가의 참여 한계가 분명하지 않을 정도로 전사회적 관심사이다. 이와같이 이질적인 참여 사회집단을 상대로 하면서 공동목표 달성을 위하여 수 많은 사람들의 노력을 조정하고 개선해 나가는 일은 결코 단순하지 않다. 교육행정의 개념을 이해함에 있어서는 이상과 같이 교육 활동의 독자성과 교육 활동에 참여하는 특수성을 충분히 이해 하여야 할 것이다.

2. 교육행정의 성격과 원리

1) 교육행정의 성격

교육행정의 성공과 실패는 그 성격을 바르게 인식하고, 각각의 상황에 맞는 원리를 선택하여 그를 바탕으로 어떻게 적용·실천하느냐에 따라 좌우된다. 또한 교육행정가의 철학과 정책에 관한 비전이 향후 국가교육의 미래를 결정한다. 이에 교육행정의 수행에 기준과 준거가 되는 성격과 원리에 대하여 살펴보고자 한다.

교육행정의 성격은

첫째, 교육행정의 수단적 봉사적 성격이다.
둘째, 교육행정의 민주적 중립적 성격이다.
셋째, 교육행정의 특수성, 전문적 성격이다. 오늘날의 사회는 급변, 복잡, 다양한 형태를 띰으로 고도의 전문성과 특수성이 요청된다는 것이다

2) 교육행정의 원리

교육행정의 원리는 법제 면에서 본 원리와 운영 면에서 본 원리로 나누어 설명할 수 있다. 먼저, 법제 면에서 본 원리로는 첫째, 법치 행정의 원리이다. 이는 모든 행정은 법에 의해서 이루어지는 것을 의미하고, 우리나라 헌법 제31조, 기타 교육 관련 모든 법이 그 근거이다. 둘째, 자주성 존중의 원리로써 교육의 독자성과 자주성을 존중해야 한다는 원리이다. 우리나라 헌법 제31조 4항에 "교육의 자주성·전문성·

정치적 중립성 및 대학의 자율성은 법률이 정하는 바에 의하여 보장된다." 교육기본법 제 5조 1항에 "국가와 지방자치단체는 교육의 자주성과 전문성을 보장하여야 하며, 지역 실정에 맞는 교육을 실시하기 위한 시책을 수립 · 실시하여야 한다." 2항에 "학교운영의 자율성은 존중되며, 교직원 · 학생 · 학부모 및 지역주민 등은 법령으로 정하는 바에 따라 학교운영에 참여할 수 있다."라고 제시 되어 있다. 셋째, 기회균등의 원리로서 민주주의의 기본 원리이기도 한 차별 없이 누구나 능력에 따라 교육을 받을 수 있는 원리를 말한다. 그런데 여기에는 능력의 문제, 즉, 능력이 부족한 경우 '사회보장제도 확립의 문제(예, 의무교육, 각종보험제도)'와 능력이 있는 경우 '보장 받는 교육제도 문제(예, 장학금제도)'가 대두 된다. 넷째, 적도집권의 원리(지방분권의 원리)로서 중앙집권주의와 지방분권주의의 적절한 균형유지를 의미한다.

3) 운영 면에서 본 원리

운영 면에서 본 원리로는 첫째, 타당성의 원리, 둘째, 민주성의 원리, 셋째, 능률성의 원리, 넷째, 효율성의 원리, 다섯째, 전문성의 원리, , 여섯째, 적응성의 원리, 일곱째, 안정성의 원리, 여덟째, 균형성의 원리가 있다.

3. 교육행정의 범위

교육행정의 범위라 함은 교육행정 활동의 범위를 한정하여 뜻하는 것이다. 일반적으로 교육행정의 영역을 법규 면에서 우리나라 중앙정부의 행정관청 중 교육부장관 관할 소속하에 있는 행정 활동의 영역을 말하는 것이다. 일반적 통념에 의한 교육활동 중에는 그 영역에서 제외되는 것이 있는가 하면 그와 반대로 보통 교육 활동과 구별되는 활동 중에서도 그 안에 소속되어 있는 것이 많이 있다. 전자의 예로서는 보건사회부 관할 소속하에 있는 영아원이나 국방부 관할 소속에 있는 군사교육기관들을 들 수 있다. 후자의 예로는 학술 · 문화 · 예술 · 종교 등에 관한 행정을 들 수 있다. 현행 정부조직법에 의하면 「교육부장관은 교육 · 과학 · 체육 · 출판 · 저작권 · 기타 문화 · 예술에 관한 사무를 정리한다.」고 규정되어 있으며 법규상 교육행정은 문예활동의 조성과 문화재의 보존 등을 주요 내용으로 하는 문예 행정도 그 영역에 포함하는 것이다. 그리고 교육행정의 영역을 논할 때는 흔히 학교교육 행정만을 생각하기 쉬운 것이지만 사회교육 행정의 영역도 포함되어 있음을 잊어서는 안 된다.

교육행정의 영역은 분류기준에 따라 다양 하지만 일반적으로 다음과 같다.

첫째, 법규 면에서 교육부장관의 관할 소속하에 있는 행정 활동의 영역을 말한다.

둘째, 업무 내용면에서 기획행정, 조직행정, 교육내용의 행정, 장학행정, 학생행정, 교직원 인사행정, 재무행정, 시설행정, 사무관리행정과 연구, 평가 및 홍보에 관한 행정 등으로 구분할 수 있다.

셋째, 기능면에서 관리행정과 지도행정으로 나눌 수 있다.

넷째, 교육대상에 따라서 학교교육행정과 사회교육행정으로 나눌 수 있다.

다섯째, 학교 교육기관의 등급에 따라서 보통교육 행정과 고등교육 행정으로 구분하거나 초등, 중등, 고등교육행정의 3대 영역으로 나눌 수도 있는가 하면, 더 세분하여 의무교육행정, 중등교육행정, 기술교육행정, 대학교육행정, 교직교육행정 등으로 나눌 수 있다.

여섯째, 교육행정의 단계에 따라서 크게 중앙, 지방 및 학교단위의 3단계로 나누어서 생각할 수 있으며, 지방 교육행정을 도와 시도의 2단계로 다시 세분할 수 있다.

이상과 같이 교육행정의 영역을 분류할 때 이들이 구체적으로 교육행정을 수행하는 단계에서 그 활동영역이 변동될 수도 있음을 알아야 한다. 즉, 교육행정은 크게 중앙, 지방 및 학교단위의 3단계로 나누어서 생각할 수 있으며, 또 지방 교육행정을 도와 시・군의 3단계로 다시 나눌 수도 있다. 이와 같이 단계를 달리함에 따라 교육행정활동의 범위가 크게 다를 수도 있고 교육행정의 중요성도 달라질 수 있다. 최근 교육행정에서는 상의하달의 규제활동도 무시할 수 없지만 상의하달의 창안활동도 중시되는 자유재량의 영역이 점차 확대되고 있다.

4. 교육행정의 과정과 발전 방향

1) 행정의 과정

교육행정의 과정이라 함은 교육행정 수행과정을 의미한다. 즉, 교육행정이 어떠한 경로를 밟아서 수행되느냐를 의미한다. 이와 같이 교육행정과정에 대한 연구는 패욜(Henri Fayol)에 의해 프랑스에서 처음 시작되었다. 그는 관리 또는 행정요인을 분석하여 기획(planning), 조직(organizing), 지휘(commanding), 조정(coordinating) 및 통제(controlling) 등 5가지로 나누었다.

그 후 교육행정학은 장족의 발전을 가져왔다. 이 같은 업적은 미국의 규릭(Luther Gulick)과 영국의 어윅(L. Urwick) 등 행정학자들이 패욜의 이론을 좀 더 체계화시키고 발전시켜 온 결과들이었다.

규릭과 어윅은 행정의 일반적인 면에 초점을 두고 광범위한 접근을 시도하였으며, 1937년 「행정학에 관한 논문」을 공동으로 출판하였다. 이 논문 속에 규릭과 어윅은 패욜의 5개 행정요소를 발전시켜 「포스드코브」(POSDCoRB)의 7가지 행정과정을 제시하였다. 그것은 계획(planning), 조직(organizing), 인사(staffing), 지시(directing), 조정(coordinating), 보고(reporting), 예산(budgeting) 등으로 이중 계획, 조직, 조정은 패욜의 행정요인을 인용한 것이고 패욜의 지휘(commanding)를 지시(directing)로 통제(controlling)는 보고와 예산으로 추가하여 구성하였다.

이와 같은 POSDCoRB는 오늘에 이르기까지 공공행정은 물론 기업경영에서도 다양한 방법으로 수정하고 보충하여 활용되고 있다. 한국에서도 최근 발전행정이론이 제창되었고 행정이란 사회변동에 대응할 수 있다는 관점에서 정의되고 있다. POSDCoRB의 기능을 첫째, 행정목표의 설정과 목표달성단계의 확정, 둘째, 이의 시행을 위한 여러 가지 수단의 마련과 구사, 셋째, 시행결과의 최초목표에 대비한 평가나 목표 자체의 부단한 반성 등 3단계로 재구분하고 있다.

2) 발전 방향

교육행정은 크게 3가지 단계를 거쳐 분화 · 발전되어 왔다. 처음에는 교육 활동 그 자체와 별로 구별되지 않는 미분화 상태에서 교육을 담당하는 교사가 행정업무도 함께 겸하여 수행하였다. 옛날 서당이나 서양의 일요학교와 같은 교육기관에서는 교사가 교육 활동을 지원하는 행정관리 업무도 겸하였음을 상기할 때 이를 이해할 수 있었다. 그다음 단계는 교육행정 업무의 특수성을 인정하고 교사의 업무에서 분화하면서도 그것을 단순한 행정가로서 비전문가가 담당하는 경향이 많았다. 예를 들어, 시설과 재정을 마련하고 다루는 일은 다른 사람에게 분담시키는 것이 통례로 되었었다. 그 후의 단계로는 교육 활동 규모가 방대해지고 그 기능이 복잡해지고 공교육제도가 발전해 감에 따라 교육행정 활동은 독자성을 인정받고 이를 분화시킬 뿐만 아니라, 그 기능이 전문가에게 맡기는 단계로 점차 이행하게 되었다. 이 마지막 단계의 발전은 여러 나라에서 지금도 진행 중에있다고 할 수 있다.

그러면, 이와 같이 발전하고 있는 교육행정을 현대사회에서는 어떠한 방향으로 발전되어 가는지 그 추세와 지향하는 방향을 다음 몇 가지로 요약해 보고자 한다.

첫째, 현대 교육행정은 행정력의 강화를 특징으로 하며 그와 같은 방향으로 발전해 나가고 있다. 이는 현대 국가의 기능 강화와 교육 발전을 국가발전과 직결시키려는 경향이 증대되고 있으며, 교육 활동의 규모도 커지고 그 기능이 다양해짐에 따라 교육 행정에 있어서도 관료제도가 촉진 · 심화되어 가는 추세에 있는가 하면, 행정의 능률화와 효율화를 내세우면서 행정력의 강화를 합리화하는 추세가 증대되고 있는 요인들을 들 수 있다. 이와 같은 추세가 다른 한편 불가피한 점도 있으나 그에 따르는 중앙집권체제의 강화와 교육 활동에 있어서 자율성이나 창의성의 약화를 초래할 위험성도 내포하고 있음을 간과할 수 없다.

둘째, 교육행정의 범위가 확대되고 그 내용이 점차 다양화되어 가고 있음을 지적할 수 있다. 이는 교육의 의무화와 보편화 · 대중화 추세, 교육내용의 다양화, 교육방법과 기술의 전문화, 공교육 촉진에 따른 행정업무의 확대 등은 모두 이와 연관되어 있다. 좀더 구체적인 사례를 들어본다면, 이제까지 등한시되었던 특수교육, 유아교육, 평생교육의 이념에 따른 계속교육과 사회교육, 재외국민교육 등이 교육활동에 지대한 영향을 미쳐 교육행정의 내용을 확대 · 다양화시키고 그 과정을 더욱 복잡하게 작용시킬 것임은 당연한 논리가 되고 있다.

셋째, 교육행정의 합리화와 효율화가 촉진되고 있는 사실을 지적할 수 있다. 현대 사회의 하나의 특징으로서 국민 생활과 사회생활은 거의 모든 영역에서 과학·기술시대의 새로운 정신적 기풍을 반영하는 것이라 하겠다. 그것은 교육행정에 있어서 공공성의 증대나 재정수요의 증대에 관한 책무성의 강조와 교육계획의 강화, 연구와 평가 활동의 강화 등이 이를 입증하고 있다고 할 수 있다. 앞으로 이러한 추세는 더욱 증진될 것으로 전망 된다.

넷째, 위의 모든 발전 추세와 관련하여 가장 중요한 요인이 되고있는 것은 교육행정의 전문화가 강조되고 있다. 교육행정의 내용이나 기능이 복잡화되고 다양화되므로서 교육행정의 효율성이 강조되고 있다. 따라서, 교육행정력의 강화가 이룩되기 위해서는 그에 따른 병리적 현상을 가급적 방지하고 극소화시켜 교육행정의 전문화가 필수적인 조건으로 부각되어야 할 것이다. 교육행정의 전문화는 교육행정이 일반행정 또는 다른 분야의 행정과 구분되는 독자성 내지 특수성을 지니고 있다는 점과 그 업무수행에 있어서 고도의 전문적 지식과 장기간에 걸친 직전교육이나 계속적인 현직훈련을 전제로 하는 수월성을 요건으로 하는 것을 의미하는 것이다.

5. 교육행정가의 자질

교육행정활동의 주체가 되는 것은 교육행정가이다. 교육행정가라는 개념은 그다지 명확한 것이라 할 수 없으나 여기에서는 널리 교육에 관한 조직체, 특히 교육행정기관과 교육기관(학교)의 상급관리층을 지칭하는 것으로 해석하기로 한다. 구체적으로 말하면, 교육부차관과 국과장 및 장학관, 지방교육행정기관의 교육감과 교육장, 총학장이나 교장 등이 교육행정가에 속한다고 할 수 있다.

성공적인 교육행정가의 자질문제를 고찰함에 있어서 2가지가 방법이 있다. 첫째, 교육행정가의 개인적인 속성, 즉 인성의 특성을 분석·고찰하는 방법이다. 이것을 특성분석방법이라 말한다. 둘째, 종합관찰방법이라고 부를 수 있는 것으로서 인간행동을 인간 유기체의 환경에 대한 종합적 반응이라고 보는 견지로 종합적 관찰을 강조하는 입장이다.

특성분석방법에 의한 기존의 연구결과를 종합해 보면 교육행정가의 지도성에 영향을 미치는 개인적 특성으로는 지능과 지식, 신체적 특성 및 사회심리학적 특성 등 3가지 범주로 나누어 볼 수 있다. 여기에서 사회심리학적 특성이라 함은 통찰력 · 독창성 · 적응성 · 진취성 · 인내력 · 야망 · 판단력 · 결단성 · 책임감 · 결백성 · 신념 · 자신 · 지배력 · 덕망 · 위신 · 정서적 안정성 · 내향-외향성 · 협동심 · 사회적 활동성 · 기민성 · 사회경제적 지위 · 언어의 유창성 등을 말한다. 이상 열거된 여러 가지 특성 중 교육행정가의 지도성과 가장 밀접한 관련성을 가지고 있는 것은 통찰력 · 진취성 · 협동심 등이며 덕망 · 독창성 · 적응성 · 판단력 · 야망 · 인내력 · 정서적안정 · 사회경제적지위 · 언어의 유창성 등인데 이들은 상당히 높은 관련성을 가지고 있다. 한편, 지배력 · 내향-외향성 등에 관하여는 상반되는 결론이 나오고 있으며 지도성과 적극적인 관련성이 있다고 단정하기 어렵다.

그러나 종합관찰방법은 위와 같은 특성분석 방법 만으로서는 불충분하다는 것을 규명하고자 하였다. 첫째, 어떠한 특성이 가장 중요한 것이냐에 관하여 분석해 보면 반드시 일치된 결론이 나온 것도 아니었으며, 어느 특성의 구비 여부보다도 여러 가지 특성의 종합적 관련성이 중요하게 되었고, 구체적인 환경에 처하여 있을 때 어떻게 행동하느냐를 종합적으로 관찰하는 것이 더욱 중요하다는 것을 알게 되었다.

최근 미국의 교육행정학자 켐벨(Roald F. Campbell) 교수는 이 2가지 방법을 종합하는 입장에서 교육행정가의 자질에 관해 다음과 같이 열거하고 있다.

첫째, 자기신조 · 가치관 · 인생관 등을 포함하여 자아에 대한 인식이다.

둘째, 타인에 대한 이해와 협동의 기술이 있어야 한다.

셋째, 행정임무 수행상 신체적 · 정신적 · 사회심리적 · 성격적 여러 특성의 활용 능력이 필요하다.

넷째, 국민교육제도의 목적과 방법에 대한 이해가 있어야 한다.

다섯째, 아동에 대한 이해가 있어야 한다.

여섯째, 교육행정에 대한 이해와 필요한 기술을 갖추어야 한다.

일곱째, 자기만족의 타파와 부단한 향상의 의욕 등이다.

이것은 예컨대, 인식의 면이나 정서의 면, 가치관의 면에 걸쳐서 교육행정가의 자질을 보다 구체적으로 논의하고 있는 실례 중의 하나라 보아야 할 것이다.

또한, 교육행정가의 자질을 전문적인 기술로 보는 관점에서 논한다면, 그것은 사무적 기술, 인화적 기술 및 통합적 또는 구상적 기술의 3가지 범주로 나누어서 생각할 수 있다. 사무적 기술은 사무적인 절차와 방법에 관련된 것으로서 예컨대, 금전과 물품의 관리와 형식적인 절차에 의한 의례적 처리 등에 필요한 행정기술이라 하겠다. 인화적 기술이라 함은 집단성원들 사이에 인화를 조성하고 협동적 정신을 함양할 수 있는 기술을 의미하며, 주로 인간 심리상태를 통찰하고 관심・배려・관용 등을 통하여 이루어질 수 있는 것을 말한다. 통합적 내지 구상적 기술이라 함은 교육활동 전반을 통합적・대국적・장기적 견지에서 관찰하고, 선견지명을 가지고 사업을 구상해 나가는 것을 의미할 뿐만 아니라, 교육정치가로서의 식견을 가지는 것을 말한다. 일반적으로, 하급교육행정가일수록 사무적 기술이 중요하고 상급 교육행정가는 보다 통합적이고 또는 구상적 기술이 중요하다고 할 수 있다.

제2절 교육제도

1. 교육제도의 형성배경과 의미

1) 배경

원시시대에는 학교라는 교육기관이 존재하지 않았다. 원시사회에서의 교육은 할아버지나 아버지가 손자나 아들에게 사냥하는 법, 농사짓는 법을 가르쳤고, 할머니나 어머니는 음식 만드는 법, 옷 만드는 법을 농장이나 가정의 현장에서 가르쳤다. 원시시대의 교육은 이처럼 생활과 직결된 교육이었다. 원시시대에서는 생활 그 자체가 교육이어서 의식적으로 교육하는 경우 이외에 부지불식간에 부모나 연장자들이 행동하는 것을 배우는 경우도 많았다.

사회가 점점 복잡해지고, 사회구성원으로서 갖추어야 할 사항들이 많아지면서 미성년자들에게 좀 더 조직적, 체계적으로 교육할 필요성을 느끼게 되었다. 원시사회의 일상생활 속에서 이루어지는 교육은 비능률적인 경우가 많았기 때문에 교육을 보다 의도적이고 조직적으로 실시할 필요성이 대두되게 되었다. 이러한 필요성이 제도로서 학교가 생기게 된 이유이다.

학교는 학생과 선생, 그리고 교실을 필요로 한다. 배울 것과 가르칠 것이 많아지니까 배우는 사람과 가르치는 사람이 필요하게 되었다. 스승은, 가르칠 내용에 대한 지식과 기술은 물론이고 다른 사람의 모범이 될 만한 인격과 덕망이 있어야 한다. 이렇게 하여 직업적인 교사와 학생이 생기게 되었다.

교육의 장소로 초기에는 저택의 일부나 사원의 일부가 이용되었다. 점차로 학생과 교사의 수가 늘어나 그 규모가 커짐에 따라 교수와 학습에 적합한 건축양식이 발달하여 오늘날의 학교 형태로 발전한 것이다.

그런데, 학교가 설립된 초기에는 물론이고 비교적 근대에 이르기까지 교육의 대상은 주로 귀족계급, 상류계급, 양반계급의 자제들이었다. 그들은 소수정예의 지도자 양성 교육이 목적이었다. 그러나 오늘날에는 모든 국민을 교육하는 시민 교육기관으로 전환하여 일정 수준의 의무교육이 모든 나라의 공통된 교육제도로 정착하게 되었다.

2) 의미

일반적으로 교육에 관한 조직, 작용, 기관 등이 법규에 따라 성립하게 될 때 이를 교육제도라고 한다. 교육제도는 교육정책이 법규에 의해서 구체화된 것으로 그것은 사회문화적 여러 요인과의 관계에서 성립되는 것이다. 그러므로 교육제도는 가족제도, 경제제도, 정치제도, 종교제도 등과 같이 기본적인 사회문화제도의 일부분으로써 비교적 안정된 조직과 형태를 가지고 있다.

중요한 것은 교육행정이 교육제도의 기반 위에서 행해지며 또한 교육제도의 제정과정에 있어서 직접적으로나 간접으로 참여하는 사실도 잊어서는 안 될 것이다.

교육제도의 영역으로서는 일반적으로 교육행정제도, 학교교육제도, 취학 전 아동교육제도, 그리고 평생교육 개념의 차원에서 사회교육제도 등을 포함할 수 있다. 그리고 광의의 학교제도영역은 학제(학교체계), 초등교육제도, 중등교육제도, 고등교육제도, 교원양성교육제도, 사립학교제도, 실업학교제도 등을 포함하여 국민교육제도가 핵심을 이루고 있다.

학교제도는 교육제도 중에서 학교에 관한 제도, 즉 법규에 의해서 공인된 학교에 관한 교육제도인 것이다. 그래서 학교제도는 사회적 소산이며 국가사회의 성격을 직접 반영하는 것이다.

학교교육이 사원이나 교회나 사립단체의 지배에서 벗어나 국가적인 규모로서 각종의 교육법규가 제정되고 국가나 지방자치단체에 의해서 정비되게 된 것은 산업혁명 이후의 일이다. 산업혁명의 결과 각국은 눈부신 경제발전을 가져왔고 국민전체의 교육적 수준을 향상시키기 위하여 현재와 같은 학교제도를 조직하게 되었다.

2. 교육제도와 학교제도

1) 학교제도

학교제도(학교교육제도, 학제)는 교육제도의 핵심을 이룬다. 학제는 학교계통과 학교단계에 따른 교육목표, 교육내용, 수업연한, 취학연령, 학교간의 종적 연결과 계열간의 횡적 연결 등에 관한 제도와 운영 등을 하고 있다.

학교계통은 계열별로 구성된 종적인 여러 종류의 학교계열을 의미한다. 학교계통은 국가의 사회계층 구성 여부에 따라 복선형적 학교계통과 단선형적 학교계통으로 구분된다.

영국과 프랑스는 전자이고 미국과 일본, 우리나라는 후자의 예에 속한다. 학교계통은 교육목표, 교육내용, 교육대상에 따라서 구분할 수 있다. 이러한 학교계열로서는 보통교육의 학교계통, 직업교육의 학교계통, 특수교육의 학교계통 등이 있다.

학교단계는 학교 급별 간의 단계적 구분을 말하는데, 학교 계제라고도 한다. 이 단계는 학습자의 심신발달단계, 교육의 목적과 내용, 사회적 적절성 등에 따라 구분된다. 일반적으로 초등교육단계, 중등교육단계, 고등교육단계의 3단계로 구분하고 있다. 경우에 따라서는 취학전 교육단계를 별도로 구분하기도 한다.

모든 학제에는 기본 학제가 있다. 기본학제는 학제의 주류를 이루는 학교교육 형태로, 현행 우리나라의 기본 학제인 6-3-3-4제의 단선형 학제이다. 즉, 초등학교 6년, 중학교 3년, 고등학교 3년, 대학 4년의 학제를 뜻한다.

학교제도는 단선형 학제와 복선형 학제로 구분된다. 다만 어느 국가에서든지 순수 형태의 단선형이나 복선형 학제는 거의 없다. 즉, 복선형 학제에는 단선형의 요소를, 단선형의 학제는 복선형의 요소를 각각 가미하고 있다.

2) 단선형 학제와 복선형 학제

(1) 단선형 학제

교육의 기회균등 사상의 발달로 능력에 따라 교육기회가 보장되는 학교의 계통적 형태이다. 학교가 교육적 차별을 없애고, 모든 국민에게 사회적, 경제적, 기타 신분 여하를 막론하고 누구에게나 다 양질의 교육을 받을 수 있게 하려는 교육제도이다.

① 단선형 학제의 특징

첫째, 능력에 따라 학생이 원하는 학교에 진학할 수 있다(교육기회의 보장).

둘째, 사회적, 경제적 배경과 신앙, 성별 등에 따른 취학기회의 제한이 없다.

셋째, 동일학년 내의 수평적 학교의 이동이 가능하다.

넷째, 동일학년 수준의 교과내용은 동일하다.

② 단선형 학제의 장단점

단선형 학제는 기회균등이라는 민주주의 이념에 부합되는 이상적 교육제도이다. 다만 복잡다기한 현대사회에 학교가 기여하기 위하해서는 다양한 학제의 필요성이 요청되고 있다.

③ 단선형 학제의 예(미국)

미국의 교육은 지방분권화, 다양성, 대중화 교육이 특징이다. 학제는 단선형 학제를 취하면서도 각 주에 따라 8-4-4, 6-3-3-4, 6-6-4, 6-2-4-4제 등 다양하며, 의무교육의 연한도 주에 따라 다르다. 이처럼 각 주에 따라 다양한 학교제도 속에서도 학교간의 이동, 상급학교와의 접속관계는 개방되어 있다. 또한, 소수민족과 심신장애자에게도 교육기회가 평등하게 부여된다.

첫째, 취학전 교육과 초등교육

미국에서는 1~2년의 취학전 교육과 6년의 기초교육이 보통이고 학년제로 운영된다. 그런데, 최근에는 학습자의 학습속도를 감안하여 무학년제를 적용・실시하는 경우도 있다.

둘째, 중등교육은 8-4, 6-3-3, 6-6, 6-2-4제 등에서 보는 바와 같이 주에 따라 매우 다양하다. 의무교육은 주마다 다른데 9~12년이 대부분이다. 중등 수준은 학생들의 진로선택에 중요한 시기로서, 어느 학제를 선택하든 제10학년 초까지는 진학과정, 취업과정 또는 진학・취업의 종합과정 중에서 하나의 과정을 선택하게 되어 있다.

셋째, 대학교육의 기회는 넓고 개방적이다. 대학진학은 대학입학시험위원회가 주관하는 학업성적검사(SAT) 혹은 미국대학검사(ACT) 등의 학력검사 성적이나 고등학교의 내신성적에 따라 입학이 허가된다. 대학은 4년제이다. 2년제인 초급대학과 지역사회대학의 이수자는 능력에 따라 4년제 대학에 편입학할 수 있다.

(2) 복선형 학제

상층계급과 하층계급 사이에 서로 다른 학교계통이 있어서 교육연한이나 교육내용, 입학자격 등이 다르고 동일학년간의 이동이 불가능한 학교제도로서, 주로 영국과 프랑스 등 유럽의 전통적 학제이다.

복선형 학제는 사실상 교육의 기회를 통제하는 것이므로 계획적인 교육통제는 용이하나, 일부 학교의 입학자격 제한, 학교간의 횡적인 학생이동의 불가능으로 교육받을 기회의 억제, 학교의 신분표상화 기능 등 민주주의의 기본이념에 위배된다고 하겠다.

그런데, 19세기 말부터 20세기까지 유럽에서 통일학교운동이 일어나, 사회적 배경이 다른 2학교 제도 중에서 복선형 학제를 단선형 학제로 개혁하고 전국의 교육제도를 유기적으로 통일하려는 운동이 독일, 프랑스 등에서 일어나 상당한 성과를 거두었다. 지금도 복선형 학제가 강하게 남아 있다.

복선형 학제의 예로는 영국의 학제를 들 수 있다.

영국의 학제는 상류계층을 위한 교육체제와 시민교육체제가 공존한다. 상류층을 위한 사립학교와 일반 시민을 위한 국공립학교, 학문중심의 인문교육과 기술 중심의 실업교육이 병존하는 학교제도이다. 의무교육은 11년(5~16세)이다.

취학전 교육은 유치원(2~5세)에서 주로 시간제로 실시(약간의 전일제)된다. 초등학교는 6~7년(5~11, 12세)의 2체제가 있다.

첫째, 초등학교 6년제(5~11세)는 가장 보편적인 학제인데, 때로는 유아학교 2년, 하급학교 4년(7~11세)으로 분리하여 운영되고 있다.

둘째, 제1학교 3~4년(5~8, 9세)과 중학교 4~9년(8~12세, 또는 9~13세)이다. 이 체제는 잉글랜드 지방에서 15%미만 학생이 취학하고 있다.

중등교육은 1965년 이후 종합학교 취학이 가장 많았고, 문법학교는 전통적인 대학진학 준비학교이다. 영국의 대학은 일반 종합대학, 종합공과대학, 계속대학, 개방대학 등이 있는데, 개방대학을 제외하고는 모두 GCE자격시험을 거쳐 입학하며 수업연한은 3~4년이다.

영국학교제도의 특징은 대중교육시대에서 엘리트 교육체제의 유지에 있다. 즉, 복선형 학제를 유지하면서 교육기회의 확대에 노력한다. 또, 의무교육의 연장, 무상교육의 확대, 종합학교제도의 도입, 계속교육체제의 발전에 노력하는 것 등이다.

3. 한국의 학교제도(학제)

우리나라 현행 학교제도(학제)는 6-3-3-4제를 기간으로 하는 단선형 학제이다. 즉, 초등학교 6년, 중학교 3년, 고등학교 3년, 대학교 4년의 학제를 골간으로 하고 있다. 고등학교에는 인문고등학교와 실업고등학교가 있어서 종류가 다른 학교로 생각하여 복선형적 학제로 생각하기 쉬우나 같은 고등학교이고, 대학진학에 아무런 제한 없이 동등한 자격을 가지며, 다만 실업 과목을 적게 하고 혹은 많이 하는데 차이가 있을 뿐이다. 실업고등학교에는 농업, 공업, 상업, 수산, 해양, 종합고등학교 등이 있는데, 이들 고등학교는 그 교육과정의 구성에 있어서 해당 전문교과를 전교과의 30% 이상 편성하여 이수하도록 하고 있다. 종합고등학교는 인문과정과 실업과정을 함께 설치한 고등학교를 말한다. 인문고등학교에서도 실업과목을 15% 이상 이수하도록 되어 있다.

학교의 종류는 각 학교의 교육목적과 수준에 따라, ① 취학 전 교육기관, ② 초등교육기관, ③ 중등교육기관, ④ 고등교육기관으로 분류할 수 있다.

취학 전 교육기관에는 유치원과 유아원이 있다. 초등 교육기관으로는 가장 대표적인 것이 중등전기와 중등후기의 교육기관으로 나누어진다. 중등전기 교육기관에는 중학교, 기술학교, 고등공민학교, 방송통신중학교, 특수학교 중학부, 중학교과정의 각종 학교 등이 있다. 중등후기 교육기관에는 고등학교, 고등기술학교, 방송통신고등학교, 특수학교 고등부, 고등학교과정의 각종 학교 등이 있다.

고등교육기관에는 학사학위과정의 대학과 전문대학이 있다. 학사학위과정의 대학으로는 대학, 대학교, 사범대학, 교육대학, 방송통신대학, 개방대학, 대학과정의 각종 학교가 있다. 전문대학과정에는 전문대학, 전문대학과정의 각종 학교 등이 있다. 대부분의 대학교와 대학에는 대학원과정이 설치되어 있다.

학교의 종류는 그 설립 주체에 따라 국가가 설립·경영하는 국립학교, 지방자체단체가 설립한 공립학교, 그리고 학교법인이 설립한 사립학교로 구분하기도 한다. 또한, 수용하는 학생에 따라 여자학생만 수용하는 여자중고등학교, 여자대학 등이 있다. 초등학교는 모두 남녀공학이다.

교육법에는 "모든 국민으로 하여금 신앙, 성별, 사회적 신분, 경제적 지위 등에 의한 차별 없이 그 능력에 따라 균등하게 교육을 받게 하기 위하여 다음과 같이 학교를 설치한다."고 하여 학교의 종류를 열거하고 있다(제81조).

① 초등학교 · 중학교 · 고등학교 · 대학교
② 교육대학교 · 사범대학
③ 전문대학교 · 방송통신대학교 · 개방대학교
④ 기술학교 · 고등기술학교
⑤ 공민학교 · 고등공민학교
⑥ 특수학교
⑦ 유치원
⑧ 각종 학교

4. 교육경영 · 학교관리 · 학급경영

1) 교육경영

학급경영을 논의하기에 앞서서 먼저 교육행정과 교육경영 사이의 관계를 분명히 할 필요가 있다. 일반적으로 교육행정은 일반 행정의 한 분야로 보고 교육행정을 교육에 관한 행정이라 정의할 수 있다. 그리고 교육행정을 교육을 위한 행정이라고 한다든지, 행정과정에 중점을 둔다든지, 인간자원의 개발을 효과적으로 하기 위한 통합적인 과정이라든지 또는 권력기관들이 교육정책을 실현시키기 위한 과정이라는 견해들이 있지만 여기서 교육행정은 교육활동, 즉 사회적 · 공공적 · 조직적 활동과정으로서 교육을 대상으로 하는 행정을 말한다고 할 수 있다.

교육경영은 일반적으로 학문영역의 하나로 보고 경제적, 행정적, 행동과학 등을 인접학문으로 받아들이면서 교육발전에 기여할 수 있는 학문체계를 수립해 가야 한다는 입장이다. 따라서 교육행정과 교육경영의 차이를 밝힌 쿡(Desmond Cook)에 의하면, "교육행정이 고도의 확실성과 구체화된 결정을 성취하기 위한 하나의 관리과정이라고 한다면, 교육경영은 고도의 불확실하고 구체화되어 있지 않은 하나의 결론을 매듭지어 가는 경영과정"이라고 정의할 수 있다. 이 밖에도 교육경영의 정의를 시도한

면모가 보이나 그렇게 분명한 것은 아니다.

2) 학교관리

흔히 학교경경과 학교관리를 같은 말로 상용하는 경향이 많다. 그러나 일반적으로 볼 때, 학교경영이 주관적 또는 이상적 관점에서 학교생활에 가해지는 것이라면 학교관리는 객관적인 관점에서 학교의 조건이나 상태를 유지하는 것으로 해석되기도 한다. 다시 말하면, 학교경영이란 단위학교의 행정을 동태적으로 파악하여 기획, 조정, 동기부여 그리고 통제하는 기능으로 해석할 때 학교경영은 학교를 어떻게 효과적으로 운영해 가는가의 문제라고 할 수 있다. 그러나 학교관리는 이미 세워진 기획 또는 법규 내에서 효율적으로 운영해 가는 정태적인 것이라 설명할 수 있다.

요컨대, 학교경영은 단위학교의 목적을 달성케 하는 모든 수단적·봉사적 그리고 협동적 활동으로 풀이되는 반면에 학교관리는 그 학교의 목적을 달성하기 위하여 여러 조건을 정비·유지하는 관리적 작용을 뜻한다 하겠다. 따라서 학교관리는 주로 중앙집중적 행정체제 아래에서 학교장으로 하여금 규정된 여러 법규에 따라 충실하게 여러 조건을 관리하는 작용으로 해석되고 학교 내에서는 고정된 범위 내에서 강제적 성격을 띤 행정행위라 볼 수 있다.

또한, 현재 혼란을 겪고 있는 개념으로 여기에서 불가피하게 밝히고자 하는 것이 있다. 그것은 경영과 관리의 2가지 측면에서 경영을 관리에 포함 시키는 관리우위의 개념과 경영관리의 상위개념으로 삼는 경영우위론이 있는가 하면 또한 이 2가지를 같은 개념으로 보는 견해로 3가지가 서로 뚜렷이 구별되는 주장이 계속 되고있는 것이다.

현재 입장에서 결론적으로 제의할 수 있는 것은 한 단위학교의 관리가 학교경영 수단이며 봉사적 기능이기 때문에 학교경영이 선행되고 학교관리가 나중에 있게 된다거나 그 반대가 될 수 있는 것은 아니다. 학교는 경영적 창의력을 모두 집중하고 새로운 경영조건들을 정비함으로써 학교경영 목표달성을 가능케 지원하는 행정관리가 있어야 할 것이다.

3) 학급경영

학급은 학교체제를 구성하는 기본 단위이다. 그것은 학생, 교사, 교육활동 등으로 이루어져 있는 학교의 축소판이다. 학급이 학교의 축소판인 한 학교경영의 성패는 학급경영에 따라 결정될 수 있다고 보아도 과언이 아닐 것이다. 그리고, 교사도 학급경영이란 측면에서 본다면 분명히 행정가의 역할을 지니고있는 것이다.

학급경영이 무엇인가에 대한 여러 가지 관점이 있으나 다음에서 비교적 공통된 내용을 요약해 보고자 한다.

학급은 학교의 테두리 안에서 학교의 방침과 지시에 따라야 하겠지만 담임교사의 개인적 철학, 교직관, 인간관 등은 학급경영에 많은 영향을 주게 된다는 것이다. 따라서 교사의 주된 활동은 교수활동과 경영활동으로 크게 구분하여 학급경영을 경영활동으로 생각할 때 교사의 학급경영방식이나 철학은 그의 교수활동은 물론 담임하는 학급 전체에 영향을 미칠 수 있는 것이다. 그러면 학급경영을 담당한 담임교사의 역할기대와 학급목표를 보면, 첫째, 자아를 자각시켜 위대한 희망과 자존심을 기르고 자주성과 자율성을 가진 원만한 인격의 향상을 도모케 하고 있다. 둘째, 학생과 교사의 아름다운 관계를 발달시키고 유지하여 상호 이해로써 개인지도, 집단지도 등 학생들의 문제해결을 위한 조언을 하여 학생들로 하여금 원만한 학급생활 내지 학교생활을 영위할 터전을 마련해 주어야 한다. 셋째, 협동정신과 봉사하는 태도를 기르고 생활지도와 훈련을 통하여 건전한 사회인이 될 자질을 길러준다. 넷째, 창의성과 창조성을 배양시켜 풍부한 정서생활을 계발시키며 보건위생에 유의케 하여 건전한 문화인이 되게 한다. 다섯째, 진로지도를 실시하고 개인의 흥미와 능력을 최대한으로 발달시켜 유능한 생산인, 기술인 그리고 경제인이 되게 하는 것이다. 또, 한 가지 경영면에서 유의할 점은 학급내의 인간관계에서 상하위체제에 따라 소사회를 분석・이해하고 담임교사는 훌륭한 지도성을 발휘해야 할 점인 것이다.

다음은 학급의 실제적인 경영방안으로 학급경영의 목표를 구현할 수 있는 길을 간략하게 살펴보도록 한다.

학급경영의 목표를 달성하도록 하기 위해서는 실제로 학급을 경영하기 전에 일반적인 기초조사가 선행되어야 할 것이다. 이 같은 기초조사는 새로 학급을 담임하는 신규 교사에게 매우 유용한 자료를 제공해 줄 수 있다. 학급의 기초조사는 첫째, 학급 전체에 대한 조사이기 때문에 다른 학급에 비해 교과별 평균성적이라든가, 학급 전체에 대한 조사를 실시하여 다른 학급에 비해 교과별 평균성적이라든가, 학급의 풍토라든가, 혹은 계층별 집단 배경 등을 이해해야 한다. 둘째, 개개인에 대한 교과별 성적, 성격, 학업태도, 가정배경, 교우관계, 통학수단, 신체발달 상황 등을 파악하여야 한다. 셋째, 가정환경조사를 통하여 부모의 유무, 연령, 직업, 교육정도, 생활정도, 가정상황, 학부모의 학업에 대한 태도, 종교, 주택, 문화시설 등을 이해하여 학급경영에 참고하는 것이 필요하다.

이와 같이 학급의 기초적인 자료정보의 이해를 바탕으로 학급경영은 실제로는 학급 담임이 핵심을 이루는 자치활동 지도영역과 생활지도영역, 시설관리, 여가선용지도, 사무처리 등을 원만히 수행할 수 있도록 해야 할 것이다.

그리고, 마지막으로 위와 같은 학급경영의 결과 담임교사는 순환적인 체제에서 학급진단을 실시하여 학급경영에 항상 새로운 기풍과 만족을 가져와 학교경영에 이바지할 수 있도록 노력하여야 할 것이다.

제3절 장학행정과 자치제도

1. 장학행정

1) 장학행정의 의미

오늘날 장학은 아직 그 발달과정에서 볼 때 선진적인 입장이 미흡하다 할 수 있다. 한국에 있어서는 교육행정의 일부로 관리행정과 대응 내지 상호보완적 위치에 놓여 있는 지도·조언의 행정부분이 농후한 경향이라 볼 수 있다. 그러므로 교육의 장기적인 목표를 고려해 볼 때 한국의 장학진로는 하나의 독자적이고 자율적인 전문성을 갖추고 제고해 나갈 수 있는 방향으로 발전하여야 할 것으로 생각된다.

여기서 개념상의 혼동을 피하기 위하여 교육내용의 행정을 일단 교육목표, 교육과정, 교과서·교육자료의 행정에 국한시키고 장학의 중요성에 비추어 장학행정의 개념을 따로 독립시켜 다루기로 하겠다.

그러나, 교육내용과 장학은 밀접하게 불가분의 관계에 있어서 때로는 서로 중복해서 사용되는 개념인 것을 밝혀 둔다. 예를 들어, 편수행정을 담당했던 교육부 편수국과 장학실은 역사적인 변천을 거쳐 오늘날 장학편수실로 통합된 배경을 보아도 양자가 밀접한 관련성을 가지면서 서로 뉘앙스를 달리하는 양면성을 가진 것을 볼 수 있다.

2) 장학행정의 정의

오늘날 전 세계적으로 볼 때 장학(supervision)이라는 용어와 시학(inspection)이라는 용어가 다 같이 광범위하게 사용되고 있으며 그 밖에도 지도행정이라는 용어가 사용되고 있다. 어떠하든 장학의 개념은 시학 혹은 감독이라는 단계를 거쳐 오늘에 이르고 있으므로 용어만 가지고는 실재적 형태나 내용을 규정하기 어려운 점이 있다.

오늘날 한국에서 사용되고 있는 장학의 개념을 보면 다음과 같이 몇 가지 혼동 요인을 갖고 있다.

첫째, 장학사 · 장학관 등의 명칭을 지닌 사람 중에 인사행정이나 교육내용에 관한 행정을 임무로 삼고 있는 사람들이 있다. 예컨대 인사, 장학담당 장학관, 초 · 중등 교육과장, 학무국장 등이 있는 반면에 교장, 교육장, 교육감 등과 같이 장학이라는 이름이 붙지 않은 행정 요원들 중에도 장학의 기능을 수행하는 사람들이 있다는 사실이다.

둘째, 장학과 행정의 구분이 명료치 않을 뿐만 아니라, 행정의 하위관념으로서 장학의 한계가 분명치 않다는 사실이다. 이것은 교육행정이나 장학직의 전문화가 미흡한 탓이라 할 수 있다.

셋째, 장학의 이념과 현실 사이에 괴리가 심하여 무엇이 장학의 실체요, 본질인가에 관하여 혼동의 여지가 있다는 점이다.

우리나라의 많은 실증적 연구가 입증하고 있는 장학은 교사들로 하여금 그 본질적 업무인 교수학습활동이나 생활지도활동을 효율적으로 수행할 수 있도록 그들에 대하여 전문적 지도와 조언이라고 하는 견해가 널리 받아들여지고 있다는 것이다. 이것은 장학의 이념으로서도 합당한 것이라 할 수 있다.

결국, 장학이 교사에게 제공되는 전문적이고 기술적 지도와 조언이라고 규정한다면 장학의 내용 영역은 교사의 본질적인 활동영역이나 주변적 활동영역을 다 같이 포괄하고 있어야 할 것이다. 즉, 그것은 교과교수 활동은 물론 학생들에 대한 생활지도활동과 교사들이 참여하고 관련을 가지는 연구, 지역사회에의 봉사활동, 학급경영 등에 이르기까지 다양한 것이 될 수 있을 것이다.

"보다나은 학교를 위한 장학"이란 저서에서 와일즈(Kimball Wiles)는 장학의 개념을 첫째, 장학은 봉사활동이다. 둘째, 장학은 인간의 가능성을 최대한도로 개발하는 것이다. 셋째, 장학은 지도성인 것이다. 넷쩨, 장학은 의사소통의 수단이다. 다섯째, 장학은 교육과정의 발달을 가져오게 하는 것이다. 여섯째, 장학은 교수개선 등이라 했다.

장학에 대한 접근방법과 장학의 기초이론을 바탕으로 고찰해 보면 다음과 같은 개념 형성을 알 수 있다.

먼저, 장학에 대한 접근방법은 장학의 실제에 있어서 전통적인 통제나 감독 위주로 나가느냐 혹은 민주적 지도나 조언에 치중하느냐에 따라서 차이가 있겠지만 아직도 일부 국가에서는 시학의 방식이 잔재하고 있다라고 했다. 그리고, 또 한 가지 기본적 접근방법의 차이는 장학을 주로 교육과정과 교수이론에 관련시켜 교과에 대한 전문적 지도를 강조하느냐 혹은 교사들 사이에 인간관계를 강조하고 교사들의 동기유발과 전문적 성장을 강조하느냐에 따라 찾아볼 수 있다고 하였다. 전자의 경우 장학 요원은 교과에 대한 탁월한 전문적 지식과 기술을 필요로 하며, 그 방면에 수월성으로 말미암아 전문적 지도나 조언을 할 수 있다는 것이다. 반면에 후자의 경우 장학 요원은 인간자원개발을 강조하는 지도성을 갖추어야 하며 특정분야의 전문적 지식과 기술이 부차적이라는 것이다.

이러한 접근방법의 강조점에 따라 장학의 기초이론을 보면 첫째, 지도성, 둘째, 교신이론, 셋째, 전문성이론, 넷째, 집단역학이론, 다섯째, 인사평가이론, 여섯째, 3A[연령 발달단계(age), 능력(ability), 적성(aptitude)]과 3X[(합리적 설복(exportation), 솔선수범(example), 체험(experience)] 원리론을 제시하고 장학의 역할과 기능을 능률적으로 수행하는데 반드시 필요한 이론이라 하였다.

3) 장학의 기능

(1) 기능

장학의 목적이 교수・학습의 개선을 통하여 학생의 성장・발달을 촉진시키기 위하여 여러 조건을 정비, 확립하는 일이라고 한다면 그 기능도 역시 장학의 목적을 실현하기 위한 역할이라 할 것이다. 여기서는 구체적인 방법으로서 장학지도의 기능을 요소별로 들어 보고자 한다. 첫째, 장학의 기능으로서 교사의 자주성을 함양할 수 있도록 민주적이고 협동적인 조력을 하는 것이다. 둘째, 교사의 문제분석력을 함양하여 당면한 문제를 해결하는데 자신감을 가지고 스스로 처리할 수 있는 능력을 길러주는 것이다. 셋째, 교사의 안정감을 유지 시켜 주는 기능, 즉 사회적・경제적・신분적 안정감을 유지할 수 있도록 도와주는 것이다. 넷째, 지역사회와의 관계를 원만히 유지하여 지역사회 학교개념의 역할을 효율적으로 하도록 하는 것이다. 다섯째, 교사의 건전한 교육 철학적인 발전을 도모하여 현실적인 교육문제를 처리하는데 투철하도록 조언하는데 있다.

(2) 장학의 업무와 방법

장학의 방법을 설명하기에 앞서 장학의 업무를 잠깐 살펴보면, 미국은 1955~1969년 간에 주요 장학업무가 ① 교원의 현직 연수의 조정, ② 인간관계의 개선촉진, ③ 교수·학습활동에 관한 자문 등이 으뜸을 차지하였다. 그러나, 교사들이 기대하는 장학의 업무와 그들이 실제로 지각하는 업무 사이에는 괴리와 갈등이 심하였으며, 장학업무의 중요성에 대한 인식 정도에 있어서도 장학사와 교사들 사이에는 현저한 차이가 있었다.

한국의 장학업무를 법규 면에서 볼 때 ① 교육활동 운영지침으로서의 장학방침의 수립, ② 교육과정과 생활지도의 운영감독, ③ 교육공무원과 학생의 지도, ④ 교육연구의 추진 등을 포함한 광범한 사항이다. 장학의 기능면, 즉 실제 수행면을 보면 장학은 ① 교사의 전문적 성장을 돕는 활동, ② 교육운영의 기획과 평가를 돕는 활동, ③ 학습환경을 개선하는 문제 등 여러 측면에 걸쳐 업무가 포괄적이다.

장학의 방법도 역시 일률적으로 논의하기 어렵다. 전통적으로 장학의 일반적인 방법은 ① 학사시찰, ② 연구학교운영과 연구수업 또는 시범수업, ③ 현직교육, ④ 연구협의회(workshop), ⑤ 회담 등 광범위하게 활용 되어왔다. 이는 장학의 기술적인 방법을 준거로 구분한 것이라 볼 수 있다.

한국에서는 교육부가 해마다 장학방침을 제시하는 것이 관례로 되어 왔으나 장관의 방침에 따라서 그렇지않은 경우도 있었다. 한국에서 장학의 방법은 일반장학, 특수장학, 협동장학, 통신장학 등으로 구분한다. 최근에는 외국에서 도입된 임상 장학(clincical supervision), 답신제 장학(on call supervision) 및 장학군제 장학 등으로 구분하여 행해지고 있다.

또한, 서울특별시의 장학방침을 참고하면 여기는 종합장학(학교운영전반), 개별장학(교과중심), 요청장학(연구학교의 연구수업 또는 학교장의 요청), 확인장학(미흡한 사항의 보완결과 확인) 등의 형식으로 장학지도를 하고 있다.

이와 같은 장학의 유형들을 종합하여 간단히 비교 정리하면 다음과 같다.

장학의 유형 비교						
유형	의미	주관자	목적	방법	참석 대상	문제점
임상장학	교사들의 수업 기술 향상이나 학습지도 방법 개선을 위한 교육현장에서의 체계적이고 개별적인 과정	· 단위 학교(원)장, 교(원)감	· 교사의 전문성 향상 · 교수-학습 방법 개선	· 수업 실험이나 실습을 통한 수업의 실제 · 구체적인 연구수업 (교장·교감 참관주도)	· 경력이 오래되어 수업기술 향상의 필요성을 느끼는 교사	시간과 정열이 많이 소비 됨
동료장학	동료 교사들 간에 그들의 교육활동의 개선을 위하여 공동으로 노력하는 과정	· 동료교사	· 교사의 전문성 향상 · 개인적 교수방법 개발 · 교사 조직의 발전	· 공동관심사 공동과제 상호교환 · 지식이나 정보, 조언 등 교환 · 경력자와 비경력자 간의 상호 수업 공개 의견교환 · 동호인 활동 · 동학년, 동교과 협의회와동부서, 동료 간 수업연구	· 전체교사 · 주로 관심사가 같고, 수업의 개발과 개선을 공동으로 원하는 교사	끼리끼리 움직이게 되어 본래의 목적과 취지에 맞지 않을 수도 있으며 적극성도 문제임
자기장학	교사 개인이 자신의 전문적 발달을 위하여 스스로 체계적인 계획을 세우고 이를 실천하는 과정	· 개개인의 교사	· 승진과 인사고과, 성과급 관련 개인적인 욕구반영 · 전문적 발달	· 자기 수업의 녹음 녹화 등을 이용한 반성적 고찰 · 현장연구나 1인1과제 연구나 직무관련 대학원 진학, 서적과 자료 탐구 · 교육전문 기관이나 포털사이트 가입, 상담활동 · 공청회나 세미나 참석 · 장학 담당자가 없는 모든 개인 활동	· 개인으로서의 모든 교사	개인적 요구 사항 중심으로 활동할 가능성

유형	의미	주관자	목적	방법	참석 대상	문제점
확인장학	학급경영과 수업활동을 관찰하고 교사들에게 지도, 조언을 제공하는 활동으로 약식장학 또는 일상장학, 전통장학이라고도 함	· 단위 학교(원)장, 교(원)감	· 학교교육과 학교경영개선 · 다른 장학형태의 보완적 대안적인 성격	· 교장, 교감의 간헐적 짧은 시간 동안 학급 순시나 수업참관 · 수업현장에서 교사와 학생들과 접촉 · 교사들의 학급경영과 수업활동을 관찰하고 교사들에게 지도, 조언	· 불특성한 교사, 학생	교장교감의 책무성은 강조되지만 악용될 우려도 있고 교사들은 거부 반응을 표시할 수도 있음
교내연수	단위학교의 장이나 교사들의 필요와 요구에 따라 학교 내·외의 인적·물적 자원을 활용하여 단위 학교 자체 내에서 실시하는 연수활동	· 단위 학교(원)장, 교(원)감 · 전체교사	· 교사들의 교육 활동의 향상 · 교육 조직의 발전적 차원	· 단위학교 자체 연수 · 외부 전문가나 강사, 장학요원 초빙	· 전체 교사	일상적이며 형식적이어서 효과가 적을 수도 있음

* 박세훈 외(2008), 286-287.

4) 장학요원의 양성

장학이 교육행정의 하위영역으로서 교수학습활동과 생활지도 활동을 중심으로 교사들에게 전문적 지도와 조언을 제공하는 것을 핵심의 과업으로 하는 것임을 이미 지적한 바 있다. 그러나 아직도 많은 국가에 이와 같은 과업을 수행하는데 적합한 양성과정이나 현직 연수과정을 제대로 마련하여 실시하지 못하고 있는 나라가 많다. 교육행정에 있어서 연구나 실천이 모두 분화·발달되어 있는 미국에서조차 1978년 현재 전국 50개 주 중 반수에 미달하는 23개 주에서만 장학직을 위한 자격증을 주고 있으며 대부분의 경우 일정기간 (2년 내지 5년)의 교육경력과 대학원 석사과정에서의 장학전공을 그 필수조건으로 하고 있는 실정이다.

다른 나라의 경우를 보면 그 정도의 전문적 소양도 제공하지 못하고 단지 교육경력 등을 참작하여 장학사로 발탁하며, 그들의 연수에 있어서도 교감이나 연구사 등과 함께 일반적인 교육행정 연수를 받게 하는 것이 통례로 되어 있는 것이다. 그들의 자격요건도 장학요원으로서의 독자성을 찾아보기가 힘드는 실정이다. 요컨대 장학직에 있어서 그 양성이나 현직 연수과정이 아직도 미분화 상태에 있다 해도 과언이 아닐 것이다.

우리나라 장학분담자의 자격요건을 주로 장학관·교육연구관·장학사·교육연구사 등을 중심으로 하여 그 기준을 보면 교육공무원법 제9조에 명시하고 있다. 물론, 교육연수 행정 면에서 운영의묘를 살려 장학에 대한 소질을 가진 사람을 엄선하여 장기간에 걸쳐 경험을 쌓게 한다면 어느 정도의 효력을 거둘 수는 있을 것이다. 그리고 능력 위주의 양성프로그램을 개발하여 선발·양성·연수의 전 과정을 통하여 그 능력과 자질을 개발하고 그들에게 적정한 유인을 제공한다면 보다 훌륭한 요원을 양성할 수 있을 것이다.

이와같이 장학담당자의 소양이 적절히 갖추어진다면 교육부가 제정한 민주주의 장학행정에 있어서 장학담당자의 기본태도는 훌륭히 확립될 수 있을 것으로 본다. 장학담당자는 첫째, 투철한 국가관과 교육관을 확립한다. 둘째, 더욱 바람직한 인간관계를 형성하는 것을 목적으로 한다. 셋째, 지도에 앞서 자기성장을 꾀한다. 넷째, 교사와 학생의 성장·발달을 조성하는데 그 사명으로 한다. 다섯째, 항상 건설적이며 창의적인 창작활동을 한다. 여섯째, 현실적이고 구체적이며 시범적인 활동으로 문제를 해결한다. 일곱째, 점진적이며 계속적인 활동을 통한 꾸준한 노력으로 소기의 성과를 기약한다. 여덟째, 장학활동에 있어서 집단적인 과정을 소중히 여긴다. 아홉째, 최대의 시간을 교사와 학생을 위하여 봉사한다. 열째, 객관적인 방법에 의하여 장학평가를 한다.

2. 교육자치제도

1) 교육자치 제도의 의미

교육자치란 일반적으로 교육에 관한 행정을 교육행정기관이 자치적으로 행하는 제도이다. 교육자치란, 교육의 본래 목적을 달성하기 위하여 교육의 자주성을 보장하고 교육행정의 민주화를 실현하며 나아가서 교육행정의 전문성과 특수성을 살리기 위한 제도이다. 구체적으로는, 교육행정에 있어서 지방분권의 원칙하에 교육에 관한 의결기관으로서의 교육위원회와 교육정책의 집행기관 내지는 교육위원회의 사무장격으로서의 교육감제를 두고, 민주적 통제와 전문적 지도 사이에 조화와 균형을 얻게 하며, 인사와 재정을 비롯하여 교육행정을 일반 행정으로부터 분리 · 독립시킴으로써 행정의 제도 · 조직면에서 교육의 자주성을 보장하려는 것이 교육자치 제도이다.

교육자치제의 이념은 우리나라의 헌법과 교육법 등 실정법에도 명시되어 있다. 헌법 제31조 4항은 "교육의 자주성 · 전문성 · 정치적 중립성 및 대학의 자율성은 법률이 정하는 바에 의하여 보장 된다."고 규정하고 있다. 또한, 교육법 제14조에는 "국가와 지방자치단체는 교육의 자주성을 확보하며, 공정한 민의에 따라 각기 실정에 맞는 교육행정을 하기위하여 필요 적절한 기구와 시책을 수립 · 실시하여야 한다."고 되어 있다. 지방교육자치에 관한 법률 제1조는 "교육의 자주성과 전문성, 그리고 지방 교육의 특수성을 살리기 위하여 지방자치단체의 교육 · 과학 · 기술 · 체육 · 기타 학예에 관한 사무를 관장하는 기관으로 특별시 · 광역시 및 도에 교육위원회와 교육감을 둔다."고 구체적으로 명시하고 있다.

2) 교육자치의 성격

민주주의 국가에서 교육자치제도의 성격 내지 특성은 교육행정의 민주화, 교육행정의 지방분권화, 교육행정의 독립, 교육행정의 전문적 관리로 요약 된다.

첫째, 교육행정의 민주화이다.
둘째, 교육행정의 지방 분권화이다.
셋째, 일반행정으로부터의 분권 독립이다.
넷째, 전문적 관리이다.

인간을 연구대상으로 하며, 인간을 바람직한 방향으로 변화시키는 것을 목적으로 하는 교육을 효율적으로 계획하고 운영하며 평가하는 행위를 교육행정이라고 할 때, 그것을 수행하는 교육행정가들은 고도의 전문적 자질을 필요로 한다.

3) 현행 교육자치제도와 실시 시기

우리나라 교육자치제도의 발달과정은 크게 3단계로 구분할 수 있다. 제1기는 우리나라에서 최초로 교육자치제가 실시된 시기로서, 1952년 시·군 단위 교육자치제가 실시된 때로부터 5·16 쿠데타 직후 교육위원회의 기능이 정지된 시기인 1961년 5월 22일까지의 약 9년간이다. 제2기는 1964년 1월 1일부터 교육자치제가 부활되어 시·도 단위의 광역 자치제가 실시된 때로부터 1991년 중반까지, 즉 1991년 3월 8일 공포된 '지방교육자치에 관한 법률'에 의거하여 동년 8월 새로 교육위원이 선출되고 9월 초 새 교육위원회가 구성된 때까지이다. 제3기는 '지방교육자치에 관한 법률'에 의거 시·도의회에서 선출된 교육위원들이 1991년 9월 2일 새 시·도 단위 교육자치제의 첫 교육위원회를 발족시킨 날로 부터 현재 까지이다.

현행의 지방교육자치 제도는 종래 교육법에서 규정하고 있던 지방교육행정에 관한 조항을 분리·독립하여 1991년 3월 8일 '지방교육자치에 관한 법률'로 새로 제정하여 시행하고 있다. 현행 교육자치제 단위는 제2기의 교육자치에서와 마찬가지로 교육위원회가 시·도 단위로 설치되었다. 그러나 많은 점에서 제2기와는 상이하다. 우선 교육위원회의 성격을 의결기관으로 하여 종래 합의제 집행기관과 다르다. 교육위원회의 의장도 교육위원 중에서 무기명투표로 선출한다. 교육위원의 정수는 특별시와 광역시의 경우 관할 자치구의 수와 같게 하고, 도의 경우에는 설치된 관내 교육청의 수와 같게 하였다. 다만, 자치구나 교육청의 수가 7개 이하인경우에는 각각 7인으로 하였다. 교육위원의 1/2 이상은 교육 또는 교육행정 경력이 있는 자로 하여 전문성을 살림과 동시에, 다양한 계층과 배경을 가진 사람들로 교육위원회를 구성함으로써 다양한 주민의 의견을 고르게 교육행정에 반영하고자 하였다. 교육감의 역할은 집행기관으로 하고, 그 자격요건은 교육 또는 교육전문직원 경력 15년(처음에는 20년이었음) 이상으로 하여 현장경험과 전문성을 종전보다 더욱 강화시킨 한편, 교육행정 경력은 자격요건에서 완전히 배제하여 교육행정 경험만 가진 자는 교육감이 될 수 없도록 하였다.

그러나 현재 법률(지방교육자치에 관한 법률 제24조, 2010. 2. 26개정)상 교육감의 자격은 시도의회 의원의 피선거권이 있는 자로서 과거 1년 동안 비정당인이어야 하며, 교육경력 또는 교육 전문 직원경력이 5년 이상 있거나 양 경력을 합한 경력이 5년 이상 있는 자이어야 한다. 또한 교육감의 임기는 4년이며, 3차에 한하여 중임할 수 있다.

단원 마무리

질문을 만들어 보고 동료들과 이야기를 나눠 보세요.

♠ 정답이 있는 질문(교재에서 답을 찾을 수 있는 질문)

· 포스드코브의 7가지 행정과정은 무엇인가요?

·

·

·

♠ 정답이 없는 질문(더 궁금하고, 이유나, 추론, 적용 등을 묻는 질문)

· 교육행정가로서 더 추가하고 싶은 자질이 있다면 무엇인가요?

·

·

·

Introduction to Education

chapter13. 평생교육의 이해

제1절 평생교육의 이해

제2절 우리나라 평생교육정책

제1절 평생교육의 이해

1. 평생교육의 의미

평생교육은 '일생을 통한 교육'이라고 말할 수 있다. 학자들의 정의한 평생교육의 정의는 모든 사람에게 평생교육 통해 각기 자신이 가진 다방면의 소질을 계속적으로 발전시키고 사회의 발전에 충분히 참여할 수 있게 하는 교육이다.

한편 우리나라의 교육 5법(교육기본법, 유아교육법, 초·중등교육법, 고등교육법, 평생교육법) 중의 하나인 평생교육법은 1982년 12월 31일에 공포된 사회교육법을 전면 개정하여 1999년 8월 31일에 공포되었다. 평생교육법(2009년 8월 9일 시행) 제2조에서는 "평생교육이란 학교의 정규교육과정을 제외한 학력 보완교육, 성인기초·문자해득교육, 직업능력 향상교육, 인문교양교육, 문화예술교육, 시민참여교육 등을 포함하는 모든 형태의 조직적인 교육 활동을 말한다."라고 규정하고 있다.

평생교육은 청소년기 까지만을 대상으로 하던 학교교육에 국한된 교육의 개념을 확장하여, 개인의 일생을 통하여 이루어지는 제반 교육의 '수직적 통합'과 개인의 생활 영역에 따라 이루어지는 모든 교육의 '수평적 통합'을 강조한다. 다시 말하면, 평생교육은 그동안 다양한 연령층을 포괄하지 못한 폐쇄적인 학교교육체제와 체계적인 조직이 되지 못한 채 방치되어온 사회교육체제를 재편성하여 교육을 보다 활성화하고 통합적인 방향으로 이끌어 가려는 것이다.

따라서 평생교육의 개념에서 핵심적인 요소는 통합이다. 평생교육에서는 인간의 발단 단계에 따라 이루어지는 태아교육·유아교육·아동교육·청소년교육·성인교육·노인교육 등의 교육 유형과 내용을 수직적으로 통합하는 것뿐만 아니라, 인간의 생활 장면에 따라 다르게 전개되는 가정교육·학교교육·사회교육 등 형식적 및 비형식적 교육 유형과 내용을 수평적으로 통합하는 것을 강조한다.

2. 평생교육의 특징

데이브(Dave, 1976)는 평생교육의 개념을 정의하면서 그 특징을 20가지로 설명하였는데, 이를 토대로 평생교육의 특징을 나열하면 다음과 같다.

첫째, 평생교육은 학습자의 삶의 필요와 요구를 충족시키는 방향으로 구성된다.
둘째, 평생교육은 인간의 계속적 학습을 적극 권장한다.
셋째, 평생교육은 연령의 제한을 받지 않는다.
넷째, 평생교육은 장소의 제한을 받지 않는다.
다섯째, 평생교육은 자율학습을 강조한다.
여섯째, 평생교육의 목적은 삶의 질 향상에 둔다.
일곱째, 평생교육은 교정적 기능을 수행한다.
여덟째, 평생교육은 교육의 형태, 내용, 방법 등을 다양화하고 융통성을 부여함으로써 개인과 사회의 다양한 교육적 욕구나 흥미에 대처하게 하는 동시에 누구나 쉽게 접근할 수 있게 한다.
아홉째, 평생교육은 개개인이 가지고 있는 교육권과 학습권을 실질적으로 보장함으로써 국민 전체에 대한 교육 기회의 균등화와 확대에 노력한다.

이상과 같은 특징을 가진 평생교육이 더욱 활성화되기 위해서는 무엇보다도 가정교육, 학교교육, 사회교육이 보다 상호 유기적이고 효율적으로 운영되어야 한다. 그렇게 되면 평생교육 체제가 더욱 공고히 확립되고, 미래사회에는 일정한 시간과 장소에서만 교육이 실천되는 것이 아니라 누구나 언제 어디서나 교육과 학습이 가능한 교육사회체제와 학습사회체제가 도래할 것이다.

제2절 우리나라 평생교육정책

1. 평생교육 정책의 역사와 배경

우리나라의 평생교육은 선진국에 비해 그 역사가 일천하고, 국가의 제도적 정비도 최근에 이루어졌다. 평생교육 정책은 1970년대 이전에는 문자해득 교육에 초점을 두었으며, 1980년대부터 국민의 삶의 질 향상에 초점을 두기 시작했다. 1980년대 초에는 헌법이 수정되면서 제5조에 "국가는 국민의 평생교육을 진흥해야 한다"라고 명시하였다. 1982년도에는 사회교육법이 제정되었으나 평생교육을 위한 전담기구의 미비로 국민의 평생교육을 위한 정책들이 효과적으로 실행되지 못했다.

1990년대 초에 일부 평생교육 정책이 시행되기 시작했지만 1995년 평생학습사회의 전개와 개방을 실현하기 위한 대통령 직속 교육개혁위원회에 의해 5. 31 교육개혁안이 발표되면서부터 평생교육 정책이 본격적으로 시행되기 시작했다. 1990년대 초 성인 학습자가 총 4단계의 검정시험을 통해 학위를 취득할 수 있는 독학 학위제가 시행되었고, 1997년에는 고등교육법이 개정되면서 성인 학습자들에게 대학을 개방하기 위한 여러 가지 정책이 제도화되었다. 그것들은 공개강좌(제26조), 비학위대학원 프로그램(제29조), 시간제 학생(제36조), 대학의 확장프로그램(제49조)이다. 1998년에는 다양한 제도와 기관에서의 학습결과를 학점으로 인정받아 학위를 취득할 수 있는 학점은행제도(Credit Bank System)가 시행되었고, 2000년에는 기존의 사회교육법을 통합한 평생교육법령이 시행되었으며, 2002년에는 국가인적자원개발기본법이 시행되었다.

평생교육법 시행 이후, 2001년 교육과학기술부는 국가인적자원개발기본계획 실행을 위한 제1차 평생학습개발 종합 5개년 계획(2002~2006)을 발표하였다. 이 계획의 비전은 '배우는 즐거움, 나누는 기쁨, 인정받는 학습사회 실현'이며, 이념은 개인적 차원에서의 자아실현, 경제적 차원에서의 경쟁력 제고, 사회적 차원에서의 통합성 증진을 도모하는 것이며, 궁극적으로 국가 경쟁력 제고와 개인의 삶의 질 향상을 동시에 추구하였다. 추진 방향은 평생학습의 기회 균등화, 평생학습의 지역화, 평생학습의 사회적 통합 기능 강화, 일터의 학습 조직화, 평생학습기반 등이다. 이러한 방향 아래 추진되는 다섯 가지 영역은 첫째, 평생학습의 생활화와 지역화 계획, 둘째, 사회통합 증진을 위한 평생교육 지원 강화 계획, 셋째, 지식기반사회에 부응하기 위한 성인교육기회 확대 계획, 넷째, 직업교육 확대를 위한 일터의 학습조직화 계획, 다섯째, 평생학습 기반 구축 계획 등이며, 각 영역별 주요 과제들은 (표 13.1)과 같다.

표 13.1 「평생학습진흥 종합계획」구성 영역 및 주요 내용

발전계획 영역	발전 전략 비전	주요 내용
평생학습의 생활화와 지역화	평생교육 기초단위인 지역사회의 주민이 주체적으로 평생학습운동에 참여하여 학습문화를 진흥하기 위한 지원계획	· 학습하는 즐거움을 나누는 평생학습축제 개최 · 평생학습마을 / 도시 만들기 · 한국의 전통 학습계를 학습동아리 운동으로 승화 · 주5일 근무제에 대비하여 지역평생학습관으로서 학교의 재구조화 · 생활 속의 평생학습 캠페인 전개
사회통합 증진을 위한 평생학습 지원 강화	평생학습이 사회적 통합성과 응집력을 제고하는데 기여할 수 있도록 지원	· 저학력층을 위한 학력인정평생교육시설 지원 · 대안형 고등학교로서 방송통신고등학교 활성화 · 고령 사회에 대비한 노인교육 활성화 · 여성 평생교육 진흥 · 국민 신 기초역량(new basic skills) 함양을 위한 국민문해교육 운동 전개 · 민주시민 교육의 제도적 기반 구축 및 민주시민교육의 활성화
지식기반사회에 부응하기 위한 성인 교육기회 확대	성인들의 고등교육 수요를 충족시키기 위한 지원계획	· 학점은행제 운영의 내실화 · 원격대학 설치 확대 및 운영 내실화 · 지식·인력개발사업 관련 평생교육시설 · 학점은행제와 연계한 교육계좌제 도입 준비
직업교육 확대를 위한 일터의 학습조직화	일터의 학습장화를 통한 인적자원개발 기능 강화 방안으로서의 지원계획	· 성인 직업 교육·훈련기회의 획기적 확충 · 사내 대학 설치의 활성화 · 인력개발 산업으로서 기술계 학원 육성 · 기업 평생교육 활성화
평생학습 기반 구축	평생학습 기반 구축을 위한 지원계획	· 평생교육 담당자 전문성 제고 및 배치 확대 · 평생교육 프로그램 Pool 구축 · 평생교육 종합정보시스템 구축·운영 · 평생학습 상담센터 설치 · 평생교육 전용 공간의 확보와 시설·설비의 현대화 · 유무급 학습휴가제 · 평생교육 전담 지원기구

2005년 한국직업능력개발원에 의해 수행된 「평생학습의 참여실태와 수요분석」 연구에서 '자아실현, 고용 가능성 증진, 사회통합 증진'의 평생학습 요구 간 격차가 심화될 것이라고 예측 하였다(박태준, 2005). 이와같이 평생학습 기회가 확대될 수 있도록 적극적인 평생학습정책 추진이 요구됨에 따라 교육과학기술부는 2007년 제2차 평생학습종합개발 계획(2007~2011)을 발표하였다. 이 계획의 비전은 "배우는 즐거움, 일구어 가는 내일, 함께 살아가는 평생학습사회구현"이며, 목적은 "국가 경쟁력을 높이는 창조적 지식근로자 육성, 사회통합을 위한 평생학습 관련 기관 참여 및 연계 추진, 평생학습 인프라 구축 및 네트워크 활성화 추진"이다. 이러한 목적 아래 추진되는 주요 정책영역은 생애단계별 창조 학습자 육성, 사회통합을 위한 평생학습 관련 기관 참여 및 연계, 평생학습인프라 구축 및 네트워크 활성화 확대이며, 각 영역별 주요 과제들은 (표 13.2)와 같다.

표 13.2 제2차 「평생학습진흥 종합계획」 주요 정책영역 및 추진과제

정책 영역	주요 추진 과제
생애단계별 창조 학습자 육성	· 「평생학습 중심대학」을 통한 성인전기·중기 평생학습의 내실화 추진 · 고령 사회를 대비하는 성인 후기 평생학습의 구체화 · 전문대학을 활용한 일터-학습 연계 강화 · 재직자 평생·직업능력 향상을 위한 기술계 학원 활용 극대화 · 지역사회 평생학습 문화 확산을 위한 「지역과 함께하는 학교(초·중등)」 사업 추진 · 군 평생학습체제 구축 및 활성화
사회통합을 위한 평생학습 관련 기관 참여 및 연계 확대	· 저소득층, 장애인 등 소외계층을 위한 평생학습 기회 확대 · 다문화 가정, 새터민 등 신 소외계층을 위한 평생학습 안전망 구축 운영 · 문해교육 등, 성인 기초능력 향상 교육의 체계화 및 실질화 · 풀뿌리 민주시민교육 및 참여교육을 통한 지역공동체 실현 · 중앙-지역 단위별 평생교육 서비스 네트워크 활성화
평생학습 인프라 구축 및 네트워크 활성화	· 평생학습 추진 체제 개편 및 정책 조정 역량 강화 · 평생교육 전담 인력의 직업적 전문성 확보 및 배치 실질화 · 평생학습도시 확산 및 내실화 추진 · 평생교육서비스 제고를 위한 국가평생교육정보망으로서 「국가평생학습지도」 구축 · 국가자격체제와 학습계좌제의 연계로 교육훈련-자격-학력이 동등하게 인정받는 능력사회 구현 · 국제 파트너십 구축과 평생학습의 국제교류 및 협력사업 확대 · 즐거운 학습문화 확산을 통한 평생학습의 내재화 및 생활화

이 계획은 생애 단계별 맞춤형 평생학습 및 평생학습 네트워크 전략으로 시·군·구 평생교육협의회와 시·군·구 평생학습관, 시·도 평생교육협의회와 시·도 평생교육진흥원, 평생교육진흥위원회와 평생교육진흥원의 추진체제를 통하여 실행된다.

2. 평생학습도시 정책

우리나라의 평생학습도시 정책의 기원은 1995년 창원시가 평생학습도시라는 용어를 사용하지 않았지만 「창원시 평생학습원 설치·운영조례」를 제정한 때부터라고 할 수 있다. 창원시는 시민의 평생학습을 위하여 지역 NGO에 각 동지역의 평생학습원 운영을 위탁하고 평생학습프로그램을 지원하였다. 또한 광명시는 정부가 평생학습도시 정책을 시행하고 지원하기 이전인 1999년 3월 9일에 평생학습도시를 최초로 선포하고 평생학습도시 사업을 추진하였다. 이러한 점은 평생학습도시 정책이 국가 주도에서 시행되었기보다는 지방 정부와 단체 등에 의해서 실시된 평생학습도시 운동의 성격이라는 데 의의가 있다.

평생학습도시정책은 국가인적자원개발기본계획 실행을 위한 제1차 평생학습개발종합 5개년 계획(2002~2006)의 5개 프로젝트 가운데 하나로서 평생학습의 지방화와 평생학습도시 조성에 해당되었다. 이 정책은 지역교육자원의 활용과 재조직을 통하여 지역문제해결, 주민의 평생학습기회 제공, 주민이 함께 배우는 학습환경 조성 등을 목표로 지역을 기반으로 발전하기 위하여 실행되었다.

평생학습도시란 언제나, 어디서나, 누구나 원하는 학습을 즐길 수 있는 학습공동체(Learning Community)로서의 도시를 말하며, 이를 만들어가는 재구조화 과정을 평생학습 운동이라고 할 수 있다.

2007년 개정된 평생교육법은 평생학습도시에 관하여 규정함으로써 평생학습도시 정책의 시행에 관한 법적 근거가 마련되었다. 평생교육법은 "국가는 지역사회의 평생교육 활성화를 위하여 시·군 및 자치구를 대상으로 평생학습도시를 지정 및 지원할 수 있다(제15조 제1항)"로 규정하여 평생학습도시 지정 및 지원을 명문화했고," "평생학습도시 간의 연계·협력 및 정보교류의 증진을 위하여 전국 평생학습도시협의회를 둘 수 있으며(법 제15조 제2항)"를 포함시켜 전국평생학습도시협의회 구성을 명문화했다.

평생학습도시 정책의 목적은 지역 학습공동체를 형성하며 평생학습 추진 인프라를 정비하고, 양질의 평생학습 서비스를 제공함으로써 지역혁신 역량 강화하기 위한 것을 추진 목적으로 한다. 교육과학기술부는 2007년까지 232 시·군·구 가운데 32.8%인 76개 도시를 평생학습도시로 지정했다. 평생학습도시는 2001년 진안군 등 3곳, 2002년 제주 등 3곳, 2003년 순천 등 5곳, 2004년 전주 등 8곳, 2005년 남해시 등 14곳, 2006년 광양시 등 4곳, 2007년 강동구 등 19곳이 교육과학기술부로부터 지정되었다.

평생학습도시 사업은 신규 평생학습도시 지정사업과 기존 평생학습도시 활성화 사업으로 분류될 수 있다. 지방자치단체가 평생학습도시로 선정되었을 경우 2억 원의 재정지원을 받게 되며, 지원금액은 평생학습도시 조성을 위한 기초 인프라 구축에 활용된다. 기존 지정된 평생학습도시 활성화 지원사업은 1도시 1 특성화 프로그램, 평생학습도시 컨설팅, 네트워킹 구축사업 등의 사업을 지원하고 있다. 첫째, 1도시 1 특성화 프로그램 지원사업의 목적은 평생학습도시의 특성화된 발전을 촉진하기 위해 지역적 특성과 여건을 고려해 전략적으로 추진 중인 특성화 프로그램 지원한다. 둘째, 평생학습도시 컨설팅 사업은 평생학습도시의 체계적인 사업 추진을 지원하고, 지역 내 평생학습기관 파트너십 형성 및 역할 분담, 지역 실정에 적합한 프로그램 개발 등에 관한 자문과 발전 전략을 제시하고자 전문학자와 전문가의 자문을 지원하기 위한 사업이다. 셋째, 네트워킹 구축사업은 지역의 인적·물적 자원의 효율적 연계를 통한 학습도시 성과를 확산시키고, 평생학습도시 내에서 기관 간 연계를 통한 학습자원의 효율적 활용, 지역 평생학습문화 확산 및 활성화 기반을 마련하도록 지원하는 사업이다.

3. 평생학습과 대학 학력취득 제도

우리나라는 학점은행제, 원격대학, 독학학위제, 시간제학생 제도 등과 같은 평생학습을 통해서 고등교육수준의 학력을 취득할 수 있는 다양한 제도들이 있다.

1) 학점은행제

학점은행제도는 1998년에 공포된 학점인정 등에 관한 법령에 의거 한국교육개발원 학점은행센터에 의해 운영되어 왔으며, 현재는 국가평생교육진흥원에 의해서 운영되고 있다. 이 제도의 목적은 공식 및 비공식 기관에서 운영되고 있는 다양한 강좌와 자격과정들이 인정받을 수 있는 환경을 제공함으로써 평생학습사회를 실현하는 데 있다. 성인 학습자들은 강좌수강에 의해 학점을 취득하고 일정 수준의 학점을 누적하면 학위를 취득할 수 있다. 이 제도는 대학의 입학절차 없이 더 나아가 대학을 중도 탈락한 사람들까지도 기존에 취득한 학점까지도 인정받고 학업을 계속할 수 있기 때문에 기존의 고등교육제도보다 더욱 자유롭고 융통성 있는 제도라 할 수 있다.

학점취득 방법은 (1) 사설기관, 전통적인 대학, 원격대학, 대학의 집중 또는 전문화 프로그램 등 공인된 평생교육기관으로부터 취득한 학점 (2) 시간제등록제 (3) 독학학위제 (4) 중요무형문화제 훈련 (5) 국가자격취득 등 다음과 같이 다양하게 이루어진다. 성인학습자들은 학위취득의 요건을 충족하면, 그 요건과 학습자의 요구에 따라 교육과학기술부 장관 또는 대학의 총・학장으로부터 학위를 받을 수 있다. 학점은행제는 1998년에 64개 교육훈련기관, 274개 학습과목으로 시작되었으며, 2008년에 462개 기관, 17,944개 학습과목으로 증가하였다.

2) 독학학위제

이 제도는 대학에 정기적으로 출석하지 않고 시험검정에 의거 대학의 학위를 취득할 수 있는 제도로서 학업을 계속하고자 하는 데 재정적으로 곤란하거나 시간적인 제약을 가지고 있는 사람들이 독학으로 학위를 취득하도록 제공되는 프로그램이다. 독학학위 취득을 위하여 응시자는 제1단계 교양과정인정시험, 제2단계 전공기초과정인정시험, 제3단계 전공심화과정인정시험, 제4단계 학위취득종합시험을 거쳐야 한다. 응시자는 처음 시험을 응시할 때 전공 분야를 결정해야 한다.

한편, 대학평생교육원에서 개설된 대체과목을 이수한 응시자는 1단계에서 3단계까지 평가과목의 시험을 면제받을 수 있다. 독학사학위시험 면제과목을 운영하는 대학은 덕성여자대학교, 계명대학교, 우석대학교, 총신대학교 등 4개교이다.

독학사학위제는 1990년 12개의 전공 분야로 시행되어왔으나 2006년 3개 분야의 전공이 폐지되고 현재 9개 분야의 전공이 개설되어 있다. 구체적인 전공은 국문학, 영어영문학, 경영학, 법학, 가정학, 행정학, 유아교육학, 컴퓨터과학, 간호학 등이다. 1992년 최초로 147명의 독학사를 배출했으며, 2007년 9,907명이 독학학위를 취득하였다.

3) 원격대학

원격(virtual) 대학은 사이버(cyber) 대학이라고도 불리며, 온라인(online) 상에서 학습하고 학위를 취득할 수 있다. 원격대학은 평생교육법에 의하여 2001년 7개교, 2002년 6개교, 2003년 3개교, 2004년 1개교 총 17개교가 설립되었다. 이 가운데 4년제 학위를 수여할 수 있는 학교가 15개교, 2년제 학위를 수여할 수 있는 학교가 2개교이다. 교육과학기술부에 의하여 승인된 등록학생수의 정원은 4년제 대학 21,450명, 2년제 대학 2,100명 총 23,550명이다(교육과학기술부, 2006).

원격대학은 최종학력 또는 이에 상응하는 증빙서, 수학능력성적, 고교성적 등을 기초로 사정하고 입학이 허용된다. 원격대학은 고등학교졸업생부터 재교육을 받기를 희망하는 성인까지 다양한 범위로 나타나고 있다. 원격대학은 신입생, 2학년 또는 3학년으로 편입생으로 등록될 수 있다.

4) 시간제등록제

시간제등록제(part-time registration system)는 성인학습자가 대학의 수업에 참여할 수 있는 유용한 제도이다. 이 제도는 성인학습자들은 대학입학시험을 치루지 않고, 시간제 학생으로 등록하여 대학생들과 함께 수업을 받고 학점을 취득할 수 있다. 간단히 말하면, 이는 성인학습자가 공식적으로 그러나 자유롭게 대학의 수업을 받고 학점을 취득할 수 있는 제도이다. 시간제 성인학생들은 매 학기 9학점까지 취득할 수 있으며, 정규 대학생과 독 같이 시험과 과제물을 제출해야 한다. 그들은 학점은행제도를 이용하여 총장 또는 장관으로부터 학위를 수여 받을 수 있다.

이 제도는 1997년에 시범운영을 되었으며, 2000년 이후로 전국 모든 대학에 확대 시행되었다. 시간제등록제 모집 정원에 있어서 수도권 지역의 대학은 대학정원의

10% 이내에서 모집할 수 있으며, 비수도권 지역은 대학은 자체규정에 의하여 모집 정원을 결정할 수 있다. 시간제등록제에 등록한 학습자들은 전국적으로 1998년 1,898명에서 2007년 6,000여명이 넘어서고 있다.

5) 명예학생제도

명예학생제도는 대학에서 노인과 대학생이 함께 교과목을 학습하는 청강생제도이며, 비학위 학점을 취득하고 소정의 교육 기간을 마치면 학교 당국에 의해 명예학생으로 위촉하는 제도이다. 이 제도는 오스트리아의 Graz대학교와 독일 대학의 교과목 개방, 일본의 평생학습센터에 의한 대학교과목 개방, 프랑스 3세대 대학 등과 같은 제도라고 할 수 있다. 평생학습사회를 지향하는 시점에서 대학이 지역민에게 개방해야할 제도로서 도입 되어야할 가장 적합한 제도이다.

이 제도는 교육과학기술부에 의해 명예학생제도 시범운영기관으로서 2002년에는 전북대학교와 경북대학교를 지정하였으며, 2003년에는 천안대학, 전북대학교, 순천대학교 등을 지정하고 재정을 지원했다.

이 제도의 운영특징은 비학위과정운영, 대학생과목 동시 청강, 무료 또는 저렴한 학습비, 재학생과 동일한 혜택, 소정의 교육기간의 청강 등이다. 명예학생제도의 학사관리는 모집 인원 및 방법에 있어서 전 과목 개방을 원칙으로 하며, 대학생의 학점이수에 방해되지 않는 범위에서 청강할 수 있도록 보장한다. 성적 및 학점취득은 대부분 대학생보다는 적은 과목을 청강할 수 있도록 하며 시험과 과제없이 출석에 의해만 학점을 취득하도록 하고 있다.

4. 대학평생교육원

대학부설 평생교육원은 평생교육법에 따라 대학의 총·학장 책임 아래 각 대학의 특성에 맞추어 자율적으로 운영되는 시설이다. 대학부설 평생교육원은 4년제 대학 202개, 전문대학 131개, 기타 학교 21개 총 353개 평생교육원이 설치되어 있어 전체 대학 중 72.4%가 평생교육원을 두고 있다. 평생교육원은 6,756개 과정에 33만

3천335명을 정원으로 하고 있다.

우리나라 대학부설 평생교육원의 운영 특성을 살펴보면, 먼저 교육 대상자의 특성으로는 교육내용에 따라 차이가 있으나, 대체로 가정주부와 일반인이 가장 많으며, 그 다음으로 직장인, 노인이 많은 것으로 나타났다.

과정별 지원기준은 학위과정이나 전문자격증의 획득과 관련한 강좌 등에서는 학력에 대한 제한(고졸이상)이 있으나 그 외에는 제한이 없는 것으로 나타났다. 간혹 강좌의 특성상 노인들을 대상으로 하거나 여성만을 대상으로 하는 경우에 연령이나 성별에 따른 제한이 있기도 하다. 선발방법은 과정별 수용인원에 따라 선착순으로 마감하는 경우가 대부분이다. 강좌운영 시간은 한 학기를 4개월로 해서 15주 과정을 이수하는 경우가 많다. 강좌는 주당 1~2회인 경우가 가장 많으며, 1회에 2~3시간의 강좌가 실시된다. 교육 시설의 경우 대학평생교육기관은 본교의 교육 시설을 이용하는 경우가 대부분이며, 독립적인 시설을 확보하고 있는 경우도 있으나 이는 매우 적은 편이며, 대학 간의 차이가 크다.

대학평생교육원의 프로그램은 일반교양 증진을 목적으로 하는 일반교양교육과정, 각 분야에 대한 전문지식 함양을 목적으로 하는 전문교육과정, 학점은행제, 산업체 및 공공기관의 위탁교육, 재취업을 위한 직업교육과정, 독학사학위시험면제과정, 보육교사 양성과정 등으로 구분할 수 있다.

표 13.3 대학 부설 평생교육원 설치현황

구분		대상 학교수(A)	대학평생교육원 설치현황			
			설치 학교수	평생교육원수(B)(B/A)	설치 과정수	교육인원
대학교	일반대학교	162	158	168 (94.5)	4,375	238,816
	산업대학교	19	16	16 (84.2)	136	4,595
	교육대학교	11	10	10 (90.9)	98	3,475
	대학원대학교	25	16	16 (64.0)	72	2,060
	방송통신대학교	1	1	1 (100)	7	6,000
	원격대학(4년제)	15	1	1(6.7)	12	360
소계		240	202	121	4,700	255,351
전문대학		158	131	131 (88.3)	1,779	70,113
기타(기능, 각종)		28	21	20 (82.9)	277	7,871
합계		426	353	363(72.4)	6,756	333,335

5. 독서교육

1) 독서와 독서교육

독서란 단순히 글을 읽는 것만이 아니라, 글을 해독하고 이해하는 과정이라고 볼 수 있다. 글의 의미를 자신의 경험과 연결시켜 새로운 의미를 재구성하는 것이다. 그레이(W.S.Grey)는 독서를 '사고 · 평가 · 판단 · 상상 · 추론 및 문제해결의 과정' 이라고 정의했다. 로빈슨(H.M.Robinson)은 독서의 과정을 의미 단위로 인지, 독해, 독자반응, 융합 등의 4단계로 구분하고 있다. 따라서 독서는 독자의 지식과 경험을 토대로 능동적이고 전략적인 사고과정이라는 것을 알 수 있다. 독서를 통한 사고와 인지과정을 지원하는 것이 독서교육이다. 독서교육은 독서행위로 간접적인 경험을 통해 바람직한 가치관을 확립하도록 지원하는데 그 목적이 있다. 독서교육과 독서지도를 동일시 하는 경우가 있는데, 독서교육은 독서지도의 넓은 의미로서 독서를 통하여 건전한 인격을 형성하는 인간 교육을 뜻하는 것이다. 독서지도는 건전한 인격형성을 위하여 독서하는 태도, 흥미, 지식, 능력, 기술, 습관 등의 형성과 그 개발의 지도를 의미하는 독서교육의 실천적 행동이라고 볼 수 있다.

2) 독서교육의 필요성

독서는 책을 읽는 과정에서 독자의 사고력과 추리력, 비판력, 상상력, 창조력 등의 능력을 개발시킬 수 있다. 이러한 능력은 살아가면서 삶의 질적 가치를 높일 수 있는 최고의 활동이다. 독서 행위는 자기 이해와 수용에서 중요한 역할을 한다. 독서교육은 독서를 매개로 인격완성을 이루도록 도와주고 스스로 독서능력을 계발시키며, 좀 더 유익할 수 있도록 지원하는 것이다. 체계적인 독서교육은 학습능력 및 문제해결 능력을 향상시키며, 사고력 증진 및 심성계발도 독서교육 안에서 이루어진다. 또한 전략을 활용한 독서 활동은 깊이 읽기가 가능하고 대화와 토론 과정에서 타자와의 역동적인 상호작용이 가능하다고 말하고 있다.

독서교육은 맥락적이어야 한다. 물리적 사회적 환경과 관련된 상황 맥락과 독자 자신에게 부여된 텍스트의 의미를 구성하게 되는 사회문화적 맥락으로 구성 되어진다.

학생들의 독서교육은 독서에 영향을 미치는 상황 맥락을 고려하여 독서교육이 이루어져야 한다. 최근의 독서교육은 자율적이며 능동적인 태도를 강조하고 있다. 독자들의 인지적 독서 과정을 통해 텍스트에 대한 의미구성을 효과적으로 할 수 있는 능숙한 독자를 양성하고, 평생독자를 만드는 것이다(Alexander, Schallert & Hare, 1991). 21세기 정보화 사회는 단편적인 지식의 암기보다는 고도의 창의력와 사고력을 필요로 하고 있고 인문학적 소양이 요구되고 있다. 정보 과다시대에 독서의 가치는 더욱 확대되고 있다. 이것은 더이상 지식의 기억이 경쟁력이 될 수 없음을 의미한다.

미국 경영 연합회(AMA)에서 2천명이 넘는 관리자들 대상으로 21세기에 가장 필요한 능력이 무엇인지 묻는 설문 조사결과, 비판적 사고와 문제해결(Critical thinking and problem solbing), 소통(Communication), 협업(Collaboration), 창의성과 혁신능력(Creativity and innovation)등 4C 능력이 요구된다고 하였다. 이러한 사회의 변화는 교육과정의 변화를 요구하고 있다. 2015년 교육과정에서도 미래 사회의 인간상으로 창의적 인재를 제시하고, 학교 교육을 통해 길러야 할 핵심 역량을 제시하였다. 자기관리 역량, 지식정보처리 역량, 창의적 사고 역량, 심미적 감성역량, 의사소통역량, 공동체 역량 등이다(온정덕 외 2015). 미래 교육의 방향에서 다양한 지식을 융합하여 새로운 지식을 창출하는 융합적인 소양을 요구하고 있다. 이는 독서교육의 궁극적인 목적인 사고력과 창의력, 언어 기능 향상, 인성교육에 기여하는 것과 같다고 볼 수 있다. 독서교육은 그 시대가 부합하고 사회가 요구하는 역량을 기르기 위해 바람직한 인재를 육성하는 상황별 수업모형이 개발 되어왔다. 독서의 가치가 확대되면서 맞춤형 독서의 중요성이 강조되고 있다는 것이다. 독서교육은 특정 교과서에 국한하지 않고 범교과적으로 다루어지는 활동이며 통합적 접근으로 이루어져야 한다.

한국경제연구원 윤상호 연구위원에 의하면 “독서율이 하락하면 그 사회 인적자원의 혁신과 창의성이 함께 떨어진다”며 책 읽지 않는 사회에서는 선진국 진입은 커녕 현 수준의 국가 경쟁력도 유지할 수 없다고 말하고 있다. 결국, 국가 경쟁력은 독서율과 독서력에 있음을 강조하고 있다.

6. 금빛평생교육봉사단

금빛평생교육봉사단사업은 “참 배움 참 나눔”의 교육봉사를 통한 생산적 평생학습사회 구현을 위하여 노인 인적자원의 적극적 활용, 노인의 학습문화 운동을 통한 지역사회 통합, 학습성과를 지역사회에 환원을 목적으로 퇴직자를 평생교육자원봉사자로 활용하는『퇴직자 인적자원활용 + 평생교육 + 자원봉사』의 새로운 연계모델로써 지역사회 평생학습을 활성화하고 인적자원개발을 도모하고자 추진되었다. 사업초기인 2002년에 정부는 특별교부금 15억2천만 원의 재원을 확보하여 14개 시・도에 1억 원씩, 울산광역시 및 제주도에 각각 5천만 원을 지역별로 배분하여 ‘금빛평생교육봉사단’을 운영하였다. 2003년도 이후부터는 금빛평생교육봉사단 사업을 지방이양사업으로 전환하여 각 시・도교육청이 이 사업의 재원을 확보하여 운영하도록 하고 있다. 금빛평생교육봉사단현황은 2002년 1,681명, 2003년 1,902명, 2004년 2044 명, 2005년 2041명, 2006년 2,146명, 2007년 1,879명으로 나타났다. 구체적인 금빛평생교육봉사단사업이 추구하고자 하는 모형은 [그림 13-1]과 같다.

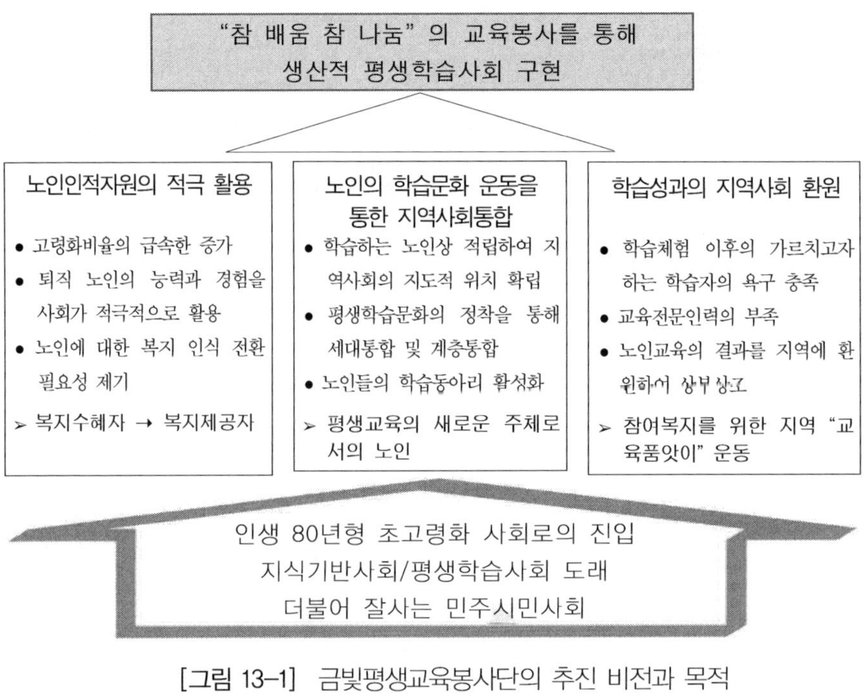

[그림 13-1] 금빛평생교육봉사단의 추진 비전과 목적

*자료: 교육인적자원부(2003). 금빛평생교육봉사단 2002년도 사업평가보고서.

이 사업의 방향은 지역사회에 물적 자원을 활용하여 지역중심의 평생교육 실시, 기존 자원봉사자와 차별화하여 전문화된 평생교육자원봉사자 양성, 자원봉사자에게 실비지원으로 최소한의 보상체제 마련 등으로 추진되었다. 봉사단의 자격은 전문적인 능력과 경험을 축적한 55세 이상, 고졸학력 이상인 퇴직자를 대상으로 하였다. 봉사단의 활동분야는 사회복지 분야와 지역사회 분야로 구분할 수 있다는데, 사회복지 분야는 노인 및 장애인과 아동 및 청소년을 대상이며, 지역사회 봉사는 환경・교통, 문해 교육, 교육, 체육・문화, 범죄・법률 등이다. 구체적인 금빛평생교육단의 활동분야를 제시하면 (표 13.4)와 같다.

표 13.4 평생교육봉사 분야 및 프로그램

대상	분야	활동 프로그램
사회복지	노인, 장애인	한글·한자교육, 영어교육, 컴퓨터 교육 등
	아동 및 청소년	아동놀이지도, 독서교육, 한문교육, 학습부진아지도, 청소년상담, 소년소녀가장 학습지도 등
지역사회 봉사	환경, 교통	환경교육, 교통지도, 교통교육, 유해환경조사
	문해교육	노인·어머니 문해교육, 기타 기초교육
	교육	유치원, 어린이집 보조교사, 학내폭력 및 문제아 상담, 교육환경 감시, 특별활동 지도, 학교교육상담, 학부모 연수, 예절교육, 등
	체육, 문화	청소년운동 지도, 서예지도, 유적지 및 박물관 안내, 전통문화전승 활동 등
	범죄, 법률	성폭력 상담, 금연교육, 무료법률 상담, 민원 상담 등

금빛평생교육봉사단은 지역평생교육정보센터(시・도 평생교육진흥원의 이전 기관)가 모집·선발하고 배치한다. 학교, 복지관, 도서관, 박물관, 구청, 병원, 주민자치센터 등의 봉사기관은 교육봉사를 위한 장소를 제공하고, 지역평생교육정보센터는 해당 봉사기관에 적합한 봉사자를 배치하여 관리한다. 지역평생교육정보센터는 금빛평생교육봉사단들의 소양 및 역량을 극대화하기 위하여 봉사기관 배치 전이나 봉사활동 중간에 연수 또는 교육을 실시한다. 금빛평생교육봉사단 사업 추진의 핵심전담기관인

지역평생교육정보센터는 금빛평생교육봉사단 운영을 위하여 교육과학기술부와 시·도 교육청이 예산 및 행정적 지원을 받고, 지역의 교육지원청 및 각종 봉사기관과의 네트워크를 구성하고 있다. 구체적인 금빛평생교육봉사단사업의 행정지원 및 운영체계를 도식화하면 [그림 13-2]와 같다.

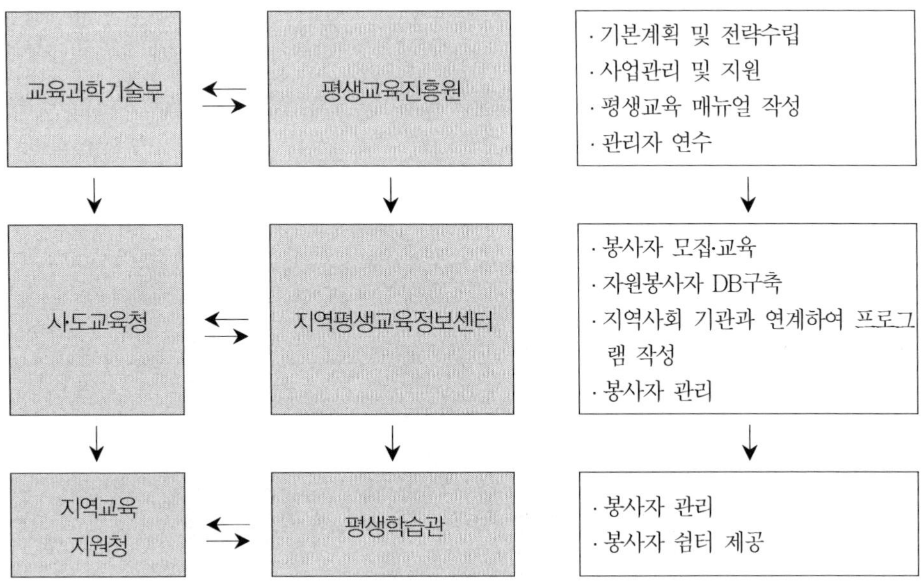

[그림 13-2] 금빛평생교육봉사단 행정지원 및 운영체제

7. 평생학습축제

평생학습축제는 전세계적으로 확산되고 있는 사업으로, UNESCO가 주관하는 국제성인학습자주간(International Adult Learners Week) 행사에 약 48개국이 '성인학습주간', '평생학습 페스티벌', '평생학습 박람회' 등의 명칭으로 평생학습축제를 개최하고 있다. 1989년 치바(千葉)현의 제1회 생애학습페스티벌을 시범 운영함으로써 시작된 일본의 축제는 매년 수백만 명이 참여하는 대규모의 축제로 성장하였다. 오스트리아는 성인교육 연방진흥청 주관으로 5월에 성인교육 주간 및 날을 선포하고 이 기간 동안 주민을 위한 평생학습 축제행사들을 개최한다.

정부는 국민에 대한 평생학습문화의 대중화와 확대를 위하여 매년 지방자치단체에 의해 국가평생학습축제를 개최하게 하여 지원해 오고 있다. 평생학습축제는 2001년 충남 천안시에서 최초로 개최되었으며, 2003년 대전광역시 유성구, 2004년 제주특별자치도 제주시, 2005년 경기도 광명시, 2006년 부산광역시 해운대구, 2007년 경남 창원시, 2008년 전남 순천시, 2009년 경기도 구리시, 2010년 대구광역시 동구, 2011년에는 경기도 이천에서 열릴 예정이다.

전국평생학습축제는 시·도 평생학습진흥원, 평생학습도시와 함께 전년도 선정된 학습도시에 의해 기획되며, 평생학습기관 종사자 및 평생학습에 관심이 있는 사람들의 참여에 의하여 이루어진다. 평생학습축제의 내용은 UNESCO와 평생학습과 관련된 여러 학술 단체에 의해 학술대회가 개최되며, 시·도 평생교육진흥원과 평생학습도시들에 의해 설치된 부스에 평생학습에 관련된 작품들이 전시되고, 평생학습체험이 이루어진다. 평생학습축제는 평생학습문화 창조를 위해 모든 주민이 한마음으로 동시에 참여할 수 있도록 시군구 지역에서도 개최되고 있다.

평생학습문화를 정착시키기 위해서는 국가적인 평생학습축제뿐만 아니라 지역주민 모두가 한마음 한뜻으로 동시다발적으로 참여하는 평생학습축제(Lifelong Learning Festival)를 개최하여야 한다. 성인학습자들이 학습으로 끝나지 않고 축제의 장을 통하여 학습의 결과를 표현하고 서로 공유할 수 있기때문에 의미가 있다. 그러므로 국가 및 지방자치단체뿐만 아니라 지역별로도 평생교육기관들이 공동 사업으로 축제를 기획하고 공동 기금을 분담하여 풍성한 평생학습 축제를 만들어갈 수 있다.

8. 평생학습계좌제

평생학습계좌제는 1995년 5·31 교육개혁안의 발표 시 학점은행제와 함께 교육구좌제 또는 교육계좌제라는 용어로 국민의 평생교육기회 확대와 평생학습경험의 최적 관리를 통한 국가인적자원개발 촉진전략으로 제안되었다. 그러나 교육계좌제는 1995년 첫 제안만 되었을 뿐 구체화되지 못하고 몇몇 후속 연구만 진행되어 왔다(김란수, 1997; 최상덕, 2006; 변종임, 2007). 최근에 학점은행제도의 운영 결과에 대한 긍정적 평가와 지자체의 평생학습 진흥에 대한 관심이 높아지면서 국가적 차원의 평생학습경험에 대한 종합적 관리 및 공식적 인증과 관련된 교육계좌제가 다시 논의되고 있다. 특히 이명박 정부는 인재대국을 위한 핵심국정과제 가운데 하나로 평생학습계좌제 도입을 제시하고 있다. 다만 평생학습계좌제에 대한 목적, 대상, 시행방법 등에 대한 다양한 의견이 법령에 반영되지 않았기 때문에 시행이 미루어지고 있다.

평생교육법에서 평생학습계좌제는 "국민의 평생교육을 촉진하고 인적자원의 개발·관리를 위하여 국민의 개인적 학습경험을 종합적으로 집중 관리하는 제도"로 명시되고 있다(법제23조). 평생교육법령에 의하면, 평생학습계좌는 교육과학기술부장관에 의하여 운영되며 평생교육진흥원에 위탁할 수 있다(법 시행령제14조). 학습계좌의 개설은 본인이 신청한 경우에만 할 수 있으며, 수록된 정보를 열람하거나 증명서를 발급받으려는 사람은 교육과학기술부장관에게 본인 또는 본인의 위임을 받은 자만이 신청할 수 있다.

학습계좌의 수록정보의 범위는 첫째, 성명, 주민등록번호, 주소 및 직장, 둘째, 학력, 셋째, 자격증, 넷째, 분야별 평생교육 이수실적, 다섯째, 그 밖에 특기할 사항 등(평생교육법시행규칙 제4조)이 수록되어야 한다.

평생학습계좌제는 "개인이 평생 동안 참여하거나 경험한 모든 종류의 교육적 경험 산물을 체계적이고 조직적이며 호완적인 입체적 '평생학습 평가인정 시스템'을 통해 공식적으로 '학력'이나 '자격' 또는 '평생학습경력'으로 인정하는 시스템"으로 정의된다(최운실 외, 2000).

평생학습계좌제의 구성요소는 학력인정, 학습이력관리, 학습비 지원, 자격과 고용의 연계 등이라 할 수 있다.

첫째, 학습이력관리는 다양한 학습 경험 및 결과를 누적 관리하는 것으로서 자격과정, 학력 및 비학력 프로그램까지도 해당된다. 이를 위하여 개인의 학습설계 및 경력 설계를 지원해야 한다.

둘째, 학습비 지원은 수요자의 평생학습 선택권을 강화하기 위하여 저소득층, 새터민, 이주여성 등의 사회적 약자와 평생학습취약계층 및 성인문해 과정 학습자를 우선적으로 지원해야 한다. 또한 노동부의 근로자 직업능력개발카드제와 중복되지 않는 자들을 대상으로 한 직업능력개발 학습자들에 대한 학습비가 지원되어야 한다.

셋째, 평생학습계좌제는 평생생학시스템에 의해 취득하는 학력인정체제와 연계되어야 한다. 평생학습시스템에 의한 학력인정은 초등학교 학력인정(성인문해교육), 중학교 학력 인정, 고등학교 학력인정, 대학학력 인정 제도(학점은행제) 등으로 구분되는 데 이러한 평생학습학력인정체제는 평생학습계좌를 통해서 관리되어야 한다. 넷째, 자격인정 또는 자격취득용 실기시험 면제 과목은 평생학습계좌로 운영해야 한다. 즉, 국가기술자격, 국가자격, 공인민간자격 등 필기시험과목은 평생학습계좌로 운영해야 한다.

한편, 교육과학기술부는 평생학습계좌 시범도시로서 광명시, 이천시, 삼척시, 단양군, 목포시, 순천시, 칠곡군을 지원했다. 이 가운데 이천시는 평생학습시민대학 수첩제, 목포시는 학습 기록 수첩제, 순천시는 평생학습포인트제로 학습이력을 관리하는 평생학습계좌를 운영하고 있다. 그러나 평생학습계좌제는 이명박 정부의 주요과제로 제시되고 있으나 아직 제대로 정착되지 못하고 있다.

앞으로 평생학습계좌제의 효과적으로 정착되기 위해서는 다음과 같은 발전과제가 요청된다.

첫째, 광역・기초자치단체 및 시・도 교육청・평생학습관, 평생교육기관・시설간 담당업무 합리화 및 네트워크를 통한 효율성이 제고되어야 한다.

둘째, 평생학습계좌제 정보 시스템을 구축・운영해야 하고, 이 시스템은 학습・노동에 관한 노동부 직업능력개발 시스템과 연계되어야 한다.

셋째, 노동부 고용보험기금에 의한 학습비 지원 및 근로자 직업능력개발 카드제와 협력해서 운영되어야 한다.

넷째, 장기적인 평생학습계조기금 또는 수수료의 확보를 통해 평생학습계좌제의 안정적 운영기반을 구축해야 한다.

단원 마무리

질문을 만들어 보고 동료들과 이야기를 나눠 보세요.

♠ 정답이 있는 질문(교재에서 답을 찾을 수 있는 질문)

· 학교교육에 국한된 교육의 개념을 확장하여 수직적, 수평적 통합을 강조한 교육을 무엇이라고 하나요?

·

·

·

♠ 정답이 없는 질문(더 궁금하고, 이유나, 추론, 적용 등을 묻는 질문)

· 자신이 만들고 싶은 평생교육 프로그램이 있다면 무엇이 있나요?

·

·

·

Introduction to Education

chapter14. 교사론

제1절 교사의 지위와 역할

제2절 교원의 전문성

제3절 교직관과 교사의 자질

제4절 교원양성의 문제점과 개선점

제5절 교직윤리와 교원단체

제1절 교사의 지위와 역할

1. 교사의 중요성

한 국가사회의 장래를 점치려면 그 사회의 교육을 살펴보아야 하고 교육의 성패를 결정짓는 것은 교사라 일컬어진다. 교육은 국가의 운명을 좌우하는 요건이 되며 미래의 풍요로운 삶의 창조는 교육에 의해서 이루어진다. 그래서 옛 부터 교육을 중요시해 왔고 지금도 교육을 받고자 한 사람이 많고 온 국민이 희망과 열기에 차 있다.

교육의 중요한 3가지 요소는 이미 상식화될 정도로 익히 아는 바이지만 교육의 주체인 교사, 교육의 객체인 학생, 교육의 매체인 교육내용, 즉 교재라고 한다. 이 중에 어느 것 하나 중요하지 않은 영역이 없다. 여기에다 교육장소를 포함시키면 교육의 4요소가 된다. 여기서 교육을 주도하는 교사의 중요성은 아무리 강조해도 지나치지 않을 것이다.

더욱이 효과적인 교육의 성패가 학생들의 자신행위보다 먼저 교사에 의하여 좌우되며 브룩스(C. Brooks)가 이미 말한 바와 같이 "교육의 질은 교사의 질에 비례하거나 또는 교사의 질을 넘어설 수 없다."고 함은 이제 누구나 이구동성으로 주장해 온 바이며 수없이 되풀이되어 온 공리라 할 수 있다.

이처럼 교육의 중요성에 대해서 주장하고 있는 원인은 교육의 주체인 교사의 임무와 역할에 대한 중요성을 경각시키는 의미가 내포되어 있음을 증명하고 있는 것이다. 그런데 현대사회에서 교육자나 교육학자들이 열을 올려 주장하고 있는 만큼 교원들에 대한 인식과 신뢰는 어떠한가? 기대한 만큼 인식의 정도가 미흡함을 볼 때, 사회·경제적 지위가 다른 직종에 비해 상대적으로 낮은 경우를 인식하고 있으니 타인을 나무라기에 앞서 각성하고 분발하여 교원의 위치를 확고히 지켜나가야 될 것이다.

최근 우리나라는 1960년대 이후 현재에 이르기까지 고도의 산업사회로 변모해 오고 있다. 그동안 우리의 교육은 양적으로 많은 발전을 거듭해 온 데 비하여 질적으로는 발전하지 못해 여러가지 문제점을 지녀왔다고 지적되고 있다. 그러나, 질적인 면에 있어서 뿐만 아니라, 양적인 면에있어서도 우리의 교육은 더욱 많은 발전을 이룩하여야 하겠다. 이를 위해서는 정비되어야 할 조건들이 많다. 하지만, 여러 면에서 교사의 문제보다 더 중요한 조건은 없다고 본다.

그럼에도 불구하고 아직 사회의 한 구석에서는 "교사직이나 맡아보아라." 또는 이것저것 직장을 구할 수 없을 때 "선생질이라도 해 볼까."하는 등의 사고방식은 교직을 모독하는 처사로밖에 볼 수 없다. 중국의 속담에 쓸모없는 쇠(鐵)는 못(釘)을 만들고, 쓸모없는 사람은 병정을 만든다는 말이 있다. 이제 우리 사회는 쓸모없는 지식인은 교사가 되라는 식의 풍조를 고질화시키는 감이 있다. 이러한 풍조는 시급히 시정되어야 하겠다.

오늘날의 일그러진 교육의 편모와 낙후된 교육자상은 교직관이 바르게 정립되지 못하였기 때문에 형성된 것이다. 이 시점에서 교육자들에게 스스로의 반성을 촉구함과 동시에 교육혁신을 위한 결심이 요구되며 학부모나 교육지도층의 적극적인 격려와 교육행정 당국의 합리적이고 효과적인 시책이 절실하게 요청된다.

토플러(Alvin Toffler)가 "제3의 물결"에서 우리 사회를 첫째, 표준화, 둘째, 전문화, 셋째, 동시화, 넷째, 집중화, 다섯째, 극대화, 여섯째, 집권화의 6가지 암호(code)로써 시대적 특징을 제시하고 있는 바와 같이 현대사회는 다양하게 변화하고 있다. 특히, 두드러진 것은 과학기술의 발달로 사회는 가속도적으로 놀랄 만한 변화와 함께 조직사회로 변모되어 가며 생산화, 도시화, 대중사회로 치닫고 있다.

이러한 변화의 와중에서 교육의 중요성은 점점 크게 증대하고 있음은 사회의 발전단계나 그 성격 여하를 불구하고 전 세계적으로 공통된 시대적 추세라고 보여진다. 이미 상식화되어 있는 교육의 중요성을 살펴보자면,

첫째, 인구의 폭발적 증대가 교육인구의 증대를 가져오는 기본 요인으로 등장하고 있다는 사실을 지적하고자 한다.

둘째, 사회적 기대의 상승을 빼놓을 수 없다.

셋째, 교육의 기회균등 사조의 보편화를 들 수 있다.

넷째, 교육은 개인의 자기실현과 복지향상의 수단을 넘어서 국가발전과 민족중흥의 원동력이 된다는 사조가 대두되고 있다.

다섯째, 우리는 국제적 개방화와 교류 증대가 교육을 촉진시키는 작용을 하고 있음을 주목하고자 한다.

여섯째, 평생교육의 이념과 사조가 교육의 폭발을 가속화시키고 교육의 중요성을

가일층 깨닫게 하고 있음을 지적하고자 한다. 이밖에 교육에 대한 사회수요와 인력 수요가 급격히 증대되고 사회의 격동과 불확실성의 시대에 직면하여 교육을 받는 것보다도 더 확실한 대책이 없다는 개인적·사회적 인식이 점차 높아져 가고 있음을 지적할 수 있다.

이러한 시대적 요청에 부응하여 교육활동의 주체자인 교사의 역할과 임무에 대한 막중한 부담을 느끼게 한다. 본 장에서는 교사교육의 역사적 변천을 돌아보고 교사의 전문성 요건을 재확인시키며 권리와 의무, 교사의 양성과 현직교육, 나아가 교직의 발전과제를 제시하여 교육혁신의 기수로서 교사의 막중한 중요 임무와 교직의 재인식을 통하여 건전하고 올바른 교육활동을 이루기 위한 기초작업을 달성하고자 한다.

아울러 국민의 사표로서 지향해야 할 사도를 제시하여 교직의 수월성을 제고하는데 중대한 의미를 찾고자 한다.

2. 교사의 지위와 역할

1) 교사의 지위에 대한 서양사적 변천과정

훌륭한 교사는 타고난다는 선천성을 주장하는 사람이 있는가 하면, 교사도 직업인이요, 생활인이므로 어떤 직업이건 나름대로의 구실을 다하려면 이에 상응한 훈련의 과정이 따르므로 당연히 후천적인 교사 양성교육에 의해서 길러질 수 있다고 한다. 교사는 '자연적으로 탄생되는 것이 아니라, 의도적으로 길러지는 것'이라고 하는 견해가 교사 양성교육에 있어 하나의 기본적인 전제가 된다.

그러면 교사는 누가 할 수 있는 것인가? 역사적으로 볼 때, 서양 고대사회에서는 교사가 교과목에 대한 지식 파지 여하에 큰 비중을 두고 이를 교사인준의 기본으로 삼았다. 그러기에 교사는 특별한 훈련을 받을 필요가 없었고 누구나 가르치는 사람은 교사가 될 수 있었다. 대개 사회적인 인정을 받은 자로서 성직자의 부수적인 임무로 여겼다.

그러므로, 교사인 성직자는 가르치는데 대한 이해보다는 신을 이해하고 신을 경배하는 데 전문적이었다고 본다. 이와같이 고대의 교사는 성직자가 겸하는 것이었기에 그들의 사회적 지위 또한 높았다. 동양에서도 특히 중국에서의 교사는 식자 또는 선비가 맡았다. 따라서 교사는 관리와 버금가는 높은 사회적 지위를 지니고 있었다. 우리나라에서도 신라 등 고대사회에서는 중국과 그 양상이 흡사하여 공과 사는 나누어질 수 없는 「정교합일」로서 벼슬하는 사람이 바로 교육자였고 교사였다.

이와 같이 승려가 교사의 직분을 도맡는 일은 그리스 시대로 오면서 점차로 없어지게 되었는데, 이때에는 승려대신 호머(Homer) 같은 영웅들의 시를 통한 교육적 영향이 매우 컸다.

고대사회에서는 위에서 언급한 바와 같이 동서양을 막론하고 교사의 사회적 지위는 높았으나 사회의 변화에 따라 그 지위가 바뀌어졌다고 한다.

희랍에서는 한때 노예로 하여금 교사의 직을 맡도록 하는 것이 유행하기도 하였다. 이때의 교사들은 전쟁에서 패배한 포로나 이민족들로 충당하였다. 이를 가리켜 교복이라 칭하였는데 이들은 노예로서 교사의 직에 있다 하여 '페다고그(Pedagogue)'라는 말로 표현하였다.

로마 후기에 와서는 학교교육이 크게 발달하였다. 이때 교사들에게는 특권을 부여하고 높은 대우, 즉 병력의 의무를 면제하고 특별 재판권을 주었으며 공로가 많은 교원들에게 정부가 은급을 지불하였다.

중세기에 와서는 기독교 교육이 주가 되었으며 이 시기의 교사는 모두 승려들이 전담하게 되어 수도원 생활을 하던 기독교도들의 존경과 복종 속에서 교육이 이루어졌다.

중세 후기의 무사교육, 교수와 학생의 연구단체, 그리고 신흥 상공업자들의 자제들을 위한 시민 교육기관인 중등교육기관이나 초등교육기관인 조합학교, 교구학교, 모국어 학교의 교사들은 이 방면의 권위자 또는 선배들이 교사직의 훈련을 거치지 않고 당시의 사회적 요구에 응하여 역할을 담당하였기 때문에 일정하게 사회적 지위의 높고 낮음을 말할 수 없다.

서양에서 교사가 전문성을 갖기 시작한 것은 학교가 제도화되기 시작하고 또 교사를 양성하는 학교가 생기기 시작한 16세기경부터라고 한다. 그리하여 1685년에는 프랑스 레임(Rheim)에 교사양성학교가 생겨나게 되고 1668년에는 독일의 할레(Halle)에 사범학교가 생겨났다. 이러한 공적인 교사양성기관이 발전함으로써 교사의 자질이 향상되고 이에 따라 교사의 사회적 지위가 점차 높아갔다.

2) 교사의 지위에 대한 한국사적 변천과정

우리나라에서의 교사는 어떠했는가? 학교교육과 같은 형식교육이 시작된 것은 삼국시대부터이다. 삼국시대의 학교로는 태학 또는 국학이 국립기관으로 있었고, 사학으로서는 경당이 있었는데 국학에서는 귀족의 자제가, 경당에서는 평민의 자제가 교육받게 된 것이다. 삼국시대에 가르치는 임무에 종사한 사람들은 오경박사와 그 외에 제업박사(천문박사, 율박사, 의박사)들이었다. 그런데, 고관의 자제를 가르쳤다는 점에서 교사의 사회적 지위는 학생의 가벌보다 낮았음이 분명하다. 그러나 당시의 교육을 담당하였던 박사들은 각각 그 전공분야에서 정통한 학자들이어서 사회적 지위가 비교적 높았을 것으로 추측된다.

고려시대에는 관학의 교원과 사학의 교원으로 나누어 볼 수 있다. 국자감은 성종 11년(992년)에 창립되었는데 그 교육 내용은 국자학, 대학, 사문학, 율학, 서학, 산학이었다. 교원은 국자학, 대학, 사문학에다 박사와 조교를 두되 경학에 우수하고 품행이 좋아서 타의 모범이 될 사람을 택하였다고 한다.

교원들의 관직상 지위는 조선시대에 와서도 비슷한 추세를 보이고 있다. 조선시대의 관학으로서 성균관과 사학, 그리고 지방에 향교가 있었고 사학으로 서당이 있었다. 성균관의 관원은 모두 문관으로 임용하였는데 학생을 지도하는 교원인 박사는 정7품이다. 그 밑에 학정(정8품), 학록(정9품), 그리고 학유는 종9품으로 되어 있다.

사학은 성균관의 부속학교와 같은 교육기관으로 성균관 전적 이하의 관리가 겸임하여 관리하였으며 교원은 각 학에 교수(종6품) 각 2명, 훈도(정9품) 2명을 정원으로 하고 있다.

향교는 제도상 성균관과 비슷하나 지방재정에 의해 설치되었다. 선현에 대한 향제와 유생에게 유학을 교수함에 있으며 지방문화 향상 및 사기진작 등 사회교육적 기능도 지니고 있었다. 직원은 교수, 훈도 및 학장으로 되어 있다. 각 향교에서의 학관 파견원칙은 학관 자격에 의하여 교수, 훈도의 명칭이 정해졌다. 즉, 태종대의 학관 명칭을 보면 문과 출신 6품 이상의 학관은 모관유학교수라 칭하고 참외는 훈도로 칭하며 생원 진사 출신은 교도로 칭했다.

이상의 변천과 같이 교관의 질적 수준이 저하되고 있는 경향을 나타내고 있는데, 이것은 당시 과거에 합격하여 관료로서 진출하려는 자들이 지배적이고 교회지도자에 취임하기를 원하지 않는 시대상을 잘 반영하고 있다.

서당은 경영분류에 따라 훈장 자신의 생계를 위하거나 취미 또는 사업으로 경영하는 자영서당, 유지독영서당, 유지조합서당, 촌조합서당으로 구분된다. 어떤 종류의 서당이건 훈장의 생활은 학부형이 보장하였으므로 사회적 지위는 높지 않았지만 교육에 전념할 수 있는 조건은 마련해 주었다.

이와 같은 교사의 지위를 역사적으로 어떻게 변천해 왔는가를 간략하게 살펴보았다. 역시 교사는 스승으로서 또는 사회지도자로서 후세 국민을 양질의 인간 교육에로 변화시키는데 헌신해 왔고 문화유산을 전달하는데 노력해 왔다. 비록 권력이나 치부에 관심보다는 2세 교육의 지표로 묵묵히 주어진 사명을 충실하게 실천해 옴으로써 면면히 전통을 이어온 것이다.

3) 교사의 사회적 역할

교사는 명예나 권력이나 또는 재력도 없이 평범한 인간이다. 앞에서도 언급한 바와 같이 교사의 지위는 중간계급으로서 위치를 구축해 왔다. 그런데 현대 사회에서 교사의 위치는 어떠한가? 교사를 성직시 해 왔던 과거의 가치관은 사라지고 전문인으로서의 생활인, 직업인으로서 제2세 국민을 다루는 안내자요, 인도자로서 구실을 하고 있다. 즉 과거에는 교사의 헌신적 노력과 역할이 중요한 가치로 작용하였으나 지금은 교사의 전문성과 역할을 중요시하고 있으며 교사의 직업적 가치에 더 큰 관심을 갖게 된 것이다.

현대사회에서는 급격한 산입발선으로 말미암아 우수한 인재들이 교사직으로 들어오지 않고 다른 분야로 흘러 들어감을 안타깝게 생각한다. 과거에는 우수한 인재들이 교사직을 택하는 경향이 있어서 우수한 교사의 질을 확보할 수가 있었는데 사회적 · 경제적 여건이 다른 직종보다 밑도는 추세에 따라 '교사직'을 높이 평가하지 않는 데 큰 문제가 있다. 국가 인재양성의 주춧돌이 되는 교사의 위치가 사회적 · 경제적 여건이 미흡하여 다른 곳으로 인재를 빼앗겨서는 안 된다. 국가적인 차원에서 훌륭한 인재를 육성하는 교사의 위치를 제도적으로 승격시켜 안주하면서 교직에 전념할 수 있도록 해야 될 것이다. "교육은 국운을 좌우한다."는 대통령의 훈시대로 국가의 운명을 좌우하는 열쇠를 쥔 교사의 대우가 우수해야 우수한 교사들을 양성할 수가 있는 것이다.

그러나 국가기관이나 사회기관에서 위치를 인정해 주기에 앞서서 교사 자신의 인간적 품성과 전문적 자질 향상에 박차를 가하여 스스로 지위 향상에 노력해야 될 것이다.

제2절 교원의 전문성

1. 전문성의 의미

교직이란 어떤 성격을 지니고 있으며 어떠한 내용의 것이며 어떻게 이루어져야 하겠는가를 여기서 밝혀 볼 필요가 있다. 교직도 인간이 지녀야 할 직업이기 때문이다.

교육을 전담하는 교사직은 교육전문기관으로서의 학교제도가 형성됨으로써 발생하게 되었다. 교육업무를 수행하는 교사의 직업, 즉 교직도 직업이므로 교사의 범주를 벗어날 수 없는 것이다.

가르치는 일에 종사하는 직업을 총괄적으로 말할 때 교직이라고 한다. 따라서, 가르치는 일에 종사하는 사람 중에는 교육일선에서 학생을 직접 가르치는 일을 맡고 있는 사람, 또 가르치는 사람들을 뒤에서 도와주고 조정하는 일을 맡고 있는 교육행정가, 그리고 교육내용이나 교육방법을 연구하는 교육연구가 등이 모두 포함된다. 직업은 일반적으로 생계수단으로서 경제적 수입, 사회적 발전에 기여하는 봉사적 책무, 개인적으로 자기의 재능을 발휘하는 자아실현 등의 조건을 공통적으로 내포하고 있다.

교직이 다른 직종과 다른 점은

첫째, 교직은 인간을 대상으로 이루어지는 직업이다.
둘째, 교직은 주로 인간의 정신생활을 대상으로 하는 직업이기에 타직과 다르다.
셋째, 교직은 미성숙자가 주로 대상이 되는 직업이다.
넷째, 교직은 봉사직이다.
다섯째, 교직은 국가와 민족에 대하여 지대한 영향을 던져 주는 공공적 사업이다.
여섯째, 교직은 사회진보에 중대한 역할을 맡고 있는 직업이다.

이상과 같은 몇 가지 관점에서 본 교직의 특성은 오직 정신적 또는 인격적으로 봉사하는 성직이라는 전통적인 관념과 교직을 일반직과 동일시하여 노동의 대가로서 보수와 노동조건을 전제하여 노동직으로 간주하는 근대적 관념과의 양자간에는 대조적 의미를 내포하고 있다. 근본적으로 미성숙자를 대상으로 하여 그의 바람직한 이상적인 인간으로서 성장・발달을 조성하고 국가와 민족의 번영을 가하며, 인류사회의 진보발달을 이룩할 수 있는 전문직이고도 봉사직이며 공공직업이라 할 수 있다. 그러나 교사자질, 교권신장, 사회적・경제적인 지위향상, 학술 및 단체활동의 자율성 등 요건이 많이 갖추어져 있어 현대의 전문성 개념은 위와 같은 장점을 통합한 이상적 유형이라 할 수 있다.

2. 교직의 특성

교육을 인간행동의 계획적인 변화라고 규정한다면 교사는 이와 같은 교육의 정의를 몸소 실천하는 사람이라고 볼 수 있다. 교사는 흔히 교육자, 선생(또는 선생님), 스승 등으로 불린다. 교사란 교사자격증을 소지하고 정규학교에서 학생을 대상으로 교육활동을 하는 자, 즉 학교에서 학생들의 행동을 계획적으로 변화시키는 일을 직업으로 삼고 있는 사람을 가리킨다. 교사의 법적 용어는 '교원'이다.

교원의 전문성을 표현하는 것으로 경업(敬業)(직업을 존중하고), 낙업(樂業)(직업을 좋아하고), 근업(勤業)(직업에 부지런하고)을 특징으로 한다. 경업할 줄 알면 비로소 직업에 대한 자부심을 갖게 되고, 낙업 할 줄 알면 비로소 교학하는데 취미를 발견하고 교육을 종신의 사업으로 삼을 수 있으며, 근업 할 줄 알면 비로소 날마다 전진할 수 있고 시대와 병진할 수 있는 것이다.

교원의 가치가 절대적임을 잘 알고 있기 때문에 예부터 '군사부일체'라는 표현을 쓸 정도로 교사를 받들어 왔다. 그러나 현재에 와서는 이에 대한 대접은 그다지 만족스럽지 못하다. 역사적으로도 그렇고 현실적으로도 그렇다. 교육을 국가의 백년지계라 일컫고 한 나라의 장래는 그 나라의 교육을 보면 잘 알 수 있다고 하며 교육의 성패가 그 나라의 흥망을 좌우한다고 하면서도 교육에 대한 투자는 언제나 국가투자 우선순위에서 뒤쪽으로 밀려나고 있다. 물론, 1960년대 초부터 제3공화국의 박정희 대통령은 "잘 살아보자"는 경제지상정책으로 말미암아 경제적인 면에서 성공을 거두었다고 자인하지만 반면에 그 부작용으로서 물질만능의 풍조가 팽배해지는 가치관과 형태가 지배하는 모순을 야기시켰다. 이에 따라 교사의 사회적・경제적 지위는 상대적으로 추락을 면치 못하게 되었다. 아무리 교사들이 스스로를 성직자라고 일컫고 교육을 가장 중요한 것이라고 주장하더라도 대다수의 국민들이 인정해 주지 않는다면 소용이 없다. 따라서 교사는 부단히 연구 노력하여 교사의 위치를 높일 수 있도록 힘써야 한다.

교직은 직업분류에서 보면 전문직으로 분류된다. 전문직의 일반적 특성에 대한 학자들의 주장을 살펴보자면,

리베르만(Lieberman)은 교직을 전문직의 조건으로 다음과 같이 분류하고 있다.

첫째, 전문직은 유일하고 독특한 종류의 사회적 봉사기능을 가지고 있다.
둘째, 전문직은 그 직능 수행에 있어 고도의 지적 기술을 요한다.
셋째, 전문직은 일정기간 외 상당히 장기간의 준비교육을 요한다.
넷째, 전문직은 개인적으로나 집단적으로나 광범위한 자율성을 행사한다.
다섯째, 전문직은 자율의 범위 안에서 행사한 행동과 판단에 대하여 종사자의 광범한 책임을 묻는다.
여섯째, 전문직은 자치조직을 가진다.
일곱째, 전문직에 있어서 경제적 보수는 사회적 봉사보다 우선되지 않는다.
여덟째, 전문직은 그 자체의 직능을 수행하는데 준수할 직업윤리를 가지고 있다.

호튼(Horton)의 기준에 의하면 전문직을 다음과 같이 제시하고 있다.

첫째, 정교하고 사회적으로 용인된 과학적 원리를 바탕으로 하여 필수적인 사회적 유구를 만족시켜야 한다.
둘째, 적절한 전문적 문화적 훈련을 필요로 한다.
셋째, 특별하고 체계적인 지식을 보유해야 한다.
넷째, 일반인이 지니지 못한 필요한 기술의 증거를 제시할 수 있어야 한다.
다섯째, 검증된 경험의 결과로 얻어진 과학적 기술을 개발해야 한다.
여섯째, 임무를 수행할 때는 자율성과 판단력을 행사할 것이 요구된다.
일곱째, 수행한 일에 국한되거나 일을 처리할 당시 일시적인 것에 국한되지 않는

일종의 공익사업으로 간주되어야 한다.

여덟째, 과학적 지식을 기술로 적용할 때 집단의식을 바탕으로 해야 한다.

아홉째, 생애직으로서의 강력한 유인가가 있어야 한다.

열째, 윤리강령을 실천하면서 살아가는 사회적 책임성을 인식해야 한다.

마이어(Myers)의 기준에 의하면 전문직은 과학적 이론에 바탕을 둔 지식, 봉사지향적인 일의 수행, 사회발전을 위해 유능한 기능의 발휘, 자신들의 일과 수준을 정하고 교육정도의 기준을 마련, 오랜 세월에 걸쳐 해당 직분의 문화를 흡수, 공적인 인정, 면허제, 자율성 보장, 법적인 규제 외에 자체가 운영하는 규범을 가지고 소속인들로 구성된 조직체, 전 생애를 통한 직업, 법적인 보장을 받아야 한다고 강조하고 있다. 또한, 미국교육연합회 교육정책위원회의 전문직 기준에 따르면 전문지식의 모체에 기초, 자격증 요구, 가입요원의 복지와 전문적 성장을 위해 봉사, 윤리강령을 준수하고 공공정책에 영향력을 행사, 집단잠재력의 가능성 등을 제시하고 있다.

이와 같이 학자들이 제시한 전문적인 속성들을 종합해 보면 공통적으로 주장되는 내용을 추출해 낼 수 있다. 따라서 교사의 전문성을 나타내는 특성은 첫째, 교직은 고도의 지적 능력을 필요로 하며 교직 수행을 위하여 계속적으로 연구해야 한다. 둘째, 교원이 되기 위하여는 장기간의 준비교육이 필요하며 교원이 된 후에도 계속적인 자기성장을 위하여 노력해야 한다. 셋째, 교원은 봉사지향적이어야 하며 사회적 책임이 강조된다. 넷째, 교원은 자신들이 지켜야 할 윤리강령을 가지고 있어야 한다. 다섯째, 교원은 자율성을 가지며 단체 교섭활동을 위한 자치적인 단체를 조직한다.

교직의 전문성은 교권을 정당화하는 근거이며 교권은 교직의 전문성을 실현하기 위한 수단적 조건이다. 이러한 전문성이나 교권과 사명감은 적어도 공교육의 수행자에게 필요한 3대 요소라고 할 수 있다.

교직의 전문성과 교권과 사명감은 교원 자신의 권익을 위한 것도 아니고 교육받은 아동·학생의 이해문제로 거론되는 것도 아니다. 그것들은 교육이 사회적 기업이면서 인간형성의 과정이다. 교육이 본질적으로 가치의 실현과정이기 때문에 전문성이 요구되는 것이다. 그러므로 그것들은 교원집단의 노력만으로 만족스럽게 되는 것도 아니다.

교사는 어떤 교육 원리나 정책가의 방침이나 행정가의 지침에도 제시되지 않는 자신의 독자적인 지도능력과 교육요소가 아동・학생의 인격에 영향을 준다. 그의 모든 사고방식이나 행동방식과 그의 전체가 하나의 교육적 가치 체제로서의 기능을 하게 된다. 그는 또한 미래사회를 전개해 나갈 자라나는 세대와 인류 역사의 경험적 총체로서 주어진 문화유산을 전달하고 과거와 미래를 연결시키는 역사 창조의 기능을 담당한다.

이러한 기능을 담당하는 교사에게 요구되는 전문적 자질을 바탕으로 하는 교육의 개념에 대한 전문적 이해 이외에 몇 가지 중요한 것을 열거해 볼 수 있다.

첫째, 아동・학생들에 관한 포괄적 이해이다. 가르치는 지식, 가치, 신념, 행동, 태도, 능력, 기능에 대한 다면적 이해가 필요하다.

둘째, 가치의 선택과 결정과 조직의 능력이 요구된다.

셋째, 교육의 사회적 기능에 따르는 윤리의식이다.

넷째, 방법적 기술이다. 교사가 교육의 과정을 최종적으로 마무리짓는 결정적 순간의 기능을 다하는데 요청되는 방법적 효율성은 높은 수준의 기술을 요한다.

교사의 교직관은 이와 같은 내용과 더불어 형성되어야 한다. 그것은 전문직으로서 교직이 요구하는 요소들이며 교권으로 보호되어야 한다.

제3절 교직관과 교사의 자질

1. 교직관의 구분

1) 성직관

교직은 주로 인간의 인격 형성의 일을 돕는 것이며 단순한 지식과 기술보다는 참다운 사람을 만들어야 한다는 생각이 예로부터 전래해 내려온 전통이었다. 이러한 까닭에 교직은 목사나 승려와 같이, 세속적인 다른 직업과 구분되어 성직으로 인식되어 왔다.

현대 사회와 같이 물질 만능주의 사조 속에서도 비교적 물질의 세계보다도 정신적 세계에 보다 많은 주의와 관심을 집중시켜야 한다는 것이 교직자에 대한 일반적 인식의 기초가 되어 왔다. 이것은 교직이 고도의 정신적 봉사활동으로서 세속적인 가치, 예를 들면 돈, 명예, 권력 따위와는 거리가 먼 직업이라는 인식을 나타내는 것이라 할 수 있다. 뿐만 아니라, 교직자는 그 활동이 주로 미래지향적이기 때문에 현실사회보다도 다가오는 이상사회를 그리고 그 실현을 위하여 학생들의 힘과 마음을 닦아야 한다는 것이 성직관인 것이다. 그것은 교육의 본질이 인간의 영혼과 정신을 다루며 정신적 자세로써 교직에 종사한 사람이 많이 있었기 때문에 그 같은 교직관이 형성되어 왔다고 본다.

성직관을 신봉하는 교직자는 물질, 명예, 권력, 승진보다는 오히려 한없는 사랑과 헌신, 희생과 봉사, 정신적 활동이 근간을 이루는 활동이 바람직한 교사상으로 보고 성직시하는 경향이 짙다. 따라서 옛날같이 외골수 사범형으로 되돌아가는 것이 바람직한 일이요, 교사상으로서 성직자다운 자세를 요구하고 있어 정신 지향적이고 이상지향적인 모습을 당연하게 믿는 것이다. 즉, 교직에 대한 성직관은 다른 모든 직업과 마찬가지로 교사 역시 신의 부르심(소명, calling)을 받아 주어진 것이므로 성직자와 같은 자세로 임해야 한다는 것이다.

성직관은 급변하는 현대사회에서 요구하는 직업적 가치는 아니지만 우리에게 지혜로운 시사점을 준다. 특히, 소명의식과 이를 바탕으로 하는 사랑과 헌신, 희생 등은 우리 교육의 현장에 많은 학생문제를 해결하는 원리로 작용할 수도 있을 것이다.

2) 전문직관

오늘날 교직을 전문직으로 보는 관점은 우리 사회의 보편적인 현상이고, 그에 따른 교원의 자질과 역할에 있어서도 전문성을 요구한다. 즉, 교사는 다른 직업과 구별되는 전문인으로써 그 직무에서 나오는 특수성 때문에 전문적 지식과 기술이 필요하다는 것이다. 교사는 교육의 질을 향상시키기 위해 많은 노력을 기울여야 한다. 또한 교사는 많은 학생문제들을 예방하고 해결하기 위한 전문적 지식과 기술을 지녀야한다. 동시에 학생들의 진로와 일상생활을 안내하는 역할도 해야 한다. 이 때문에 많은 연수들을 통해서 교사는 스스로 전문성을 신장시키도록 노력해야한다. 이를 위해 전문교과연수나 전문상담교사 과정 등을 비롯한 많은 연수종류와 과정들을 받아야하며, 해외연수도 권장해야한다. 뿐만아니라 교직과 관련된 교육법적 지식과 교육행정 및 제도, 장학에도 많은 관심을 가져야한다.

전문직의 관점은 교직의 전문성과 함께 자율성, 윤리성을 매우 강조한다. 자율성이란 직무를 수행함에 있어서 담당자의 자주적인 판단과 결정권이다. 교사는 담당교과의 교육과정을 운영하거나 결정할 수 있는 자율성이 있어야 하며, 수업방법을 자유롭게 선택 할 수 있어야 한다. 현실적으로 교사도 교육조직의 일원으로서 구성원의 관리 통제 하에 있지만 교권을 침해해서는 안 된다.

윤리성이란 사람으로서 마땅히 행하거나 지켜야 할 도리, 또는 행위 규범이다. 교사로서 당연히 해야 할 도리와 직무수행에서 나오는 행위 규범을 교직윤리라 한다. 모든 직업에는 마땅한 윤리 규범이 있지만 교사는 그 어떤 직업보다도 높은 윤리성이 요구된다. 또한 준법성도 높아야 되며, 사회적 기대감에 부응하는 높은 도덕성이 필요하다. 만일 그렇지 아니하면 잘 못된 교사의 윤리 도덕성 때문에 다수 교사의 행동을 규제해야하는 상황이 발생하여 교사의 자율성에 매우 심각한 침해를 가져 올 수도 있다.

교직에 대한 전문직의 관점에서 보면 교사는 교육의 이론과 실제를 겸비한 전문가이다. 따라서 교사는 담당 교과의 전문적 지식과 함께 다양한 분야에서 전문적 자질이 요구된다. 우리나라에서 교사는 교원양성을 통한 교원자격증과 가능하면 국가가 인정한 많은 자격증을 구비 할 것을 요구한다. 예를 들면 전문상담교사, 직업상담사, 심리상담사 등 일반 정규 대학교나 해당 학회, 국가에서 장기간 교육(2~3개월의 단기 교육 제외)을 통해 인정하는 공인 자격증이 필요하다. 2013년부터 국공립학교에 임용되는 교원임용시험에 응시하기 위해서는 국사편찬위원회에서 시행하는'한국사능력검정시험' 인증(3급 이상)을 취득하여야 하며, 교원양성기관 재학기간 중 1~2회 이상의 '교직적성·인성검사' 실시를 의무화하여 단계별 진로지도를 강화하고, 그 결과를 교사자격증 취득을 위한 무시험검정 평가에 반영한다. 이는 교직에 대한 전문직관의 입장을 반영한 것이다.

3) 노동직관

교직에 대한 견해 가운데 성직관과는 대조적인 입장을 취하는 견해로서, 교직도 하나의 노동직이며 본질적으로 다른 직업과 차이가 없다는 것이다. 따라서 노동의 대가로서 보수를 받고 근무조건의 개선을 위하여 노동조합을 결성한다거나 단체행동으로 권익을 쟁취하자는 것이다. 미국의 교원조합(AFT)이나 일본의 교조와 같은 조직이 그 예라고 할 수 있다. 물론, 교원이라 하더라도 한 사람의 생활인인 이상 정당한 처우에 대한 요구는 할 수 있겠으나 그것이 투쟁화 된다면 교육의 본질상 신중히 고려해야 할 과제일 것이다.

이 견해에 따른 교사상을 그려본다면 교사는 노동에 대한 반대급부로서 처우의 개선, 근무조건의 향상 등을 위하여 노동3권(단체결성권, 단체교섭권, 단체행동권)을 갖춘 노동조합을 결성하고 조합을 통한 집단적 행동을 통하여 정부나 고용주인 경영자와 맞서 투쟁하여야 한다고 본다.

2. 교사의 자질

1) 자질의 의미

훌륭한 교육은 훌륭한 교사에 의해서만 성취될 수 있다고 하였다. 교사는 인간을 인간답게 이끌어 주는 사람이다. 교사는 항상 어떻게 하면 학생을 보다 더 바람직한 인간으로 성장시킬 수 있을 것인가에 관심을 가지고 거기에 정열을 쏟아야 한다. 자기발전을 위한 연구는 물론이고 학생지도와 관련된 연구, 그리고 문화적 소양을 높이는데 계속적으로 노력하여야 한다. 교직은 물질적 보수만을 목적으로 강요되어 수행하는 노동이 아니라, 아동을 상담하고 가르치는 것에 행복을 느끼며 제자들의 성장과 발전에서 기쁨과 보람을 찾을 수 있는 품성과 봉사 정신이 있어야 한다. 따라서 훌륭한 교사의 자질이란 한없는 사랑과 헌신이 있어야 한다.

오천석 박사는 교사가 지녀야 할 사랑으로 3가지를 제시하고 있다.

첫째, 가르침을 받는 자에 대한 사랑이다. 제자에 대한 사랑이 없는 학교는 정서적으로 죽은 학교이다. 사랑은 가르치는 사람과 가르침을 받는 사람의 마음 사이에 놓여 있는 다리이다.

둘째, 교사의 사랑은 그가 하고 있는 일에 대한 사랑이다. 교사는 가르치는 일 자체를 사랑하고, 가르침에 행복을 느끼며, 아동의 성장에서 기쁨을 찾는 섬김이다. 사랑이야말로 자기 임무에 대한 정열과 헌신의 원천인 것이다.

셋째, 교사의 사랑은 진리의 사랑을 의미한다. 교사는 인간사회의 질서와 개인 행위 기준이 되는 가치의 탐구자이며, 최상의 생명의 비결을 탐색하는 구도자이다. 참된 교육은 진리 위에서만 설 수 있다.

2) 교사의 자질과 조건

교사는 아동·학생을 교육하는 사람이며 따라서 이들을 교육하기에 적합한 사람이며 훌륭한 자질을 갖추고 있다고 보겠다.

콤즈(A. W. Combs) 등은 훌륭한 교사란 무엇보다도 개성이 뚜렷한 인간을 지적하면서 창조적이고 생각하는 사람, 복잡한 문제를 다루는데 세련되고 신뢰할 만한 도구로써 그들 자신을 활용할 줄 아는 사람이라고 설명했다. 또한, 긍정적 자아관의 소유자이며 자율적이고 자아지향적이고 책임성이 있는 사람, 다른 사람의 입장을 이해할 수 있는 감수성의 소유자이며 곧 인간다운 인간이라는 것이다.

교사는 사랑이 있어야 하고 가르치는 과목에 대해 실력이 있어야 하며 학생을 이해할 줄 알고 돈을 모르는 청렴결백한 선비가 되어야 하며, 사회에서 인정하고 있는 도덕적이고 선한 행실만을 몸소 실천해야 하며 나아가서는 모든 사회 순화의 근본적 책임을 져야 하는 사람이어야 한다는 것이다.

교사의 자질이란 결국 유능한 교사, 훌륭한 교사가 되는 조건이라 볼 수 있다. 일반적으로 교사가 갖추어야 할 자질과 조건은 다음과 같은 내용을 지니고 있어야 한다.

첫째, 올바른 교육관을 가진 사람이다.
둘째, 사람과의 접촉을 즐기는 사람이다.
셋째, 교육적 사명에 불타는 사람이다.
넷째, 설명력 · 분석력 · 종합력을 가진 사람이다.
다섯째, 건전한 몸을 가진 사람이다.
여섯째, 사무를 즐기는 사람 등을 포함하는 직무상의 특성을 이해하고 실천하는 사람이어야 한다.

고현(2019)은 학생들이 좋아하는 교사는 다음과 같은 요건을 구비하고 있어야 한다는 연구조사 결과를 제시하여 교사의 자질함양에 도움을 주고자 한다.

① 학생을 이해할 것 ② 친절한 가운데 엄격할 것 ③ 친절미가 있고 신뢰할 수 있을 것 ④ 공평할 것 ⑤ 잘 가르쳐 줄 것 ⑥ 명랑 유쾌할 것 ⑦ 감정에 빠지지 않고 침착할 것 ⑧ 열심히 수업을 할 것 ⑨ 시간을 잘 지켜줄 것 ⑩ 활발하고 유머를 잘 해줄 것 ⑪ 인사를 잘 받아줄 것 ⑫ 어떠한 질문에도 잘 응답해 줄 것 ⑬ 스포츠나 운동을 좋아할 것 ⑭ 많은 학생들 앞에서 창피를 주지 말 것 ⑮ 넓은 교양을 가지고 인간적으로 존경할 만한 교사 등을 좋아하고 있다.

결론은 교수보다 학습자에게 초점을 두고 학습자의 지식구성을 지원하며 학생 간 또는 교수와 학생 간의 적극적인 상호작용이 이루어지는 역량기반에 둔 수업이라고 할 수 있겠다.

대학생들이 인식하는 좋은 수업 구성요인 가운데 수업 환경은 교수방법에 맞는 환경구성 조성과 개방적인 수업분위기를 통해 학습자가 적극적으로 수업에 참여할 수 있도록 만드는 것을 의미한다.

한편, 호일(Eric Hoyle)은 훌륭한 교사는 ① 교실 상황과 그 상황 속에서 일어나는 변화를 정확하게 인지할 수 있어야 한다. ② 주어진 여러 상황에서 적절한 자기의 역할을 찾아낼 수 있어야 한다. ③ 변화된 상황에서 수시로 적응할 수 있는 개성적 특질과 기술이 있어야 한다고 주장하고 있다.

그는 또한 교사의 스타일을 가족관계와 비유하여 ① 아주 교훈적인 입장에 있는 아버지와 같은 교사 ② 사람이 좋고 많이 알고 있으며 불만을 지식으로 감싸주는 할아버지와 같은 교사 ③ 경험을 함께 나누고 현실문제 타개에 함께 참여하는 큰형과 같은 교사 ④ 멀리 떨어져 있다가 새로운 정보를 가져와 많은 호기심을 불러일으켜주는 삼촌과 같은 교사 ⑤ 학생에게는 별 관심이 없고 자기 문제에 대해서만 열중하며 개인적인 문제를 오히려 학생에게 상의하는 조카와 같은 교사로 나누고 있다.

바람직한 교사의 자격요건에 대한 견해는 학자마다 주장하는 바가 다소 다르지만 몇 가지 예를 들어 이를 제시해 보면 다음과 같다.

김영돈은 교사의 자질요건으로 성실, 건전하고 원만한 품성, 높은 품위와 풍부한 교양, 인간성을 존중하는 민주적 신념, 왕성한 협동과 봉사정신, 교과에 대한 충분한 실력, 유능한 지도능력과 창조적 역량, 넓은 교직적 식견과 사회현상에 대한 이해력, 건전한 신체와 강인한 인내심, 확고한 인생관, 투철한 국가관을 구비해야 한다고 강조한다.

정범모(1987)는 적성(흥미), 신념, 이론, 예술(기술) 등이 필요하다고 역설하며 교육부 교과과정연구회나 한국교사교육연구협의회 등 교직전문위원회 등에서도 한결 같이 투철한 교육이념과 애국애족 정신의 함양, 교육관확립, 사랑과 열, 건강, 원만한 인격, 풍부한 지식과 교양, 교육기술 등을 포함할 수 있는 자질을 가져야 한다고 주장하고 있다.

결국 교사가 되기 위한 자질요건은 위와 같은 내용의 소선이 교사양성과정을 통하여 반드시 길러져야 훌륭한 교사로서 학생을 지도하는데 모범이 되고, 표준이 되어 겨레의 사표로서 존경받는 인간이 될 것이다.

3) 훌륭한 교사의 역할

역할(role)이란 사회의 어떤 지위에 있는 사람에게 사회구성원으로부터 공통적으로 기대되는 행동유형을 말한다. 따라서 역할의 개념에는 신분적 지위, 지위에 관련된 행동의 유형, 기대되는 직업적 활동의 3요소를 포함해야 한다. 이를 교사에 적용하면 초·중·고등학교 교사의 신분은 담임교사로서, 훈육자로서, 지역사회 일꾼으로서, 학생의 생활지도교사로서 또는 평가자로서 인식된다.

교사의 역할이란 교사의 구실 또는 본분을 뜻한다. 교사의 본분은 교사에게 맡겨진 교육적인 행위를 말한다. 우선 교사의 위치가 학교 내에 국한되어 있거나 학교조직모델을 보면 교사의 교육적 역할과 기능의 영역과 한계성을 알 수 있다.

교사의 위치와 역할은 우리나라 교육정책에 따른 내용을 학교단위로 교육목표를 설정하여 이 목표를 실현하기 위한 하나의 과정으로서 주어진 학교기관을 통하여 학급에서 학생들을 보다 효과적이고 이상적인 방향으로 이끌기 위한 교육활동의 주체자가 되는 것이다. 그러므로 한계성을 지녔다고 말할 수 있는 것이다. 그러나 맡겨진 역할을 수행하기 위해서는 나름대로 기본 원칙이 주어진다.

교사는 자신의 교육적인 삶 속에서 꼭 해야 하는 행동만을 해야 하며, 당위성이 있는 공인된 자세라 할지라도 사회적인 가치개선을 위하여 목적의식적으로 수정된 행위를 해야 하고 스스로 행할 수 있는 생활의 모든 방식을 선별적으로 취할 수 있는 능력을 지녀야 한다.

교사의 역할은 일반적으로 형식적 역할과 비형식적 역할로 구분한다.

첫째, 교사의 형식적 역할은 가르치는 사람, 즉, 가르친다는 것은 아동의 능력과 필요성을 참작하여 이에 맞는 지식과 기술을 전달하는 기능을 말한다. 아동의 사회화를 도와주는 사람, 사회화과정을 조력하는 자로서 교사의 역할은 근대사회에 크게 부각된 사회적 기능이기도 하다. 즉, 교사는 그들이 가르치는 아동·학생들이 사회의 생활방식에 참여하도록 준비시키는 기능을 발휘하여야 한다. 교육의 수준과 능력의 가능성을 판단, 평가하여 주는 사람, 즉, 교사는 아동·학생들을 장래 사회에 내보내게 되는 평가의 주체가 된다.

둘째, 교사의 비형식적 역할에 관한 교사의 성품을 보면 다음과 같다. 즉, 탐정형, 중매장형, 자아지지자형, 중재자형, 견습의학도형, 불평가형, 친구형, 로미오형, 밀고자형 등으로 나눌 수 있다.

현재 학교사회에서 가장 두드러지게 나타나고 있는 중심 유형은 매매자형, 조정자형, 수습의사형, 온정가형, 자애형, 공보형, 군자형의 7가지로 나타나 있다.

교사의 역할을 위한 많은 내용 가운데 가장 규범적인 것은 풀리아스(Pullias)가 지적하고 있는 내용을 채택하고자 한다. 즉, 교사는 안내자이다. 교사는 가르치는 자이다. 교사는 혁신자이다. 교사는 한 표본이다. 교사는 탐색자이다. 교사는 상담자이다. 교사는 창조자이다. 교사는 권위자이다. 교사는 비전을 제시해 주는 자이다. 교사는 과업을 되풀이해 주는 자이다. 교사는 깨우쳐 주는 자이다. 교사는 설화자이며 또 조언자이다. 교사는 학생으로 하여금 현실을 직면하게 해 주는 자이다. 교사는 평가자이다.

교사는 가르치는 예술을 통하여 인간을 창조하는 사람이기 때문에 정신위생을 잘 지켜야 하며 정신적으로 건강하여야 그의 예술성이 건전하게 유지되는 것은 의심의 여지가 없다. 이 같은 교사의 정신위생과 건강은 괴테(J. V. Goethe)의 「형태학」에서 유래되며 플라톤(Platon)의 「훌륭한 이끌음」의 교육에서 결정적 징표로서 교육과 학습의 유효성에 잘 나타나 있으며 더 나아가 교육과 그 교육과정에서 인지와 사랑으로서 「진실」을 뜻하는 곳에도 잘 나타나 있다. 진실을 외면하거나 진실을 기만하는 행위, 또는 위장행위, 생활이나 사고방식, 가치관이 실제 진실과의 표리부동, 위선 등은 교사의 정신건강을 해치는 악 요소들이다. 교사는 반드시 교육행위에 앞서서 자신의 정신건강이 정상인가를 확인하여야 한다. 정신위생은 모든 질병을 예방할 수 있기 때문이다.

통상적으로 교사에게 주어지는 역할은 다음과 같은 것들을 참조하여 유능한 교사로서의 임무를 다해야 국가사회가 요구하는 교사의 역할을 다했다고 할 수 있다.

① 교사는 사회의 대표자이다.
② 교사는 판단자이며 선택하는 자이다.
③ 교사는 지식의 원천자이다.
④ 교사는 학습과정의 조력자이다.
⑤ 교사는 심판자이다.
⑥ 교사는 탐정이다.
⑦ 교사는 학생의 동일시 대상자이다.
⑧ 교사는 불안의 해소자이다.
⑨ 교사는 자아지지자이다.

⑩ 교사는 집단인도자이다.
⑪ 교사는 부모를 대리하는 감독자이다.
⑫ 교사는 적대감정의 표적이다.
⑬ 교사는 개인의 친구이다.
⑭ 교사는 애정을 받아주는 상대자이다.

이상과 같이 교사의 역할은 다양하며 이를 실천하기 위해서는 교사교육기관에서 철저하게 길러져야 한다. 그러나 교사라고 해서 특수한 전형적인 틀에 박힌 신성한 집단이 아니므로 평범한 인간이면 누구나 후천적인 양성교육에 따라 모범적이고 지도자적인 형태로 유도되어 모든 사회인으로부터 존경하고 우러러보는 존재로 부각시켜 가야 한다.

일반적으로 교원의 업무를 분류해 보면 필수업무와 보조업무, 잡무 등으로 구분하여 교육과의 관련정도를 제시해 주고 있다. 여기에서 잡무에 해당하는 일들은 앞으로 과감하게 근절되어야만 교사 본래의 업무에 주력할 수 있을 것이다. 이는 교사들이 효율적으로 교육활동에 전념할 수 있는 여건이 될 것이다.

제4절 교원양성의 문제점과 개선점

1. 양성의 문제점

전문직으로서의 교사는 체계적 지식을 필요로 하며 장기간의 전문교육을 받아야 한다. 교사가 그들의 역할과 임무를 성공적으로 이행하기 위해서는 자격요건을 법으로 정하고 있으며, 따라서 교사교육을 위한 특수기관을 설립하여 현재까지 운영해 오고 있다. 이것을 교사교육이라 한다. 교사교육은 직전교육과 현직교육으로 분류된다.

교사교육이 비롯된 것은 근대적 의미의 학교가 생겨나면서부터 시작되었다. 직전교육은 교사양성교육이라고도 하며 교사가 되기 위한 준비 교육으로서 필요한 기본적 지식과 기술을 익히는 과정이다. 현직교육은 교사자격증을 갖추고 정식으로 교사에 임명된 자들이 그들의 주어진 직무를 효과적으로 수행하기 위해서 자신을 연마하고 자기성장을 계속하는 교육과정이다.

그런데, 이와 같은 과제가 적절히 잘 이루어지지 않고 있는데 문제가 있다. 현재 한국의 교사양성기관이 안고 있는 문제점을 보면,

첫째, 교직적 사명감이 투철한 교사를 양성해 내지 못하고 있다.

둘째, 사범대학의 교육내용이 일반대학의 그것과 별로 차이가 없다는 점이다.

셋째, 중등학교 교사양성체제의 다원적인 개방제로 교사양성교육에 혼선을 빚을 뿐 아니라, 교원의 질적 저하를 초래하고 있다.

넷째, 우리나라의 중등학교 교사양성 체제는 일반대학의 교직과정에 지나치게 의존하고 있다.

다섯째, 교육실습 기간이 너무 짧아 그 운영이 부실하여 유능한 교사를 양성하지 못하고 있다.

여섯째, 우수한 학생(교사 후보생)들의 교원양성기관에서의 유인체제가 미흡하다는 점은 교사교육기관의 문제, 교과교육과정의 문제, 교사자격발급규정의 문제 등 교사교육체제에 있어 법적인 준거체제를 말하고 있다.

교사교육과정에 관련된 문제는

첫째, 교양교육과정의 경시이다.
둘째, 교직과정 이수학점 수의 과소와 편제상의 불합리이다.
셋째, 전공과목과 교직과목의 연계문제를 지적할 수 있다.

교사자격증 발급규정과 관련된 문제로서는 교직과정을 이수한 자로서 전공과목과 교직과목의 평균성적인 B학점 이상일 것과 해당 학년, 해당 학과의 졸업정원의 30% 이내로 규정하여 교사의 질을 높이려고 한 점은 바람직한 처사이나 전혀 적성이나 흥미 등을 고려하지 않은 점이 문제점이라 할 수 있다.

2. 개선점

우리는 해방 이후 40여 년 간 교사양성교육의 중요성을 강조해 왔으면서도 교사의 수요를 충족시키기 위한 조치의 강구에만 급급한 나머지 교사의 질적 향상을 위한 방안에 대해서는 외면해 왔다. 그리하여 오늘날 교사양성교육은 어떻게 질적으로 우수한 교사를 양성할 것인가 하는 문제에 당면해 있다. 그러므로 각 급 학교에서 오로지 교직에만 평생을 바쳐 헌신할 수 있는 사명감 높은 교사를 양성할 수 있는 구체적인 방안이 강구되어야 한다. 교직의 전문성을 제고하고 독자성과 특수성·창의성을 발휘하는 우수한 교사를 양성할 수 있는 방안을 제시해 보면 다음과 같다.

첫째, 사회적 측면에서 바람직한 교사상 정립이 필요하다. 이를 위해서는 사도헌장을 충분히 이해하고 그 정신을 반영시켜 나가야 한다.
둘째, 교육내용면에서 국민정신교육에 중점을 두고 교육애를 심어주어 폭넓은 교양을 쌓도록 하여야 하며, 교육방법이나 교육기술에 관한 이해와 실천능력을 길러줄 수 있는 내용으로 구성되어야 한다.
셋째, 바람직한 이념과 내용을 지닌 바람직한 교사를 길러 내려면 제도적 뒷받침이 필요하다. 무엇보다도 우수한 인재를 교직에 유인하려면 교사교육에 우선 투자해야 하고 동시에 우수한 교수진을 확보해야 한다.

넷째, 교사는 전문가로서 인류의 문화적 전통과 유산을 관리하고, 진·선·미를 비롯한 가치판단의 조언자로서, 인간을 지도하는 일에 전문적인 기술을 가진 사람이어야 하기에 전문가여야 한다.

다섯째, 교사양성기관은 전문적 자율성을 가지고 교수진, 시설, 행정, 예산 등의 지원체제가 용이하게 활용될 수 있도록 하여야 한다.

여섯째, 교사근무조건의 개선으로 그들의 능력을 최대한으로 발휘하여 전문직자로서의 권위와 긍지와 보람을 느낄 수 있는 풍토와 환경여건의 조성이 필요하다.

일곱째, 교사자격증은 국가고사제 내지 임용순위고사제에 의해 발급하며 국·공·사립을 균일한 기회로 부여 한다.

여덟째, 교사후보생에 대한 전면 장학제도를 실시해야 한다.

아홉째, 교사양성기관의 교수요원이나 임명조건을 강화해야 한다.

열째, 교육실습제도를 강화하는 일이다.

현재 4~8주간의 실습으로 소기의 목적을 달성할 수 없으므로 최소한 6개월 이상의 수습교사제로 하는 것이 바람직하다.

3. 앞으로 과제

우리의 국민교육은 자라나는 세대의 젊은이들로 하여금 그들이 태어난 이 나라의 문화적 전통이 가진 의미와 가치를 익히고 오늘의 삶이 상황에서 자주적으로 이를 발전시켜 나가며 인류 공영에 이바지하고, 저마다 주어진 자질을 계발해 나갈 수 있는 소질을 갖추게 하는 과업이라 할 수 있다.

이러한 과업을 수행하기 위해서는 수많은 이론과 방법이 제시될 수 있다. 그러나 무엇보다도 중요한 것은 교육활동이 주체인 교사의 역량에 좌우된다고 본다. 흔히 말하기를 교육의 질은 교원의 질을 능가할 수 없으며, 교육의 성패는 거의 전적으로 교원들의 손에 달려 있다고 한다. 그러므로 교육혁신을 위한 과제로서 중요한 것은 교사의 역할에 달려 있으므로 교직을 담당한 교사의 업무에 대한 인식을 새롭게 하고 교직의 전문성을 위한 교사교육의 강화를 장려해 나가야 할 것이다. 아울러 교사의 자질과 역할, 교사양성, 교사상과 윤리의 문제점과 개선 방향을 중심으로 합리적인 방법을 제시해 나가야 한다. 아무리 교육내용과 교육정책이 우수하더라도 이를 실천에 옮기는 교사의 역할이 매우 중요하다.

교직은 단순한 직업이 아니다. 인성적 자질과 전문적 자질을 모두 가지고 있어야 한다. 특히, 소명을 받고 나온 직업이다. 소명이 되려면 자기 일에 대한 헌신이 있어야 한다. 소명이 없으면 꿈을 키우는 비전을 바라볼 수 없고, 또 학습자의 인간행동을 바람직한 방향으로 이끌 수 없다. 그러기에 후크(S. Hook)는 "교사는 본질적인 지식이나 기술을 전달할 뿐 아니라, 자기의 소명을 심각히 자각하였을 때 학습자의 습관이 형성되고, 그의 인생 철학을 발전시키는데 강력한 영향을 미치게 된다."고 했다. 소명은 자기 일에 대한 불타는 정열과 성의는 물론 자기의 몸과 마음을 쏟아 놓은 봉헌이 있어야 한다. 교직에 소명감이 있으면 교사는 산 스승이 될 수 있고, 불비한 교육환경에서도 그 학생을 인도하기 위한 좋은 방법을 얼마든지 안출할 수 있다. 또한, 현실 모습인 학습자로부터 마땅히 있어야 할 모습의 인간으로 이끌어 줄 수 있을 것이다. 어느 철인의 말과 같이 천하의 왕이 되는 것보다 자기의 자부심과 즐거움이 솟아오르고 소명감을 실천하는 것이 더 낫다고 하였다.

교직은 여러 전문직 중에서도 봉사적 사명을 필요로 하는 직업이다. 봉사란 다른 사람에게 복리가 되고 선이 되는 일을 하겠다는 의욕을 자기의 생활과 사업에서 실현하는 것을 의미한다. 그러므로 마땅히 봉사의 정신과 소명감은 훌륭한 스승의 길이 되는 첩경이다. 이러한 자세와 가치관을 가질 수 있도록 하기위해 교사교육은 폭넓은 교양교육과 교직교육이 철저하게 잘 이루어져야 할 것이다.

현대사회는 너무나 급변하고 있다. 과거처럼 한 가지 기술을 한 번 배우면 일생을 써먹을 수 있는 시대는 이미 지났다. 마치 매미가 자라면서 자기 껍질을 몇 번씩 벗는 것과 같이 변화하는 지식세계, 기술세계에서 살아 나가려면 문자 그대로 죽을 때까지 다시 배우고 또 배워야 한다. 그러기에 직전교육에만 머무를 것이 아니라, 현직교육도 학교단위로 계속적으로 이루어져야 한다.

교직은 현실적으로 인식되는 것보다 훨씬 고도의 전문직을 요구하고 있다. 전문직은 그 직업의 수행에 있어서 깊고 넓은 지식을 기초로 하며, 직업의 전달, 인간행동의 계획적인 변화와 사회봉사자로서 투철한 윤리의식을 요구하고 세련된 판단력과 엄밀한 기법에 익숙할 것을 요구하고 있다. 그리고 거기에는 체계적인 훈련이 실습을 통하여 이루어져야 하고 일정한 자격을 얻기까지는 상당한 기술 수준에 도달되어 있어야 한다. 바람직한 교사가 되기 위해서는 좋은 교사의 자질을 갖추고 있는 사람을 골라서 그들을 갈고 닦아 제 구실을 할 수 있도록 만드는 과정이 필요하다. 교사는 역사의식을 갖추고 인권의 힘을 지닌 교사, 전문적 능력을 가진 교사, 민중과 같이 호흡하는 교사가 되어야 한다. 내일의 교사는 가치개발자, 교수자료 탐색자, 학습 진단 및 처방의 전문가, 교과 전문가, 인간관계 조성자, 진로 및 여가선용 상담자, 지역사회 학습의 조장자, 직업적 창안자이며 지도자, 미래를 예견하고 활용하는 자, 교수·학습의 전문가 등이 되어야 한다.

이러한 막중한 과업을 수행하기 위해서는 사명감이 요청된다. 사명감은 타고나는 것이 아니므로 교사교육의 과정에서 체계적인 노력으로 형성할 수 있을 것이다. 교사교육의 개선은 교사교육 기관 내부에서 출발하는 것보다 교사의 근무 생활 개선을 위한 사회·경제적 대우가 앞서야 성과를 기대할 수 있다. 그러나 이상적 교사상을 정립하고 충실한 프로그램에 의해서 양성된 교사라고 하더라도 그들의 신념과 능력을 실현하는 여건을 제공받지 못하면 결코 유능한 교사로서의 자기를 실현할 수가 없다.

앞으로의 과제는 교육정책에서 우수 인재를 확보하기 위한 제도적 장치를 마련해야 하고 교육여건 개선과 교원의 대우 향상 등을 통해 교사로서의 사명의식을 높힐 뿐만 아니라 교육 활동에만 전념할 수 있도록 하여 훌륭한 교사로서 긍지와 자부심을 가지고 질 높은 교육을 효과 있게 추진할 수 있어야 할 것이다.

제5절 교직윤리와 교원단체

1. 교직윤리의 의미

교직윤리는 교직에 종사하는 교사가 해야 할 행위의 규범 혹은 도덕적 의무를 말한다. 강제를 수반하고 법률적 성격을 갖는 의무와는 달리, 이는 교사들이 전문직 종사자로서 반드시 지켜야 할 비공식적, 내적 규율체제로서의 실천적 행동강령이라는 의미를 갖는다. 전문적인 교직에 종사하게 되는 것 자체가 일종의 특권이고 가르친다는 것이 지적, 기능적 측면 뿐만 아니라, 사회적, 도덕적 측면을 포함하고 있기 때문에, 교사는 그 자율과 권리에 대한 사회적 책임을 통감하고 스스로 높은 윤리관과 도덕수준을 유지해야 한다. 따라서 교원에게 윤리와 도덕 개념을 빼어버린다면 교사가 아니라고 할 정도로 교직윤리는 교직과 교사에 대한 어떤 내용보다도 중요한 것이라 할 수 있을 것이다.

교직윤리의 내용은 대체로 교사 자신의 담당교과, 학생, 동료교사, 사회와의 관계에서 어떠한 태도와 의식을 가져야 하는가?에 대한 물음은 중요하다. 동시에 직업에 대한 윤리도 매우 중요하다.

2. 교직윤리의 내용

1) 교과에 대한 윤리

교과에 대한 윤리란 한마디로 "실력 있는 교사"를 말한다. 이는 교사가 담당한 교과의 전문성을 의미하는 것으로 전문성은 직무를 수행하기 위한 고도의 전문적 지식과 기술을 요구한다. 교직이 전문직인 이상, 거기에 종사하는 교사는 직무 수행과정에서 요구되는 지식과 기술면에서 통달자가 되어야 한다. 이는 교사가 교육이라는 활동을 통해 인류가 축적한 문화유산을 전달하고 미성숙한 아동들을 고도의 지적, 정신적 활동에 인도하는데 요구되는 충분한 지식과 기술의 소유자가 되어야 한다는 사실을 의미한다. 따라서 교사는 가르치는 일을 보다 효과적으로 할 수 있도록 교과 및 그와 관련된 지식과 기술을 끊임없이 연마해야 하며 그들을 신중하게 수용하고 지도해야 한다. 그것이 실력 있는 교사가 되는 길이며, 교육에 종사하는 사람으로서 최소한의 윤리적 조건을 갖추어야 하는 것이다.

실력 있는 교사가 되기 위해서는 다음과 같은 자격요건이 갖추어져야 한다.

첫째, 교과에 대한 실력을 배양해야 한다. 가르치는 위치에 서 있을 때 교사는 일반교양은 물론이고 전문분야와 교과에 대한 지식이 풍부해야 한다.
둘째, 항상 진지하고 탐구하는 자세로 교육에 임해야 한다.
셋째, 새로운 지식 수용에 민감해야 한다.
넷째, 보다 잘 가르치기 위해 끊임없이 교수기술을 연구해야 한다.

2) 학생에 대한 윤리

교육은 교사와 학생의 만남과 상호작용을 통해 이루어지기 때문에 학생을 종합적으로 이해하고 고려하는 것은 필수적인 일이다. 사실상 교육의 모든 방법적 원리 가운데 학생을 이해하는 것 이상으로 더 기본적인 것은 없다. 따라서, 교사는 기본적으로 학생을 이해하는데 최선을 다해야 하며, 그것을 토대로 학생에 대한 관심을 기울이고 배려를 위한 조치를 취해야 한다. 그러기 위해서는, 다음과 같은 자질을 가져야 한다.

첫째, 학생에 대한 사랑의 마음을 가져야 한다. 학생들을 사랑하는 기본적 의식이 없는 사람은 교사라고 말할 수 없다. 교사가 항상 가르침을 즐거워하고 배우기에 힘쓰는 것은 학생을 사랑하는 마음 때문이다.
둘째, 개인차를 존중하고 개인의 특성에 적합한 교육적 처방을 내려야 한다. 현대 민주사회의 특징은 개성 존중에 있다. 학생 개개인의 차이를 인정하고 개성을 최고도로 발전시켜야 한다.
셋째, 학생들을 하나의 인격체로 보고 공정하게 대우해야 한다. 현대 민주사회에서는 개인적 특성이나 연령, 성별이나 신분 등에 관계없이 모든 개인은 동등하게 존중받아야 한다.

넷째, 학생들이 보고 배울 수 있는 모범적 자세와 태도를 지녀야 한다.

3) 교사에 대한 윤리

교사도 직업인으로서 상사나 동료와 원활한 관계를 유지해야 한다. 특히, 교직은 전문인들이 모여 활동하는 곳이므로 서로의 인격과 전문성을 인정하고 존중해 주는 풍토를 만드는 것이 절대적으로 필요하다. 교장(교감)과 교사들이 서로 협력하고 존중하는 풍토가 만들어질 때 학교는 명랑하고 활기찬 교육의 터전이 될 수 있다. 따라서 교사들은 평생 같은 길을 걸어가는 동반자로서 서로를 존중하고 합심 단결하여 학교를 교육을 위한 장소로 만들어 나가는데 최선을 다해야 한다.

첫째, 선배교사를 존경하고 후배교사를 아끼며 배려하는 풍토가 조정되어야 한다.

둘째, 동료교사들과 협동하고 화합하는 풍토를 조성해야 한다.

셋째, 행정직원과의 인화에도 관심을 기울여야 한다.

4) 사회에 대한 윤리

교사는 학교에서 교장 및 교감, 동료교사, 학생들과 직접적인 관계를 맺고 있을 뿐만 아니라, 학교 외에서 학부모나 지역인사들과 부단히 접촉해야 한다. 이들은 교원이나 교직에 대해 특별한 관심을 가지고 교사들을 주목하고 있기 때문에 이들과의 인간관계나 윤리문제는 중요한 이슈가 된다. 과거는 물론이고 현재까지도 우리나라에서는 교원들이 상당한 사회적 신뢰와 존경을 받고 있다. 그것은 대체로 교원들의 윤리성에 기반 한다고 할 수 있기 때문에 학부모와 일반사회에 대한 교사의 윤리는 교원의 사회적 지위를 결정하는 중요한 요인이 되며, 나아가 교사의 권위와 교육력을 유지하는 데도 중요한 토대가 된다. 교사가 학부모와 일반사회에 대한 윤리적 책임을 다하기 위해서는 다음과 같은 것이 필요하다.

첫째, 교사는 항상 사표가 되는 태도와 행동을 보여주어야 한다.
둘째, 교육의 사회적 목적을 실현하는데 최선을 다해야 한다.
셋째, 학부모 및 지역사회와의 교육적 협력을 유지하고 활성화해야 한다.
넷째, 교원에게 공식적으로 주어진 법적인 의무를 성실히 수행해야 한다.

5) 직업에 대한 윤리

직업과 관련된 윤리로서 중요한 내용은 다음과 같다.

첫째, 교직에 대하여 직업적 긍지를 가져야 한다. 자신이 하는 일에 대해 긍지를 가지지 못하는 사람은 자기의 직무를 제대로 수행할 수가 없다. 가르치는 일에 긍지와 만족을 느끼는 교사들만이 수업을 열심히 준비하고, 열성적으로 수업을 진행하며, 학생들을 지도하는데 보다 헌신적으로 임한다.
둘째, 전문적 자질 배양과 끊임없는 노력을 기울려야 한다. 교사들은 충분한 자격요건을 갖추고 교직에 들어오는데, 그것으로 만족하지 말고 끊임없는 연구와 노력으로 스스로의 능력과 자질을 함양하고, 그것을 토대로 하여 보다 나은 교육활동을 수행해야 한다.
셋째, 교직단체의 활동에 참여하여 전문성을 심화시키고 윤리강령을 준수해야 한다.
넷째, 교직에 대한 헌신이 필요하다. 교육은 미성숙한 아동에게 영속적이고 치명적인 영향을 미치는 일을 하는 만큼, 그 일을 수행함에 있어서 항상 최선을 다해 헌신하여야 한다.

3. 교원윤리강령

우리나라에서는 오래 전에 교원윤리강령을 제정하여 교직의 전문성과 책임을 강조해 오고 있다. 처음으로 제정된 것은 한국교원단체총연합회의 전신인 대한교육연합회에서 1958년 9월 19일 제12차 대의원대회가 채택하여 발표한 교원윤리강령이다. 이 강령은 학생, 가정, 사회 교직, 교양 등 5개의 장으로 구성되었다.

두 번째 제정된 교원윤리강령은 대한교육연합회가 대폭적으로 개정하여 1982년 5월 15일 '스승의 날'에 선포한 사도헌장과 사도강령이다.

사도헌장은 전문과 5개항의 본문을 합하여 250자의 문자로 구성된 것인데, 교사로서 지켜야 할 현대적 윤리의 기본방향을 제시한 것이다. 그것은 문자 그대로 스승의 길을 다짐하는 기본원리이며, 원칙적인 규범을 명문화한 것이다.

전문은 교육의 기능을 개인적 기능과 사회적, 국가적 기능으로 구분하고, 개인의 성장과 국가·사회 발전에의 중요성을 강조하고 있으며, 그러한 교육활동에 종사하는 교사의 역할과 사명을 선포하고 있다. 아울러 교사로서의 긍지와 사명감에 대한 자각을 거듭 마음에 되새기고 그 바탕 위에서 사도헌장을 제정한 것임을 밝히고 있다.

5개항의 본문은 사도강령에서 구체적으로 제시될 스승과 제자, 스승의 자질, 스승의 책임, 교직자와 단체, 스승과 사회에 관한 윤리적 내용을 간결하게 요약하고 있다.

사도강령은 사도헌장을 보다 구체적으로 풀이한 행동강령으로, 전문과 5개장에 걸쳐 각각 5개 항목으로 총 25개 항목의 교사를 위한 실천적 지표를 담고 있다.

4. 교원단체

1) 교원단체의 의미와 기능

교육의 중요성에 대한 사회의 인식이 높아지고 교육에 대한 사회의 수요와 기대가 커짐에 따라서, 교원이 종사하는 직업인 교직은 현대사회의 중요한 직업의 하나이며 전문직으로 인식되고 있다. 전문직이란 장기간의 교육과 훈련, 엄격한 자격기준, 고도의 자율성과 사회적 책임 및 윤리성을 요구하고 있다. 또한, 업무의 독자성과 업무 수행의 수월성을 요구한다. 따라서 교원에게도 전문직에 상응하는 자질과 능력을 요구하는 동시에 그에 상응하는 사회적, 경제적 지위의 보장이 요구된다.

교원은 그들의 권리를 확보하고 교원의 직무를 효과적으로 수행하기 위하여 단체활동을 할 수 있다. 교원들이 단체를 조직하는 것은 교원상호간의 유대를 강화하고, 회원들의 자질향상을 도모하며, 회원들의 복지향상을 추구하기 위한 것이다. 따라서 교직단체의 기능을 요약하면 다음과 같다.

첫째, 교원의 자질함양이다.

둘째, 경제적 · 사회적 지위향상이다.

셋째, 교육정책의 참여이다.

넷째, 교권의 옹호와 신장이다.

다섯째, 회원간의 친목도모이다.

2) 한국의 교원단체

우리나라의 대표적인 교직단체는 한국교원단체총연합회(약칭 한국교총)이다. 한국교총은 처음에 1947년 11월 23일 조선교육연합회로 발족하고, 교육의 발전과 문화의 향상에 공헌할 것을 목표로 내세웠다. 1948년 8월 15일 대한민국 정부수립 이후 그 명칭을 대한교육연합회로 개칭하였고, 1949년 말에 제정된 교육법에 의하여 그 법적 근거가 마련되었다.

교육법 제80조를 보면 '교원은 상호 협동하여 교육의 진흥과 문화 창달에 진력하여, 경제적 또는 사회적 지위를 향상시키기 위하여 군 · 시 · 도 · 광역시 · 서울특별시, 그리고 중앙별로 교육회를 조직할 수 있다.'고 규정하고 있다. 그리고 교육법시행령에는 교육회를 조직할 경우 중앙과 시 · 도 및 시 · 군 · 자치구별로 하나의 교육회를 조직하여야 하며, 사단법인으로 설립하도록 하였다. 이러한 법령에 기초하여 각 시 · 도에는 교육회가, 중앙에는 대한교육연합회가 구성되어 운영되어 왔다.

1989년 11월, 대한교육연합회 대의원회에서는 한국의 교원단체 명칭을 한국교원단체총연합회(한국교총)로 개칭하고 새 기본강령의 제정, 정관의 민주적 개정, 조직운영체제의 정비를 단행하였다. 가입대상은 유치원, 초중등학교 교원과 교육전문직, 대학교원이다. 법적근거는 교육기본법 제15조, 민법 제32조, 교원지위향상을 위한 특별법 제11조 등이다.

전국교직원 노동조합(전교조)은 1999년 7월 3일 설립 신고 했으며, 설립목적은 교육노동자로서의 기본적인 권익을 적극 옹호하고 민주교육 발전에 기여하는 것이며, 가입대상은 유치원, 초중등학교 교원이다. 법적근거로는 교원의 노동조합 설립 및 운영 등에 관한 법률이 있다.

한국교원노동조합(한교조)은 전교조와 같이 1999년 7월 3일 설립신고 했으며, 설립

목적은 푸른 교육을 구현하고 교원으로서 존엄성을 유지하며 교직의 전문성 확립을 기함으로써 창조적이고 민주적인 교육문화 창달에 기여 하는 것이다. 가입대상은 유치원, 초중등 교사이다. 법적근거는 교원의 노동조합 설립 및 운영 등에 관한 법률이 있다.

이 외에도 교원의 노동조합 설립 및 운영 등에 관한 법률을 근거로 하는 교원단체로써 자유교원조합, 대한민국 교원조합이 있다. 일반 사단법인과 임의단체로는 한국초등 교장협의회, 한국중등 교장협의회, 한국국공립 일반 고등학교장회, 한국국공립유치원교원연합회, 한국초등 여교장협의회, 한국교육행정연수회, 한국유치원총연합회, 한국특수교육총연합회, 좋은교사운동 등이 있다.

단원 마무리

질문을 만들어 보고 동료들과 이야기를 나눠 보세요.

♠ 정답이 있는 질문(교재에서 답을 찾을 수 있는 질문)

· 교원이 다른 직종과 다른 점은 무엇인가요?

·

·

·

♠ 정답이 없는 질문(더 궁금하고, 이유나, 추론, 적용 등을 묻는 질문)

· 훌륭한 교사가 되기 위해 필요한 것이 있다면 무엇인가요?

·

·

·

참고문헌

강미희 · 고현 · 홍남희(2017). **문제해결능력.** 서울: 정민사.

강봉규 · 이종성(1985). **교육과정 및 교육평가.** 서울: 형설출판사.

강봉규 · 이종성(1988). **교육심리 측정 평가.** 서울: 재동문화사.

강석기(2005). 청소년의 대인관계 태도, 자아존중감, 조절 및 인터넷 중독간 관계의 구조방정식 모형 분석. 한국청소년연구, 16(1).

강종훈(2015). 초등교사의 문화 간 감수성, 다문화수용성, 교원학습문화 및 다문화 교육역량과의 구조적 관계. 숭실대학교 박사학위논문.

강태훈 · 김준권(1996). **실기교육방법론.** 서울: 양서원.

고경은(2010). 학교다문화분위기 척도개발 연구. 사회복지연구, 41(4).

고현 외(2010). **신교육학의 탐색.** 서울: 동문사.

고현 외(2012). **교육과정의 이해.** 서울: 학이당.

고현 외(2015). **실기교육방법론.** 서울: 정민사.

고현 외(2017). **생활지도와 상담.** 서울: 공감플러스.

고현 · 민형덕(2017). 하브루타를 활용한 수업이 예비교사의 창의적인성과 문제해결력에 미치는 효과. 학습자중심교과교육연구회, 17(13).

고현(2019). 부모-자녀 애착관계가 청소년의 대인관계에 미치는 영향에서 긍정심리자본의 매개효과. 학습자중심 교과교육연구, 19(20).

고현(2019). Analysis on the University student's Needs of Good Course in the Perspective of Teacher Training Course.(2019.8.21). 국제학술대회. 우즈베키스탄 사마란타대학.

고현 외(2019). **심리학개론.** 서울: 공감플러스.

고현 외(2019). **알기쉬운 교육심리학.** 공감플러스.

고현 · 민형덕 · 박신희(2022). **인간심리의 이해.** 서울: 공감플러스.

교육개혁위원회(1995). 세계화정보화 시대를 주도하는 신교육체제 수립을 위한 교육개혁 방안. 교육개혁위원회.

교육부(1999). 교육발전 5개년 계획시안.

교육부(1999). **양성평등 학교문화 선생님이 만듭니다.** 서울: 교육부 여성교육 정책담당관실.

교육부(2000). 평생교육백서.

교육인적자원부(2004). **유아를 위한 양성평등 교육활동 지도자료.** 서울: 교육인적자원부.

구광현 외(1994). **교육학 개론.** 서울: 양서원.

구정화 · 박윤경 · 설규주(2010). **다문화 교육의 이해와 실천.** 서울: 동문사.

권건일(2000). **교육학 개론.** 서울: 양서원.

권대봉(1996). **평생학습 사회교육.** 서울: 학지사.

권순희 · 박상준 · 정윤경 · 천호성(2010). **다문화 사회와 다문화 교육.** 경기: 교육과학사.

권이종(2001). **현대사회와 평생교육.** 서울: 교육과학사.

권이종 · 이상오(2000). **평생교육의 실제.** 서울: 교육과학사.

김가영(2014). 다문화 친화적 학교환경 연구. 서울대학교 대학원 석사학위논문.

김갑성(2006). 한국 내 다문화가정의 자녀교육 실태조사 연구. 서울교육대학교 교육대학원 석사학위논문.

김경식 외(1991). **교육사철학 강요.** 서울: 형설출판사.

김경식(1983). **현대사회학의 쟁점.** 서울: 법문사.

김귀성 · 노상우(2001). **현대교육사상.** 서울: 학지사.

김남선(2010). **평생교육개론.** 서울: 형설출판사.

김대성(2010). 영국과 독일의 무슬림 인구의 현황과 이주민 정책, 한국이슬람학회논총. 한국이슬람학회, 20(2).

김대연 · 김정규(1973). **교육과정.** 서울: 재동문화사.

김도수(1996). **평생교육.** 서울: 양서원.

김두범 외(1996). **교육학의 이해.** 서울: 학이당.

김명희(2009) Bennett의 다문화 교육과정 모형에 근거한 프로그램이 다문화 인식과 자아존중감에 미치는 영향. 경인대학교 교육대학원 석사학위논문.

김병구(1993). **교육철학 및 교육사.** 서울: 재동문화사.

김병석(1993). **교육사회학: 학교사회의 탐구.** 서울: 양서원.

김병성(1990). **교육사회학 관련이론.** 서울: 양서원.

김병성(1995). **교육과 사회.** 서울: 학지사.

김병화(1974). **교육원리요론.** 서울: 법문사.

김복래(2009). 프랑스, 영국, 미국의 다문화주의에 대한 비교고찰: 삼국의 이민통합정책을 중심으로. 유럽연구, 27(1).

김상원(1982). **교육과정과 교수—학습론.** 서울: 학문사.

김성권(1983). **교육과정과 평가.** 서울: 형설출판사.

김성수 · 박치완(2008). 영국의 다문화성향과 다문화주의. EU연구,

김성열 외 6인(1993). **교육행정 및 교육경영.** 서울: 과학과 예술.

김성일(1972). **현대교육원리.** 서울: 중앙대학교출판국.

김성호(1988). **교수방법의 탐구.** 서울: 양서원.

김신일 · 한숭희 편(2001). **평생교육학.** 서울: 교육과학사.

김영우 외(1997). **교육학개론.** 서울: 교육과학사.

김영우(1994). **현대사회와 교육.** 서울: 교육과학사.

김영철(1996). 미래의 교육은 다양한 교육체제의 개발로부터. 교육개발, 99.

김옥련(1984). **유아교육사.** 서울: 정민사.

김용래(1976). **교육평가.** 서울: 학문사.

김용신(2009). **다문화 교육론서설: 이해와 통합.** 서울: 이담.

김용찬(2010). 영국과 프랑스 이주민의 정치적 권리에 관한 연구. 한국정당학회보, 10(1).

김욱동(1990). **포스트모더니즘의 이해.** 서울: 문학과 지성.

김원숙(2012). 우리나라 외국인정책의 역사적 전개에 관한 고찰. IOM이민정책연구원 자료집.

김윤식 · 이영석(1984). **피아제와 유아교육.** 서울: 형설출판사.

김윤태(2001). **교육행정 · 경영의 이해.** 서울: 동문사.

김이선 외(2008). 다민족 · 다문화사회로의 이행을 위한 문화정책 현황과 발전방향. 한국여성정책연구원, 연구보고서2(5).

김이선(2010). 다문화사회의 전개와 다문화 정책의 성격. 사회과학연구, 34(1).

김인식(1986). **교육과정 및 평가.** 서울: 과학교육사.

김인식 · 최호성 · 서재복 · 최병옥(2001). **인간교육의 이해.** 서울: 교육과학사.

김인회(1995). **교육사 교육철학 강의.** 서울: 문음사.

김인회(1995). **새 시대를 위한 교육의 이해.** 서울: 문음사.

김재만(1984). **교육사.** 서울: 교육과학사.

김재만(1986). **교육사 철학.** 서울: 교육과학사.

김재우(2006). **다문화사회로의 전환: 국제결혼 가정자녀의 교육지원방안.** 한국청소년단체협의회, 22(6).

김재웅(1997). 미래의 평생교육체제에 대한 논평. 한국교육개발원 자료집.

김재은(1973). **수업방법 탐구.** 서울: 교육과학사.

김정권 · 최영하(1991). **교육과정 및 교육평가.** 서울: 재동문화사.

김정규(2001). **게스탈트 심리치료.** 서울: 학지사.

김정규(2010). 미국, 캐나다, 호주의 다문화주의 비교연구. 사회이론, 37.

김정환(1974). **교육의 철학과 과제.** 서울: 박영사.

김정환 · 강선보(2001). **교육철학.** 서울: 박영사.

김정환 · 심성보 역(1990). **세계교육사.** 서울: 도서출판 풀빛.

김종서 · 이영덕 · 정원식(1988). **교육학개론.** 서울: 교육과학사.

김종서 · 이영덕 · 정원식(1993). **최신 교육학개론.** 서울: 교육과학사.

김종서 · 황종건 · 김신일 · 한숭희(2000). **평생교육개론.** 서울: 교육과학사.

김종석 외 역(1990). **교수 학습의 이론과 실제.** 서울: 양서원.

김종철(1982). **교육행정의 이론과 실제.** 서울: 교육과학사.

김종철(1989). **한국교육정책연구**. 서울: 교육과학사.

김종철(2002). **교육계획론**. 서울: 한국학술정보(주).

김천기(2002). **교육의 사회학적 이해**. 서울: 학지사.

김충기(1999). **생활지도 상담진로지도**. 서울: 교육과학사.

김학수(1977). **교육측정 및 평가**. 서울: 학문사.

김학수(1984). **현대 교수—학습론**. 서울: 교육과학사.

김혜순(2008). 결혼이주여성과 한국의 다문화사회 실험-최근 다문화담론의 사회학. 한국사회학, 42(2).

나혜미(2010). 다문화 교육을 위한 교수-학습 방안에 관한 연구. 고려대학교 교육대학원 석사학위논문.

남궁억 외(1990). **최신교육학대사전**. 서울: 교육과학사.

남궁용권(1995). **신교육학총론**. 서울: 양서원.

노상우(2004). **교육의 역사와 사상**. 서울: 교육과학사.

노은호 · 김영출 · 김부국(2000). **교육과 삶**. 서울: 동문사.

대학교직과교재편찬위 편(1991). **교육과정 및 평가**. 서울: 형설출판사.

대한교육연합회(1982). 한국교원윤리강령. 1982.5.15 제정.

대한민국 법률(2012). 지방교육자치에 관한 법률 전문. 2012.7.22 시행.

모경환(2009). 다문화 교사교육의 현황과 과제. 한국교원교육연구, 26(2).

민형덕(2022). 학생간호사의 인문학적소양이 의사소통능력과 학업적 자기효능감에 미치는 영향. 인문사회21학회, 13(4).

문낙진(1993). **학교 학급의 이론과 실제**. 서울: 형설출판사.

문형만(1994). **교육철학 및 교육사**. 서울: 형설출판사.

미국교육협회(1929). 미국교원윤리강령. 1929. 채택, 1941. 개정.

박도순 · 손인수 · 송병순 · 연문희(1994). **신교육학개론**. 서울: 문음사.

박상순(1997). 외국인산업기술연수제도에 관한 연구. 법무연수원 자료집.

박성혁(2008). 우리나라 다문화 교육정책 추진현황, 과제 및 성과 분석 연구. 교육연구와 실천, 72.

박세훈 외(2008). **교육행정 및 교육경영**. 서울: 학지사.

박의수 외(1993). **교육의 역사와 철학**. 서울: 동문사.

박주현 · 최덕경(2011). **다문화사회의 이해와 실천**. 서울: 창지사.

박준영(1996). **교육의 이론적 이해**. 서울: 학지사.

박천웅(2010). **지역사회와 다문화 공동체 교육**. 서울: 학지사.

박휴용(2012). **비판적 다문화 교육론**. 파주: 이담북스.

배종호(1986). **한국유학사**. 서울: 연세대출판부.

서봉연 · 이순형(1985). **발달심리학**. 서울: 중앙적성출판사.

서재복(2006). **교육철학 및 교육사**. 서울: 학이당.

서재복 · 임명희(2017). **다문화 교육의 이론과 실천.** 서울: 공감플러스.

석태종(1988). **교육사회학.** 서울: 재동문화사.

성순(2011). 한국과 독일의 사회통합정책 연구: 사회통합프로그램을 중심으로. 한국지역사회복지학, 39.

손정표(1999). **신독서지도방법론.** 대전: 태일사.

송병순(2000). **평생교육의 이론과 실제.** 서울: 원미사.

송주연(2011). 외국인 이주자의 이주과정에 관한 연구. 현대사회와 다문화, 1(2).

신봉섭 외(1997). **교육학개론.** 서울: 양서원.

신승연(2009). 캐나다 다문화주의 프로그램에 관한 고찰: 한국에의 시사점을 중심으로. 교육문화연구, 15(2).

신용일(1995). **교육학개론신강.** 서울: 동문사.

신재주(2010). 일본, 독일, 호주의 다문화정책에 관한 비교연구: 다문화정책의 특성과 한국에의 시사점을 중심으로. 사회과학연구, 17(3).

신통철(1983). **수업체제의 이해.** 서울: 동양문화사.

심성보(1995). **전환시대의 교육사상.** 서울: 학지사.

안병환(2003). **교육사회학.** 서울: 교육과학사.

안상원(1990). **교육사 및 교육철학.** 서울: 재동문화사.

안인희(1990). **루소의 교육론.** 서울: 양서원.

양계민(2016). 다문화 교육 10년의 성과와 한계, 향후 정책 방향. 제1회 너나들이 다문화축체 포럼발표 자료집.

양명환(1986). **학급경영과 환경.** 서울: 형설출판사.

여성가족부(2016). 국민 다문화 수용성 조사결과.

오경석(2007). **어떤 다문화주의인가.** 서울: 한울 아카데미.

오경석(2007). **한국에서의 다문화주의: 현실과 쟁점.** 서울: 한울아카데미.

오성배(2008). 다문화가정 학생 교육 지원 중장기계획 수립을 위한 연구. 교육과학기술부 보고서.

오성삼 · 구병두 · 양영선(1996). **교육학의 이해.** 서울: 양서원.

오은순 외(2007). **다문화 교육을 위한 교수학습지원 방안 연구.** 서울: 한국교육과정평가원.

오천석(1972). **교육철학신강.** 서울: 교학사.

오천석(1980). **스승.** 서울: 배영사.

우은복(2002).성역할고정관념과 양성평등사회실현의 과제. 한국교육연구, 8(1).

원은경(2007). 다인종과 다문화에 대한 일반 학생의 긍정적 태도 함양을 위한 다문화 교육 프로그램연구. 서강대학교 신학대학원 석사학위논문.

원진숙 외(2010). **글로벌 시대의 다문화 교육.** 서울: 사회평론.

유기섭(1993). **교육심리학.** 서울: 동문사.

유네스코 아시아, 태평양 국제이해교육원(2011). **다문화사회의 이해.** 경기: 동녘.

유네스코 한국위원회(1973). 평생교육 발전 세미나 보고서.
유숙란(2010). 독일과 네덜란드의 이주민 정치적 통합정책 비교: 외국인의 지방참정권 확대 정책을 중심으로. 21세기정치학회보, 20(1).
윤여상(2001). 독일 이주민 정책에 관한 연구: 대량 이주 전·후의 비교를 중심으로. 북한학보, 26.
윤인진(2008). 한국적 다문화주의의 전개와 특성: 국가와 시민사회를 중심으로. 한국사회학, 42(2).
윤정일 외(2007). **교육행정학 원론.** 서울: 학지사.
윤팔중(1985). **교육과정 및 교육평가.** 서울: 문음사.
이광성(2010). 양성평등의식을 위한 교육과정 구성 및 효과연구. 법교육연구, 5(2).
이규영 · 김경미(2010). 호주의 다문화주의정책과 이주민 참정권. 국제정치논총, 50(1).
이돈희(1983). **교육철학개론.** 서울: 교육과학사.
이병환 · 박미란(2010). 서울: 교육과학사.
이선주 외(2009). 다민족다문화사회로의 이행을 위한 정책패러다임 구축(III). 경제·인문사회연구회 협동연구총서.
이성진(1993). **교육심리학 서설.** 서울: 교육과학사.
이수용 외(1991). **인간이해.** 서울: 형설출판사.
이숙정(2006). 중·고생의 교사신뢰와 자아존중감, 학습동기, 학업성취 및 학급 풍토간의 관계 모형 검증. 교육심리연구, 20(1).
이순임(2011). 다문화가정의 교육지원정책 분석. 한국교원대학교 교육정책전문대학원 석사학위논문.
이재원(1988). 출입국관리행정의 당면과제. 법무연수원자료집.
이정우(2008). 다양성에 대한 학생과 학부모의 태도. 사회과 교육, 47(3).
이정원(2007). 프랑스의 이주노동자 고용정책: 소외지역관련정책을 중심으로. 국제노동브리프, 4(12).
이종각 역(1978). **교육과 사회학.** 서울: 배영사.
이종승(1983). **교육심리 통계방법.** 서울: 박영사.
이종승(1983). **통계방법.** 서울: 박영사.
이주하 · 고명석 · 이종숙 · 고현(2013). **신교육학의 탐구.** 서울: 학이당.
이중(1979). **교육과 사회.** 서울: 배영사.
이진아(2009). 다문화 교육에 대한 고등학생들의 인식과 태도. 순천대학교 대학원 석사학위논문.
이현청(1994). **교육사회학.** 서울: 양서원.
이형득 편저(1999). **상담이론.** 서울: 교육과학사.
이형행(1992). **교육학개론.** 서울: 양서원.
이혜경(2011). 국가간 노동이동에 대한 연구. 한국사회학, 35(4).

이홍구(1971). **학교와 지역사회**. 서울: 재동문화사.

이홍우 외(1981). **교육학개론**. 서울: 교육과학사.

임규혁(2001). **교육심리학**. 서울: 학지사.

임승권(1993). **교육심리학**. 서울: 학지사.

임승권(1994). **교육의 심리학적 이해**. 서울: 학지사.

임인재(1990). **심리 측정의 원리**. 서울: 교육출판사.

임창률(1983). **교육학개론**. 서울: 형설출판사.

임창재(1995). **교육사철학**. 서울: 양서원.

임한영(1980). **존 듀이의 생애와 사상**. 서울: 배영사.

장대운(1995). **현대교육학개론**. 서울: 교육과학사.

장덕삼(1995). **신교육사철학**. 서울: 재동문화사.

장미혜 외(2008). **다민족 · 다문화사회로의 이행을 위한 정책 패러다임 구축(II): 다문화 역량 증진을 위한 정책 · 사회적 실천 현황과 발전 방향 (총괄보고서)**. 서울: 한국여성정책연구원.

장영희(1997). 유아를 위한 다문화 교육의 개념 및 교수방법에 대한 이론적 고찰. 성신여자대학교 연구논문집, 35.

장영희 · 김희진 · 엄정애 · 권정윤(2007). **생애초기 저소득층 및 다문화 가정자녀 발달지원 프로그램 개발방향**. 서울: 교육인적자원부.

장원섭(1997). **교육과 일의 사회학**. 서울: 학지사.

장윤이 외(2012). 교육위원회와 교육의원 제도에 관한 연구, 교육종합연구 제10권 제4호 433-458.

장인실(2003). 다문화 교육이 한국 교사 교육과정 개혁에 주는 시사점. 교육과정연구, 21(3).

장인실(2006). 미국 다문화 교육과 교육과정. The Journal of Curriculum Studies, 24(4).

장인실(2008). 다문화 교육을 위한 교사 교육 교육과정 모형 탐구. 초등연구, 21(2).

장인실 외(2016). **다문화 교육의 이해와 실천**. 서울: 학지사.

장인실 · 유영식(2010). 다문화 교육 모형과 교과서에 근거한 다문화 교육과정 개발 방법의 효과성 연구. 초등교육연구, 23(1).

장진호(1983). **교육과 사회**. 서울: 대은출판사.

장한업(2009). 프랑스의 상호문화교육과 미국의 다문화 교육의 비교연구. 프랑스어문교육, 32.

장혁표(2000). **집단상담의 이론적 접근**. 서울: 문음사.

장혜영(2013). 다문화 사회에 부응하는 교사의 역할. 고려대학교 행정대학원 석사학위논문.

전우홍(2009). 한국의 다문화 교육 정책. 다문화사회연구, 2(2).

전정태(1993). **신교육학총론**. 서울: 경진사.

전정태(2000). **교육사철학 이해**. 서울: 학이당.

정범모(1987). 교육 및 심리검사의 발전과제와 전망. 교육과정연구, 16(1).

정봉도(1992). **교육사회학.** 서울: 재동문화사.

정수현(1989). **교사론.** 서울: 배영사.

정영근(1995). **인간과 교육의 이해.** 서울: 문음사.

정영근(2006). 상호문화교육의 일반교육학적 고찰. 교육철학, 37.

정영근(2009). 한국사회의 다문화에 대한 교육학적 성찰. 교육철학, 21(2).

정영수(1995). **인간 교육의 탐구.** 서울: 문음사.

정옥년(2017). 평생독자의 성장과 교육적 지원. 독서연구, 43.

정인석(1991). **신교육학개론.** 서울: 교육출판사.

정찬주 · 팽영일 · 한상규(1995). **교육철학 및 교육사.** 서울: 양서원.

정철수(1980). **사회학 개론.** 서울: 학문사.

정태범(1993). **미국교육의 동향과 한국교육의 방향.** 서울: 교육과학사.

조명래 · 전정태(1997). **교육사 및 교육철학.** 서울: 학이당.

조영달(2006). 다문화가정의 자녀 교육 실태조사. 교육인적자원부 정책연구보고서.

조영달(2007a). 다문화 가정의 자녀교육 실태조사. 교육인적자원부 정책연구보고서.

조영달(2007b). 다문화 교육정책 수립을 위한 기초 인식조사연구. 교육인적자원부 정책연구보고서.

조영달(2008). 다문화 교육정책 수립을 위한 기초 인식 조사 연구. 교육인적자원부 정책연구보고서.

조준수 · 곽성기 · 윤영아 · 김대명(2017). **교육학개론.** 서울: 학이당.

조흥순(2012). **교직실무.** 서울: 교육과학사.

주영주(2000). **첨단매체를 활용한 교육환경.** 서울: 남두도서.

주영흠 · 박진규 · 오만록(2002). **교육학개론.** 서울: 학지사.

진위교 외(1986). **현대 수업의 원리.** 서울: 정민사.

차경수(1977). **산업사회의 교육문제.** 서울: 배영사.

차석기(1987). **동양교육사 신론.** 서울: 박영사.

차윤경(2009). 세계화 시대, 선진강국으로의 도약을 위한 다문화 교육의 의미: 다문화사회로의 이행. 평생교육의 새로운 정책 패러다임. 제2차 평생교육정책포럼.

채영길(2009). 다문화사회 변화과정의 재해석. 언론과 사회, 17(2).

천보선(2000). 미국식 신자유주의 교육개혁과 학교교육의 위기: 신자유주의, 세계화, 미국: 미국은 우리에게 무엇이나?. 역사문화아카데미 학제비교문화역사학회 심포지움.

최연선(2009). 다문화가정의 위한 사회통합정책의 현황과 과제. 임상사회사업연구, 6(3).

최운선(2009). 국제결혼 이주여성의 사회문화 적응에 관한 연구. 아시아여성연구, 46(1).

최운실(1998). **신교육사회학 탐구.** 서울: 교육과학사.

최인자(2020). **독서문화교육 방법론.** 서울: 박이정.

최충옥(2010). **다문화 교육의 이해.** 서울: 양서원.

최혜양(2010). **캐나다의 이민과 다문화주의 이해.** 다문화콘텐츠연구, 4(9).

추병완(2011). 아동의 편견 해소를 위한 교수 전략 개발: 간접 접촉 이론을 기반으로. 초등도덕교육, 36(0).

팽영일 역(1992). **유아교육사상사.** 서울: 양서원.

평생교육법령(2003). 교육부평생학습정책과.

하경애(2010). 초등학생의 다문화인식과 영향요인 분석. 이화여자대학교 교육대학원 석사학위논문.

한공우(1993). **교육학개론.** 서울: 동문사.

한국교육과정평가원(1999). 제7차 교육과정에서의 양성평등교육 실현 방안 연구. 한국교육과정평가원 연구보고서.

한국교육학회(1996). **인간과 교육.** 서울: 문음사.

한국교육행정학회(1985). **장학론.** 서울: 도서출판하우.

한국대학 부설 평생교육원(2004). **독서지도의 이론과 실제.** 대전: 이화.

한국문화협회(1954). 사도강령. 1954.10.9 제정.

한국사회과교육연구회(2011). **다문화 교육의 이론과 실제.** 경기: 이담.

한기언(1975). **교육원리.** 서울: 박영사.

한기언(1976). **교육의 역사철학적 기초.** 서울: 실학사.

한기언(1978). **동양사상과 교육.** 서울: 법문사.

한기언(1993). **교육철학 및 교육사.** 서울: 양서원.

한방교 · 윤길근(1998). **인간교육의 이해.** 서울: 동문사.

한상우(2010). 독일의 다문화사회 통합정책과 시사점. 한독사회과학논총, 20(3).

한장덕(1973). **학교와 지역사회.** 서울: 학문사.

한충효(1990). **교육심리학의 구조탐구.** 서울: 교육과학사.

함종규(1975). **학습지도.** 서울: 형설출판사.

홍은숙 외(2011). **교육학에의 초대.** 서울: 교육과학사.

황범주(2008). 다문화가정 자녀를 위한 교육정책 분석. 안양대학교 대학원 박사학위논문.

황정규(1978). **교육평가.** 서울: 교육출판사.

황정규 · 이돈희 · 김신일(1998). **교육학개론.** 서울: 교육과학사.

황종건(1975). **교육사회학.** 서울: 형설출판사.

황종건(1996). 모든 사람을 위한 사회교육에 한평생. 교육부 자료집.

持田榮一 · 森隆夫(1979). **生涯学習事典.** ぎょうせい, 東京.

A William & B. Ragan(1957). *Modern Elementary Curriculum.* The Dorden Press Inc., New York.

Abraham Maslow(1970). *Motivation and Personality(2nd. ed.).* Harper & Row, New York.

Allport, G. W.(1954). *The Nature of Prejudice.* Addison-Wesley, Boston.

Ambrosio, J. A.(2001). *Final report on the multicultural/Diversity assessment project.* Emporia State Univ. press, Emporia.

Aonzo Myers & Clanerce Williams(1954). *Education in a Democracy.* Prentic Hall Inc., Englewood Cliffs.

Apple, Michael. W.(2001). Markets, Standards, and Inequality: can critical pedagogies interrupt rightist policies?. *한국교육사회학회,* 1(52).

Baldwin, A. L.(1980), *Theories of development(2nd ed.).* Wiley, New York.

Becker, W. C.(1964). *Review of child development reserver.* Russell Sage, New York.

Bennett, C. I.(2009). *Comprehensive multictural education: Theory and practice(6th ed.).* Pearson Education Allyn & Bacon, Boston.

Bennett, Christine I.(2007). *Comprehensive Multicultural Education: Theory and Practice(6th ed.).* Allyn & Bacon, Boston.

Black, M.(1977). *Metaphor, in Philosophcal Perspectives on Metaphor.* University of Minnesota Press, minnesota.

Bloom, B. S.(1964). *Stability and Change in Human Characteristics.* Wiley, New York.

Brookover, W. B.(1975). *A sociology of education.* American Book Co., New York.

Burk, G.(1976). *The Metaphor: A study in the Psychology of Rhetoric.* The Inland Press, Michigan.

C. W. Harris(1960). *Encyclopedia of Educational Research.* Macmillan Co., New York.

Campbell, R. F.& Corbally, J. E. & Ramseyer, J. A(1968). *Introduction to Educational Administratio.* Allyn & Vacon, Inc., Boston.

Chang, I. S.(2002). Formation and transformation of teacher's ethnic identifications and attitudes toward language diversity: A recursive path analysis. *University of North Carolina Chapel Hill.*

Dave, R. H.(1976). *Foundations of Lifelong Education.* UNESCO, paris.

Dewey, J.(1916). *Democracy and Education : An Introduction to the Philosophy of Education.* Macmillan, New York.

Dickmeyer, N.(1989). Metaphor, Model and Theory in Education Research. *Teachers College Record,* 91(2).

Elliot, R. K.(1984). *Metaphor, Imagination and Conceptions of Education, In Metaphor of Education.* Heinemann Educational Books, London.

Emery Stop & G. L. Wohlquist(1958). *Principle and practices in Guidance.* McGrow

Hill Book Co., New York.

G. A. Kimble & R. B. Shatle(1952). The Relationship between two kinds of inhibition and amount of Practice. *Journal of Experimental Psychology,* 44(5).

G. W. Frasier(1951). *An Introduction to the study of Education.* Harper & Brothers Publishers, New York.

Gazda, G. M.(1071). *Group counseling: A developmental approach.* Allyn and Bacon, Boston.

Glanz, E. C. & Hayes, R. W.(1989). *Groups in guidance.* Allyn and Bacon, Boston.

Goldman, L.(1989). The revolution in Education, *Educational Theory,* 39(1).

Grambs, J .D. and others(1952) *Modern method in secondary education.* Holt, Rinehart, and Winston, New York.

H. G. Good(1960). *A History of Western Education.* The Macmillan Co., New York.

H. L. Caswell(1950). *Curriculum Improvement in Public School systems.* Teachers College, Columbia University. New York.

H. L. Caswell & D. S. Cambell(1935). *Curriculum Development.* American Book Co., New York.

Hansen, J. C. & Warner, R. W. & Smith, E. M.(1976). *Group counseling: theroy and process.* Rand McNally College Publishing Comapany, Chicago.

Horne, H. H.(1927). *The Philosophy of Education.* The Macmillan Co., New York.

Humphreys, J. A. & Traxler, A. E.(1954). *Guidance Service.* Science Research Associates, Chicago.

Hutchins, R. M.(1963). *A Conversation on Education.* Center for the Study of Democratic Institutions. Santa Barbara.

J. Dewey(1938). *Experience and Education.* Kappa Delta Pi International Honor Society in Education. Indianapolis.

J. F. Cramer & G. S. Browne(1965). *Contemporary Education, A Comparative study of National system.* Harcourt, San Diego.

J. P. Leonard(1954). *Developing in the Secondary School Curriculum.* Rinechart Co., New York.

J. S. Brubacher(2008). *Modern Philosophies of Education.* McGrow Hill Book, New York.

James A. Banks(2008). *An Introdution to Multicultural Education(4th ed.).* Allyn & Bacon, Boston.

Jarret, J.(1969). *The Educational Theories of the Sophists.* Teachers College Press, Columbia University, New York.

Jowett, G.(1953). *The Dialogues of Plato.* Oxford Univ. press, London. New York.

K. Lewin(1964). *Behavior and Development as a Function of total, Situation, Manual of Child Psychology.* John Wiley & sons, New York.

Kneller, George F.(1963). *Foundations of Education.* John Wiley and sons, New York.

L. T. Hopkins(1941). *Interaction the Democratic process.* D.C. Heath and Co., Lexington.

Lengtand, P.(1970). *Introducation to Lifelong education.* UNESCO. Paris.

Lester D. Crow & Alice Crow.(1960). *Introduction to Education.* American Book Company, Woodstock.

Lindquist, E. F.(1951). *Educational Measurement.* American Council on Education, Washington, D. C..

Mahler, C. A.(1971). *Group counseling in school.* Houghton Mifflin, Boston.

Martin, B.(1975). *Parent-child relations. In F. D. Horowitz(ed.). Review of child development research(Vol. 4).* The University of Chicago Press, Chicago.

Martin, E. D.(1977). *The Meaning of a Liberal Education.* Houghton Mifflin Company, Boston.

Maslow, A. H.(1968). *Toward a Psychology of Being(2nd. ed.).* David Van Nostrand, New York.

MeClelland, D. C.(1965). Toward a Theory of Motive Acquisition. *American Psychologist,* 20(5).

Mulhern J.(1959). *A History of Education-A Social Interpretation.* The ronald Press Co., New York.

Munroe & Pearson(2006). The munroe multi-cultural attitude scale questionnaire. *Education and Psychological Measurement,* 66(5).

Murray, H. A.(1938). *Explorations in Personality.* Oxford Univ. Press, New York.

Mussen, P. H. & Conger, J. J. & Kagan, J. & Huston, A. C.(1979). *Child development and personality(7th ed.).* Harper Collins Publishers, New York.

Nisbet, R. A.(1969). *Social Change & History.* Oxford Univ. Press, New York.

Patterson, C. H.(1971). *Theories of Counseling Psychotheryapy(3rd ed.).* Happer and Row Publishers, New York.

Perls, F. S.(1969). *Gestalt Therapy Verbatim.* Real People Press, Moab.

Perls, F. S.(1976). *The Gestalt Approach & Eyewitness to Therapy.* Science and Behavior Books, Mountain View.

Peters, R. S.(1970). *The Concept of Education.* PKP, London.

Pietroesa, J. J. & Bernstein B. & Minor, J. & Stanford, S.(1980). *Guidance: An Inrroduction.* Rand McNally, Chicago.

Renners, H. H. & Gage, N. L.(1955). *Educational Measurement and Evaluation.* Harper 7 Brothers, New York.

Rogers, C. M. & Smith, M. D. & Coleman, J. M.(1978). Social comparison in the classroom: The relationship between academic achievement and self-concept. *Journal of Educational Psychology,* 70).

Schaefer, E. S.(1959). A circumplex model for maternal behavior. *Journal of Abnormal and Social Psychology,* 59.

Shertzer, B. & Stone, S. C.(1980). *Fundamental of Guidance(4th ed.).* Houghton Mifflin, Boston.

Sternberg, R. J. & Berg, C. A.(1992). *Intellectual development.* Cambridge University Press, New York.

Stipek, D. J.(1988). *Motivation to learn: From theory to practice.* Allyn and Bacon, Boston.

Suleiman, M. F. (2004). *Multicultural education: A blueprint for educators, In G. S. Goodman & K. T. Carey(Eds.), Critical multicultural conversations.* Hampton press, New York.

Taba, Hilda(1962). *Curriculum Development.* H.B. and World, New York.

Toffler, A.(1981). *The third wave.* Pan Books, London.

Traxler, A. B.(1957). *Techniques of Guidance.* Haper & Brothers, New York.

Traxler, Arthur E. & Robert D. North.(1969). *Techniques of Guidance.* Happer and Row Publishers, New York.

Tyler, Ralf. W.(1969). *Basic Principles of Curiculum and Instruction.* Chicaco Univ. Press. New York.

van der Leij, S.(1993). Ethic background, classroom instruction and child behavior in kindergarten. *European Early Childhood Education Research Journal,* 1(2).

W. Boyd(1964). *The history of Western Education.* Adam & Charles Black, London.

Watson, J. B.(1924). *Behaviorism.* W. W. Norton & Co., New York.

Willamson, E. G.(1950). *Counseling Adolescents.* McGraw-Hill Book Company, New York.

Willamson, E. G., & Donald, A. Biggs.(1975). *Student Personnel Work: A Program of Developmental Relationships.* John Wily & Sons Inc., New York.

Wotorson, M.(2001). *Partners against hate program activity guide: helping children resist bias and hate.* Leadership Conference Fund., Washington, D. C..

찾아보기

인 명

게젤스(J. W. Getzels) 98
골맨(D. Goleman) 105
글레이저(Glaser) 253
길포드(J. P. Guilford) 94, 97

뉴가튼(Neugarten) 115
니에토(Nieto) 170

데이브(Dave) 314
듀이(Dewey) 15, 183, 251

라이프니츠 74
러그 78
로렌쯔(K. Lorenz) 90
로저스(Rogers) 97
로크 74
로프 78
루서(W. C. Reusser) 281
루소(Rousseau) 48, 251
리베르민(Lieberman) 344
리쿠르구스(Lycurgus) 31

마르크스 78
마이어(Myers) 345
매키논(Mackinnon) 98
메리파일드 143
몬테소리(M. Montessori) 91
몰맨(Moehlman) 281

바스(Bas) 156
바커(Baker) 172
반두라(Bandura) 247
밴 141
뱅크스(Banks) 139, 174
버클리 74
베넷(Bennett) 169
보베이 40
보울비(J. Bowlby) 91
볼드리지(Baldridge) 124
브라멜드 78
브루너(Bruner) 183, 239, 255
브루커버(Brookover) 115
브룩스(C. Brooks) 335
비네(A. Binet) 93

성 바실(St. Basil) 39
쇼펜하우어 74
슐레만(Suleiman) 169
슐레신거(Schlesinger) 159
스키너(Skinner) 275
스텐버그(Sternberg) 96
스피노자 75
스피어맨(C. Spearman) 93
시몬(Simon) 283
써어스톤(L. Thurstone) 93

아리스토텔레스 37
애플 79
어윅(L. Urwick) 286
에라스무스(Erasmus) 42
에릭슨(E. Erikson) 109
엘리오트(Elliott) 13
오수벨(Ausubel) 260
와일즈(Kimball Wiles) 302
왈도(Waldo) 281
웩슬러(D. Wecsler) 93
윌리암슨(williamson) 275

잭슨(P. W. Jackson) 98
제임스 72
존슨(Marietta Johnson) 50
지로 79
질린(Gillin) 115

카운츠 77, 78
칸트(Kant) 19, 74
캐롤(Carroll) 257
코메니우스 48
콤즈(A. W. Combs) 350
쾰러(Koehler) 245
키케로 42
킬패트릭 77

타일러(Tyler) 184, 203
토플러(Alvin Toffler) 336

파브로프(Pavlov) 242
파커(Francis Parker) 50
패욜(Henri Fayol) 286
팽(Pang) 157
퍼슨(Persons) 266
퍼어스 72

페스탈로치 64
프랑수아 라블레 42
프레리 79
프뢰벨 64
플라톤 74
피터즈(R. S. Peters) 16

하비거스트(Havighurst) 115
한베이(Hanvey) 142
해비거스트 87
허친스(Robert Hutchins) 38
헤겔 74, 78
호일(Eric Hoyle) 351
호튼(Horton) 344
홉즈 74
흄 74

내 용

6간표 225

T 점수의 계산 공식 232
T 점수의 특징 232

가능성의 원리 186
감각운동기 103
감성지능과 EQ 105
감성지능의 구성요소 106
강화체제 257
개선점 357
개인내적 지능 95
객관도 213
건강지도 266
결정적지능 94

경험의 원리 187
경험적 지능 96
경험중심 191
경험중심 교육과정 193
계속성 188
계열성 188
고립감 111
고전적 조건형성 243
공간적 요소 25
공간적 지능 95
과정적(절차적) 준거 20
관찰학습 248
광역화된 교육내용 67
교과중심 191
교과중심 교육과정 191
교내연수 306
교사 24
교사 변인 252
교사의 자질 349
교수 요목 183
교수와 학습의 관계 252
교수이론 254
교수·학습 프로그램 154
교원단체 361
교원양성 356
교원윤리강령 364
교원의 전문성 342
교육 은유의 분석 13
교육경영 297
교육과정의 어원 183
교육과정의 유형 190
교육과정의 정의 183
교육내용의 선정 186
교육내용의 조직 188
교육목표의 설정 185
교육소외층 배려 160
교육의 3요소 22
교육의 구성 22
교육의 어원적 의미 11
교육의 준거 18
교육자치제도 307
교육제도 291
교육지도 266
교육측정의 난점 210
교육평가 203
교육평가의 분류 206
교육행정 281
교육행정가의 자질 288
교육행정의 범위 284
교직관의 구분 347
교직윤리 361
교직의 특성 343
구체적 조작기 104
국제이해교육 141, 169
국학 57
규범적 준거 18
근면성 110
글레이저(Glaser)의 교수절차모형 254
금빛평생교육봉사단 326
기억체계의 구성 249

내적 동기유발 240
노년기 90
노동직관 349
논리-수학적 지능 95
논문형 220

다면적 지능이론 95
다문화 교육 141
다문화 교육의 목표 156
다문화가정 146
다문화사회와 교육적 과제 159
다민족 교육 144
다원화된 교육목적 67

단답형 216, 218
단선형 학제 293
대인관계적 지능 95
대학평생교육원 322
독서교육 324
독창성(originality) 98
독학학위제 320
동기 107
동기유발 239
동기의 변화로서의 학습 247
동료장학 305
동양사회의 교육 56

리스만의 진보주의 76

만족의 원리 187
명예학생제도 322
목표인지 241
문항 곤란도 223
문항 곤란도 공식 223
문항 변별도 224
문항 분석 222
문항반응분포 226
문항의 제작 준비 215
문항의 형식 215
문항제작 215
문화 전승의 기능 116
문화적 측면 152
미래사회의 교육 128
미래사회의 인간상 130
민감성(sensitivity) 98
민족주의 형태의 교육 64
민주시민의 육성 161

바커의 다문화 교육 173
배합형 216
백분위와 백분점수 230
백점 만점 척도 230
복선형 학제 293
본질주의 76
본질주의 교육철학 74
불신감 109
브루너(Bruner)의 교수이론 256
비판적 교육철학 78
비형식적 교육 26

사려적 인지양식 101
사회 혁신의 기능 117
사회성지도 266
사회와 교육 115
사회의 기능 116
사회의 특성 115
상과 벌 241
상담 과정 276
상담 활동 267
상담의 기초 270
상담의 이론 273
상대평가 208
상황적 지능 97
생산성 111
생활공동체 25
생활지도 265
생활지도의 영역 266
생활지도의 원리 265
서답형 216
서답형 문항 218
서양사회의 교육 58
선다형 216
선택형 216
선택형 문항제작 217
성년기 89
성장으로서의 교육 14
성직관 347
성취도 평가 255

성취동기 107
세계교육 141
소거 247
소거와 자발적 회복 244
수리력(수학) 191
수업 변인 258
수업의 질 258
수업이해력 258
수업절차 254
수치감과 회의 110
스텐버그(Sternberg)의 지능 삼원론 96
스파르타식 교육 31
습관형성으로서의 교육 44
시각적 감각력(미술) 189
시간제등록제 321
신경생리학적 관점 83
신뢰감 109
신뢰도 212
신체-운동적 지능 95
신체근육의 통제로서의 학습 247
신체적 능력 189
실용(진보)주의 교육철학 72
실용도 214
실학주의와 자연주의 교육 63

아동기의 발달과업 88
아동발달의 원리 48
암기식 교육 42
양성의 문제점 356
언어능력(국어) 189
언어적 지능 95
에릭슨의 성격발달이론 109
여가지도 266
역할혼미 110
열등감 110
영유아기 발달과업 88
오수벨(Ausubel)의 유의미 학습이론 259
완결형 216
외적 동기유발 241
요소적 지능 96
원격대학 321
원점수 229
유동적 지능 94
유창성(fluency) 97
융통성(flexibility) 98
은유의 본질 13
음악적 지능 95
이데올로기의 변화로서의 학습 246
인간 중심적 상담 274
인간발달과 교육 83
인간중심 191
인간중심 교육과정 197
인권의 측면 151
인류문화의 시작 55
인문주의 교육 62
인본주의적 관점 84
인성지도 266
인적 요소 23
인지구조의 변화로서의 학습 246
인지양식 100
인지양식과 학습양식 100
인지이론 245
인지적 상담 275
인지적 준거 19
인지주의적 관점 85
일반화와 변별 244
임상장학 305
임의평가 208
입문으로서의 교육 16

자녀학습 지원사업 149
자아개념 108
자연으로 돌아가라 48
자연이해 지능 96

자유교육의 전통 37
자율성 110
자질의 의미 349
장독립적 인지양식 100
장의존적 인지양식 100
장이론 246
장학요원의 양성 306
장학의 기능 303
장학의 업무와 방법 304
장학행정 301
재건(개조)주의 교육철학 77
재구성력(redefinition) 98
적성 258
전문직관 348
전조작기 103
절대평가 208
절망감 111
정교성(elaboration) 98
정보중심 191
정보처리 이론 248
정보활동 267
정신분석적 상담 273
정신분석학적 관점 83
정예주의 35
정체감 110
정치 활동 268
제도적 기관 25
조건형성의 주요현상 244
조건형성이론 242
조작적 조건형성 243
조직화된 교육제도 69
종결과 평가 277
종교 형태의 교육 60
주도성 110
주형으로서의 교육 15
준비성(readiness) 239
중기상담 단계 277
중년기 89
지구력 258
지능과 IQ 92
지능의 구성 93
지능의 유형 94
지시적 상담 275
지식과 학교관 50
지식의 구조 256
직업지도 266
진단평가 206
진보주의 76, 77
진심장구 11
진위형 216
집단간 교육 173

창각적 능력(음악) 189
창의성 97
창의성의 의미 97
채점의 기술 227
첨단화된 교육매체공학 68
청년기 발달과업 89
체육이 배제된 교육 39
초기상담 단계 276
총괄평가 207
최초의 직업적 교사 33
추후활동 268
출발점 행동 255
충동적 인지양식 101
측정도구의 조건 211
측정오차 210
친밀성 111
침체성 111

캐롤(Carroll)의 학교학습 모형 257

타당도 211
타당성의 원리 186

탐구력(과학) 189
통찰설 245
통합성 111, 189

평가 과정 204
평가의 절차 204
평생교육 정책 315
평생교육의 이해 313
평생학습계좌제 329
평생학습도시 정책 318
평생학습축제 328
표준점수 231
피아제의 인지발달이론 102

하위 범주 174
학교관리 298
학교교육의 성립과정 60
학교학습의 특성 238
학급경영 299
학력취득 제도 319
학문중심 191
학문중심 교육과정 195
학생 23
학습 경향성 255
학습계열 256
학습과제 변인 250
학습과제의 유의미성 260
학습기회 258
학습양식 102
학습의 개념 237
학습의 의미 237
학습의 조건 239
학습이론 242
학습자 변인 252, 257
학습환경 변인 251
학점은행제 320
항존주의 77
항존주의 교육철학 76
행동적 상담 275
행동주의적 관점 84
행정의 과정 286
향학 57
헤브루 68
현대교육의 다양성 66
현대교육의 성립 65
협동과 경쟁 241
형성평가 206
형식적 교육 26
형식적 조작기 104
호기심 240
확인장학 306
흥미와 적성 240

저자 소개

■ 고현

교육학 박사(상담심리 · 유아교육전공)
현) 조선대학교 · 교육대학원 초빙교수

■ 민형덕

교육학 박사(교육심리전공)
현) 조선대학교, 목포대학교, 광주여자대학교,
남부대학교 외래교수

■ 박신희

교육학 박사(교육심리전공)
전) 조선대학교 외래교수
전) 조선간호대학교 강의전담교수
현) 광주보건대학교 유아교육과 교수

■ 이미숙

교육학 박사수료(가톨릭대학교 독서교육전공)
우석독서교육연구소 상임고문

〈표/지/작/가〉

■ 이준석 화백

조선대학교 미술대학 서양화과 졸
개인전- 광주시립미술관 중견작가 초대전 외 수십회
단체전- 추영전 대만국립현대미술관 외 수십회
대표작- 화엄광주
수상 및 경력- 광주미술상 수상, 광주통일 미술제 집행위원장, 광주전남미술인공동체 회장역임

-알기쉬운-

교육학개론

초판 3쇄 발행 2026년 2월 25일

저자 고현 · 민형덕 · 박신희 · 이미숙

발행인 한은택
발행처 공감플러스
등록 제2014-6호
주소 서울특별시 송파구 송이로 12길 17 우편번호 05678
전화 02) 424-9035 팩스 02) 424-9036
e-mail book7h@hanmail.net

ISBN 979-11-88076-10-9(93370)
정가 20,000원

공감플러스는 독자 여러분의 의견에 항상 귀 기울이며 함께 하겠습니다.